北京市社会科学理论著作出版基金资助

汉藏语言比较的方法与实践

——汉、白、彝语比较研究

汪 锋 著

北京大学出版社
PEKING UNIVERSITY PRESS

图书在版编目(CIP)数据

汉藏语言比较的方法与实践：汉、白、彝语比较研究/汪锋著.—北京：北京大学出版社，2013.8
ISBN 978-7-301-22905-7

Ⅰ.汉… Ⅱ.汪… Ⅲ.汉藏语系—对比语言学—汉语、白语、彝语　Ⅳ.H4

中国版本图书馆 CIP 数据核字（2013）第 173199 号

书　　　名：汉藏语言比较的方法与实践——汉、白、彝语比较研究
著作责任者：汪　锋　著
责任编辑：杜若明
标准书号：ISBN 978-7-301-22905-7/H·3350
出版发行：北京大学出版社
地　　　址：北京市海淀区成府路 205 号　100871
网　　　址：http://www.pup.cn　新浪官方微博：@北京大学出版社
电　　　话：邮购部 62752015　发行部 62750672　编辑部 62753374　出版部 62754962
电子信箱：zpup@pup.pku.edu.cn
印　刷　者：北京富生印刷厂
经　销　者：新华书店
　　　　　　787毫米×1092毫米　16开本　17.5印张　441千字
　　　　　　2013年8月第1版　2013年8月第1次印刷
定　　　价：40.00元

未经许可，不得以任何方式复制或抄袭本书之部分或全部内容。
版权所有，侵权必究　举报电话：010-62752024
电子信箱：fdp@up.pku.edu.cn

本书的研究先后得到以下项目资助：

国家社科基金青年项目 (#07CYY025)《白彝关系语素研究》

霍英东教育基金会资助项目(#131102)《勒墨白族的语言及口传文化的数字化保护及基础理论研究》

国家社会科学重大项目 (#10&ZD125)《中国有声语言及口传文化保护与传承的数字化方法研究和基础理论研究》

教育部人文社会科学重点研究基地重大项目(#11JJD740004)《基于系统语音对应的核心词分阶及建模研究》

本书的出版得到北京市社科理论著作出版基金的资助。

序

王士元

　　语言总是在变的，最早把这句话讲得很清楚的，应该是明末的陈第。众所皆知，《诗经》里的语言与我们相隔两三千年，所以历经大量的演变。清朝学者在陈第的理论基础上，开始把古汉语的音韵逐步拟构出来，让我们体会到音变的来龙去脉，这确实是功不可没的贡献，值得中国学术界引以为傲。

　　同样的道理，两个人群虽然原本说的是同一个语言，可是因为迁居而分开后，久而久之，他们的语言就会因变迁的方向不同而变得越来越不相像。18世纪末的William Jones就是观察到这一点，才把欧洲的语言和远在印度的梵文归纳为同一个印欧语系，接着又有一些非常杰出的语言学家，用所谓的比较方法，历时一百多年，把这个语系里几百个语言的谱系关系细心地研究出来，这些成就不愧为现代语言学的开端。直到现在，印欧语言学的研究仍旧在语言学界享有崇高的地位。

　　中国境内的语言材料非常丰富，可是系统的研究起步得比较晚，也有人认为，因为东亚的一些语言没有复杂的构词屈折，所以根本谈不上用比较方法来研究它们的谱系。

　　李方桂先生1937年的文章，是一次成功的开始，首次为汉藏语系提出了一个有用的假设，把中国境内汉藏语系分为四大支。可是因为问题的确非常复杂，争议很多，甚至有人指出"汉藏"一词根本就不恰当，如果改用"藏缅"来代表这个语系，反而更符合语言历史。

　　这个领域的研究没有能够达成共识的原因，主要可从两方面来谈，一方面是学者们系统整理出来可供运用的材料，不是不够丰富就是有欠严谨，因为有些关键的少数民族语言，分布在深山茂林里，不容易亲身去研究记录；另一方面是，某些语言并不使用构词屈折，所以我们只能透过其他方法来研究，如利用词汇上的对应。

　　本书的作者汪锋教授，之所以在少数民族的语言研究上能达到如此高水平的成就，正是因为他同时克服了这两方面的困难。他并不是只依赖别人所搜集的第二、三手材料，而是亲自走遍了云南各地，多次造访不同的村落以收录语言材料，他所收集的语料，绝大部分都清晰有序地呈现在本书的图表里，作为他分析问题的依据。这些材料也一部分出现在他2006年讨论白语的那本书里。

　　另一方面更重要的是，他充分利用一些新的语言理论，以发挥词汇的比较功能，这些理论的源头，来自Morris Swadesh于1950年代提出的一些关于基本词汇的假设。基本词汇在时代上的消失,当然不可能像碳 14 定年那样完全规则,因为语言毕竟不是一种化学元素,可是 Swadesh 的假设,尤其是加上陈保亚教授的建议,把基本词汇分阶来帮助了解历史,是个很得力的理论工具。而本书的成功,也基于汪锋很合时宜地应用了这些新理论。

　　本书的中心贡献,当然是它替我们澄清了汉、白、彝三者之间的谱系关系,这是个争论已久的课题,如今有了这么一个科学的解答,无疑是件可喜的事。同时书里也提供了很多宝贵的语言材料,将来其他有兴趣的志同道合者可以慢慢继续琢磨、研究。

　　最后,作者引用了 van Driem 的比喻,把目前的一些语料看作是一棵老树下一堆堆的落叶。作者说:"在本研究中,我们将一片原始白语叶、一片汉语叶和一片原始彝语叶重新缀起,我们深知,这仅仅是复原了根深叶茂的汉藏大树的微小一枝。不过,我们相信,随着越来越多同道者的加入,在不久的将来,这棵大树终将在众人辛勤汗水的浇灌下露出原本遒劲的枝桠。"我觉得这段话讲得很正确,也很富有诗意,我也企盼在不久的将来,作者的期待会如愿实现。

2011.08.11 于香港中文大学

序：汉语藏缅语同源的一个重要证据

陈保亚

汪锋这部著作的研究成果再次为汉语和藏缅语同源提供了重要证据。

汉语和藏缅语有没有同源关系，并没有得到严格的证明。19世纪末西方有些学者认为汉语和藏缅语有同源关系，主要是以类型相似为标准。但是，近几十年的调查显示，语言接触会造成同一地域的语言在类型上相似，所以根据汉语和藏缅语之间的类型相似来断定汉语和藏缅语有同源关系是不能成立的，寻找同源词才可能是一个有效的路子。

20世纪上半叶，Laufer、Simon、Shafer、Benedict陆续在汉语和藏语之间找出了几百个语音上有对应的词，他们认为这些对应词就是汉藏同源词。但是他们建立的语音对应规则并不严格，择词的标准也比较随意。从20世纪下半叶开始，Bodman、龚煌城、Coblin、俞敏等陆续在汉语和藏语、缅语之间找出了一批语音对应比较严格的对应词，其中龚煌城的对应标准更为严格。龚煌城、Bodman、Coblin、俞敏等学者认为这些汉藏对应词就是汉藏同源词。事实上语言的深刻接触也可以造成成批的对应词。严格的语音对应是语源研究的必要条件，并不是充分条件。这是历史比较语言学没有深入考虑过的问题。龚煌城等的研究给汉藏同源研究提供了一个必要条件，即这些对应语素由于是依据上古汉语和古藏语（或古缅语）的对应建立起来的，很可能是最早时间层面的对应语素。但是，如何判定这些最早时间层面的对应语素是同源词而不是借词，仍然是一个没有解决的问题。

我曾经汇集龚煌城等学者所找到的汉藏对应词，在此基础上作了一些调整，把对应规则控制在和龚煌城所建立的对应规则相一致的范围内，以便排除可能是借贷或偶然对应的情况，然后对龚煌城等的汉藏对应词做了有阶分析。有阶分析就是把核心词分成最核心的词集和次核心的词集，即高阶词集和低阶词集，然后观察对应语素在不同词集中的分布。从已经观察到的材料看，语言接触产生的对应词是高阶比例低于低阶比例，即核心对应词呈外聚式有阶分布，语言分化保留的对应词是高阶比例高于低阶比例，即核心对应词呈内聚式有阶分布。如果严格控制语音对应规则，分化和接触的有阶对立是明显的。从龚煌城等的汉藏对应词表中我们发现，越是核心的词集，汉藏对应词比例越高。后来我自己又根据我所调查的云南中甸藏语做了一个初步的汉藏对应规则表，结果也是越核心的词集汉藏对应比例越高（陈保亚,1993）。根据我们当时的田野调查结果，这种对应词的分布关系是同源语言的分布关系。由于龚煌城等的对应规则在声母上还留下一些问题，声调所赖以产生的条件也没有加以考虑，所以龚煌城等的汉藏对应词经过我们的筛选后仍然有可能有些是后来汉藏接触借用的结果，如果有办法剔除这些借词，汉藏对应词最核心部分的比例会更高。我初步认为龚煌城等所给出的汉藏对应语素应该是汉藏同源分化的结果。由于藏语是藏缅语中最有代表性的语言之一，如果汉语和藏语有同源关系，根据同源关系的可传递性，则汉语和藏缅语也就应该有同源关系。后来国内有的学者陆续找出的汉藏对应语素，其对应规则和龚煌城等建立的对应规则一致的部分，也应该是汉语和藏语同源分化的结果。

由于当时核心词分阶的检验只限于部分语言（陈保亚,1996），根据汉藏早期对应语素的内聚有阶分布来断定汉藏同源还只是一种相当初步的结论。随着近20年来我们对核心词集检验工作的广泛展开，有阶分布的可信度一直在增加。我们利用我们在Swadesh 200核心词基础上调整的两阶核心词集，对几十种民族语言和上百种汉语次方言专项调查的结果是：越核心的词集，同源保留率越高，借贷的比例越低。汉藏同源的可能性在增加。

除了汉语和藏语的语源比较，能否有其他藏缅语言的证据？

彝语是藏缅语中的重要一支，内部分歧大，显示出有久远的发展历史。如果汉语和彝语的语源关系能够得到充分研究，汉语和藏缅语的语源关系会有更多的讨论机会。

汪锋这部著作就是关于汉语、白语、彝语关系的研究。

汪锋从我这儿硕士毕业以后，去香港跟随王士元先生攻读博士，博士论文就是研究白语和汉语的关系。他先根据严格的语音对应重构原始白语，然后根据严格的语音对应，建立汉语和白语的对应语素，再找出最早层面的汉白对应语素，然后根据有阶分析，发现越是核心的词集，汉白对应词比例越高，这是语言同源的分布方式，于是汪锋断定最早时间层面的汉白对应语素是汉语和白语同源的结果，不是接触的结果。我认为他的方法严密，对应规则表全部给出，核心词的有阶分布情况也穷尽列出，具有可检验性。在汪锋以前，Greenberg (1953)、Starostin (1994a)、Benedict (1982)、Lee & Sagart (1998)、郑张尚芳(1999)等也主张白语和汉语有同源关系，但汪锋的这项研究比以前的汉白关系研究更具有实证性，也正是他的这项研究使我接受了汉白有同源关系的结论。

学界都认为白语和彝语有很密切的联系，不过证明汉语和白语有同源关系还不能证明白语和彝语的语源关系。白语和彝语的密切关系是接触的结果还是同源的结果，当时并不清楚。李方桂（Li 1937)、闻宥（1940）、赵衍荪 (1982)、戴庆厦（1994）、Matisoff (2000a)都认为白语和彝语有同源关系，但都没有给出系统的对应规则和核心词的分布情况。我认为汪锋关于汉语和白语关系的研究再往深处走一定要追问彝语处于一个什么地位。2004年，汪锋重返北大跟我做博士后，开始了彝语和汉语、白语的比较研究，并申请了国家社科基金，出博士后站留校任教，同时跟随戴庆厦先生做博士后，继续补充这项研究。后来又和我一起主持教育部基地重大项目"基于严格语音对应同源语素的汉藏语系数理谱系分类"和四川凉山州资助项目"彝语文本解读和华夏文明起源研究",继续完善汉白彝的比较工作。可见汪锋的这项成果是多年连续研究的结果。

从前面汉藏语比较的讨论看,要确定语言的亲属关系,有两个前后相继的难关不能绕过。这两个难关是:

1. 全面比较两个语言的语素,建立系统的语音对应规则,确定最早时间层面的对应语素。

2. 判定最早时间层面的对应语素是借用的结果还是同源的结果。

面对这两大难关,汪锋多次深入彝族地区调查。他先建立大规模语音对应数据库,根据几个大的彝语方言构拟了原始彝语,又在彝语、白语、汉语之间建立最早时间层面的对应规则,最后通过有阶分析发现,彝语和白语、汉语之间越是核心的词集,最早时间层面的对应词比例越高。这就是说,不仅彝语和白语有同源关系,彝语和汉语也有同源关系。下面是汉语和彝语最早时间层面对应词在两阶核心词集中的一种分布:

词阶	数目	实例
高阶 (第100词)	6+15	吃、蛇、犄角、二、树、死、飞、耳、鱼、石、手、来、女、眼睛、黑、你、我、长、肝、虱子、新
低阶 (第200词)	3+4	母亲、五、洗、蛇、打、近、天(day)

当然,由于汉语和彝语分化时间较长,最早时间层面的对应语素相对较少,落在两阶核心词集中的词更少(以上共28个),要求所有的汉彝对应语素满足声、韵、调的完全对应是不可能的,因此汉语和彝语最早时间层面的对应也可能有少数是偶然对应或借贷的结果,核心词集中也不排除有偶然对应或借贷。不过,正如我们前面讨论汉语和藏语关系时提到的,从核心对应词中排除偶然对应,最核心的对应词比例高这一性质一般不会变化,而从核心对应词中排除借贷,最核心的词的比例会升高,因此在更深入的研究基础上如果能进一步排除偶然对应和借贷,汉彝同源会得到更进一步的确认。

另外,汉语、白语、彝语之间对应语素有阶分布呈现出的结果,还构成证据链的相互支持。不仅汉语和彝语的最早时间对应词呈现出同源分布,汉语和白语以及白语和彝语最早时间对应词也呈现出同源分布,由于汉语和白语同源,白语和彝语同源,根据同源关系的可传递性,汉语和彝语也应该同源。这些证据链没有出现矛盾,相互支持,这种结果不是偶然的。

汪锋的这项研究在严格的对应规则上找出早期汉彝对应语素,再从核心词的分布上判定这些对应的语源性质,直接面对确定亲属关系的两道难关,所得出的结论具有实证性。

如果汉彝同源,而彝语又属于藏缅语,根据同源关系的可传递性,汉语和藏缅语同源。汪锋的这项研究再次为汉语和藏缅语同源提供了重要证据。考虑到前面提到的汉语和藏语同源的证据,现在我们可以比较有把握地说,汉语和藏缅语同源。

如果汉语和藏缅语同源,汉语的宾语语序就需要加以解释。藏缅语是"主语+宾语+述语"(SOV)型,汉语是"主语+述语+宾语"(SVO)型。原始汉藏语应该是相同的语序。有两种可能。一种可能是:原始汉藏语是SVO,后来藏缅语变成SOV,原始汉语在一定条件下变成SOV,如否定句中的代词宾语等,这些有条件的SOV又变回到SVO。还有一种可能是:原始汉藏语是SOV,其中一支即原始汉语在中原和其他语言的接触下变成SVO型,形成汉语今天的SVO面貌。古汉语宾语在一定条件下呈现出SOV的格式,过去多用焦点、强调等语用的原因加以解释,现在看来历史变化的解释也是一种可能。

回到一个方法论的问题上来。有阶分布分析还有需要完善的地方,已经有不少学者提出这个问题,那就是如何使高阶词集和低阶词集更能反映语言分化和语言接触的对立。黄布凡、郑张尚芳、黄行、江荻等已经陆续提出了新的词集,都有一定的经验基础。目前调整两阶词集最迫切的工作是核心词在语言间传递情况的大规模专项调查。最近我们正在做一个基于大规模语音对应语素库的核心词调整,希望通过大量的调查和统计,使保留率高的词进入高阶词集,保留率低的词进入低阶词集,调整的结果是使得两阶核心词更能反映接触和同源的对立:

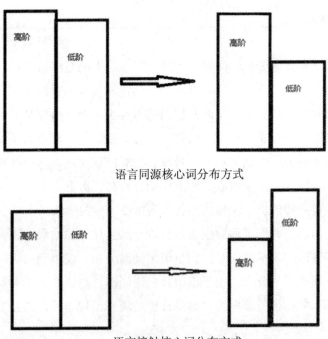

语言同源核心词分布方式

语言接触核心词分布方式

随着词阶准确性的提高,判定最早时间层面的对应语素的语源性质就会更准确。

再来看汉白彝谱系关系或亲缘关系的远近。汪锋最后给出的谱系关系是:

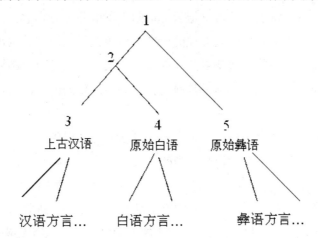

这个分类结果有些出乎意料,和目前把白语归入藏缅语族的结论不一致。

早些时候,徐琳、赵衍荪等学者根据白语的一些类型特征,比如有元音的松紧对立、闭音节少、复元音少等,再参考部分白语和彝语的共同词汇,把白语归入彝语支。这种分类代表了多数学者的意见。与此不同,Starostin 和 Benedict 认为白语是一种古汉语,后来郑张尚芳将白语和汉语作为一个汉白语族,理由是白语中含有大量的古汉语基本词汇。

对同源语言作谱系分类可以从语音、语法特征的共同性入手,这种方法可以称为结构特征分类法。但在我们所进行的具体分类工作中,这种分类方法实际操作起来会遇到很多问题,因为两个亲属语言分化以后,其语音、语法可以相互扩散,尤其是可以通过母语干扰形成同构,所以现代亲属语言的共同特征并不一定是两个亲属语言分化以前的共同特征。共同的语音、语法特征有可能是按照语言演变的普遍趋势发展出来的,也可能是亲属语言相互接触形成的,还可能是亲属语言共同受其他语言影响形成的,因此语音、语法特征常常会形成交叉现象,比如根据数量词的位置,仫佬语和侗语相近,数量词都在名词前,但根据动物性别词的位置,仫佬语和傣语相近,性别词都在动物名词后,拿这两个标准中的任何一个标准来确定仫佬语和侗语、傣语亲属关系的远近都会有争议。我们也尝试过这样的做法:列出存在于这三个语言中的任何两个语言之间的结构特征,然后比较哪两个语言享有更多的特征。但是两个语言享有的结构特征多并不总能证明亲属关系近,仍然可能是接触的结果,比如金沙江地区的傣语深受汉语影响,很多结构特征和深受汉语影响的侗水语一致,如果因此把金沙江傣语作为侗水语的下属语言,就不能反映金沙江傣语的历史。

我们也考虑过用历史上一些重大的历史音变规律来确定亲属关系的远近。比如汉语的浊音清化、平分阴阳、入派三声等重大音变规律,就有人用来作为汉语方言历史分类的依据。但是,重大音变规律在当代亲属语言或方言中的体现仍然是结构特征,可能通过接触扩散，所以仍然不能解决用结构特征确定亲属关系远近所遇到的困难。另一方面，语音特征是错综复杂的，根据入声字归阳平的特点，可以把云南话归入汉语北方方言西南官话，根据是否区分平卷舌的特点，又可以把云南话归入汉语北方方言北方官话或江淮官话。最近也有人尝试用共同创新来作谱系分类的标准，问题在于共同创新也可以通过接触扩散，如何鉴定两个语言的某个共同特征是共同创新的结果而不是扩散的结果，目前还没有严格的判定标准。比如云南话入声归阳平是西南官话共同创新的结果，还是扩散的结果，现在还难以判定。

由于结构特征在划分谱系树、确定亲属关系远近时会遇到上述困难，用结构特征进行谱系树分类的做法目前还没有可行性。当然，由于共同存古和共同创新所导致的同构现象对认识语言历史有重要价值，不过这个价值可能不在谱系分类中。

汪锋处理汉、白、彝谱系关系所用的方法是对100核心词进行聚敛分类的方法。这一方法的基本思想是，两个同源语言100核心词中同源词数量越多，它们的亲缘关系就越近。Swadesh（1955）首先用100核心词来确定同源语言的分化年代。王士元（1995）首先用生物谱系分类中的聚敛分析方法，根据陈保亚（1996）给出的侗台语100核心词保留表，画出了侗台语谱系树。当时还不清楚这种划分是否能真正反映同源语言亲缘关系的远近，因为有两个问题还没有得到解决：

1. 如果100核心词的衰变率在不同的亲属语言中差异较大，100核心词中同源词的保留率就不能反映同源语言亲缘关系的远近。

2. 如果核心词也容易借用，聚敛分类的结果就不一定完全反映亲缘关系的远近，在某些方面反映的可能只是接触的结果。

关于第1个问题，徐通锵（1991）将汉语方言100核心词中同源词的保留率和文献中所记录的汉语方言分化年代做了比较，同源词保留率基本能反映方言的分化顺序。我和木霁弘曾经研究过小乘佛教传入傣族地区的年代，也分析过德宏、西双版纳傣语和未受佛教影响的金沙江傣语100核心词中同源词的保留率，该保留率也基本能反映金沙江傣语从原始傣语分化出来的年代。因此我们认为不同的同源语言100核心词中，同源词的衰变率基本上是一致的。

再来看第2个问题。为了弄清核心词借用率，我们对西南官话和台语的接触进行了追踪调查，我们发现在保持语音对应的前提下，100核心词作为自由语素借用的情况相当少。比如，在各地傣语方言中，除了元江傣语有一个"杀"字是西南官话词，西双版纳、德宏、临沧、金平、马关、孟连、武定、元阳、元江、绿春、禄劝等地的傣语均未发现100核心词中有西南官话借词，只有少数语素是以黏着方式借入的，如"星期一、星期二"中的"一"和"二"。在我们所调查分析的几十种侗台语或侗台语方言中，100核心词中借入西南官话的词也很少。1990年，我们曾对滇藏川三角地带的十几种藏缅语族语言进行过核心词调查，没有发现西南官话借词。1999年以来，我们又在云南、西藏对藏缅语几十种语言的关系词作了专门调查，均无西南官话词借入藏缅语核心词。西南官话在侗台语、藏缅语地区有很大的势力，很多民族都会说西南官话，从民族语言到西南官话的母语转用也频繁发生。有些地区还有汉族说民族语言，使当地民族语言的结构面貌发生了很大的变化。即使在这样一种深刻接触的背景下，100核心词仍然很稳定。

由于100核心词的借用率很低，并且衰变率基本上是均匀的，用100核心词中同源词比例的高低来确定同源语言亲属关系的远近比其他方法似乎更可靠。当然，100核心词集也有需要改进的地方，这是目前我们正在做的一项工作。至于Swadesh的200核心词，其保留率稳定程度不如100核心词。在我们所做的调查中，200核心词都有不同程度的借用，不同地区差别比较大，所以现在不宜用200核心词中关系词的比例作为亲属关系远近的根据。基本词汇也不太合适。现在有的学者提出了新的核心词词集，这样的词集若能够得到田野工作的检验，一定会有可利用的价值。

回到白语、汉语、彝语的谱系关系上来。在100核心语素中，由于白语和上古汉语的核心对应语素有39个（汪锋），数量很大，远远超过白语和彝语的核心对应语素数量（最严格对应要求下只有4个），白语和上古汉语（原始汉语）的亲属关系要近一些，和彝语亲属关系要远一些。

根据前面提到的理由，我同意汪锋的这种划分以及他所划分的理由。现在看来，Starostin和Benedict认为白语是一种古汉语的说法，郑张尚芳认为存在一个汉白语族的说法，都有一定的道理，只是证据不够严密、充分，比如，根据汪锋所建立的对应规则表，郑张尚芳所依据的汉白共同词汇，其中有大部分是后来的借词，需要从同源词表中排除。至于说白语是汉语方言还是存在一个汉白语族，尚可进一步讨论。

那么如何解释白语和彝语有不少同构现象？从上面的谱系树看，白语很可能是汉语受彝语强烈影响而形成的汉语方言。目前在连接云南和四川的两条主要古道有零关道和五尺道，这两条通道网络上分布有不少汉墓，说明汉语进入云南不会晚于汉代。而这两条重要通道网络上分布有大量彝族，汉语作为一种强势语言，在语言接触的过程中从结构上受到彝语的影响是可能的。

汉语和彝语先分化、后接触的细节还有待深入研究。彝语有自源文字，有相当丰富的语言文本，包括古彝文书写的文本和口语文本，这些文本中有大量关于彝族起源、分化、迁移、祖先崇拜的记录，这在其他藏缅民族中不多见。由于肯定了彝族和汉族的同源关系，这些彝语文本对进一步解释汉藏语的起源及其来龙去脉有了新的价值。若再结合三星堆及巴蜀考古发现的成果，这方面的研究应该很有前景。最近我和汪锋正做这方面的工作，希望能有一些实质性的结果。

无论将来的研究结果如何，从汪锋对白语与汉语以及白语与彝语所做的扎实而严密的比较研究和统计数据看，我们可以比较有信心地说，白语和汉语、彝语都有亲属关系，并且在白语、汉语、藏缅语之间，白语和汉语在语源上有更直接的亲属关系。早些时候学者们关于白语和汉语同源、白语和彝语同源的争论，在汪锋的研究工作中都得到了协调，原来这两种观点并不矛盾，这里的关键是，汉语、白语、彝语都同源。汪锋的工作给了我们一个汉、白、彝语源关系的更为细致的蓝图。

汪锋的这项研究成果是建立在解决两道难关的基础上的，即建立严格的对应规则，并给出核心词的有阶分布结果。正是在这种意义上，汪锋的这项研究成果为汉语和藏缅语同源提供了又一个具有实证性的重要证据。

2011 年 10 月 2 日于北街家园静山斋

目 录

序 …………………………………………………………………… 王士元 1
序：汉语藏缅语同源的一个重要证据 ………………………… 陈保亚 3

内容摘要 …………………………………………………………………… i
ABSTRACT ………………………………………………………………… iii
缩略语 ……………………………………………………………………… v
图表 ………………………………………………………………………… vii
表格 ………………………………………………………………………… viii

0. 问题的提出 ……………………………………………………………… 1

1. 研究目标和方法论 ……………………………………………………… 2
   1.1 语言的源流 ………………………………………………………… 2
   1.2 研究方法 …………………………………………………………… 3
      1.2.1 重构形式的分级 ……………………………………………… 3
      1.2.2 系统匹配与层次对应 ………………………………………… 5
      1.2.3 词汇的同质性与层次校准 …………………………………… 7
      1.2.4 词阶法的检验与延伸 ………………………………………… 8
      1.2.5 语言亲缘分类的特征法与词源统计法 ……………………… 8

2. 原始白语 ………………………………………………………………… 10
   2.1 音韵系统 …………………………………………………………… 10
   2.2 白语方言的谱系树与重构分级 …………………………………… 11
   2.3 白语方言与词阶法的检验及延伸 ………………………………… 12
      2.3.1 高阶/低阶区分与白语方言 …………………………………… 13
      2.3.2 核心词与白语方言谱系分类 ………………………………… 14

3. 汉白比较 ………………………………………………………………… 17

3.1 汉白关系语素集 ··· 17
   3.1.1 汉白最早层次音韵对应与系统匹配检验 ······················· 17
   3.1.2 汉白语素最早层次与词汇同质性检验 ·························· 21
   3.1.3 汉白关系语素的最早层次与原始白语形式的分级 ········ 26
3.2 汉白关系语素分析 ··· 27
   3.2.1 不可释原则的应用及限制 ··· 27
   3.2.2 词阶分析 ··· 28

4. 原始彝语 ·· 31
   4.1 彝语材料 ··· 31
   4.2 原始彝语的声调 ·· 31
   4.3 原始彝语的声母 ·· 33
      4.3.1 唇音 *b- *p- *pʰ- *m- *f- *v- ····································· 33
      4.3.2 舌尖音 *d- *t- *tʰ- *n- *n̥- *l- ································· 34
      4.3.3 舌根音 *g- *k- *kʰ- *ŋ- *x- *ɣ- ······································· 34
      4.3.4 小舌音 *ɢ- *q- *qʰ- ··· 35
      4.3.5 舌尖擦音、塞擦音 *dz- *ts- *tsʰ- *z- *s- *ʃ- *r- ········· 35
      4.3.6 喉音 *h- *ʔ- ·· 36
      4.3.7 鼻冠复辅音 *Npʰ- *Ntʰ- *Nkʰ- *Ntsʰr- ······················· 36
      4.3.8 带 h-前缀的复辅音 *hm- *hn- *hŋ- *hl- ···················· 36
      4.3.9 带ʔ-前缀的复辅音 *ʔm- *ʔn- *ʔl- *ʔv- ····················· 37
      4.3.10 带-r-介音的复辅音组 1: *br- *pʰr- *dr- *tr- *tʰr *gr- *kr- *kʰr- ··· 37
      4.3.11 带-r-介音的复辅音组 2: *sr- *dzr- *tsr- *tsʰr- ········· 38
      4.3.12 带鼻音前缀和-r-介音的复辅音: *Nkʰr- *Ntsʰr- *Ntʰr- ··· 38
      4.3.13 带-j-介音的复辅音：*gj- *mj- *tɕ- ····························· 39
      4.3.14 尚待确认的重构 ·· 39
      4.3.15 小结：原始彝语到现代彝语的声母演变 ···················· 40
   4.4 原始彝语的韵母 ·· 42
      4.4.1 *-ɒ *-uɒ ·· 43
      4.4.2 *-ɑ *-ɑ̠ ··· 45
      4.4.3 *-æ *-uæ *-æ̠ ··· 46
      4.4.4 *-ɛ *-ɛ̠ ··· 46
      4.4.5 *-e *-ue *-e̠ *-i *-i̠ ·· 47

  4.4.6 *-ɯ *-ɯ̠ ·· 47
  4.4.7 *-u *-u̠ ·· 48
  4.4.8 *-o *-o̠ ·· 48
  4.4.9 小结：原始彝语到现代彝语的韵母演变 ······································ 48
 4.5 原始彝语的词句法 ·· 50
  4.5.1 原始彝语的指示代词系统 ··· 50
  4.5.2 原始彝语的人称代词系统 ··· 52
  4.5.3 原始彝语的疑问代词系统 ··· 57
 4.6 原始彝语的基本词汇 ·· 60
 4.7 现代彝语方言的谱系树 ·· 61
  4.7.1 基于共同创新的现代彝语方言谱系树 ······································ 61
  4.7.2 基于核心词同源比率的现代彝语方言谱系树 ·························· 63
 4.8 原始彝语词汇的分级 ·· 64

5. 彝白比较 ·· 66
 5.1 彝白关系语素集 ·· 66
  5.1.1 彝白声母对应 ·· 66
  5.1.2 彝白韵母对应 ·· 73
  5.1.3 彝白声调对应 ·· 79
  5.1.4 彝白关系语素 ·· 90
 5.2 彝白关系语素分析 ·· 97
  5.2.1 多重对应与层次 ·· 97
  5.2.2 词阶分析 ·· 102
  5.2.3 不可释原则 ·· 104

6. 彝汉比较 ·· 105
 6.1 彝汉关系语素集 ·· 105
  6.1.1 彝汉声母对应 ·· 105
  6.1.2 彝汉韵母对应 ·· 110
  6.1.3 彝汉声调对应 ·· 115
  6.1.4 彝汉关系语素 ·· 122
 6.2 彝汉关系语素分析 ·· 126
  6.2.1 多重对应 ·· 126
  6.2.2 词阶分析 ·· 126

  6.2.3 不可释原则 ··· 128

7. 汉、白、彝之亲缘关系 ··· 129
  7.1 音韵演变分析 ··· 129
  7.2 语义演变分析 ··· 130
  7.3 核心语素分析 ··· 131
  7.4 基本语法结构比较 ··· 132
  7.5 汉、白、彝之亲缘关系及白语的源流试析 ······························· 133

8. 汉、白、彝关系语素分析 ··· 134
  8.1 彝、白、汉三者共有关系语素 ·· 134
  8.2 彝汉关系语素,白语无 ·· 135
  8.3 彝白关系语素,汉语无 ·· 135
  8.4 白汉关系语素,彝语无 ·· 136
  8.5 小结 ·· 142

9. 余论 ·· 143

附录 1 原始白语形式及分级 ··· 145
附录 2 白语方言基本词之编码 ··· 182
附录 3 彝语方言 89 项基本词 ··· 188
附录 4 原始彝语重构 ··· 191
参考文献 ··· 238
后记 ·· 246

内容摘要

本书以汉藏语言中的汉语、白语和彝语为对象，探讨汉藏语言比较的方法。汉语、白语和彝语三者之间纷繁复杂的历史关系是汉藏系语言关系的典型代表，要研究三者的关系，必须考虑三者之间横向传递和纵向传递交织的复杂背景。为此，我们坚持以下严格的步骤来进行三个语言之间的两两比较：1. 在内部比较的基础上重构原始语言；2. 两两比较各原始语言，构建关系语素数据库；3. 区分关系语素的层次，尽量离析出最早层次；4. 根据不可释原则、词阶法等推断最早层次的关系语素体现的语源性质；5. 如果三者之间是同源关系，则根据独特的共享创新、共同核心语素的比例等进一步比较三者之间亲缘关系的远近。

本书主要重构了原始彝语。根据《彝语简志》的划分，彝语至少有六个方言群：北部方言、东部方言、南部方言、西部方言、东南部方言和中部方言。我们从每一个方言群中选择一个代表点，分别是喜德彝语、武定彝语、江城彝语、巍山彝语、石林撒尼彝语、南华彝语。在比较这些彝语方言点的基础上，我们重构了原始彝语的声韵调系统和词汇。同时，根据创新特征和核心词汇同源保留率分别探讨了这六个方言的谱系树分化图景。我们对原始彝语词汇进行了分级，不同的级别可以显示其时间深度和证据支持的强度：在所有的彝语方言材料中都有分布支持的原始彝语形式几乎可以肯定是从原始彝语中遗传下来的成分，在研究中标为 1 级；2 级是指在彝语东支(撒尼、武定)和西支(巍山、南华、江城、喜德)都有分布。

原始白语的材料主要根据 Wang(2004; 2006b)，在本研究中根据最新调查作了少许修订。上古汉语韵部研究相对成熟，在王力三十韵部系统(1937)建立之后，基本没有大的变动，本文采用李方桂(1971)的系统，其韵部基本与王力系统一致；至于声母系统的研究，李方桂系统后，龚煌城(2002)根据新的材料，做出一些修订，因此本文也随之更新。在认定语言之间的关系语素时，只有声、韵、调三方面都构成语音对应，才列入关系语素集。两两比较原始白语、原始彝语和上古汉语，分别得出汉白关系语素集、彝白关系语素集、彝汉关系语素集。我们分析了各语素集中体现的一对多的对应，将能判定为借用造成的晚近层次排除，剩余的关系语素集作为判定三者语源关系的依据。根据不可释原则和词阶法，三个语言都是同源关系。因此，三者的亲缘关系问题可以具体化为同源语言间亲缘关系远近的问题，也就是亲缘语言分群(Subgrouping)的问题。

我们同时运用两方面的证据来探讨汉、白、彝三者之间的远近：一是比较共享的核心同源语素；二是比较共享的创新。从基本词汇、语音、语义和语法各方面来看，原始白语都和上古汉语关系更近，三者的关系应该写作：((原始白语，上古汉语）原始彝语)。

在原始白语和原始彝语的基础上，通过原始语言分级，探讨不同层级的白彝关系语素，并在最严格的基础上，引入汉语，分析三者之间的关系语素及其中的分布，探讨其中体现的语源判断方法与材料之间的互动。

在方法论方面，本研究还探讨了重构形式分级在语言比较中的必要性，分析了在系统匹配概念下层次对应的形成机制，以及词汇同质性对于层次校准的重要参考价值。根据白语方言和彝语方言的数据对词阶法进行了检验，此外，利用重构形式的不同级别和完全对应的不同情况，观察词阶在彝白关系语素集和彝汉关系语素集中的反映，发现重构形式的放宽会导致更多晚近借用成分的干扰。本研究还探讨了语言亲缘分类的特征法和词汇统计学对语言亲缘结构的不同表述。

关键词：原始白语，原始彝语，上古汉语，语言比较，词阶

Abstract

In the arguments for the evolution of the Bai language, the two frequently involved languages are Chinese and Yi. The crucial point to solve the controversies on the Bai language is to find out the genetic structure between the three. Due to the complex interactions of horizontal transmission and vertical transmission between the three, the Distillation Method proposed in Wang (2004) has been implemented in this case.

The Proto-Yi is reconstructed based on six Yi dialects in China, which are representatives of the six Yi subgroups according to the classification in Yiyu Jianzhi. They are Xide Yi, Wuding Yi, Jiangcheng Yi, Weishan Yi, Shilin Yi and Nanhua Yi. Both character-based method and lexicostatistics are used to draw the genetic tree of the six dialects. Meanwhile, the proto-forms are ranked to show their time depth and how strong they are supported. Proto-forms reflected in all these Yi dialects should be inherited from Proto-Yi, which are marked as rank 1. Proto-forms reflected both in eastern branch (Shilin, Wuding) and western branch (Weishan, Nanhua, Jiangcheng, Xide) are marked as rank2, which are not so sure to be inherited from Proto-Yi.

The data of Proto-Bai are extracted from Wang (2004; 2006b) with some modifications based on recent fieldwork. The reconstruction of Old Chinese follows Li (1971) with partial modifications in Gong (2002). Only forms corresponding in initial, final and tone between languages will be counted as related forms. In this spirit, the Sino-Bai, Bai-Yi, Sino-Yi related forms are collected. After stratification of these related forms, the oldest layers are distillated as the evidence to identify their genetic status. According to the Inexplicability Principle and Rank Analysis, the three languages are recognized to be genetically related. Therefore, the following question is how to subgroup them.

Two kinds of evidence are used to find out the genetic distance between Bai, Chinese and Yi. Firstly, the shared innovations between them are compared. Secondly, the shared kernel cognates between them are counted. All the evidence suggests the genetic structure to be ((Proto-Bai, Old Chinese), Proto-Yi).

In this study, some methodological issues in comparative studies are explored. The necessity of ranking proto-forms is discussed. In terms of systematic match, the mechanism of the formation of strata is analyzed and the homogeneity of lexicon is argued to be importance reference to identify the same layer. The rank theory is examined based on data from Bai and Yi dialects. Using different criteria on levels of proto-formation and overall-correspondences, the distributions among high/low ranks of Bai-Yi related morphemes and Sino-Yi morphemes are observed accordingly. It is found that the loose criteria of proto-forms will bring much later borrowings. Moreover, the differences between character-based method and lexicostatistics in representing the genetic structure between languages are analyzed.

Keywords: Proto-Bai, Proto-Yi, Old Chinese, Comparison, Rank analysis.

缩略语

DS	大石白语	Dashi Bai
EG	俄嘎白语	Ega Bai
EQ	恩棋白语	Enqi Bai
GX	共兴白语	Gongxing Bai
JM	金满白语	Jinman Bai
JX	金星白语	Jinxing Bai
MC	中古汉语	Middle Chinese
MCF	中古汉语韵母	Final of Middle Chinese
MCI	中古汉语声母	Initial of Middle Chinese
MCT	中古汉语声调	Tone of Middle Chinese
MN	定中结构	Modifier + Noun
MZL	马者龙白语	Mazhelong Bai
Neg	否定标记	Negative marker
NNum	数量结构	Noun + Numeral + Classifier
OC	上古汉语	Old Chinese
OCF	上古汉语韵母	Final of Old Chinese
OCI	上古汉语声母	Initial of Old Chinese
OCT	上古汉语声调	Tone of Old Chinese
OV	宾动结构	Object + Verb
PAUP		Phylogenetic Analysis Using Parsimony. cf. Swofford (1993)
PB	原始白语	Proto-Bai
PENNY		A parsimony algorithm, cf. Felsenstein, J. 1986-1993
PL		Proto-Loloish
PY	原始彝语	Proto-Yi
PYF	原始彝语韵母	Final of Proto-Yi
PYI	原始彝语声母	Initial of Proto-Yi

PYP	原始彝语前置辅音	Preinitial of Proto-Yi
PYT	原始彝语声调	Tone of Proto-Yi
RelN	关系句	Relative + Noun
SVO	主动宾	Subject + Verb + Object
TL	妥洛白语	Tuoluo Bai
ZC	周城白语	Zhoucheng Bai
◇	对应	corresponding to
→	演变为	change into
>	演变为（只用于同源词）	change into (only for two states of a cognate)

图　表

图表 1　南岛语言的分群···3
图表 2　语言 A 和语言 B 在时间段 I 的系统匹配···6
图表 3　语言 A 和语言 B 在时间段 II 的系统匹配···6
图表 4　基于距离法的白语方言谱系树···15
图表 5　基于创新特征的白语方言谱系树···15
图表 6　白语方言谱系树与地理分布···16
图表 7　基于创新特征的彝语方言谱系树···63
图表 8　基于核心词的彝语方言谱系树···64
图表 9　原始语级别与借用···97
图表 10　汉、白、彝之谱系结构···133
图表 11　汉、白、彝谱系结构的层级···143

表　格

表格 1 台语对应的分布 ··· 5
表格 2 词汇的时代沿革关系实例 ·· 7
表格 3 原始白语的调类及调值 ·· 11
表格 4 简称形式对照表 ··· 11
表格 5 九个白语方言的谱系树图 ··· 11
表格 6 白语方言高阶相似矩阵 ·· 13
表格 7 白语方言低阶相似矩阵 ·· 14
表格 8 白语方言的距离矩阵 ··· 15
表格 9 尚不需调整的汉白声母对应 ·· 19
表格 10 涉及调整的汉白声母对应 ·· 19
表格 11 原始白语对应汉语 nr- 的最早层次 ······································· 19
表格 12 调整后的部分汉白声母对应 ··· 19
表格 13 尚不需调整的汉白韵母对应 ··· 20
表格 14 推导出的汉白韵母对应 ··· 21
表格 15 汉白声调对应 ··· 21
表格 16 汉白对应最早层次的同质性判定 ··· 26
表格 17 早期的汉白最早层次的词阶统计 ··· 26
表格 18 更新的汉白最早层次的词阶统计 ··· 26
表格 19 未达 1 级的原始白语例子 ·· 27
表格 20 汉白关系语素最早层次的分布 ·· 28
表格 21 汉白关系语素最早层次的高低阶分布 ··································· 28
表格 22 三阶词 ·· 29
表格 23 汉白关系语素的三阶分布 ·· 29
表格 24 严格检验之后的汉白关系语素分布 ······································ 29
表格 25 严格条件下的汉白关系语素最早层次的高低阶分布 ················ 30
表格 26 严格条件下的汉白关系语素最早层次的三阶分布 ··················· 30
表格 27 原始彝语的声调系统 ·· 32
表格 28 原始彝语调 *7 在撒尼方言和南华方言中 ······························ 32

表格 29 原始彝语的唇音 ·· 33
表格 30 原始彝语的舌尖音 ·· 34
表格 31 原始彝语的舌根音 ·· 34
表格 32 原始彝语的小舌音 ·· 35
表格 33 原始彝语的舌尖擦音及塞擦音 ··· 35
表格 34 原始彝语的喉音 ·· 36
表格 35 原始彝语的鼻冠复辅音 ·· 36
表格 36 带 h-前缀的复辅音 ··· 36
表格 37 带ʔ-前缀的复辅音 ·· 37
表格 38 带-r-介音的复辅音组 1 ·· 37
表格 39 带-r-介音的复辅音组 2 ·· 38
表格 40 带鼻音前缀和-r-介音的复辅音 ··· 38
表格 41 带-j-介音的复辅音 ·· 39
表格 42 尚待确认的重构 ·· 39
表格 43 彝语方言中的声母演变 ·· 42
表格 44 作为独特共同创新的声母演变 ··· 42
表格 45 原始彝语以-ɒ-为韵腹的韵母 ·· 43
表格 46 武定彝语 6 调紧元音u̠的声母分布 ·· 44
表格 47 与 Bradley(1979)重构的比较 ·· 45
表格 48 原始彝语以-ɑ-为韵腹的韵母 ·· 45
表格 49 原始彝语以-æ-为韵腹的韵母 ·· 46
表格 50 原始彝语以-ɛ-为韵腹的韵母 ··· 46
表格 51 原始彝语以-e-及-i-为韵腹的韵母 ··· 47
表格 52 原始彝语以-ɯ-为韵腹的韵母 ·· 47
表格 53 原始彝语以-u-为韵腹的韵母 ··· 48
表格 54 原始彝语以-o-为韵腹的韵母 ··· 48
表格 55 彝语方言中的韵母演变 ·· 50
表格 56 作为分群特征的韵母演变 ··· 50
表格 57 彝语方言的指示代词 ··· 51
表格 58 彝语方言的近指 ·· 51
表格 59 彝语方言的远指 ·· 51
表格 60 彝语方言的人称代词系统 ··· 52
表格 61 喜德彝语中的人称单复数 ··· 53

表格 62 喜德彝语人称单复数的早期形式 ……………………………… 53
表格 63 武定彝语的人称单复数 …………………………………… 53
表格 64 江城彝语的人称单复数 …………………………………… 54
表格 65 巍山彝语的人称单复数 …………………………………… 54
表格 66 巍山彝语的人称早期形式 ………………………………… 54
表格 67 撒尼彝语的人称单复数 …………………………………… 54
表格 68 撒尼彝语的人称早期形式 ………………………………… 55
表格 69 南华彝语的人称单复数 …………………………………… 55
表格 70 南华彝语的人称早期形式 ………………………………… 55
表格 71 彝语方言的单数人称早期形式 …………………………… 56
表格 72 彝语方言中的包括式和排除式 …………………………… 56
表格 73 Bradley 重构的彝语人称代词原始形式 ………………… 57
表格 74 "我","你"的原始彝语形式 …………………………… 57
表格 75 彝语方言的疑问代词 ……………………………………… 58
表格 76 喜德彝语的疑问模式 ……………………………………… 58
表格 77 武定彝语的疑问模式 ……………………………………… 58
表格 78 江城彝语的疑问模式 ……………………………………… 58
表格 79 撒尼彝语的疑问模式 ……………………………………… 59
表格 80 南华彝语的疑问模式 ……………………………………… 59
表格 81 彝语方言中的"火" ……………………………………… 60
表格 82 彝语方言中的"鸟" ……………………………………… 60
表格 83 彝语方言中的"给" ……………………………………… 60
表格 84 彝语方言中的"杀" ……………………………………… 60
表格 85 彝语方言中的"坐" ……………………………………… 61
表格 86 彝语方言谱系划分依据的 16 项特征 …………………… 62
表格 87 彝语方言分类特征的编码 ………………………………… 62
表格 88 彝语方言的距离矩阵 ……………………………………… 63
表格 89 彝语方言的地理分布 ……………………………………… 64
表格 90 彝白多重对应例 1 ………………………………………… 98
表格 91 彝白声母多重对应例 2 …………………………………… 98
表格 92 彝白声母多重对应例 2 的模式 …………………………… 99
表格 93 例 2 的层次解释 …………………………………………… 99
表格 94 例 2 的内部音变解释 ……………………………………… 99

表格 95 彝白声母多重对应例 3 ································· 100
表格 96 彝白韵母多重对应例 1 ································· 100
表格 97 彝白韵母多重对应例 2 ································· 100
表格 98 彝白韵母多重对应例 3 ································· 100
表格 99 彝白韵母多重对应例 4 ································· 101
表格 100 彝白声调多重对应例 1 ································ 101
表格 101 彝白声调多重对应例 2 ································ 101
表格 102 彝白声调多重对应例 3 ································ 102
表格 103 最严格彝白关系语素的词阶分布 ···················· 102
表格 104 放宽到原始彝语 2 级的彝白关系语素词阶分布 ······ 102
表格 105 放宽对应要求的彝白关系语素的词阶分布 ··········· 103
表格 106 双重放宽下的彝白关系语素的词阶分布 ············· 104
表格 107 彝白对应之不可释例 1 ································ 104
表格 108 彝白对应之不可释例 2 ································ 104
表格 109 彝汉声母多重对应例 ·································· 126
表格 110 彝汉声母多重对应的模式 ····························· 126
表格 111 最严格彝汉关系语素的词阶分布 ···················· 127
表格 112 放宽到原始彝语 2 级的彝汉关系语素的词阶分布 ··· 127
表格 113 放宽对应要求的彝汉关系语素的词阶分布 ··········· 127
表格 114 双重放宽下的彝汉关系语素的词阶分布 ············· 128
表格 115 彝汉对应之不可释例 ·································· 128
表格 116 汉、白、彝之最严格关系语素 ······················· 129
表格 117 汉白彝之最严格关系语素的演化 ···················· 130
表格 118 汉、白、彝中的"树"和"柴"之演变 ············· 130
表格 119 汉、白、彝中的"心脏"之演变 ···················· 131
表格 120 汉语中"树"之演变历史 ····························· 131
表格 121 汉、白、彝核心关系语素数目之比较 ··············· 131
表格 122 放宽对应下的汉、白、彝核心关系语素数目之比较 ··· 132
表格 123 汉、白、彝之基本语序比较 ·························· 132

0. 问题的提出

　　一个历史语言学者最大的愿望或许就是厘清一个语言的源流。历史语言学的各种理论方法也基本都以此为中心。在历史的长河中，语言的各个子系统的成分，譬如，词汇、音韵、词法、句法等，以纵横交错的传递方式导致了今天各个活生生的语言。我们已经意识到区分纵向传递和横向传递是澄清语言历史的关键所在。如果以语言的溯源为主要目的，则剔除横向成分，获取纵向成分为主要任务。我曾以白语为对象，探讨了如何在白语的纵向演变严重受汉语横向传递影响的情况下，识别白语和汉语的早期关系，在前人研究的基础上，总结了一套操作程序来处理涉及语源性质鉴别的研究（参见 Wang 2004; Wang 2006b）。Wang（2004）初步完成了原始白语的重构，进行了汉白比较的基本工作，找出了汉白之间最早层次关系语素，并对其语源性质作出了判断。而就一个完整的语言历史的研究视野而言，语源性质鉴别只是其中的一个必要部分。接下来的问题是，白语在汉藏语系中的位置何在？

　　回答上述问题与高层分支关系的可靠性密切相关，否则，可能提出很多无意义的关于白语亲缘地位的假说及论争（参见 Wang 2005）。然而，目前汉藏同源语言之间的高层分支研究有诸多争议，尤其是汉语的地位在不断更动之中（van Driem 2005），Sino-Tibetan、Sino-Bodic、Sino-Austronesian 等不同的假说对汉语支语言位置的处理各不相同。因此，在研究白语的亲缘位置时，选择确定的下层语支或语言来与之比较可能是目前状况下具有实际意义的比较工作。

　　在白语亲缘地位的早期研究中，除了汉语和白语的比较之外，最多的就是白语与彝语的比较。一种常见的说法是，早期白语与彝语在亲缘关系上最近，后来，随着白语受汉语的影响越来越深，大量汉语借词的涌入，造成了白语与彝语的巨大不同。在白语和彝语的比较中，目前需要解决的问题是：1. 原始彝语的重构；2. 原始彝语和原始白语之间的系统对应及关系语素的提取；3. 彝白关系语素体现的语源性质。

　　彝白关系语素体现出的语源关系确立后，白语的源流才能得到进一步的了解。白、彝之间的关系有两种可能：1. 关系语素是借用造成的；2. 关系语素是共同直接祖先的遗留。如果第 1 种可能得到证实，则白语与汉语是姐妹语言，白语与彝语的关系语素是由于二者长期在云南共存而通过接触造成的。如果第 2 种可能得到比较研究的支持，则白语的地位问题转换成一个同源语言的分支分类问题（Subgrouping）。也就是，白语、汉语和彝语三者都同源，那么白语与汉语关系更近，还是与彝语更近？

1. 研究目标和方法论

1.1 语言的源流

无论历史语言学的视野如何拓展，其最核心的基石仍旧是语言本身。也就是，澄清语言成分的源流是最重要的第一步。

在汉白比较研究中，为了处理横向传递而来的成分对语言纵向传递的干扰，在前人研究的基础上，我们总结了一套语源研究的操作程序（Wang 2004；2006b），并运用到汉白比较中以剔除从汉语中借入的大量成分，进而获取更为可靠的关系语素来分辨二者之间的语源关系。该操作程序可以分为三个部分：1. 内部比较（intra-comparison）；2. 外部比较（inter-comparison）；3. 语源鉴别。其中涉及的一些方法论原则将在下文中逐一概括总结，以作为进一步研究的背景。

内部比较主要是通过白语方言之间的比较来研究从原始白语到各个方言的演化。在这一部分我们的研究重点是重构原始白语，给白语方言作亲缘分类以及对某些演化过程作年代测定的研究。在重构原始白语中，我们强调识别关系语素时，必须从概率上确定关系语素之间的语音对应是非偶然对应，从文献、语义演变的普遍规律来确定语义对应的合理性；在拟测原始形式时，我们认为从原始形式到现代形式演变的自然性和原始形式在类型上的普遍性是主导的考虑因素；在不同的词根中寻找早期遗存时，分辨语义演变、晚期借用等的不同情形可以为原始词根的确定提供许多有益的线索。在对白语方言作亲缘分类时，我们认为创新特征作为分类依据更为适宜，通过综合运用语音演变、语义演变、词法类推以及词汇替换等方面的 19 个特征项，并应用遗传学分类算法来绘制了 9 个白语方言的谱系树图，其结构可以与其他方面的一些研究相对照。在年代测定上，根据《蛮书》、《云南志略》上的少量白语词记载进行了分析，从语音演变上看，我们重构的原始白语的时间深度要早于唐朝的记录时间（794）。

外部比较是要比较原始白语和其他与之有关联的语言，以进一步探讨其早期的发展情况。我们近年的研究主要集中在白语和汉语的比较上。比较的基本步骤如下：1. 以声、韵、调各自为单位来进行汉白关系语素的层次区分，而不是以整个音节为单位，根本原因在于不同层次之间以声、韵、调为单位的双向扩散的存在；2.去掉任何呈互补状态的多重对应，因为按照系统匹配的推测，这样的对应肯定来自晚期借用，我们称这样的现象为互补制约；3. 根据一些语音演变规律和其他线索，将分出的层次排序；4. 去掉晚期层次，将最后剩下的汉白关系语素作为最早层次的代表，也就是说，声、韵、调都在最早层次上的汉白关系语素才能入选，成为最后一步分析的对象。

语源鉴别部分中运用了两个办法来探讨最早层次的汉白关系语素反映出的汉语和白语之间的关系，一个办法是根据不可释原则，认为从音理上看，许多汉白关系语素中白语的语音表现形式不能通过汉语中对应的形式加以解释，因此，假定白语中的这些形式是从汉语中借用就不能令人十分信服。鉴于语音演变的复杂性，单凭此一方法也难以作很强的判断。我们还运用了词阶法来做鉴定分析，结果发现这些形式在高阶词中比率大大高于低阶词中比率，因此，应该认为这是遗传而不是借用造成的结果。这样，两个方法都指向同一结果：最早层次的汉白关系语素遗传自二者共同的祖语。

鉴于 Wang（2006b）已经对汉白关系语素作了比较详尽的研究，本书更多的是根据最新的调查与核对来进行部分修订和更深入的推进。主要工作有：调整原始白语词汇的构拟，对原始白语重构形式分级，并有词汇项目的增减；以系统对应的研究来检验汉白关系语素的对应，并作相应的增删调整。

在彝白比较部分，主要是完成与汉白比较平行的工作。即：重构原始彝语，建立彝白关系语素库，分析彝白关系语素的层次以及其最早层次反映出的白语和彝语的语源关系。在上述基础上，对汉、白、彝三者之间关系做详细探讨。

1.2 研究方法

检视 Wang（2004，2006b）等研究中采用的比较程序及其中的方法论，一些方面可以做更深入的分析：1. 重构形式的分级；2. 通过系统匹配的一些原则对层次分析的检验；3. 词汇系统同质性对层次的校准；4. 将词阶法置于白语方言的关系语素数据库中检测，以观察该方法的效能；5. 根据基本词在白语方言中的分布情况来绘制白语的谱系树，将之与根据创新特征绘制的谱系树进行比较，以探讨不同特征与方法对亲缘关系的不同体现。下面分别进行更为详细的探讨。

1.2.1 重构形式的分级

Blust（1980）研究南岛语词源时，按照南岛语谱系树的层级对南岛语原始形式进行了分级。如下图所示：

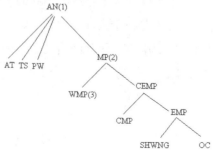

图表 1　南岛语言的分群

[AN=Austronesian; AT=Atayalic（Formosa）; TS=Tsouic（Formosa）; PW = Paiwan（Formosa）; MP=Malayo-Polynesian（all AN languages outside Formosa）; WMP =Western Malayo-Polynesian（the MP languages of the Philippines and western Indonesia, including Chamorro, Palauan, Chamic, and Malagasy. Western Indonesia include Bali, Lombok, the western half of Sumbawa, and Sulawesi together with the Banggai archipelago in the east and Muna-Buton and the Tukangbesi archipelago in the sourtheast. CEMP=Central-Eastern Malayo-Polynesian. The languages of the CMP and EMP groups. CMP=Central Malayo-Polynesian. The MP language of the Lesser Sunda islands beginning with Bimanese of eastern Sumbawa, and of the southern and central Moluccas, including the Aru islands and the Sula archipelago（but not Obi, Misool, or parts north）. EMP=the languages of the SHWNG and OC groups. SHWNG=South Halmahera-West New Guinea. The MP languages of Halmahera, Cenderawasih（=Geelvink） bay as far as the Mamberamo river, and of the Raja Ampat islands（Waigeo, Salawati, Batanta, Misool）, together with their satellites（Gebe, etc.）.There is some evidence that the AN languages of the Bomberai peninsula are members（probably in a first-order subgroup） of the SHWNG group. OC=Oceanic. The MP language of Melanesia, Micronesia, and Polynesia, except as stated elsewhere. N.B. The position of Yapese remains unclear.]

Blust 在一系列文章中（Blust 1980; 1983-4; 1988; 1989）贯彻此原则，重构了两千多原始南岛语词。层次性的重构可以充分显示原始形式的不同时间层次，也同时区分了支持原始形式的不同分布状况。但这样的原始形式的层级标注在根本上受制于下级语言群的划分模式。也就是，如果对下级分群的结构有不同的认识，则原始形式的标注就会发生相应的变化。

正是由于近十几年来对南岛语言亲缘结构有了许多不同的认识，尤其是发现台湾南岛语在语言谱系中的位置比以前了解的要复杂得多（Li 1995；何大安 1995），Blust 标注的同源词级别就需要相应的更新。何大安（1999:77）在讨论南岛语同源词时采用了更为严格的限制标准：即使对原始南岛语的分群理论还存在着不同的主张，但是我们可以用最严格的标准来界定同源词……这一标准就是：于大洋语（OC）、西部语（Hesperonesian）和台湾南岛语（Formosan）都有所见的方为同源，而台湾语之中又必须见于泰雅（AT），邹（TS），和排湾（PW）三群中的两群以上。也就是，何大安（1999）根据更新的南岛语谱系结构重新定义了 1 级的原始南岛语。

陈保亚（1999a; 2004）提出了普遍对应/非普遍对应的概念，台语对应的例子如下：

词项	原始台语	武鸣（北部语群）	龙州（中部语群）	德傣（西南语群）
说	*wa6	xwa6	va6	va6
磨	*mu6	mu6	mu6	
淡	*dam6	da:m6		

表格 1　台语对应的分布

"*wa6（说）在台语的三个语群中都对应得很整齐。*mu6（磨）只在北部和中部两个语群中对应，普遍对应程度比*wa6 要低。*dam6 只在北部语群中对应，普遍对应程度比*wa6 和*mu6 都低。我们说*wa6 的普遍对应程度最高，*mu6 其次，*dam6 最低。由于*wa6 在台语三大语群中都对应，可以称为普遍对应，*mu6、*dam6 只在部分语群中对应，可以称为非普遍对应。"普遍对应与非普遍对应的区分与原始形式重构的分级在实质上是一样的，因此，其界定同样建立在语言下层分类（subgrouping）的基础上。陈保亚（2004）认识到语言下层分类的基础性地位，因而，在对原始台语形式做进一步的普遍对应/非普遍对应区分之前，十分谨慎地重新检查了上述台语的分群，并根据新的结果对李方桂（1977）提出的台语分群做了部分调整。

所有这些研究都表明，原始形式的层级性至关重要，层级性在时间维度上可以反映出形式早晚的不同，在空间维度上可以总结对应分布的范围，从而更清楚准确地体现重构在历史语言学中的价值。

原始形式的分级立足于语言的谱系结构，分级的过程中也可能发现新的材料修正谱系结构，更能提供更多的信息来了解语言分化的历史过程。在后文对原始白语、原始彝语、以及二者关系语素的分级研究中，可以更清楚地看到二者之间的紧密关联。具体的做法是根据汪锋（2006a）提出的白语下层分类的方案对原始白语形式做最为谨慎的分级，也就是，在最为确定的分支结构处设定原始白语形式的级别。同样，在对彝语方言进行下层分类之后，根据上述谨慎的原则来设置原始彝语形式的级别。

1.2.2 系统匹配与层次对应

从音韵系统上看，语言之间的接触实际上是语言系统之间匹配的过程（陈保亚 1996）。Wang（2006b）论述了不同时空层次的系统匹配造成层次的过程。如下图 2 所示，语言 A 和 B 在某一个时间段 I 上呈现出系统匹配的状态，而这一状态既可能是由于二者从同一祖语分化而造成的，也可能是二者之间的接触造成的。无论如何，w1-8 这个八个语素音形可以说构成了一个层次，可称之为层次 I。

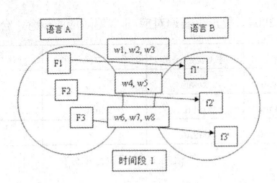

图表 2　语言 A 和语言 B 在时间段 I 的系统匹配

在另外一个较晚的时间段 II 上，语言 A 发生了从 F3 到 f3a 和 f3b 的裂变，而这个时段上，语言 A 向语言 B 输入了 w9-17 等 9 个语素音形，也就构成了层次 II，这个层次就是晚近借入的了。

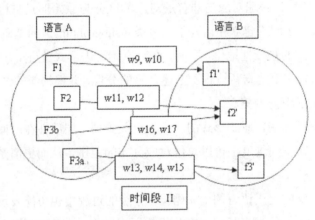

图表 3　语言 A 和语言 B 在时间段 II 的系统匹配

Wang（2006b）认为，如果我们不知道语言 A 和 B 之间的这 17 对关系语素的历史发展过程，只是知道其音韵系统的现代情形，就不可能完全离析出层次 I 和 II 的情况，只能分析出体现一对二的少数几对关系语素的层次。

如果我们进一步分析不同时间段系统匹配造成层次的机制，根据音韵的系统性和标记理论（Chomsky & Halle 1968）至少还可以推论同一音韵层次上的蕴涵规则，在 Wang（2004，2006b）中称之为平行性原则（Principle of Parralism），这一概括并没有很恰当的表达出其中的要点，我们倾向于将之更新为**层次的蕴涵规则**。蕴涵规则就是，如果 S_n 相对 S 来说是有标记的，则 S_n<>S_n => S<>S。例如，如果*t^hr-（原始白语） <> *t^hr-（上古汉语）处于一个层次，相比 *tr-而言，*t^hr-是有标记的，换言之，如果一个语言有*t^hr-，则必定有*tr-。因此，该对应蕴涵着*tr-（原始白语） <> tr-（上古汉语）也在同一层次。也就是：*t^hr- <> *t^hr- => *tr- <> *tr-。在 Wang（2006b）中，只是在关系语素缺乏时，才利用这一规则来推断，来系联同层对应。反过来，这一规则对离析出来的同一层次有检验作用。根据我们的工作程序，“最早的层次”是由剔除晚期层次后剩余的成分构成，而这些成分可能并不是真正处于同一时间层次上，因此，我们可以系统的观察这“最早层次”上的对应呈现的关系是否符合蕴涵规则，与之矛盾的，应通过进一步分析，分辨出异层成分并剔除。

从系统匹配的角度出发，同一个层次上的语音，就每个语言而言应该构成一个自然的语音系统，这或许可以称为层次分析的**自然性**原则。从同一个层次中归纳出的语音系统应符合一个自然语言系统的基本要求。

1.2.3 词汇的同质性与层次校准

从词汇的性质上看，层次还涉及词汇的时代性。陈、汪（2006）论述了严格限制词汇同质性原则的重要性，认为词汇成分的时代错配应该尽量避免。例如：在汉语中，“树”从‘plant（v.）’义演变到‘tree’义，作为‘tree’义的“树”大约在汉代以后就在文献中取代了早期的“木”，同样的，在‘neck’义项下，“脖子”大约在明清时期的北方话中取代了“颈”。也就是说，“木”表‘tree’与“颈”表‘neck’可能是同时代的词汇，相应的，“树”和“脖子”可能是稍晚的同时代词汇：

时代	沿革关系 1	沿革关系 2
先秦	木	颈
汉及以后	树	脖子

表格 2　词汇的时代沿革关系实例

比较者可能选择了“木”和“脖子”这样时代错配的词汇构成作为汉语的代表与其它语言比较。这样择词就容易造成时间层次上的混乱，比较的结果就不可靠。可能有人争辩说在某个汉语方言中或许正是“木”和“脖子”这样的搭配，那么我们就要坚持在这一层次的处理时都以该方言为对象，提取从该方言角度出发的同质性词汇来做比较。把时间和地域两个角度综合起来看，也就是陈、汪（2006）坚持的词汇同质性原则。

根据词汇同质性原则，离析出的每一层次应该得到校准。以汉白比较为例，如果我们认为某一层次的汉白关系语素来自于汉语的上古层次，我们就应该根据汉语上古文献等加以核对，看其是否有不同时代的词汇蹿入。陈、汪（2006）根据十分严格的操作原则定义了上古核心语素表，如果以之核准我们离析出的最早层次的汉白关系语素，就能剔除一些晚期借入或者其他原因造成的异质成分。例如，Wang（2006）识别出的汉白关系语素中‘fire’一项中，上古汉语的对应形式是“燬[①]”，‘flesh’一项中，上古汉语的对应形式是“膘”，但是，对照陈、汪（2006）的上古汉语语素表，这两种表现形式都不在其中，而分别是“火（fire）”和“肉（flesh）”，因此，按照同质性的严格要求，这两项对应就应不计算在内。

① Wang（2006: 213）中采用了“燬”的另一种写法：焜。

1.2.4 词阶法的检验与延伸

陈保亚（1996，1999a，2004）等一系列著作从各种不同角度运用基本词来帮助分析关系语素的语源性质。概括来说，主要根据基本词的两个特性：1. 稳定性：在内部衰变时比其他词汇要慢，在借用替换发生时，比其他词汇稳定；2. 高阶与低阶之间稳定性上的差异性：前者从概率上讲，比后者更稳定。具体说，高阶词汇比低阶词汇变化更慢，更难以借用。从绝对的高阶/低阶之分，可以扩展到相对高低阶之分，但基本假设仍旧依据上述两个特性。

在众多检验中，词阶的区分显示出明显的效力。但在实际运用中，仍旧有一些问题需要探讨，如陈、汪（2006）就进一步探讨了将高阶/低阶应用到具体语言时需要注意的一些操作原则，主要是以上古汉语为例。我们知道上古汉语是有文献记录的，而对于白语这样的无古文献记录的语言，在对应时就不能直接区分出较多的历史阶段，但白语方言之间的分化关系或许能作为词阶判定的测试，白语方言之间应该是同源关系，按照词阶法推测，方言两两之间的高阶关系语素比率要高于低阶关系语素。而根据汪锋（2006a）的研究，在其中选取的 9 个白语方言中，恩棋方言处在一个十分有趣的状态，先是东支方言，后转为西支方言，这个十分特殊的例子应用到词阶法中，或许可以观察到在特殊的情形下该方法的预测力。

1.2.5 语言亲缘分类的特征法与词源统计法

语言的谱系分类（Subgrouping）是对语言纵向传递结构最直接的表达。但使用什么样的特征和方法来进行谱系分类在历史比较研究中一直存在多种思路。语言的谱系分类是受生物学的分支理论启发而衍生的一个领域。而早在 1966 年 Hennig 就提出了确定直接共同祖先的分群原则（Grouping rule）：共同祖征（plesiomorphic character）、趋同特征（convergence）、平行性特征（parallelism）都不能作为判定直接共同祖先的依据，只有共同的衍征（apomorphic character）才能作为有效证据，换种说法就是，只有共有的语言创新才能作为谱系分类的特征。道理其实很简单，因为共同祖征在出现时间上比任何所要探求的下层语言群出现得都早，所以就不能反映特定的下层语言群的亲缘接近程度。而趋同和平行特征不能作为证据就更容易理解了，因为它们是独立发展而来的。在语言谱系分类的问题基本接受这一分群原则之后，最大的问题是如何从这些不同类特征中提取出共同的创新。

另一种分类的思路是词源统计法，陈保亚（2006:33）认为："由于 100 核心词的借用率很低，并且衰变率基本上是均匀的，用 100 核心词中同源词比例的高低来确定同源语言亲属关系的远近比其他方法似乎更贴近实际，从核心对应语素的比例来划分谱系树更能够排除语言借用的干扰。"

那么，语言之间的亲缘分类应该采取哪种方法呢？或者二者能否殊途同归呢？又或者二者能否相互补充呢？为了回答上述问题，我们将同时以两种方法来分析白语方言的数据，同时结合人群迁徙及考古等其他证据来作为参照，希望不仅能澄清理论上的一些关注点，也能更清楚地再现白语分化发展的历程。

无论采用何种方法，手工计算可能的谱系树结构都是不现实的。而现在发达的计算机程序可以迅速为我们完成任务。生物学上已经发展了很多分类程序来帮助进行大数据量的分类工作。PENNY、Neighbor-joining 等 PHYLIP 软件包中的程序或者 PAUP 软件包中的程序可以帮助我们处理各种各样的材料。新的计算机程序可以为历史语言学提供强有力的工具，不利用是十分可惜的，但作为语言学者，更根本的突破却在于理论原则上的进展，就此具体问题而言，关键还在于如何确定用来分类的特征就是"共同创新"，能否检测基本词的恒定衰变率和不受借用干扰？

2. 原始白语

2.1 音韵系统

我在博士论文中尝试根据 9 个白语方言点（妥洛，共兴，恩棋，俄嘎，金满，金星，大石，周城，马者龙），做了原始白语的重构工作（Wang 2004），在 Wang（2006b）中作了部分修订。随着最近研究的深入和材料的增加，对个别原始形式的重构作了修订，但依据的白语方言对应规律与 Wang（2006b）保持一致，在附录一中列出了最新的原始白语重构及方言表现。

原始白语的声韵调系统如下：

声母（47[1]）

*p-	*p^h-	*b-	*m-			
*pr-	*p^{h}r-	*br-				
*pj-	*p^{h}j-	*bj-	*mj-			
*t-	*t^h-	*d-	*n-			*l-
*tr	*t^{h}r	*dr				
*tj-	*t^{h}j-	*dj-	*nj-			
*ts-	*ts^h-	*dz-	*s-	*s^h-	*z-	
*tsr-	*ts^{h}r-	*dzr-	*sr-	*s^{h}r-	*zr-	
*tsj-	*ts^{h}j-		*sj-			
*k-	*k^h-	*g-	*ŋ-	*x-	*ɣ-	
*kr-	*k^{h}r-	(*gr-)				

注：1. *gr-是根据*kr-和 k^{h}r-的重构平行推测出的，但尚未发现白语方言的支持例证；2. 送气擦音的构拟还参考了 9 个方言以外的白语点，主要是南河，比如#1050'新'和#1713'洗'的送气擦音形式就只在南河方言中保留。

韵母（24）

*-a	*-ua			*-aŋ	*-uaŋ
*-æ	*-uæ	*-æn	*-uæn	*-æŋ	
*-ɛ	*-uɛ				
*-e		*-en	*-uen	*-eŋ	
*-i	*-ui				

*-ɯ　　　　*-ɯ̃

*-u　　　　　　　　*-uŋ

*-o　　　　　　　　*-oŋ

*-ɔ

声调（4）

调类	*1	*2	*3	*4
调值	*55	*33	*31	*4

表格 3　原始白语的调类及调值

大写拉丁字母概括同部位的声母，对照形式如下表：

字母	代表声母
P	p, p^h, b, m
F	f, f^h, v
T	t, t^h, d, n, l
K	k, k^h, g, ŋ, x, ɣ
Q	q, q^h, ɢ, ɴ, χ, ʁ
Pf	pf, pf^h, bv
Ts	ts, ts^h, s, s^h, z
Tʂ	tʂ, $tʂ^h$, dʐ, ʂ, $ʂ^h$, ʐ
Tɕ	tɕ, $tɕ^h$, dʑ, ɕ, $ɕ^h$, ʑ

表格 4　简称形式对照表

2.2 白语方言的谱系树与重构分级

根据白语演变中的 19 项创新特征，9 个白语方言的谱系树图如下：

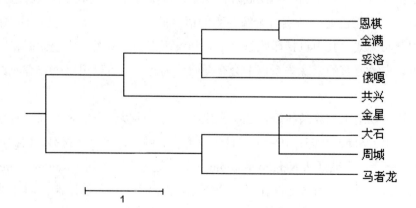

表格 5　九个白语方言的谱系树图

从上图可以看出，白语东支和西支的对立是最主要的，而且该谱系结构与移民等证据相契合（参见 Wang 2004；汪锋 2006a）。因此，该谱系结构在目前可以作为我们进行重构分级的基础。

在所有白语方言中都有体现的原始形式重构是一级对应，而根据上述白语方言的分化，在东、西支方言中都有体现的重构形式，也应该可以归为一级对应，以 1 标记。也就是说，只要某重构形式在西支方言（妥洛、共兴、俄嘎、金满）和东支方言（金星、大石、周城、马者龙）中分别都有分布，也可以归为一级对应，因为这样分布的对应形式不像是分化后的共享创新，可看作原始白语的遗传。之所以不把恩棋方言列在东支方言的选项中，因为恩棋方言在早期是东支方言，后迁徙至西支方言地区，转换为西支方言，因此，该方言的分布不适合做分级的依据。

而只在西支方言（妥洛、共兴、俄嘎、金满）或只在东支方言（金星、大石、周城、马者龙）中分布的重构形式定为二级对应，以 2 标记，更具体的，前者以 W 标记；后者以 E 标记。具体重构及形式分级参见附录 1。

2.3 白语方言与词阶法的检验及延伸

陈保亚（1996）把 Swadesh 的 200 词分为两组：高阶，由 Swadesh（1955）提出的百词表构成，这些词项演变时相对稳定且不易被借用形式干扰；低阶，由 200 词表（Swadesh 1952）减掉百词表（Swadesh 1955）后剩下的部分组成，低阶词的词汇替换速率高于高阶词。根据高阶词汇和低阶词汇上述性质的差异，陈保亚（1996）进而提出一种判定语言之间语源关系的方法：有亲属关系的几种语言的关系词在高阶的分布数量大于在低阶的分布数量；相反，如果语言间的关系肇端于接触，那么关系词在高阶的分布量小于在低阶的分布量。

词阶法依据的根本属性是高阶词比低阶词稳定，而陈保亚（1996）已经对这一性质作了一定的测试，即根据已充分证实有亲缘关系的语系的语言数据来验证其中体现的高阶/低阶的关系词分布模式，其中包括印欧语系语言和汉语方言。从语言比较证据和历史记载等方面看，承认白语方言的亲缘关系也不会有疑问。因此，也可以用白语方言的数据来检测词阶法。

基本词汇还可以用来测算亲属语言之间分化的早晚，即以距离法来绘制亲属语言之间的谱系树，王士元（Wang, 1993；1997）根据汉语方言、侗台语等语言材料，根据 Swadesh 的 100 基本词，结合计算机算法 Neighbor-Joining，做了这方面的探讨，Wang&Wang（2004）根据更多汉语方言的材料，对该方法作了一些修订，提出了一项词法限制：即如果所考察的所有语言（方言）中，某词项都体现为复合词形式，该项就应该在计算时剔除。陈保亚（2006）进一步论证："由于 100 核心词的借用率很低，并且衰变率基本上是均匀的，用 100 核心词中同源词比例的高低来确定同源语言亲属关系的远近比其他方法似乎更贴近实际，从核心对应语素的比例来划分谱系树更能够排除语言借用的干扰。"不过，很多学者对 100 基本词汇在不同语言中能保持恒定的变化率持怀疑态度，王士元（Wang, 1993）也谨慎地提出："的确，更好的研究策略是，依经验计算不同语言、不同词范畴的各种变化率，提出方法，而不是假设一种相同的值。"就目前的情形来看，我们并不容易就此作出简单的判定，需要有更多的考察与测试才能梳理出各种制约因素。

2.3.1 高阶/低阶区分与白语方言

在高阶词中，有如下 11 项在各白语方言中均为复合形式：bark 树皮、night 晚上、ear 耳朵、knee 膝盖、man 男人、neck 脖子、smoke 烟、swim 游泳、what 什么、who 谁、woman 女人，根据 Wang&Wang（2004）提出的词法限制，在计算时暂时不包括在内为好。根据 Wang（2004；2006b）等研究，如下 3 项是晚近借词：big 大、egg 蛋、sit 坐，计算时先不包括在内。有两项：cold 和 mountain 在原始白语中是分项对当（陈、汪 2006），cold 分为'天气冷'和'身体感觉冷'，而 moutain 分为'雪山'和'普通的山'，这样，就增加了 2 项。因此，考察的范围实际上是 88 项（参见附录 2）。

在低阶词中，有如下 11 项在各白语方言中均为复合形式：animal 动物、back 背、because 因为、child 小孩、forest 森林、how 怎么、here 这里、husband 丈夫、there 那里、where 哪里、wing 翅膀。根据 Wang（2004；2006b）等研究，'turn 转'是晚近借词。因此，考察的范围实际上是 88 项（参见 附录 2）。

高阶相似矩阵[1][即同源百分比]

	Tl	Gx	Eq	Eg	Jm	Jx	Ds	Zc	Mzl
Tl	100.000	73.864	77.273	78.409	75.000	70.455	68.182	72.727	69.318
Gx	73.864	100.000	78.409	75.000	71.591	71.591	68.182	68.182	62.500
Eq	77.273	78.409	100.000	79.545	79.545	73.864	70.455	73.864	68.182
Eg	78.409	75.000	79.545	100.000	86.364	67.045	64.773	68.182	70.455
Jm	75.000	71.591	79.545	86.364	100.000	64.773	62.500	64.773	67.045
Jx	70.455	71.591	73.864	67.045	64.773	100.000	88.636	88.636	72.727
Ds	68.182	68.182	70.455	64.773	62.500	88.636	100.000	85.227	68.182
Zc	72.727	68.182	73.864	68.182	64.773	88.636	85.227	100.000	73.864
Mzl	69.318	62.500	68.182	70.455	67.045	72.727	68.182	73.864	100.000

表格 6　白语方言高阶相似矩阵

---

[1] 感谢 James Minnet 博士编制的程序，使我们可以方便地根据语素的表现形式生成同源比率矩阵及距离矩阵。

低阶相似矩阵

	Tl	Gx	Eq	Eg	Jm	Jx	Ds	Zc	Mzl
Tl	100.000	68.182	65.909	60.227	55.682	60.227	57.955	54.545	53.409
Gx	68.182	100.000	70.455	61.364	55.682	61.364	60.227	59.091	54.545
Eq	65.909	70.455	100.000	67.045	60.227	61.364	56.818	57.955	55.682
Eg	60.227	61.364	67.045	100.000	77.273	51.136	50.000	48.864	45.455
Jm	55.682	55.682	60.227	77.273	100.000	50.000	48.864	47.727	43.182
Jx	60.227	61.364	61.364	51.136	50.000	100.000	69.318	70.455	59.091
Ds	57.955	60.227	56.818	50.000	48.864	69.318	100.000	64.773	60.227
Zc	54.545	59.091	57.955	48.864	47.727	70.455	64.773	100.000	54.545
Mzl	53.409	54.545	55.682	45.455	43.182	59.091	60.227	54.545	100.000

表格7 白语方言低阶相似矩阵

对比高、低阶相似矩阵，总是高阶之间的同源比率要高于低阶，也就是，根据陈保亚（1996）的观察，白语方言之间的高、低阶同源比例关系符合各白语方言都源自于同一个祖语，即原始白语，这也符合对白语方言的一般认识。更有启发意义的是，根据我的早期探索（Wang 2004, 汪锋 2006a），恩棋方言在早期是白语东支方言，后迁徙至西支方言地区，转换为西支方言，尽管有这样的波动，恩棋方言与其他方言在高、低阶同源比例分布上仍旧维持同源的模式，说明以陈保亚（1996）提出的词阶法来推断语源关系具有较强的抗干扰性。

2.3.2 核心词与白语方言谱系分类

自 Swadesh（1955）提出100核心词以来，尽管有这样那样的批评，但对该词表的谨慎应用及附加使用条件等，都带给语言学研究诸多有意思的成果，王士元（Wang, 1997）以侗台语的100核心词为材料，探讨了如何根据核心词中的同源相似来绘制反映语言亲缘关系远近的树形图，具体做法是：1. 先列出语言间两两共享的同源词比率，构成相似矩阵；2. 把相似矩阵转换为距离矩阵。可通过取每个相似数字（s）的负对数获得距离值（d），即：d=-logs；3. 根据 Saitou & Nei（1987）的距离邻接法（Neighbor-joining）来生成树形图。该算法已经包括在 PHYLIP 软件包中，可十分快捷地得出树形图。值得注意的是，第一步是十分重要的，试想，若同源比率都有误，就很难保证树形图能准确反映语言间的亲缘关系。以 2.3.1 中提出的88项高阶基本词为根据，9个白语方言的表现可参见附录2，转换出的距离矩阵如下：

	Tl	Gx	Eq	Eg	Jm	Jx	Ds	Zc	Mzl
Tl	0.000	0.132	0.112	0.106	0.125	0.152	0.166	0.138	0.159
Gx	0.132	0.000	0.106	0.125	0.145	0.145	0.166	0.166	0.204
Eq	0.112	0.106	0.000	0.099	0.099	0.132	0.152	0.132	0.166
Eg	0.106	0.125	0.099	0.000	0.064	0.174	0.189	0.166	0.152
Jm	0.125	0.145	0.099	0.064	0.000	0.189	0.204	0.189	0.174
Jx	0.152	0.145	0.132	0.174	0.189	0.000	0.052	0.052	0.138
Ds	0.166	0.166	0.152	0.189	0.204	0.052	0.000	0.069	0.166
Zc	0.138	0.166	0.132	0.166	0.189	0.052	0.069	0.000	0.132
Mzl	0.159	0.204	0.166	0.152	0.174	0.138	0.166	0.132	0.000

表格 8　白语方言的距离矩阵

根据上述矩阵，运行 Neighbor-joining，根据中点法确定树根，即根的位置在相距最远的两个语言的中点上，得到如下白语方言的谱系树：

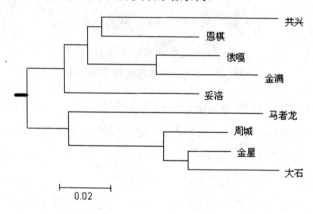

图表 4　基于距离法的白语方言谱系树

将之与上文根据 19 项创新特征得出的白语方言谱系树相比：

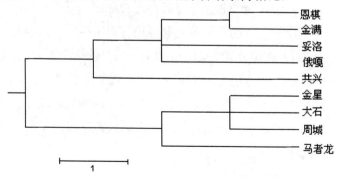

图表 5　基于创新特征的白语方言谱系树

有意思的是，根据核心词所作的谱系树图与根据创新特征所作的树图主要差别在西支方言的进一步分类上，而且前者基本上直接反映了白语方言点在地理上的距离：

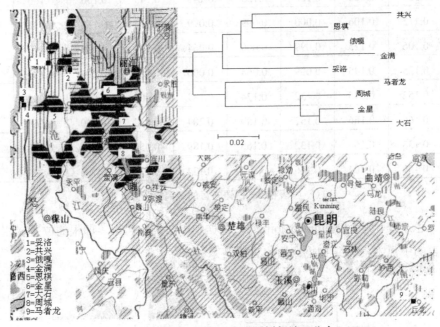

图表6　白语方言谱系树与地理分布

相比较而言，根据创新特征绘制的树形图与历史迁徙、祖先传说等历史图景更为契合，而与地理距离并没有十分明显的映照，而根据88核心词绘制的树形图却显得与各方言共时的地理分布格局十分相配。这一区别是否意味着创新特征更能表现语言分化的历史图景呢？肯定的回答仍然需要更多证据的支持。

Neighbor-joining 分析法只是众多将语言距离转换为层级性树图的方法之一，其他的方法还有 Kitch, Fitch 等。值得注意的是，在解释这些方法生成的方言谱系树时应该意识到：树形图可能反映的只是它们从原始白语发展到今天因速度上的快慢而构成的关系，即，两个图上距离最近的语言只是因为二者在分化后都比较保守，变得很慢，从而保持了许多共同的遗存特征，而并不反映二者的分化较之其他语言而言要晚。这也是在传统历史学上不主张使用遗存（retention）作为分区（subgrouping）条件的一个原因。

汪、王（2005）和汪（2006a）也主张用不同的创新来为语言作亲缘关系的分类。不过，我们并没有必要以此来否定通过距离法来探讨语言关系的研究，该方法可以直观地展示语言间实际距离的远近，或许通过适当的限制或处理，该方法得出来的树图仍旧可以与语言的亲缘关系树图联系起来。

3. 汉白比较

3.1 汉白关系语素集

严格的关系语素判定标准是语素之间在音节各个部分之间的完全对应（陈保亚 1999a）。根据白语和汉语的音节构成特点，可将音节分为声母、韵母和声调三个部分来考察。介音在音韵发展上，既可能与声母一起演变，也可能与韵母一起演变，在我们早些时候的研究中，在寻找汉白对应时，将介音归到韵母这一部分考虑（Wang 2004；2006b），在这里仍旧遵循这一做法。在语义上的要求是：对应的语素要求在语义上严格对当，或者有文献记载、考古证据、语义演变普遍趋势来证明其对当的合理性（陈保亚 1999；Wang 2004）。

在 Wang（2004;2006b）的早期研究中，我们已经比较系统地探讨了汉白之间的语素对应。在我们稍早的白语研究中（Wang 2004;2006b），通过一种"剩余法"的操作程序来得到汉白关系语素的最早层次，不过，我们已经意识到该方法有需要改进的地方，Wang（2004:142）已经提到："但要注意，这一最早层次或许并不反映'真正'的最早层次，而只是一个尽力排除晚近借词之后的剩余综合系统，所以假定其中所有的成分都来自同一时间层次的传递不尽合理。这里，我仍旧将其放在一起来考察是否可以抽象出一个内部一致的系统，其间可能存在的矛盾希望能够通过进一步的考虑来逐步消除。通过仔细检验这一最早层次，最终希望能够获得有关最早对应系统的一个基本模样。"随着比较研究的深入，需要作部分的调整，主要是：1. 根据系统匹配原则来检讨早期所找出的音韵对应；2. 根据词汇同质性原则来限制和调整汉白关系语素；3. 利用原始白语词汇的分级来加深对汉白关系语素层次的分辨。期望这些调整能够使得到的关系语素层次更趋向于"一个内部一致的系统"。

3.1.1 汉白最早层次音韵对应与系统匹配检验

根据 Wang（2004;2006b）的研究，经过系统匹配的考察，汉白最早层次的音韵对应可作一些修订。需要指出的是，我们在对应中汉语一方综合利用上古汉语和中古汉语的音韵系统，主要以李方桂的上古汉语系统为比较对象，参照 Baxter 和龚煌城的研究作了部分调整；中古汉语的声、韵、调以 Baxter（1992）为参照。比较的基本做法是以中古汉语的声、韵、调与原始白语对应，再参照上古汉语到中古的演变来确定对应规则。

声母

汉白声母对应的最早层次暂时不需修订的可罗列如下：

原始白语	中古汉语	李方桂	龚煌城	Baxter
p	p	p	p, pl①	p
pʰ	pʰ	pʰ	pʰ, pʰl	pʰ
b	b	b	b, bl	b
m	m	m	m, ml	m, Np
K, ɣ（流摄）, j（i-）	l	l, gl, bl	r, (grj, drj, brj)②	g-r, b-r, C-r③
ts	ts	ts		ts, St④
tsʰ	tsʰ	tsʰ		tsʰ,sr,sn, Stʰ
dz	dz	dz, sd, sg		dz, Sd
s	s	s, st, sm, sn		s, sl, sn̠, sm, sŋ, sŋw, sw, sp
sʰ		sk, skw		sk
z	z	rj, sgj, sgwj		z⑤, zl, zn̠, zm, zŋ, zŋw, zw, zp, zk
q, k（三等）	k	k, kʷ		k, kʷ
qʰ, kʰ（三等）	kʰ	kʰ, kʰʷ		kʰ, kʰʷ
G, g（三等）	g	gj, gʷji		gj, gʷ
ŋ, nj （/_in）	ŋ	ŋ, ŋʷ		ŋ, ŋʷ, Nk
∅	ʔ	ʔ, ʔʷ		ʔ, ʔʷ
χ x	x	h, hw, hm, hŋ, hŋʷ		x, hw, hŋ, hŋʷ, hm
ɢ ʁ	h	g, gʷ		g ɦ, w
ʁ	H(j)	gʷj	gʷrj	wj⑥, ɦj
tr	tsy	tj, krj⑦	tj, plj, klj	tj, kj⑧
tʰr	tsʰy	tʰj, kʰrj	tʰj, pʰlj, kʰlj	tʰj, kʰj

① 介音*-l-在龚煌城的系统中，派生中古汉语的-j-，造成三等字。
② *grj-, *drj-, *brj-＞lj- 是根据龚煌城 (1989)，但遵照 Gong (1994)的上古汉语系统，对它们的发展需要作出如下改动：*grj-＞gj- (作为*Krj-＞Kj-所辖规则)，大概也有*brj-＞bj- (作为*Prj-＞Pj-所辖规则，虽然龚煌城没有列出相应例证)，以及*drj-＞dj-。§5.1 有一些例证可以支持*drj-＞dj-。
③ Baxter(1992:199-200) 认为中古汉语 l- 都源自上古汉语带-r-的音组。以*C- 代表的辅音性质不明，也不能从谐声原则或者藏缅同源词中得到肯定答案。
④ Baxter (1992) 以*S- 表示'换位 s'，它的表现不同于一般的*s-，二者来源也不同，但*S-的语音性质并不清楚。
⑤ Baxer (1992)不确定上古汉语是否存在 *z-声母，认为也可构拟为*ɦs-。
⑥ 只在前元音前。在其他情况下， *wj-＞ɣ- (Baxter 1992: 217)。
⑦ 这里列出的重构形式和李方桂(1976)都作*Krj-，在李方桂 (1971) 作 *sKj-。
⑧ Baxter (1992)中*Kj-系列只在前元音前变为中古汉语的 Tś-(腭音) (但有例外)。其他情况下， *Kj-＞K- (210-212)。Baxter 以大写的字母(例如，*KH-) 表示在例外中这些舌根音在后元音前也腭化。

dr, j	zy	dj,grj	dj,blj,gli	dj,gj
nj	ny	nj,ŋrj	nj,mlj,ŋlj	nj,ŋj
j, nj （阳声韵）	y	snj,hnj,sthj,hrj	snj,hnj, hlj	hnj,hlj,hj,hŋj,stj
dr	dzy	dj,grj		Lj

表格 9 尚不需调整的汉白声母对应

需要部分调整的，详细讨论如下：

原始白语	中古汉语	李方桂	龚煌城	Baxter
tr t^hr dr nj	tr t^hr dr nr	tr t^hr, hnr, hlj dr nr		tr t^hr, hnr, hlr, hrj dr, lr nr, Ntr

表格 10 涉及调整的汉白声母对应

在这一组对应中，原始白语对汉语 nr-声母的应该是 nj-，在早期的研究中提出的 nr-是不对的（Wang 2004; 2006b），例子[①]如下：

索引	词项	原始白语	汉语	上古汉语	中古汉语	上古韵	词阶
174	woman	njo2	女	nrjagx	nrjo2b	12	1

表格 11 原始白语对应汉语 nr-的最早层次

但严格说来，该声母对应并不成立，因为只有#174 一个例证，尽管其韵母和声调的对应能说明该语素是汉白关系语素。不过从系统匹配上看，nr-<>nj-也是能够成立的。而且 nr- → nj-也是很常见的音变。李方桂（1971:15）："我以为上古*n-后面的*r 在有些方言中使鼻音卷舌化成 ṇ-，有些方言就只失去而不影响鼻音。就一般的语言而论，鼻音的分辨远不如塞音分辨的细，所以有些方言不分泥娘并不奇怪。"

这样一来，汉语*n-声母在白语中反映也就简单化为 n-了（参见 Wang 2006b:131），可修订如下：

原始白语	中古汉语	李方桂	龚煌城	Baxter
t, tɕ（/i˧） t^h d	t t^h d	t t^h, hn, ɬ d		t, k-l, （p-l） t^h, hn, ɬ, hr, k^h-l, （p^h-l） d, l, g-l, （b-l）
n	n	n		n, Nt

表格 12 调整后的部分汉白声母对应

① 早期的研究误将该例列入*n-声母下（Wang 2006：132）。

韵母

汉白韵母对应的最早层次不必调整的先罗列如下：

上古汉语	1.之	2.职	4.幽	5.觉	7.宵	9.侯	10.屋
Baxter	-ɨ	-ɨk	-u/-iw	-uk/-iwk	-ew/-aw	-o	-ok
李方桂	-əg	-ək	-əgw	-əkw	-agw	-ug	-uk
原始白语	-ɯ	-ɯ	-u	-u4	-aŋ	-ɯ	-u4

上古汉语	11.东	12.鱼	13.铎	14.阳	17.耕	18.脂
Baxter	-oŋ	-a	-ak	-aŋ	-eŋ	-ij
李方桂	-uŋ	-ag	-ak	-aŋ	-iŋ	-id
原始白语	-uŋ	-a	-a4	-oŋ	-æn	-i/-e

上古汉语	19.质	20.真	23.文	25.月	26.元	27.缉	29.叶
Baxter	-it	-in	-ɨn/-un	-et	-en	-ip	-ep
李方桂	-it	-in	-ən	-at	-an	-əp	-ap
原始白语	-i/-e	-en	-en	-a4	-an	-i	-a4

表格13　尚不需调整的汉白韵母对应

上述总结实际上作了部分修订，但由于不是根据系统匹配的大原则所作，只是对早期一些不妥当的地方作了改动：1. 汉语的入声在原始白语中反映为调*4，而早期研究根据汉语的塞音收尾直接在原始白语的对应中给出同样的韵尾，由于白语内部证据并不能推导到这一步，因此，这里重新改回调*4；2. Wang（2006b）讨论东部对应时，关于#405和#1014的解释没有考虑到r介音的存在可能是j介音失落的原因，至少可以作为一种条件对应而重新纳入最早层次的对应。

需要重新考量的如下：3.蒸；6.冬；8.药；15.支；16.锡；21.微；22.物；24.歌；28.侵；30.谈。

按照系统匹配的原则，蒸部在原始白语中的期望对应为ɯN，N表示鼻音尾（Nasal），目前还没有证据来确认具体为哪一种鼻音。唯一的对应例#1188表现的-en或许并不是最早层次上的。冬部在原始白语中的对应应为uŋ，正是#353"虫dzuŋ1"的体现，而#159（njoŋ1b）体现的"-oŋ"韵母或许是晚近借词，或许是条件变体。宵部与药部阴入相配，在原始白语的反映中，宵部所对的-aŋ有较多的例子支持，而药部所对的-ɔ只有一例支持，同时，按照李方桂重构系统，主元音均为-a，以目前的证据看，原始白语的药部对应可推测为-a4。同样，谈部根据叶部的情形，可推测为-aN。

据此，系统匹配的原则可以帮助我们在关系语素数量不充分的情况下，仍能有一定的信心推导出对应的情形，实际功效如下：

上古汉语	3.蒸	6.冬	8.药	30.谈
Baxter	-ɨŋ	-uŋ	-ewk/-awk	-em
李方桂	-əŋ	-əŋw	-akw	-am
原始白语	-ɯN	-uŋ	-a4	-aN

表格 14 推导出的汉白韵母对应

至于余下的 5 部（21.微; 22.物; 24.歌; 28.侵; 15.支; 16.锡），仍待进一步的探讨。

声调

汉白声调对应的最早层次可以概括如下：

原始白语	上古汉语>中古汉语
1	平
2	上
3 / 4	去
4	入

表格 15 汉白声调对应

汉语去声在原始白语中分别反映为调*3 和调*4 的情况，主要是因为汉语去声也可以分为两类，一类不带-s 尾，一类带-s 尾，分别与原始白语的两调相配，详细讨论参见 Wang（2006b）。

3.1.2 汉白语素最早层次与词汇同质性检验

在确定汉白对应的最早层次时，汉语一方我们坚持以上古汉语的音韵系统来考察其与白语的对应关系，汉语的音韵系统在汉、魏时期开始发现有大的变化，因此，上古汉语的时间下限至少要定在汉代以前，即所谓先秦汉语，而上限则是不早于《诗经》的年代。当然，这一时间限定仍显十分宽泛，但比笼统的上古汉语之称要明确一些。而且，我们在词汇上可以进一步明确其范围，毕竟词汇的材料比音韵的要多很多。陈、汪（2006）根据《十三经》等材料界定了先秦汉语的 200 核心语素集，以之为标准，可以检查汉白语素最早层次的同质性问题。

陈、汪（2006）有宽、严两种核心语素表供选择，在这里我们选择严式表，以加强时间层次的明确性。上古汉语 200 核心语素表罗列如下：

高阶核心语素

all	皆
ash	灰
belly	腹
big	大

bird	鳥
bite	噬
	齧
black	黑

blood	血
bone	骨
breasts	乳
burn	爇

		燒
claw		爪
cloud		雲
cold		寒
come		來
die		死
dog		犬[大]
		狗[小]
drink		飲
dry		乾
		燥
ear		耳
earth		地
eat		食
egg		卵
eye		目
feather		羽
fire		火
fish		魚
flesh		肉
		肌
fly		飛
foot		足
full		盈
		滿
give		與
		予
good		善
		吉
grease		膏
		脂
green		綠
hair		髮
hand		手
head		首
hear		聽

heart		心
horn		角
hot		熱
I		我
		吾
kill		殺
knee		膝
know		知
		曉
leaf		葉
lie		臥
liver		肝
long		長
louse		虱
man		夫
many		多
moon		月
mountain		山
mouth		口
name		名
neck		領
		頸
new		新
night		夜
nose		鼻
not		不
		勿
		毋
one		一
path		道
		路
person		人
rain		雨
red		赤
root		本
		根
round		圓

sand		沙
say		曰
		謂
see		見
seed		種
sit		坐
skin		膚[人]
		皮[物]
sleep		寐
		睡
small		小
smoke		煙
stand		立
star		星
stone		石
sun		日
swim		游
tail		尾
that		彼
this		是
		此
tongue		舌
tooth		牙
		齒
tree		木
		樹
two		二
walk		行
water		水
what		何
white		白
who		誰
woman		女
yellow		黃
you		爾

低阶核心语素

and	與
back	背
bad	惡
because	以
	為
blow	吹
breathe	息
child	童
count	數
cut	斫
day	日
dig	掘
	挖
dirty	汙
dull	愚
dust	塵
fall	降
far	遠
father	父
fear	懼
	畏
few	寡
	少
fight	鬬
five	五
float	浮
	漂
flow	流
flower	華(花)
fog	霧
four	四
freeze	凍
	凝
fruit	果
grass	草
guts	腸
hit	擊
hold-take	取
hunt	田[畋]

	獵
husband	夫
ice	冰
if	若
in	在
lake	湖
laugh	笑
leftside	左
leg	腳
	股
live(alive)	生
	活
mother	母
narrow	狹
near	近
old	老[人]
	舊[物]
play	玩
	弄
pull	曳
push	推
right-side	右
right	是
river	水
rope	索[粗]
	繩[細]
rotten	朽
	爛[爤]
rub	拭
salt	鹽
scracth	搔
sea	海
sew	縫
sharp	利
short	短
sing	歌
sky	天
smell	嗅
smooth	平

snake	蛇
snow	雪
spit	吐
	唾
split	裂
squeeze	壓
stab	刺
stick	杖
straight	直
suck	吸
swell	腫
thick	厚
thin	薄
think	思
	想
three	三
throw	投
tie	束
turn	轉
	旋
vomit	嘔
wash	洗
wet	濕
where	焉
wide	廣
	寬
wife	妻
wind	風
wing	翼
	翅
heavy	重
woods	林
worm	蟲
year	年

列出汉白对应最早层次的核心语素，如下（注：1. YR= Yakhontov 的 35 词；2. SR=Swadesh 词阶；3. 层次一栏中，“O”指“最早层次”；“L”指晚期借用），其中“同质性”以“+”表明与上文给出的上古汉语核心语素表一致，“-”表示不一致。

词项	原始白语	汉语	上古汉语①	中古汉语②	上古韵	YR	SR	层次	同质性
bone	qua4	骨	kət	kwot4a	22	+	1	O	+
die	sji2	死	sjid2	sij2a	18	+	1	O	+
dog	q^{h}uaŋ2	犬	k^{h}ian2	k^{h}wen2a	26	+	1	O	+
fire	xui2	焜	hjəd2 smjəd2	xjwɨj2a	21	+	1	O	−
hand	s^{h}rɯ2	手	st^{h}jəgw2	srjuw2a	4	+	1	O	+
horn	qɔ4	角	kruk	kæwk4a	10	+	1	O	+
moon	ŋua4	月	ŋwjat	ŋjwot4b	25	+	1	O	+
name	mjæ1	名	mjiŋ	mjieŋ1b	17	+	1	O	+
new	s^{h}jen1	新	sjin	sin1a	20	+	1	O	+
stone	dro4	石	djak	dzyjek4b	13	+	1	O	+
sun	ȵi4	日	ȵit	nyi4b	19	+	1	O	+
tongue	drɛ4	舌	djat	zyjet4b	25	+	1	O	+
two	koŋ2	兩	raŋ2	ljɑŋ2b	14	+	1	O	−
belly	pju4	腹	pjəkw	pjuwk4a	5		1	O	+
bird	tso4	雀	tsjak	tsjɑk4a	13		1	O	−
black	χɯ4	黑	hmək	xok4a	2		1	O	+
dry	qaŋ1	乾	kan	kɑn1a	26		1	O	+
earth	di3	地	diar3	dij3b	24		1	O	+
eat	jɯ4	食	djək	zyik4b	2		1	O	+
flesh	ɢæ1	膎	grig	hɛɨ1b	15		1	O	−
fly	pje1	飛	pjəd	pjwɨj1a	21		1	O	+
foot	ko4	腳	kjak	kjɑk4a	13		1	O	−
green	ts^{h}æn1	青	ts^{h}iŋ	ts^{h}eŋ1a	17		1	O	−
hear	tɕ^{h}æn1	聽	t^{h}iŋ	t^{h}eŋ1a	17		1	O	+
heart	sjen1	心	sjəm	sim1a	28		1	O	+

① 上古汉语采用李方桂(1971)系统，其中的声调系统标示作以下更动：平声和入声不标，上声、去声分别以 2、3 标出，下同。

② 中古汉语采用 Baxter(1992)系统，数字 1、2、3、4 分别表示声调的平、上、去、入。a、b 表示阴、阳。

（续表）

kill	ɕʰa4	殺	sriad	srɛt4a	25		1	O	+
leaf	sʰrɛ4	葉	*sʰlep	zyep4b	29		1	O	+
liver	qaŋ1	乾	kan	kɑn1a	26		1	O	+
long	droŋ1	長	drjaŋ	drjɑŋ1b	14		1	O	+
person	ȵen1b	人	ȵin	nyin1b	20		1	O	+
red	tʰræ4	赤	skʰjiak	tsyʰjek4a	13		1	O	+
sand	sʰrɔ1	沙	srar	sræ1a	24		1	O	+
seed	tsruŋ2	種	tjuŋ2	tsyjowŋ2a	11		1	O	+
skin	be1	皮	bjiar	bje1b	24		1	O	+
star	sjæn1	星	siŋ	seŋ1a	17		1	O	+
tree	drɯ3	樹	djug3	dzyju3b	9		1	O	+
white	bæ4	白	brak	bæk4b	13		1	O	+
woman	ȵo2	女	nrjag3	nrjo2b	12		1	O	+
yellow	ʁoŋ1b	黄	gwaŋ	hwɑŋ1b	14		1	O	+
year	sʰua4	歲	skwjad3	sjwej3a	25	+	2	O	−
wind	pren1	風	pjəm	pjuwŋ1a	28	+	2	O	+
day	ȵi4	日	ȵit	nyi4b	19		2	O	+
father	bo2	父	bjag2	bju2b	12		2	O	+
five	ŋu2	五	ŋag2	ŋu2b	12		2	O	+
float	bɯ1	浮	bjəgw	bjuw1b	4		2	O	+
flow	gɯ1	流	rəgw	ljuw1b	4		2	O	+
four	sji4	四	sjid3	sij3a	18		2	O	+
guts	droŋ1	腸	drjaŋ	drjɑŋ1b	14		2	O	+
heavy	dʑuŋ2	重	drjuŋ2	drjowŋ2b	11		2	O	+
leg	qʰuæ3	胯	kʰrag3	kʰwæ3a	12		2	O	−
mother	mɔ2	母	məg2	muw2b	1		2	O	+
narrow	træ4	窄	tsrak	tsræk4a	13		2	O	−
old	ku2	老	rəgw2	lɑw2b	4		2	O	+
river	qoŋ1	江	kraŋ	kæwŋ1a	41		2	O	−
rope	sʰo4	索	sak	sɑk4a	13		2	O	+
sky	xen1	祆	hin	xen1a	20		2	O	−
snow	sʰuɛ4	雪	sjat	sjwet4a	25		2	O	+

（续表）

split	p^he1	披	p^har	p^hje1a	24		2	O	−
squeeze	ja4	壓	ʔrab	ʔəp4a	29		2	O	+
thick	ɢɯ2	厚	gug2	huw2b	9		2	O	+
three	s^haŋ1	三	səm	sɑm1a	28		2	O	+
tie	bjo4	縛	bjak	bjwɑk4b	13		2	O	−
wide	q^hua4	闊	k^həd	k^hwɑt4a	21		2	O	−
fish	ŋo1a	魚	ŋjag	ŋjo1b	12	+	1	O?	+
drink	ɣɯ2 ɯ̃2	飲	ʔjəm2	ʔim2a	28		1	O?	+
head	djɯ1	頭	dug	duw1b	9		1	O?	−
round	ʁuen1b	圓	gwjan	hjwen1b	26		1	O?	+
wash	s^he2	洗	sid2	sej2a	18		2	O?	+

表格 16　汉白对应最早层次的同质性判定

早期的统计：

	词阶	汉白关系词
Swadesh 的第 100 核心词	32（Yahontov-35）	13（+1？）
	68	26 （+3？）
Swadesh 的第 200 核心词	3（Yahontov-35）	2
	97	21（+1？）

表格 17　早期的汉白最早层次的词阶统计

更新的统计[注：在第 100 核心词中，我们剔除了“bark 树皮”这一项，根据是 Wang&Wang 2004 提出的词法限制]：

	词阶	汉白关系词
Swadesh 的第 100 核心词	32（Yahontov-35）	11（+1？）
	67	22 （+2？）
Swadesh 的第 200 核心词	3（Yahontov-35）	1
	97	19 （+1？）

表格 18　更新的汉白最早层次的词阶统计

3.1.3 汉白关系语素的最早层次与原始白语形式的分级

根据上文§2.3 原始白语词汇的分级，在“原始白语级”一栏，其级别将详细标明。除了在音韵对应和词汇同质性的严格限制之外，原始白语重构也可以提供白语一方对最早时间层次的限制，原始白语 1 级就代表可根据白语方言追溯到的最早层次；原始白语 2 级代表的层次就要晚一些，或者说支持的力度就弱一些。

以汉白对应的核心语素为例，可发现下列词项的重构形式没有达到 1 级：

索引	词项	原始白语级别	原始白语	汉语	上古汉语	中古汉语	上古韵	YR	SR	层次
687	name	2	mjæ1	名	mjiŋ	mjieŋ1b	17	+	1	O
1009	green	2	ts^{h}æn1	青	ts^{h}iŋ	ts^{h}eŋ1a	17		1	O

表格 19 未达 1 级的原始白语例子

3.2 汉白关系语素分析

3.2.1 不可释原则的应用及限制

在早期的研究中（Wang 2004;Wang 2006b）认为“不可释原则”可以用来帮助判定关系语素的语源关系，具体来说，该原则指无法以施借语言的音韵系统来解释受借语言中关系语素的表现，这些不可解释的成分应该视为共同祖语的遗传，而不是借用的结果。假定语言之间确实是借贷关系，则所有从施借语言而来的成分都将通过受借语言的音韵系统的过滤而重塑。根据对双语者的大量调查，Haugen（1950）细致地分析了借用行为。他称原来的形式或者模式为原型。借用者常常选用自己语言模式中最相近的形式来替代原型。因此，施借语言中的原型和受借语言中的表现应该可以通过二者的系统匹配得到解释。反之，如果二者之间的联系不能获得令人满意的解释，假定的借贷关系就令人生疑了。

但值得注意的是，该原则也需要谨慎地加以使用，主要因为以下原因：1. 在比较语言的音韵系统时，一般都是使用重构系统，而重构的音韵系统受制于现在所见的材料，即，有可能由于某个关键对立语音特征在其中一个比较对象所辖的方言中失落了，就有可能造成误判；2.对于音变可能性的了解总是随着研究的进步而不断发展，说某一种音韵配对不可解释，总是囿于研究者当前的知识。一个简单的例子是，如果不了解腭化的可能，就可能将 k-（施借者）<>tɕ-（受借者）的配对定为不可释。不过，尽管有这些限制，在其他材料和方法都无法断定关系语素的语源性质的时候，该原则指出的倾向仍十分重要。

在探讨汉语和台语的关系时，丁邦新（2002）实际上就运用了不可释原则来论证一些汉台关系语素最好看作真正的同源词，而不是汉语借词，因为它们在台语中的表现并不能根据汉语的声韵系统来进行解释。例如，台语*hɑC ‘五’与上古汉语*ŋɑgx ‘五’相关，但台语中声母*h-却不可能从上古汉语的*ŋ- 重塑而来。按照丁邦新（2002）的解释，原始汉台语的*hŋ- 分别发展出台语的*h- 和上古汉语的*-ŋ。问题是，有其他证据表明台语的数词是从汉语借过去的（陈保亚 2001）。因此，在与其他证据有矛盾时，应该更加审慎地使用不可释原则。

在 Wang（2004;2006b）中，列出了下列五项原始白语和上古汉语之间的最早层次上的对应，依照白语向汉语的借用关系无法解释：

1. 原始白语 K- <> 上古汉语 *r- （>中古汉语 l-）

2. 原始白语 sʰ- ◇ 上古汉语 *s- （>中古汉语 s-）

3. 原始白语 Tr- ◇ 上古汉语 *Tj- （> 中古汉语 Tsy-）

4. 原始白语 K- ◇ 上古汉语 *K- （>中古汉语三等），原始白语 Q- ◇ 上古汉语 *K- （>中古汉语一二四等）

5. 原始白语 （P）r- ◇ 上古汉语 *-j- （> 中古汉语 -ji-）

从目前的研究状况来看，还没有其他证据来说明上述五项对应涵盖的汉白关系语素是从汉语借到白语的。也就是说，这些符合不可释原则的对应可以用来支持这些语素遗传自汉语和白语的共同祖语。

3.2.2 词阶分析

陈保亚（1996）提出可以将 Swadesh 的 200 核心词（Swadesh 1952）划分为两个词群：第 100 核心词（Swadesh1955）和剩余的第 200 核心词——分别称为高阶（high rank）和低阶（low rank）。高阶比低阶更稳定，更难以借用。早期语言的遗存在高阶中保留得更多，而借词在低阶中发展得相对更快，更容易。为此，陈保亚（1996）提出词阶法[①]来判断语源关系：有亲缘关系的语言，高阶关系词的比率高于低阶；反之，高阶关系词低于低阶的，就应该归因于语言接触。这一方法通过了普遍接受有亲缘关系的语系的检验，包括汉语方言、印欧语在内的资料都说明了这一方法的有效性。上文§2.3.1 通过白语方言数据的检验也支持这一方法。

Wang（2004；2006b）运用词阶法来分析汉白关系语素的最早层次，得到如下结果：

	词阶	汉白关系语素
高阶	32（Yahontov-35）	13（+1？）
	68	26 （+3？）
低阶	3（Yahontov-35）	2
	97	21（+1？）

表格 20　汉白关系语素最早层次的分布

按照陈保亚（1996）提出的分阶法，汉白关系语素的最早层次在高、低阶中的分布如下：

词阶	汉白关系语素的最早层次
高阶	39
低阶	23

表格 21　汉白关系语素最早层次的高低阶分布

[①] 在分阶研究中，其对象究竟是"词"还是"语素"是一个有争议的问题。我们认为，既然分阶研究是处理历时的问题，用"语素"更为合适一些，因为根据"词"的一般判定标准，能否独立使用很重要，而同样一个语素，在汉语的不同发展阶段，其使用状态会发生变化，因此，在历史比较中，更基本的稳固的比较单位似乎应该是语素，因此，在本文中，采用语素，只是为了照顾早期的提法，故仍然在"词阶法"一术语中仍保留"词"的地位。

高阶词中关系语素的比率明显高于低阶词中的比率,这就支持关系语素源自遗传,而非借用。

Yakhontov 曾提出一个 35 词表,认为是人类语言中最核心的词汇。据此可将陈保亚(1996)的两阶词细分为三,如下:

词阶 I	Yakhontov 35 词
词阶 II	68 词[从高阶词中去掉属于词阶 I 的]
词阶 III	97 词[低阶词中去掉属于词阶 I 的]

表格 22　三阶词

三阶的分类也支持汉白关系语素的遗传来源,因为越核心的词阶中关系语素越多:

词阶	汉白关系语素的最早层次	百分比
词阶 I (35)	15	43
词阶 II (68)	27	38
词阶 III (97)	21	22

表格 23　汉白关系语素的三阶分布

词阶法的应用指向汉白关系语素遗传自其共同祖语的结论。

陈保亚(1999b)指出词阶法应该严格限定时间层次:

关系词的有阶分析是以有严格语音对应的关系词为条件的,语音对应的时间层面区分得越严格,最早时间层面关系词的范围越明确,关系词的有阶分析就越精确(Chen 1999b:539)。

经过系统匹配考察(§3.1.1),词汇同质性检验(§3.1.2)和原始白语形式分级的限制(§3.1.3),最后符合条件的汉白关系语素可以说是目前最接近最早时间层次的了。结果如下:

	词阶	汉白关系语素的最早层次
高阶 (99)	32 (Yahontov-35)	10 (+1?)
	67	21 (+2?)
低阶 (100)	3 (Yahontov-35)	1
	97	19 (+1?)

表格 24　严格检验之后的汉白关系语素分布

按照陈保亚（1996）的分阶法，汉白关系语素的最早层次在高、低阶中的分布如下：

词阶	汉白关系语素的最早层次	百分比
高阶（99）	31	31
低阶（100）	22	22

表格 25　严格条件下的汉白关系语素最早层次的高低阶分布

高阶中关系语素的比率明显高于低阶中的比率。

而根据三阶分法，分布如下：

词阶	汉白关系语素的最早层次	百分比
词阶 I（35）	11	31
词阶 II（68）	21	31
词阶 III（97）	19	20

表格 26　严格条件下的汉白关系语素最早层次的三阶分布

经过严格标准调整之后的关系语素分布，最早层次的汉白关系语素显示出遗传关系。

4. 原始彝语

4.1 彝语材料

根据《彝语简志》的大致划分，彝语至少有六个方言群：北部方言、东部方言、南部方言、西部方言、东南部方言和中部方言。尽管《彝语简志》的这一划分还不是严格的历史语言学上的分支分类，但为历史比较进一步选择彝语代表点提供了很好的参照。为了尽量保持代表点之间的差异性和总体的广泛代表性，我们从每一个方言群中抽取一个代表点，分别是喜德彝语、武定彝语、江城彝语、巍山彝语、石林撒尼彝语、南华彝语。其中，江城彝语主要根据笔者的田野调查[①]，其他五个点的材料主要根据黄布凡《藏缅语族语言词汇》，另外，笔者也调查了禄劝彝语[②]，其音系和词汇材料和武定彝语大体相同，故只用来与武定彝语材料相互参校使用。

4.2 原始彝语的声调

在讨论之前，关于武定彝语 11 调和 2 调的处理有必要做个交待，根据《藏缅语族语言词汇》(p666)的描写："1.2 调为短调。主要出现在紧元音韵母音节中；2.11 调只出现在松元音韵母音节中。2 调和 11 调互补，也可以合并为一个调。"从共时角度看，将二者合并为一个调位是合理的。不过，在历史比较中，二者的不同或许能够更明确地提示其不同来源方面的信息，因此在下文的彝语比较中，二者仍分别标明。

彝语方言点之间的声调对应格局如下：

原始调类	喜德	武定	江城	巍山	撒尼	南华
*1	33	11	21	55	33	33
*2	33	33	55	55	33	33
*3	33	33	55	55	44	33
*4	33	33	22	21	11	21
*5	33	33	22	21	55	55
*6	21	11/2	21	33	33	33
*7	55	55	21	21	2/55	21/55

---

① 发音合作人是普存珍女士。
② 发音合作人是张学富先生。

（续表）

*8	33	2	22	33	44	33
*9	21	55	21	21	11	21

表格 27 原始彝语的声调系统

每一条声调对应都暂时拟定源自一个独特的调类。在调类的命名上，我们参考了 Matisoff (1971)和 Bradley (1979)。7 调和 8 调都与紧元音相连，分别相当于他们拟测的 L 调和 H 调。其他 1-6 调都是舒声调，大致来说，1 调、2 调、3 调相当于他们重构的 1 调；4 调和 5 调相当于他们重构的 2 调；6 调则相当于他们的 3 调。9 调的舒、促还难以判定。至于我们的重构系统和 Matisoff (1971)、Bradley (1979)声调系统之间的差异以及具体的语音条件还需要仔细的比较研究才能给出，此处暂不讨论。需要说明的，以上只是说明调类系统的大致相当，而具体某个语素的调类则可能不尽相同。

陈康(1986)也对彝语方言之间的声调对应作了探讨，他依据中国境内 8 个彝语方言发现 8 种基本的对应，但与本文也有很多不同之处，可参看。

重构原始调类所依据的声调对应在上表中已经列出，其中，撒尼和南华在调*7 上的表现十分有意思，按照原始声母类别分化为高调 55 和低调 2/21，参见下表：

撒尼	南华	声母	声母类
2	21	ʔ b d nt dz dʐ z ʑ g G v x ŋ ŋk^{h} ʔn n l r ʔl ʔm m h	浊
2	55	p^{h} t^{h} q^{h} ʃ h̥ p	送气清塞
55	55	t ts ts^{h} tsr tsr^{h} s sr tɕ tr f hn hl hm	

表格 28 原始彝语调*7 在撒尼方言和南华方言中

根据上述表格可以推测，*7 调在南华构成比较整齐的分化格局：清声母为 55 调；浊声母为 21 调，值得注意的是 hm,hn,hl 和ʔm,ʔn,ʔl 在分调中作用完全不同，前者与清声母功能相同，后者与浊声母相同。在撒尼语中，该调分化的声母条件与南华有所不同，有意思的是，送气清塞音声母(还包括ʃ-)与浊音保持一致，为 2 调，而其他的清声母则为 55 调，hm, hn,hl 同样与清声母保持一致。在撒尼彝语中，*h-前置辅音同样造成了*7 调为高调 55 的情形，例如：#193；#229；#1316。

这一声调分化条件为我们重构两类前置辅音*h-和*ʔ-提供了有力的支持。下文探讨声母重构时将详细讨论。当然，最根本的证据是两类前置辅音在声母对应上的反映也不同。

6 调的对应中，武定有两个表现形式：11 和 2，二者的分布在韵母条件上互补，后者只出现在原始彝语中带*-ɒ的音节中，具体的讨论参见§4.4.1。

藏缅语的声调系统很多都是独自发展的，至于所谓缅彝语支的语言是否在原始缅彝语阶段就有了声调系统，或者这一声调系统如何演化为今天各语言不同的状况，尚待进一步研究。这里或许应该重申一下我们所重构的 9 个声调的性质，在目前的研究阶段，我们并不坚持在六个彝语方言的共同直接祖先语言（即原始彝语）中一定存在着 9 个调类，或许 9 个调类反应的对应实际上是声、韵条件限制下的调类对应，但因为声、韵条件在目前的材料中难以直接重构出来，只是间接反应在声调的对应上，因此，9 个调类也蕴含了声、韵的信息。

4.3 原始彝语的声母

下面每一小节都将分别详细讨论一组声母的重构。沿袭原始白语重构时的模式(Wang 2004)，我们把重构原始彝语的基础，彝语方言之间的对应列在每一小节的起始部分。相关例子以 “193, 229”这样的形式给出。“193, 229” 表示词汇索引，可以在附录 4 中按照相应的序号查阅，其中包括重构的原始形式和其在六个彝语方言中的表现。

4.3.1 唇音 *b- *p- *p^h- *m- *f- *v-

	喜德	武定	江城	巍山	撒尼	南华
*b	b	b	b	b	b/p[*1 调]	b
*p	p	p	p	p	p	p
*p^h	p^h	p^h	p^h	p^h	p^h	p^h
*m	m	m	m	m	m	m
*f	f	f	f	f	f	f/x[u]
*v	v	v	v	v	v	v

表格 29 原始彝语的唇音

浊音*b-在撒尼语的 1 调中发生清化，其余情况下保持浊音。撒尼语 1 调中全浊声母清化的规律还可以在下文关于*d-, *g-, *ɢ-, dz-, dʐ-等重构中看到。在-u 韵母前，*f-在南华彝语中变为 x-，这样的变化在汉语方言十分常见(何大安 1988)。

原始彝语 *b-: 4, 23, 69, 71,83,102,204,218,264,353,365,366,388,395,503,672,892,916,981, 1012,1083,1145,1236,1237,1345,1420,1500,1504,1553,1569,1599,1649;

原始彝语 *p-: 294, 318, 319, 349, 408, 486, 553, 618, 657, 1161, 1335, 1356, 1419;

原始彝语 *p^h-: 150,212,376,427,428,457,462,512,585,743,871,997,1011,1054,1055,1075, 1143,1246, 1309,1310,1438,1461,1489,1535,1688,1788,1802;

原始彝语 *m-: 1,6,18,110,162,174,176,219,221,222,248,261,268,271,286,389,442,630,748, 752, 761,835,841,1058,1298,1466,1471,1493,1519;

原始彝语 *f-: 1028,1513;

原始彝语 *v-: 12,149,180,235,236,284,323,324,634,392,876,974,990,1001,1211,1225,1323,

1463, 1505,1516,1543,1676.

4. 3. 2 舌尖音*d- *t- *tʰ- *n- *ȵ- *l-

	喜德	武定	江城	巍山	撒尼	南华
*d	d	d	d	d	d/t[1 调]	d
*t	t	t	t	t	t	t
*tʰ	tʰ	tʰ	tʰ	tʰ	tʰ	tʰ
*n	n	n	n	n	n	n
*ȵ	ȵ	ȵ	ȵ	ȵ	ŋ/ȵ[o,ɯ]	ȵ
*l	l	l	l	l	l	l

表格 30　原始彝语的舌尖音

原始彝语 *d-: 298,519,641,695,704,769,770,1021,1205,1207,1208,1241,1254,1299,1339, 1340,1416,1531,1536,1619,1660;

原始彝语 *t-: 7,826,853,1003,1149,1172,1190,1268,1270,1314,1317,1365,1408,1444,1465, 1501,1503,1545,1567,1706,1715,1762,1774,1803;

原始彝语 *tʰ-: 385,549,685,737,980,1020,1215,1476,1777,1814;

原始彝语 *n-: 94,144,181,196,339,390,430,479,637,798,931,975,1005,1013,1035,1057,1160, 1167,1324,1413,1469,1666,1819;

原始彝语 *ȵ-:2,14,95,228,254,326,404,566,1404;

原始彝语 *l-: 43,89,107,281,304,306,370,418,454,469,579,1014,1015,1179,1286,1491,1674, 1816, 1822

4. 3. 3 舌根音 *g- *k- *kʰ- *ŋ- *x- *ɣ-

	喜德	武定	江城	巍山	撒尼	南华
*g	g[1/2/7]/k	g[1/7]/k	g[1]/k	g[1/5]/k	k	g[1/7]/k
*k	k	k	k	k	k	k
*kʰ	kʰ/k	kʰ/tɕʰ[ɯ]	kʰ/tɕʰ[ɯ]	kʰ	kʰ	kʰ/tɕʰ[ɯ]
*ŋ	ŋ	ŋ	ŋ	ŋ	ŋ	ŋ
*x	sr	x	x	x/ɕ[æ]	x/ɕ[æ]	x
*ɣ	ɣ	ɣ	ɣ	ɣ	ɣ	ɣ

表格 31　原始彝语的舌根音

在巍山和撒尼中，*x-在*æ韵母前腭化为ɕ-。

原始彝语 *g-: 73,614,805,1193,1360;

原始彝语 *k-: 544,563,1082,1178,1248;

原始彝语 *k^{h}-: 19,103,289,565,623,715,716,1271,1555,1580,1686;

原始彝语 *ŋ-: 801,928,1267,1348,1755;

原始彝语 *x-: 443,1250,1251,1261,1328,1480,1717;

原始彝语 *ɣ-: 209,238,420,550,675,698,1263,1640;

4.3.4 小舌音 *ɢ- *q- *q^{h}-

	喜德	武定	江城	巍山	撒尼	南华
*ɢ	g	g	g	ɣ/v	q	g
*q	k	k	k	k	q	k
*q^{h}	k^{h}	k^{h}	k^{h}	k^{h}	q^{h}	k^{h}

表格 32 原始彝语的小舌音

原始彝语 *ɢ-: 1004,1385,1551,1703;

原始彝语 *q-: 163,1034,1374,1474;

原始彝语 *q^{h}-: 777,1074,1194,1252,1382,1561;

4.3.5 舌尖擦音、塞擦音 *dz- *ts- *ts^{h}- *z- *s- *ʃ- *r-

	喜德	武定	江城	巍山	撒尼	南华
*dz	dz	dz	dz	dz/dʑ[ie]	dz/ts[1/2]	dz
*ts	ts/tɕ[ie]	ts	ts	ts	ts	ts
*ts^{h}	ts^{h}	ts^{h}	ts^{h}/tɕ^{h}	ts^{h}/tɕ^{h}[e]	ts^{h}	ts^{h}/tɕ^{h}
*z	z	z	z	z	z	z
*s	s	s	s	s	s	s/ɕ[ɯ,ʅ]
*ʃ	ʂ/s	ɕ	ɕ/ʂ[ɯ,ʅ]	ɕ/x[ɯ]	s[ɯ,ʅ]/ɕ	ɕ
*r	ʑ	j/ɣ	ɣ	ɣ	ɣ	ɣ/ʑ

表格 33 原始彝语的舌尖擦音及塞擦音

原始彝语 *dz-: 194,402,440,448,537,848,865,866,1029,1049,1079,1198,1566,1622,1709,1769;

原始彝语 *ts-: 136, 415, 846,904,1406,1477,1496;

原始彝语 *ts^{h}-: 61,75,143,167,313,417,445,156,461,605,794,806,1024,1062,1078,1262,1274,1288,1290,1342,1642,1713,1780,1782;

原始彝语 *z-: 152,173,220,310,411,513,701,1594,1612, 1625;

原始彝语 *s-: 113,129,145,212,307,372,378,393,409,511,532,534,668,681,754,941,1092,1213,1239,1526,1568,1601,1636,1798;

原始彝语 *ʃ-: 186,316,356,749,803,1050,1081,1088,1089,1478;

原始彝语 *r-: 47,67,451,578,964,966,1735;

4.3.6 喉音 *h- *ʔ-

	喜德	武定	江城	巍山	撒尼	南华
*h	h	h	x	h	h	x
*ʔ	ø	ø	ø/ʑ[-i, -e]	ʔ	ø	ø

表格 34 原始彝语的喉音

原始彝语 *h-: 10,148,494,755,804,824,911,1243,1394,1488,1584,1719,1784;

原始彝语 *ʔ-: 300,738,1486;

4.3.7 鼻冠复辅音 $*Np^h$- $*Nt^h$- $*Nk^h$- $*Nts^h$r-

	喜德	武定	江城	巍山	撒尼	南华
$*Np^h$	mb	mp^h	b	b	b/p[1 调]	b
$*Nt^h$	nd	nt^h/d[4]	d	d	d/t[1 调]	d
$*Nk^h$	ŋg	$ŋk^h$	g	ɣ	q/g	g
$*Nts^h$	ndz/dz/dʑ	nts^h	z	dz	ts	dz

表格 35 原始彝语的鼻冠复辅音

原始彝语 $*Np^h$-: 467,556,1148,1426,1611;

原始彝语 $*Nt^h$-: 39,1212,1220,1370,1439,1458,1548,1698,1726;

原始彝语 $*Nk^h$-: 93,413,490,514,1202,1312,1424,1487,1694,1711,1811;

原始彝语 $*Nts^h$-: 70,199,1032,1608,1742;

4.3.8 带 h-前缀的复辅音 *hm- *hn- *hŋ- *hl-

	喜德	武定	江城	巍山	撒尼	南华
*hm	m̥	m	m	ʔm	m	m
*hn	n̥	n	n	ʔn	n	n
*hŋ	h	ŋ	ŋ	ʔ	ŋ	ŋ
*hl	ɬ/l[33]	ɬ	ɬ	ʔl	ɬ	l/ç[1]

表格 36 带 h-前缀的复辅音

原始彝语 *hm-: 193,223,237,687,968,1218,1425,1637;

原始彝语 *hn-: 80,81,229,969,984,1681;

原始彝语 *hŋ-: 351,1443;

原始彝语 *hl-: 9,139,224,292,342,359,406,471,673,771,1051,1186,1264,1316,1604,1641,1693,1751;

4.3.9 带ʔ-前缀的复辅音 *ʔm- *ʔn- *ʔl- *ʔv-

	喜德	武定	江城	巍山	撒尼	南华
*ʔm	m	m	m	ʔm	m	m
*ʔn	n	n	n	ʔn	n	n
*ʔl	l	l	l	ʔl	l	l
*ʔv	v	v	v	ʔv	v	v

表格 37 带ʔ-前缀的复辅音

原始彝语 *ʔm-: 22,179,267,1326;

原始彝语 *ʔn-: 46,132,379,768,870,973,1009,1018,1162,1410,1680,1683,1708;

原始彝语 *ʔl-: 27,1349,1456,1695;

原始彝语 *ʔv-: 133,247,710,1517;

4.3.10 带-r-介音的复辅音组 1: *br- *pʰr- *dr- *tr- *tʰr *gr- *kr- *kʰr-

	喜德	武定	江城	巍山	撒尼	南华
*br	dʑ	dr	d	b/v[6]	dl/tʰr[1]	b
*pʰr	tɕʰ	tʰ	ɬ/tʰ	pʰ/f[1,2]	ɬ	pʰ
*dr	dʑ	dr	d	dʐ/d	dl/tʰr[1]	dʐ/dʑ/d
*tr	tɕ	tr	t	t	tɬ	t/tɕ
*tʰr	tsʰ	tʰ	tʰ	tsrʰ	tʰ	tʰ
*gr	g	dʑ	dz	g	g/k[1]	dʐ[u]/dʑ
*kr	k/tɕ[i]	tɕ	ts	c	tɕ	k
*kʰr	f	tɕʰ	tsʰ	kʰ	kʰ	tɕʰ
*hr	tɕʰ	ɬ	f	f	ɬ	f

表格 38 带-r-介音的复辅音组 1

江城彝语中的一些音变大致是平行的：*gr→dʐ→dz ; *kr→tsr→ts; *kʰr→tʂʰ→tsʰ; *br → dr → d。撒尼彝语中的一项变化比较特别: *br → dr → dl。在南华彝语中，在-u 之前，仍可以看到*gr→dʐ的演变阶段。喜德彝语中则有这样的变化：*tʰr → tʂʰ →tsʰ。

原始彝语 *br-: 367,984,1318,1518;

原始彝语 *pʰr-: 52,1006,1156,1174,1626;

原始彝语 *dr-: 518,993,1168,1512;

原始彝语 *tr-: 3,328,840,1644;

原始彝语 *tʰr-: 647,797;

原始彝语 *gr-: 38,121,130,487,526,1140,1450,1682;

原始彝语 *kr-: 5,154,1217;

原始彝语 *kʰr-: 262,263,802, 1530;

原始彝语 *hr-: 117,151,450,1718;

4.3.11 带-r-介音的复辅音组 2: *sr- *dzr- *tsr-*tsʰr-

	喜德	武定	江城	巍山	撒尼	南华
*sr	sr	sr	s	sr	sr	sr
*zr	ʑ/ʐ	ʑ/j	z	ʐ	ʐ	ʑ/ʐ
*dzr	dʐ[-u]/dʑ	dʐ	dz	dʐ	dʐ/tsr[1]	dʐ
*tsr	tʂ	tʂ	ts	tʂ/tɕ	tʂ	tʂ/tɕ
*tsʰr	tʂʰ	tʂʰ	tsʰ /tɕʰ [e/ɯ]	tʂʰ /tɕʰ[e/ɯ]	tʂʰ /tɕʰ[e/ɯ/i̠]	tʂʰ /tɕʰ[e/ɯ/i̠]

表格 39 带-r-介音的复辅音组 2

原始彝语 *sr-: 51,317,340,347,386,410,416,572,897,972,1008,1084,1116,1533,1650,1744,1815;

原始彝语 *sr-: 275,436,711,1528,1617,1749,1813;

原始彝语 *dzr-: 98,137,253,336,476,555,1047,1327,1764;

原始彝语 *tsr-: 15,87,109,596,1131,1648;

原始彝语 *tsʰr-: 251,276,403,439,545,617,992,1171,1303,1330,1442,1799;

4.3.12 带鼻音前缀和-r-介音的复辅音: *Nkʰr- *Ntsʰr- *Ntʰr-

	喜德	武定	江城	巍山	撒尼	南华
*Nkʰr	ŋg	ŋkʰ	dʑ	dʑ	dʑ	dʑ
*Ntsʰr	ndʐ	ɳtʂ	dz	dz	dʐ	dʐ
*Ntʰr		ɳtʰr	d		dl	

表格 40 带鼻音前缀和-r-介音的复辅音

原始彝语 *Nk^{h}r-: 1063,1221,1475,1736

原始彝语 *Nts^{h}-: 452, 584,620,1173,1656,1725;

原始彝语 *Nt^{h}r-: 1658,1667;

4.3.13 带-j-介音的复辅音：*gj- *mj- *tɕ-

	喜德	武定	江城	巍山	撒尼	南华
*gj	dʑ	dʑ	dz	g	dz/ts[1]	dʑ
*mj	ɲ	m	m	m	m	m
*tɕ	tɕ	tɕ/tʂ	tɕ	tɕ	tɕ	tɕ

表格 41 带-j-介音的复辅音

原始彝语 *gj-: 53,1022,1366,1592;

原始彝语 *mj-: 382,535,987;

原始彝语 *tɕ-: 616,629,1072,1697,1804,1805;

4.3.14 尚待确认的重构

	喜德	武定	江城	巍山	撒尼	南华
*pr	tɕ	tr	t	p	tɬ	p
*Np^{h}r	ndʑ	ɳʈ^{h}r	ɬ	v	dl/t^{h}[1]	b
*c	k	k	k	c	k/q	k
*c^{h}	k^{h}	k^{h}	k^{h}/tɕ^{h}	c^{h}	q^{h}/tɕ^{h}	k^{h}/tɕ^{h}
*ɟ	g		k	ɟ	g	G
*ntɕ^{h}	ndʑ	ntɕ^{h}	dʑ	g	ts	dʑ
*χ-					χ	
*ʔmj						
*ʔɲ	ɲ	ɲ		ʔɲ		ŋ
*ʔŋ			ŋ	ʔn		
*dʑ			dz		dz	

表格 42 尚待确认的重构

之所以把上述列出的对应及重构定为“尚待确认”，在于它们还没有得到六个彝语普遍分布对应的支持，*pr 是根据*br 和*p^{h}r 类推出来的。*ɟ和*ntɕ^{h} 的重构更还没有成套的语音对应支持，只是根据其相应的清声母的对应类推出来，可以分别用来解释“瘦”和“皮”在彝语方言中的语音变化。[#1482 的紧元音韵母难以解释。] 只有撒尼彝语有χ-，或许是原始彝语*χ-的遗留，但支持的例证不足。因此，这些重构是否合理，需要在对彝语方言的谱系树确定之后，或者更多对应例子发掘之后方能确定。同时，也意味着这些材料不能用来推断彝语方言从古到今的声母演变，更不能作为谱系分类的基础。

*pr: 991;

*Np^{h}r: 159;

*c: 1315,1357,1482;

*c^{h}: 66,327,468,1552,1582;

*ɟ: 1026;

*ntɕ^{h}: 120;

*χ-: 309;

*ʔmj:79;

*ʔȵ̊: 77,398;

*ʔŋ: 74;

*dʑ: 391,573,986;

4.3.15 小结：原始彝语到现代彝语的声母演变

声母演变	涉及的彝语方言
1. 鼻冠声母全浊化	江城、巍山、撒尼、南华
2. 全浊声母部分清化	撒尼
3. f → x/_[-u]	撒尼
4. ȵ̊ → ŋ	撒尼
5. k^{h} → tɕ^{h}/_[-ɯ]	武定、江城、南华
6. q →k; q^{h}→k^{h}	喜德、武定、江城、巍山、南华
7. ɢ → v/ɣ	巍山
8. dz → dʑ/_[-ie]	巍山
9. ts → tɕ/_[-ie]	喜德
10. ts^{h} → tɕ^{h}	江城、巍山、南华
11. s → ɕ/_[-ɿ;-ɯ]	南华
12. ʃ → ɕ	武定、江城、巍山、撒尼、南华
13. r → ʑ/_[-æ]	喜德、南华
14. r → ɣ	江城、巍山、撒尼
15. h → x	江城、南华
16. ʔ → ø	喜德、武定、撒尼、南华
17. ʔ → ʑ/_[-i, -e]	江城

(续表)

18. h-前缀造成清鼻音	喜德
18. h-前缀变ʔ-前缀	巍山
19. h-前缀失落	武定、江城、撒尼、南华
20. h-前缀造成清边音	武定、江城、撒尼
21. ʔ-前缀失落	喜德、武定、江城、撒尼、南华
22. br → dʑ	喜德
23. br → dr	武定、江城、撒尼
24. br → b	南华、[巍山]
25. br → v[6]	巍山
26. pʰr → tɕʰ	喜德
27. pʰr → tʰ	武定、[江城]
28. pʰr → ɬ	撒尼、[江城]
29. pʰr → pʰ	南华、[巍山]
30. pʰr → f[1,2]	巍山
31. hr → tɕʰ	喜德
32. hr → ɬ	武定、撒尼
33. hr → f	江城、巍山、南华
34. dr → dʑ	喜德
35. dr → dl	撒尼
36. tr → tɕ	喜德
37. tr → tl	撒尼
38. tr → t	江城、巍山
39. tʰr → tʂʰ	喜德、巍山
40. tʰr → tʰ	武定、江城、撒尼、南华
41. gr → g	喜德、巍山、撒尼
42. gr → dʐ	江城、南华
43. gr → dʑ	武定
44. kr → k	喜德、南华
45. kr → tɕ	武定、撒尼
46. kr → c	巍山
47. kr → tʂ	江城
48. kʰr → kʰ	巍山、撒尼

（续表）

49. k^hr → $tɕ^h$	武定、南华
50. k^hr → $tʂ^h$	江城
51. k^hr → f	喜德
52. Tsr → S	江城
53. tʂ → tɕ	巍山、南华
54. $tʂ^h$ → $tɕ^h$	江城、巍山、撒尼、南华
55. gj → dʑ	喜德、武定、江城、撒尼、南华
56. mj → ȵ	喜德

表格 43　彝语方言中的声母演变

从上述音变中，我们尝试挑选一些作为彝语方言分区的共同创新特征，这一挑选遵循两个基本原则：1. 至少有两个方言共有该音变；2. 该音变发生的概率不是十分高，比如，腭化、脱落之类太普遍的变化就不采用，由于目前并没有可资利用的音变数据库作为参照，并不能保证我们根据经验挑选的音变一定符合“独特的共享创新”(Unique shared innovation)这一要求，因此，在下文谱系树绘制之后，我们或许会发现某些方言共有的音变可能是其各自独立发展出来的，也就是平行发展。

声母演变	涉及的彝语方言
鼻冠声母全浊化	江城、巍山、撒尼、南华
q → k; q^h → k^h	喜德、武定、江城、巍山、南华
br → dr	武定、江城、撒尼
p^hr → t^h	武定、[江城]
p^hr → ɬ	撒尼、[江城]
hr → ɬ	武定、撒尼
hr → f	江城、巍山、南华
t^hr → $tʂ^h$	喜德、巍山
gr → dʐ	江城、南华

表格 44　作为独特共同创新的声母演变

4.4 原始彝语的韵母

在重构原始彝语的韵母时，本文经常用到的一些原则是：1. 元音变化倾向于高化，也就是在低元音和高元音对应时，原始形式是低元音的可能性大一些；2. 紧元音高化原则，即元音舌位在紧的条件下一般会升高；3. 同化，即相邻的两个音可能逐渐变得更相似，例如：*pæ → pu；4.异化，相邻的两个音的共同特征可能发生抵触，造成其中一个音改变其特征，例如：*uɒ → ɯ; 5. 多者为胜(majority wins)，即占多数的形式可能就是原始形式，这样拟测的一个理由是，在解释从原始形式到现代形式时，动用音变的次数会减少，符合俭省原则(parsimony)。例子参见§4.1.4.2 关于*ɑ的重构。所有这些原则的运用都在一个最高原则下相互协调运用，即：对应规则与原始形式一一匹配，除非一对二或一对多的情况能够获得合理的解释。

介音*-r-和*-j-与声母演变的关系更为密切，因此我们将其放在一起，在§4.1.3.10-13 中，已经有比较详细的讨论。不过，介音*-r-和*-j-对元音的发展也会有所影响。在重构原始白语时(Wang 2004), 我们曾遵循李方桂 (1971)的假设，认为介音 -r-对后接元音有“央化”作用，也就是说，介音-r-可以高化低元音，譬如：*-rɑ → -æ；拉低前高元音，譬如：*-ri → -ɛ。而介音-j-可以高化低元音，或者前化后元音。在下文讨论从原始彝语到现代彝语方言的元音演变中，我们会同样运用上述规则。介音*-u-更多的与韵母演变有关系，经常能使后接元音圆唇化、混元音化或者后化， 譬如：*ue → y; *uæ → ə; *ue → ɤ。

4. 4. 1 *-ɒ *-uɒ

	喜德	武定	江城	巍山	撒尼	南华
*ɒ	ɑ/o[唇音]	u/u̱ [6]	o	ɑ	ɒ	o
*uɒ	ɯ	u/u̱ [6]	o	ɑ	ɒ	o

表格 45 原始彝语以-ɒ-为韵腹的韵母

原始彝语 *-ɒ: 4,10, 12, 8,80,81,83,93,110,128,139,181,196,212,218,219,304,309,336,349, 402, 410,416,440,444,545,462,471,514,537,549,630,637,673,681,711,757,824,835,840,928,981, 1012,1062,1084,1092,1116,1140,1160,1314,1408,1419,1425,1465,1488,1531,1551,1580,1666,1681,1708,1719,1749

原始彝语 *-uɒ: 61,112,137,173,292,315,351,367,413,418,675,737,771,801,1074,1198,1261, 1263, 1315,1424,1443,1503,1682,1683,1703;

暂且先撇开紧元音 u̱-不论，在这些彝语方言的表现形式中，撒尼彝语的形式最有可能是早期彝语的形式，因为ɒ比较容易转化为其他几种表现形式。元音的通常倾向是高化(Labov 1994)，因此它可以在江城和南华彝语中高化为 o，继续保持其圆唇特性。ɒ相对于ɑ来说是有标记形式，因此从有标记到无标记的变化也很自然，这就是发生在喜德和巍山的变化，喜德在唇音声母后面则发生了类似江城和南华的演变。

第 2 组对应与第 1 组对应的关键不同在于喜德彝语中对立的存在，在我们推定第 1 组对应的早期形式为*ɒ后，我们推测第 2 组对应的早期形式是*uɒ，这样可以用相邻圆唇音之间的异化作用来解释喜德ɯ的产生，而其他彝语方言中* uɒ的逆向异化直接造成了唇介音脱落。

我们注意到，在武定彝语中，原始彝语的*ɒ有两种表现，在*6 调的情况下是紧音 u̠，其他调的情形下是松音 u，原始彝语的*uɒ在武定彝语中的反映与之完全平行。

问题是：武定的这个紧元音如何起源的呢？

关于松紧元音的来源，戴庆厦（1958, 1964, 1979）作了深入系统的探讨，戴庆厦 (1987) 总结说：“我认为藏缅语松紧元音的来源有二：一是来源于韵母的舒促，另一是来源于声母的清浊。藏缅语松紧元音的发展出现紧元音逐渐消失的趋势，其途径是变为不同的舌位、不同的声调。” [中译见戴庆厦 1990：455-6]

因此，对于武定彝语*6 调中出现的紧元音 u̠，我们先考察上述两种可能。该组合既可以出现在清声母后，也可以出现在浊声母后，以浊声母的组合为多，这说明其来源不是遵循清浊声母对立转化为紧松对立的模式而来。实例参见下表：

索引	词汇	PY			喜德	武定	江城	巍山	撒尼	南华
4	月亮	b	ɒ	6	bo21	bu̠2	(xo21) bo21	(xɑ33)bɑ33	(ɬɒ44)bɒ33 mɒ33	(ɕɪɔ33) bo33
1703	玩耍	ɢ	uɒ	6	gɯ21	gu̠2	(lɛ35) gu21	ɣɑ33	qɒ33	(kæ̠33) gu33
292	兔子	hl	uɒ	6	ɬɯ21	ɬu̠2	(t^ha35)ɬo21 (mu21)	(t^ho33) lo33	(ɒ44) ɬɒ33	(t^hɑ21) lo33
110	拇指	m	ɒ	6	mo21	mu̠2	(ljɛ21) mu21	(lɪ̠21 n̩55) mɑ33 ko33	(le2 tʂʐ̩44) mɒ33	(le21 ȵi̠33) mo33
261	母牛	m	ɒ	6	mo21	mu̠2	mu21	(ɑ55 n̩21) mɑ33 ko33	(ŋ̩11) mɒ33	(ȵi21) mo33 to33
1263	得到	r	uɒ	6	ɣɯ21	ɣu̠2	ŋo21(ŋa22)	ɣɑ21	ɣɒ33	ɣo33
309	象	χ	ɒ	6	-	xu̠2	-	hɑ33	χɒ33	xo33
1398	获得	ɣ	uɒ	6	ɣɯ21	ɣu̠2	uo21	ɣɑ33	ɣɒ33	ɣo33

表格 46　武定彝语 6 调紧元音 u̠ 的声母分布

从韵母对应来看，因为 Bradley 利用了保存有塞音韵尾的语言材料为 Proto-Loloish 重构了丰富的塞音韵尾，以其重构形式与武定*6 调中含紧元音 u̠ 的材料对比，我们发现在相应的 Proto-Loloish 形式中，一个塞音韵尾的音节都没有，参见下表：

索引	词汇	PL	PY			喜德	武定	江城	巍山	撒尼	南华
4	月亮	bəla3	b	ɒ	6	bo21	bu̲2	bo21	bɑ33	bɒ33	(ɕɪɔ33)bo33
1703	玩耍	ʔ-ga3	ɢ	uɒ	6	gɯ21	gu̲2	gu21	ɣɑ33	qɒ33	(kæ33) gu̲33
110	拇指	C-ma3	m	ɒ	6	mo21	mu̲2	mu21	mɑ33	mɒ33	(le21 n̥i̲33) mo33
261	母（牛）	ʔəC-ma3	m	ɒ	6	mo21	mu̲2	mu21	mɑ33	mɒ33	(n̥i21) mo33 to33
1263	得到	ra3	r	uɒ	6	ɣɯ21	ɣu̲2	ŋo21	ɣɑ21	ɣɒ33	ɣo33
309	象	ʔ-ya3	χ	ɒ	6	-	xu̲2	-	hɑ33	χɒ33	xo33

表格 47　与 Bradley(1979)重构的比较

而且，从 6 个彝语方言中紧元音的分布来看，通常情况是：如果一个方言中表现出紧元音，通常至少在另外一个方言也有相应的紧元音表现，但在此对应中，唯有武定为紧元音，其他方言中的对应形式均为松元音(参看表格 46 和表格 47)，这也暗示其早期来源就是松元音。

如果上述拟测正确，就说明在一定的声调条件下，松元音的变化也可以造成紧元音，紧化也造成了调的短促化。

4. 4. 2 *-ɑ *-ɑ̲

	喜德	武定	江城	巍山	撒尼	南华
*ɑ	ɑ	ɒ	ɑ	ɑ	ɑ	ɑ
*ɑ̲	ɔ̲[8]/o[7]	ɑ̲	ɛ	ɪ̲	e	e̲

表格 48　原始彝语以-ɑ-为韵腹的韵母

原始彝语 *-ɑ: 87,162,281,420,1081,1173,1243,1327,1543;

原始彝语 *-ɑ̲: 66,78,97,107,179,193,284,326,328,339,376,388,398,553,596,616,743,755,770, 871,911,982,991,1005,1013,1018,1034,1063,1132,1149,1174,1469,1536,1676,1709,1762,1804,1805,1811, 1822;

既然在上表第一行对应中，6 个方言中有 5 个是ɑ，江城实际音值也偏后，因此，如果根据“多者为胜”的原则重构原始彝语形式为*ɑ，则只有武定的ɒ需要解释。在§4.1.4.1 中，可以观察到原始彝语的*ɒ演变为武定彝语的 u/u̲，这可能引起了武定彝语的拉链式变化：*ɒ → u/u̲ => *ɑ → ɒ。

在上表第二行对应中，彝语方言的元音大都表现出早期的紧元音性质，根据我们设定的紧元音升高的原则，重构时应选择最低的元音，也就是*ɑ̲。因此，原始彝语的*ɑ̲只保留在武定彝语中，在其他方言中都有不同的舌位升高。喜德彝语中以声调为条件的变化值得注意，在*8 调中，保持紧元音性质的同时舌位升高，而且有圆唇成分；而在*7 调中，“紧”的性质已经失落，但舌位升高，且有圆唇成分。

4.4.3 *-æ　*-uæ　*-æ̲。

	喜德	武定	江城	巍山	撒尼	南华
*æ	ɣ/u[P-]	ɔ	ɛ	ᴇ	æ	æ
*uæ	ɣ/u[P-]	ɔ/ɒ [m-]	ɛ	ᴇ	æ	ə
*æ̲	i	ɚ̲	æ	a	ɑ	æ̲

表格 49　原始彝语以-æ-为韵腹的韵母

原始彝语 *-æ: 7,174,248,378,390,393,409,457,467,710,964,966,975,987, 1001,1220,1228, 1241,1250,1342,1552,1555,1566,1717,1735,1799;

原始彝语 *-uæ: 51,113,154,180,267,347,395,445,760,1008,1011,1028,1172,1213,1217, 1333,1516, 1521,1526,1774;

原始彝语 *-æ̲: 300,365,518,1143,1145,1156,1162,1225,1324,1339,1416,1482,1505,1582, 1611, 1636,1674,1680,1782,1798;

在上表的重构和对应中，*æ与*uæ的区分在南华彝语保留，后者演变为混元音，在武定彝语中，只在*m-声母后二者保持着对立，而在其他方言中，二者完全合并。值得注意的是，*æ̲在巍山和撒尼的演变不符合前文提出的紧元音高化的原则，因此，对该形式的语音重构我们并没有很大的把握。

4.4.4 *-ɛ *-ɛ̲

	喜德	武定	江城	巍山	撒尼	南华
*ɛ	i	ɚ	ɛ	i	æ	i/e
*ɛ̲	i	e̲/ɤ̲/ɚ̲	ə	y̲	ʏ	ə̲

表格 50　原始彝语以-ɛ-为韵腹的韵母

原始彝语 *-ɛ: 2,5,89,102,145,159,194,228,461,494,496,513,556,618,687,842,844,848,969, 972,984, 1022,1047,1049,1075,1464,1489,1518,1568,1637,1638,1725,1751;

原始彝语 *-ɛ̲: 67,77,229,264,317,408,417,448,479,566,578,892,1142,1167,1168,1171,1212, 1254, 1317,1413,1439,1476,1548,1604,1650,1658,1715,1784,1802,1816;

4.4.5 *-e *-ue　*-e̱ *-i *-i̱

	喜德	武定	江城	巍山	撒尼	南华
*e	i	e	i	i	ɪ	i
*ue	i	ɤ	ə	y	ɤ	i
*e̱	i/e	i̱	i	ɪ̱	ɪ	e̱
*i	i	i	i	i	i	i
*i̱	i	i̱	i	i̱	i	i̱

表格 51　原始彝语以-e-及-i-为韵腹的韵母

原始彝语的*-ue 在喜德和南华中高化为-i；在武定和撒尼后化为-ɤ，在江城演变为混元音，在巍山后化且圆唇化为-y，-u-介音的作用有比较充分的体现。

原始彝语 *-e: 14,22,39,94,237,253,307,323,324,356,439,486,512,526,620,738,754,806,876,974,1029, 1043,1072,1236,1274,1303,1318,1345,1420,1475,1491,1599,1622,1642,1697;

原始彝语 *-ue: 23,70,71,75,503,685,701,865,866,897,904,973,992,1161,1237,1267,1512,1608,1625, 1626;

原始彝语 *-e̱: 293,313,364,579,657,804,1211,1404,1463,1500,1535,1649;

原始彝语 *-i: 9,18,109,120,151,152,212,224,251,254,262,265,314,327,342,406,415,436,452,456,535,629,668,756,768,797,798,870,910,1014,1032,1073,1079,1089,1262,1330,1356,1406,1442, 1466,1579,1651,1713,1716,1769,1819;

原始彝语 *-i̱: 136,144,147,148,235,236,276,310,372,379,382,511,534,1131,1179,1239,1410,1444,1456,1478,1486,1501,1513,1533,1545,1646,1647,1648,1661,1688,1780,1818;

4.4.6 *-ɯ　*-ɯ̱

	喜德	武定	江城	巍山	撒尼	南华
*ɯ	i/ɯ	ɯ/i	ɯ/i	ɯ/i	z̩/i/ɯ	i/ɯ
*ɯ̱	i/ɯ	ɯ̱	i/ɯ	i̱/ɯ̱	z̩/i/ɯ	i̱/ɯ̱

表格 52　原始彝语以-ɯ-为韵腹的韵母

*ɯ演变为 i 的实例在从原始白语到共兴白语的发展中也可以找到(Wang 2004)，也见于很多汉语方言。ɯ和 i 交替出现，也就是各方言保持*ɯ的速度和规则各不一致，都是分化后独自进行的，但每一项重构都至少在一个方言中有ɯ，从而与早期的*i 区分开来。在喜德、巍山、撒尼中，*ɯ̱大多数已经变为 i 了。

原始彝语 *-ɯ: 47,53,95,103,121,129,143,186,199,238,289,316,403,451,468,550,565,572,573,623,698,716,765,803,916,931,1009,1051,1178,1288,1292,1360,1477,1480,1592,1726;

原始彝语 *-ɯ̱: 15,532,846,853,1050,1078,1088,1194,1218,1285,1286,1290,1298,1335,1357,1594,1601,1693,1695;

4.4.7 *-u *-u̱

	喜德	武定	江城	巍山	撒尼	南华
*u	u/ɯ	ɯ/u/v	u/ɯ	u/ɯ	v/z	u/ɯ
*u̱	u̱	u̱/v	u̱/u	u̱	u/v	/u

表格 53　原始彝语以-u-为韵腹的韵母

*-u 元音擦化而造成 v 韵母的情形在白语演变中也很常见，Wang(2004)还根据白语方言的表现，拟测了这一变化在声母条件下的过程：推动音变的大致顺序是 K-, S- ⇒ Tsr- ⇒ Ts- (K- 和 S- 类声母条件下变化较快)。或许，这种音变是一种地域性特征，在毗邻的汉语方言中也有类似现象，许多云南汉语方言中的‘五’都念作 v 韵母了(杨时逢1969)。

原始彝语 *-u: 1,6,19,52,73,130,149,150,161,209,247,263,268,294,306,318,319,325,340,353,366,370,391,392,411,427,442,450,487,490,545,555,563,585,695,715,748,749,752,759,761,794,805,941,968,980,986,993,1003,1006,1021,1024,1026,1035,1054,1057,1186,1193,1221,1246,1248,1323,1326,1426,1458,1517,1528,1553,1562,1567,1569,1577,1639,1640,1686,1698,1718,1777,1813,1815;

原始彝语 *-u̱: 3,69,117,298,352,386,476,519,584,614,704,826,1148,1215,1223,1299,1328,1382,1385,1530,1617,1619,1620,1656,1667,1736,1786,1814;

4.4.8 *-o *-o̱

	喜德	武定	江城	巍山	撒尼	南华
*o	o	ɒ/u	ɑ/o[m-]	u	o	ɑ
*o̱	u	u	u	o	u	u

表格 54　原始彝语以-o-为韵腹的韵母

原始彝语 *-o: 74,163,167,204,275,301,385,404,425,647,762,990,1015,1058,1083,1202,1264,1271,1365,1370,1374,1474,1487,1493,1504,1584,1612,1641,1644,1694,1706,1711,1742,1755,1764;

原始彝语 *-o̱: 27,43,98,132,359,430,605,617,641,767,777,795,802,913,914,997,1004,1020,1082,1190,1205,1207,1208,1252,1268,1270,1309,1310,1316,1348,1349,1362,1366,1394,1449,1450,1660,1803;

4.4.9 小结：原始彝语到现代彝语的韵母演变

为了便于各彝语元音系统的比较，需要做一些统一化的处理，根据《藏缅语族语言词汇》的描写，江城的ɛ，巍山的ᴇ和其他彝语的 e 在音位系统上地位相当，因此，在下表的总结中统一以 e 标写。注：“[ ]”表示只有部分例子。

韵母变化	涉及的彝语方言
1. *ɒ /*uɒ → u	武定
2. *ɒ /*uɒ → o	江城、南华、[喜德]
3. *ɒ /*uɒ → ɑ	巍山、[喜德]
4. *uɒ → ɯ	喜德
5. ɑ → ɒ	武定
6. ɑ̱ → ɔ/o	喜德
7. ɑ̱ → e	江城、撒尼、南华
8. ɑ̱ → ɪ	巍山
9. æ/uæ → ɿ/u	喜德
10. æ/uæ → ɔ	武定
11. æ/uæ → e	江城、巍山
12. æ/uæ → ə	南华
13. æ̱ → i	喜德
14. æ̱ → ɚ	武定
15. æ̱ → a	巍山
16. æ̱ → ɑ	撒尼
17. ε → i	喜德、巍山、[南华]
18. ε → ɚ	武定
19. ε → æ	南华
20. ε →e	江城、[南华]
21. ε̱ → i	喜德
22. ε̱ → ə	江城、南华、[武定]
23. ε̱ → y̱	巍山
24. ε̱ → ɤ̱	撒尼、[武定]
25. ε̱ → e	[武定]
26. e → i	喜德、江城、巍山、南华
27. e → ɪ	撒尼
28. ue → i	喜德、南华
29. ue → ɤ	武定、撒尼
30. ue → ə	江城

（续表）

31. e̲ → i	武定、江城、[喜德]
32. e̲ → ɪ	巍山、撒尼
33. ɯ → i	所有方言
34. o → ɑ	江城、南华
35. o → u	巍山、[武定]
36. o → ɒ	[武定]
37. o̲ → u	喜德、武定、江城、撒尼、南华

表格 55　彝语方言中的韵母演变

同样，根据§4.3.15 的原则，如下韵母音变可以作为方言分群的特征：

韵母变化	涉及的彝语方言
ɑ̲ → e	江城、撒尼、南华
æ/uæ → e	江城、巍山
o → ɑ	江城、南华

表格 56　作为分群特征的韵母演变

4.5 原始彝语的词句法

4.5.1 原始彝语的指示代词系统

索引	词目	喜德	武定	江城	巍山	撒尼	南华
942	这	tsʰɿ34	tʂʰl33	i55	tʂɑ55	ɪ44	i55
943	这些	tsʰɿ34 gɯ33	tʂʰʅ33 dʑi̲33	i35 dʑi22	tʂɑ55 tʂʰu55 mɑ33	ɪ44 dzɤ2	i55 ge33
944	这里	tʰi55 ko33	tʂʰʅ33 kɯ55	i55 ȵɛ21 /i22tɑ55[更远]	tʂu55 ku55	ɪ44 tɑ44	i55 kɑ33
945	这边	tsʰɿ21 tɕo21	tʂʰʅ33 pʰɑ̲2	i22 pʰjɛ55	tʂu55 ɕi55 bᴇ21	ɪ44 o55	i55 ʂʅ21
947	那(近)	ɑ33 di55	ɣɤ33	kə35 lə22	nu55	kʰɪ44	nɑ33 /və13 və33
948	那(远)	o33 ɑ33 di33	ɣɤ33 ɣɯ55	kə35 tɑ35 kə35 lə22	gu̲55 ɑ55	kʰɪ44	nɑ13 nɑ33
949	那些	ɑ33 dzɿ34 gɯ33	ɣɯ55 dʑi̲33	kə35 dʑi22	nɑ55 tʂʰu55 mɑ33	kʰɪ44 dzɤ2	kʰɑ55 ku21 u33

（续表）

950	那里	ɑ33 di55 ko33	ɣɯ55 kɯ55	kə35(ȵ̥ɛ21 /kə35tɑ55)	ᴇ21 ʑi33 ku55	k^{h}ɪ44 tɑ44	nɑ33 kɑ33
951	那边	ɑ21 tɕo21	ɣɯ55 p^{h}ɑ̠2	kə35 p^{h}jɛ55	nɑ55 tʂ^{h}ʅ55 bᴇ21	k^{h}ɪ44 o55	nɑ55 sʅ21

表格 57　彝语方言的指示代词

在一些彝语方言中，远指还能细分为远指和更远指。细分的模式有两种，较多方言运用的是音变构词的方式，即更远指是在远指的基础上通过“一生二”的变韵变调的方式构成，例如：nɑ33 [远指] → nɑ13 nɑ33 [更远指] (南华)；ɣɤ33 [远指] → ɣɤ33 ɣɯ55[更远指] (武定)；kə35 lə22 [远指]　→ kə35 tɑ35 kə35 lə22 [更远指] (江城)。另一种模式是在远指基础上加多语素，例如：ɑ33 di33　[远指] → o33 ɑ33 di33[更远指] (喜德)。

近指在彝语方言中分为三种：

近指	涵盖方言
*ts^{h}ri33	喜德、武定
*i55	江城、撒尼、南华
*tsru55	巍山

表格 58　彝语方言的近指

喜德的“这里”体现出另一种近指形式“t^{h}i55”，还不清楚是*ts^{h}ri33 的变体，还是另有来源。

而远指则各不相同：

远指	涵盖方言
*ɑ33	喜德
*ɣɤ33	武定
*kə35	江城
*nu55	巍山
*k^{h}i44	撒尼
*nɑ33	南华

表格 59　彝语方言的远指

4.5.2 原始彝语的人称代词系统

索引	汉语	喜德	武定	江城	巍山	撒尼	南华
928	我	ŋɑ33	ŋu11	ŋo21	ŋɑ55	ŋɒ33	ŋo33
929	我俩	ŋɑ21 ȵi55	ŋu55 ȵi55	ŋo21 ȵi21 t^{h}e^{22}	ʔu21 tsɑ33 nɑo33	ŋɒ11 n̩33 mɒ33	ŋo33 n̩21 ʑo33
930	我们	ŋo21 ɣo34	ŋu55	ŋo22 bə21	ʔu21 tsɑ33	ŋɒ11	ŋo33 ke33
931	你	nɯ33	nɑ11	nɑ21	n̩55	n̩33	ȵi33
932	你俩	ȵi21 ȵi55	ni55 ȵi55	nɑ21 ȵi21 t^{h}e^{22}	n̩33 tsɑ33 nɑo33	nɒ11 n̩11 mɒ33	no21 n̩21 ʑo33
933	你们	no21 ɣo34	ne55	nɑ21 bə21	n̩33 tsɑ33	nɒ11	no21 ke33
934	他	ts^{h}ɿ33	t^{h}i11	kə35 t^{h}e22	o33	k^{h}ɪ44 t^{h}ɪ11 kɤ55	ʑæ21
935	他俩	ts^{h}ɿ21 ȵi55	t^{h}e55 ȵi55	kə35 ȵi21 t^{h}e22	o33 tsɑ33 nɑo33	k^{h}ɪ44 sz̊11 n̩11 mɒ33	ʑo21 n̩21 ʑo33
936	他们	ts^{h}o33 ɣo34	t^{h}e55	kə35 bə21	o33 tsɑ33	k^{h}ɪ44 sz̃11	ʑo21 ke33
937	咱们	ni55 ŋo21	ɑ33 se55	ŋo21 bə21	ŋɑ33 tsɑ33	ɒ11 sz̩55	u55 ke33
938	咱们 俩	ŋɑ21 ȵi55	ɑ33 se55 ȵi55	ŋo21 ȵi21 t^{h}e^{22}		ɒ11 sz̩55 n̩11 ɒ33	u55 n̩21 ʑo33

表格 60　彝语方言的人称代词系统

第一人称单数形式根据对应规则，可以重构为*ŋɒ1。第二人称单数在声母和声调的对应也可以分别重构为*n-和*1。对照我们在 4.4 中找出的彝语韵母对应，第二人称单数的韵母对应不符合上述对应规则，一个常见的原因是方言在分化演变中，人称代词的声、韵、调等常常自成系统，发生趋同或者合音等变化，从而破坏语言遗传造成的规则对应，在原始白语人称代词系统演变的过程，我们可以比较清楚地发现这样的情形，参见 Wang (2004)。因此，在重构原始彝语的人称代词系统时，常常还要参照人称代词在音韵上趋同与合音的规则来反推其早期的可能形式。由于第一人称单数在彝语各方言中呈现出规则的对应，因此，我们可以认为其音韵形式没有受到分化后人称系统自身调整的干扰，可以作为重构的基础。

先来看喜德彝语中单数与复数的形式变换：

	单数	双数	复数
1	ŋɑ33	ŋɑ21 ȵi55	ŋo21 ɣo34
2	nɯ33	ȵi21 ȵi55	no21 ɣo34
3	tsʰɿ33	tsʰɿ21 ȵi55	tsʰo33 ɣo34

表格 61　喜德彝语中的人称单复数

从上表可以看出，双数和复数是在单数形式的基础上加后缀构成的，第一人称的双数形式很明确地显示了这一点。"ȵi55"应该是'二'ȵi21 的变体形式，以之表示双数；"ɣo34"应该是'人群，们'ɣo33 的变体，以之表示复数。复数形式的韵母都是"o"，似乎可以看作一种屈折(inflection)变化。如果喜德彝语果真以屈折变化来表示复数的话，那么后缀"ɣo34"就显得冗余了。如果我们将喜德彝语复数的韵母相同归结于与后缀"ɣo34"的元音趋同的话，目前尚不适宜将之看作屈折变化，但如果在将来的发展中，后缀"ɣo34"脱落，这一形式趋同的结果就成了复数屈折变化的来源。这一推测同样适于双数形式的发展，在第二和第三人称中，韵母形式已经趋同，但尚未推及到第一人称的双数形式。其声调构成模式是：单数人称的声调都是 33，双数、复数都是 21，只有第三人称复数例外。

这样看来，喜德彝语复数的早期形式或许可以重构如下：

	单数	双数	复数
1	ŋɑ33	ŋɑ21 ȵi55	ŋɑ21 ɣo34
2	nɯ33	nɯ21 ȵi55	nɯ21 ɣo34
3	tsʰɿ33	tsʰɿ21 ȵi55	tsʰɿ21 ɣo34

表格 62　喜德彝语人称单复数的早期形式

也就是，在目前的情况下，尚不清楚是复数词缀还是复数声调是更早的区分单/复数的手段，或者二者同时被采纳也是可能的。

武定：

	单数	复数	双数
1	ŋu11	ŋu55	ŋu55 ȵi55
2	nɑ11	ne55	ni55 ȵi55
3	tʰi11	tʰe55	tʰe55 ȵi55

表格 63　武定彝语的人称单复数

从上表的格局来看，武定的双数形式应该是从复数形式上派生的，也就是，加上表双的后缀“ȵi55”，也即数目字‘二’。这样，武定复数形式的派生过程就是将单数形式的声调改为高平 55，也就可以看成一种屈折变化。综合来看，武定人称代词系统经过了程度比较深的系统整合，因此，目前还很难找到足够的线索推测其整合前的面貌。

江城：

	单数	双数	复数
1	ŋo21	ŋo21 ȵi21	ŋo22 bə21
2	nɑ21	nɑ21 ȵi21	nɑ21 bə21
3	kə35	kə35 ȵi21	kə35 bə21

表格 64　江城彝语的人称单复数

上表很明确地显示出：双数和复数是在单数形式的基础上加后缀构成的，‘二’ȵi21 表示双数；“bə21”表示复数。这一清楚的格局显示其内部整合似乎尚未发生。这样，其早期形式就比较明了了。

巍山：

	单数	复数	双数
1	ŋɑ55	ʔu21 tsɑ33	ʔu21 tsɑ33 nɑo33
2	n̩55	n̩33 tsɑ33	n̩33 tsɑ33 nɑo33
3	o33	o33 tsɑ33	o33 tsɑ33 nɑo33

表格 65　巍山彝语的人称单复数

与武定类似的，巍山双数形式是在复数形式上加表双的后缀“nɑo33”。而其复数构成与喜德、江城一样，以复数后缀 tsɑ33 加在单数形式上形成。复数形式的声调都趋向于 33 调，但第一人称复数的 21 调比较难以解释。

	单数	复数	双数
1	*ŋɑ55	*ŋɑ55 tsɑ33	*ŋɑ55 tsɑ33 nɑo33
2	*ni55	*ni55 tsɑ33	*ni55 tsɑ33 nɑo33
3	*o33	*o33 tsɑ33	*o33 tsɑ33 nɑo33

表格 66　巍山彝语的人称早期形式

撒尼：

	单数	复数	双数
1	ŋɒ33	ŋɒ11	ŋɒ11 n̩33 mɒ33
2	n̩33	nɒ11	nɒ11 n̩11 mɒ33
3	kʰɪ44	kʰɪ44 sz̃11	kʰɪ44 sz̊11 n̩11 mɒ33

表格 67　撒尼彝语的人称单复数

与武定类似的，撒尼双数形式是在复数形式上加表双的后缀“n̩33 mɑo33”。单、复数的对照显示第一、二人称与第三人称不在同一层次上，一、二人称的复数形式可以看作是在单数基础上变换声调为 11；而第三人称则不同，复数是通过加后缀 sž11 的方式得到。受此启发，其一、二人称的复数早期的形式或许也是通过加此词缀而成，之后，复数声调趋同于后缀的 11，这样就造成了复数与单数形式在声调和后缀上的双重对立[类似于喜德彝语现在的状况]，后缀就有了脱落的条件。至于第三人称之所以没有参与这一演变，在于其从指示代词演变为第三人称的年代较晚，在这一演变发生之后。值得注意的是，人称代词韵母向ɒ的趋同也开始扩散了。注意到上述调整，撒尼人称代词的早期格局如下：

	单数	复数	双数
1	*ŋɒ33	*ŋɒ33 sž11	*ŋɒ11 sž11 n̩33 mɒ33
2	*ni33	*ni33 sž11	*ni33 sž11 n̩11 mɒ33
3	*k^{h}ɪ^{44}	*k^{h}ɪ^{44} sž11	*k^{h}ɪ^{44} s̥ž11 n̩11 mɒ33

表格 68 撒尼彝语的人称早期形式

南华

	单数	复数	双数
1	ŋo33	ŋo33 ke33	ŋo33 n̩21 ʑo33
2	ȵi33	no21 ke33	no21 n̩21 ʑo33
3	ʑæ21	ʑo21 ke33	ʑo21 n̩21 ʑo33

表格 69 南华彝语的人称单复数

同样，南华复数形式在单数的基础上加后缀 ke33，随后，根词的韵母趋同为“o” ；而双数在此基础上加后缀“n̩21 ʑo33” 形成，或者说，双数在单数的基础上加上后缀形成，并同样发生韵母趋同于“o”。值得注意的是，21 调从第三人称代词开始，已经扩散到第二人称的双数和复数根词了。如此，其人称代词的早期格局如下：

	单数	复数	双数
1	*ŋo33	*ŋo33 ke33	*ŋo33 n̩21 ʑo33
2	*ȵi33	*ȵi33 ke33	*ȵi33 n̩21 ʑo33
3	*ʑæ21	*ʑæ21 ke33	*ʑæ21 n̩21 ʑo33

表格 70 南华彝语的人称早期形式

这样，根据上文推测出来的彝语方言的格局，单数人称形式是各人称代词系统的基础，现重新排列如下：

	喜德	武定	江城	巍山	撒尼	南华	原始彝语
1	ŋɑ33	?	ŋo21	*ŋɑ55	*ŋɒ33	*ŋo33	*ŋɒ1
2	nɯ33	?	nɑ21	*ni55	*ni33	*n̥i33	*nɯ1
3	ts^hɿ33	t^hi11	kə35	*o33	*k^hɪ44	*ʑæ21	?

表格 71 彝语方言的单数人称早期形式

根据上述对应，只有第一、第二人称单数可以重构，而第三人称却不能重构，也就是在原始彝语时期，第三人称单数或许还没有产生，现在形式各异的格式起源各异，因此，就够不成对应。下面讨论彝语各方言第三人称的起源问题。

从第三人称起源的普遍规律来看，最常见的是从指示代词中衍生出来。喜德的第三人称代词与其近指形式只是在声调上略有差异，前者是 ts^hɿ33，后者是 ts^hɿ34，也就是在近指形式衍生出第三人称代词意义后，为明确区分二者，而在声调上略作改动。江城和撒尼的第三人称与其各自的远指形式完全一样。武定、巍山和南华的来源尚不清楚。

包括式与排除式的分别

索引	词目	喜德	武定	江城	巍山	撒尼	南华
930	我们	ŋo21 ɣo34	ŋu55	ŋo22 bə21	ʔu21 tsɑ33	ŋɒ11	ŋo33 ke33
937	咱们	ni55 ŋo21	ɑ33 se55	ŋo21 bə21	ŋɑ33 tsɑ33	ɒ11 sz̩55	u55 ke33

表格 72 彝语方言中的包括式和排除式

第一人称复数在彝语方言中有包括式和排除式的分别。在喜德彝语中，二者都是通过在单数形式上加缀构成的，排除式加后缀ɣo34，包括式加前缀 ni55。武定和撒尼在二者的对立模式上有相同之处，二者的排除式都是简单形式，如上文所分析，大概都是经过了人称代词内部趋同和简省之后形成的，而其包括式既然没有这一内部调整的痕迹，很大的可能在于其产生的时间比较晚，因此没能赶上代词系统的内部调整。因此，这一项变化可以看作武定和撒尼的共同创新(shared innovation)。而江城和巍山方言在排除式和包括式的对立上选择了改变根词的音韵，而仍旧保持着同样的复数后缀，即：江城改变的是排除式的声调 21→22；巍山的排除式音韵都变ŋɑ33 → ʔu21；而南华改变的是包括式的音韵 ŋo33 → u55。除了武定和撒尼有共同的变化外，其他几个方言排除式和包括式的对立应该是在它们分化后各自独立产生的。

Bradley(1979)为 Proto-Loloish 重构了如下人称代词：

索引	词目	PL
928	我	C-ŋa1
930	我们	ʔ-way2/3
931	你	naŋ1
934	他	ʒaŋ2
937	咱们	ni1

表格 73　Bradley 重构的彝语人称代词原始形式

根据上文的讨论，第三人称单数在原始彝语中还没有出现，因此，在更早层次上就更难以设想其存在了。至于第一人称复数，彝语各方言都采用了单数加后缀的方式来构词，而且由于后缀来源不同，也就不能为原始彝语重构了，或许原始彝语的祖先在人称复数构成上不是如今天彝语方言般采用分析的办法，而是屈折的方式，不过，根据目前彝语方言的材料来看，难以找出这样的痕迹。包括式和排除式都是如此情形。

这样，就剩下两个代词形式可以与我们的重构对照

索引	词目	PL	本文
928	我	C-ŋa1	ŋɒ1
931	你	naŋ1	nɯ1

表格 74　“我”，“你”的原始彝语形式

4.5.3 原始彝语的疑问代词系统

索引	词目	PL	喜德	武定	江城	巍山	撒尼	南华
953	谁	ʔəsu1	kʰɑ34 di33	ɑ11 se33	a35 sʮ22	ɑ21 sɑ21	ɒ11 sɒ44	ɑ21 se21
955	哪里	ʔəlam3	kʰɑ34 ko33	kʰɒ33 mɒ55	a22 tɑ35	ᴇ55 i55 ku55	χɒ44 o44	ɑ21 di33 kɑ33
956	几时	ʔətakH	kʰɯ21 tʰɯ33 ko33	kʰu11 tʰu33	a35 tʰo21	ɑ55 tʰɑ21 sʅ21	χɒ44 tɒ33	ɑ21 di33 tɕʰi̠55
957	怎么		kʰɯ21 mu33	kʰu11 se̠2	kʰɯ21 sɯ21	ɑ21 sʅ55	χɒ33 z̩33	ɑ21 di33 ku̠55 ɑ21
958	多少	ʔəs-ni2; ʔəC-mya1	kʰɯ21 n̥i34	kʰɔ̠2 ɳɔ33	a35 nõ21	ɑ21 dᴇ33 mɑ33 sʅ21	χɒ33 nɒ33	kʰo21 mo33 sʅ33

（续表）

954	什么	ʔəje2(A) ʔəpa1(B) ʔətapL(C)	ɕʅ34	mu33 tʂu33	a21xɯ22	ɑ55 tsɑ55	ɒ44 mɪ44	ɑ33 tso33 mo33

表格 75　彝语方言的疑问代词

从喜德的疑问代词系统看，基本有三种疑问成分：k^hɑ34, k^hɯ21, ɕi34。三种疑问成分和其后搭配的疑问范围可总结如下：

	疑问模式	出现环境	疑问特征
1	k^hɑ34 + [人；地方]	谁；哪里	[+参照]
2	k^hɯ21 + [时间；工作；数量]	几时；怎么；多少	[+量化]
3	ɕi34	什么	[+性质]

表格 76　喜德彝语的疑问模式

武定则可以总结出五种疑问成分，其疑问系统可以总结如下：

	疑问模式	出现环境
1	ɑ11 + [人]	谁
2	k^hɒ33 + [地方]	哪里
3	k^hu11 + [时间；工作]	几时；怎么
4	k^hɔ̱2 + [多]	多少
5	mu33 tʂu33	什么

表格 77　武定彝语的疑问模式

模式 4 在其他语言中也可以发现，比如，应山方言问“多少”时用的词是“几多”，英语中的“how many”也是这种类型。也包括撒尼彝语。

如果我们把江城彝语中 a21, a35, a22 看作一个疑问成分*a1 的变体的话，江城就中有两个疑问成分，系统构成如下：

	疑问模式	出现环境
1	*a1 + [人；地方；时间；多；性质]	谁；哪里；几时；多少；什么
2	k^hɯ21 + [工作]	怎么

表格 78　江城彝语的疑问模式

实际上，喜德的疑问成分 2 和武定的疑问成分 3 及江城的疑问成分 2 构成了完全对应，根据我们上文找出的音韵对应规则，可以重构为*k^hu3，其具体疑问语义或许可以翻译成英语的“how”。

同样，如果我们把巍山彝语中 a21, a55, ᴇ55 看作一个疑问成分*a1 的变体的话，那么巍山彝语就只有这一个疑问成分了，分别与不同的主题词构成不同的疑问。

遵照同样的处理，撒尼彝语有两个疑问成分，如下：

	疑问模式	出现环境
1	ɒ11 + [人；性质]	谁；什么
2	χɒ33 + [地方；时间；数量；工作]	哪里；几时；多少；怎么

表格 79　撒尼彝语的疑问模式

南华彝语有两种疑问成分，如下：

	疑问模式	出现环境
1	*a1 + [人；地方；时间；性质；工作]	谁；哪里；几时；什么；怎么
2	k^ho21 + [数量]	多少

表格 80　南华彝语的疑问模式

如果将大、小凉山一带看作彝族的大本营，我们可以观察到一个有意思的现象，即，越在彝族生活区域的边缘部分，带疑问成分*a 的模式扩散得越多，这样看来不像是彝语的内部创新变化，很有可能是早期彝语的遗存。

在此，我们可以顺便讨论一下基本词汇的问题，在 Swadesh 100 基本词中，关于疑问的词项包括 who, what；而在 Swadesh 200 基本词中包括了 how, where。问题在于，疑问词项在彝语方言中是复合构词造成的，也即包括一个疑问成分和一个疑问范围(关心的主题)，在白语中同样如此，参见 Wang（2004:§3.2.2.3）。这样，如果要进行同源比率的测算就会遇到麻烦，即如何计算部分的相同？在 Wang&Wang（2004）已经指出，如果一个基本词项在比较的语言当中都表现为复合词的形式，这说明该词项在这些语言当中还没有其成分基本，为此我们可以在实际操作时减少这样的样本。

如果我们只比较承担疑问功能的成分，我们会发现白语中的*a1 与彝语中的疑问成分*a 或许有同源关系。

4.6 原始彝语的基本词汇

索引	词目	PL	PY	喜德	武定	江城	巍山	撒尼	南华
18	火	C-mi2	mi4	mu21(tu55)	mu33(tu̠55)	mɛ22 (tu21)		m̩11(tv̩55)	
18	火						ɑ55 to33		ɑ55 tu̠55

表格 81　彝语方言中的“火”

*tu̠8 在原始彝语中是“火”的类称[量词]，而表示“火”的词根是*mi4，“词根+类称”在很多藏缅是中语表达名词的方式，Bradley 的重构与此相近。在巍山和南华中，类称变成了词根，替换了早期形式，因此，这一变化是二者从彝语主体分出后的一种共同创新。

索引		PL	PY	喜德	武定	江城	巍山	撒尼	南华
326	鸟	s-ŋyakH	ȵɑ̠8		ŋɑ̠2		(ɑ55) n̩33	ŋe[33]	ȵæ̠33
326	鸟		he̠8	he33 tsɿ33		xɛ22 zo22			

表格 82　彝语方言中的“鸟”

根据上述对应，两个词根*ȵɑ̠8 和*he̠8 可以重构出来，参照 Bradley 等的重构，*ȵɑ̠8 应该是原始彝语的遗存，喜德和江城的形式是彝语方言分化后的共同创新。

索引	词目	PL	PY	喜德	武定	江城	巍山	撒尼	南华
1345	给	be2	be9	bɿ21	(dʑe55/)bi55	bi21		bz̆11	
1345	给						gu21		gə21

表格 83　彝语方言中的“给”

参照 Bradley 等的重构，*be9 应该是原始彝语的遗存，巍山和南华的形式是彝语方言分化后的创新，但二者只是在形式上相似，却不符合上文找出的韵母对应，因此，不能断定是共同创新。

索引	词目	PL	PY	喜德	武定	江城	巍山	撒尼	南华
1602	杀	C-satL	se̠7	si55		sji21	s[e̠55]		se̠55
1602	杀		xɒ4		xu33			xɒ11	

表格 84　彝语方言中的“杀”

有两个词根形式可以重构出来：*se̠7 和*xɒ4。参照 Bradley 等的重构，*se̠7 应该是原始彝语的遗存，而*xɒ4 是武定和撒尼的共同创新。

索引	词目	PL	PY	喜德	武定	江城	巍山	撒尼	南华
1819	坐	(C)n/ʔ-mi1	ni1	n̥i33	n̥i11			n̩33	
1819	坐					ʔu35			ɯ55
1819	坐						di55		

表格 85 彝语方言中的“坐”

彝语方言的对应表现出三种词根，*ni1 可以根据对应规律重构出来，而江城和南华的词根形式只是相似，却不是对应，大概是在分化之后从一个源头各自借用的，巍山中表现的第三种形式从何而来则尚不清楚。

4.7 现代彝语方言的谱系树

当前绘制谱系树有两种基本的依据，一种比较通用的是根据独特的共同创新，另一种是根据各亲属语言间的同源词比率。在§2.3.2 中，根据白语方言的材料，我们大致探讨了这两种方法分群的异同。当然，最理想的结果是二者殊途同归。下文就以两种方法分别划分彝语方言，再综合二者的结果来加以研究。

4.7.1 基于共同创新的现代彝语方言谱系树

根据彝语方言中声母、韵母、以及词句法的变化，16 项可以选作彝语方言谱系树划分的创新条件如下：

创新特征	涉及的彝语方言
1. 鼻冠声母全浊化	江城、巍山、撒尼、南华
2. q → k; q^h → k^h	喜德、武定、江城、巍山、南华
3. br → dr	武定、江城、撒尼
4. p^hr → t^h	武定、[江城]
5. p^hr → ɬ	撒尼、[江城]
6. hr → ɬ	武定、撒尼
7. hr → f	江城、巍山、南华
8. t^hr → $tʂ^h$	喜德、巍山
9. gr → dʐ	江城、南华
10. ɑ̠ → e	江城、撒尼、南华
11. æ/uæ → e	江城、巍山
12. o → ɑ	江城、南华
13. 包括式与排除式的对立模式	撒尼、武定
14. 火[*tu̠8]	巍山、南华

15. 鸟[*n̥ɑ̠8]	喜德、江城
16. 杀[*xɒ4]	武定、撒尼

表格 86 彝语方言谱系划分依据的 16 项特征

上表中的特征可以重新编码，以适合计量分析的需要，0 代表遗存状态，1 代表创新状态：

创新特征	喜德	武定	江城	巍山	撒尼	南华
1. 鼻冠声母全浊化	0	0	1	1	1	1
2. q → k; q^h → k^h	0	0	0	0	1	0
3. br → dr	0	1	1	0	1	0
4. p^hr → t^h	0	1	1	0	0	0
5. p^hr → ɬ	0	0	1	0	1	0
6. hr → ɬ	0	1	0	0	1	0
7. hr → f	0	0	1	1	0	1
8. t^hr → $tʂ^h$	1	0	0	1	0	0
9. gr → dʐ	0	0	1	0	0	1
10. ɑ̠ → e	0	0	1	0	1	1
11. æ/uæ → e	0	0	1	1	0	0
12. o → ɑ	0	0	1	0	0	1
13. 包括式与排除式的对立模式	0	1	0	0	1	0
14. 火[*tu̠8]	0	0	0	1	0	1
15. 鸟[*n̥ɑ̠8]	1	0	1	0	0	0
16. 杀[*xɒ4]	0	1	0	0	1	0

表格 87 彝语方言分类特征的编码

如何处理这些特征中表现出来的状态，或者说什么样的树形图能最准确地反映出这些特征体现的方言亲缘关系远近，仍是当前研究的一个重要议题。目前有各种原则和方法可以用来处理此类问题。我们曾尝试过以最俭省(maximum parsimony)的优化条件来处理这一问题(参见 汪、王 2005；汪 2006a)，都得到了较理想的结果，因此，我们同样以之处理彝语方言的材料。俭省的观念类似于 Krishnamurti 和他的同事们在 1983 年所做的研究。最俭省要求所得的树形结构以最少的特征改变来解释这些特征项在各方言中的表现。由于实现这一要求需要进行大量的计算，因此要借助计算机程序来为彝语方言找出最俭省的树图。

先用 PHYLIP (Phylogeny Inference Package, Felsenstein 1986-1993)[①]软件包中的一个最
俭省程序 PENNY 来运算。我们选择了这个程序中的 Camin-Sokal 算法，不允许逆向变化，
也就是说，该算法允许 0 → 1 的变化，但禁止 1 → 0 (Camin & Sokal 1965)。所有的特征项
暂且设定同样的权重[②]。在经过一次穷尽运算，比较了所有可能的树型(topology)之后，
PENNY 输出最俭省树型。根据上表中的 16 个语言特征，程序得出了唯一一个最俭省的树
型，这个树型要求 27 处特征值改变。树图如下：

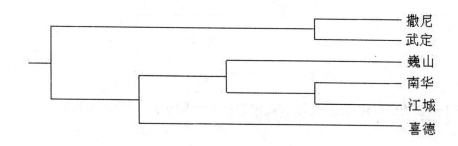

图表 7　基于创新特征的彝语方言谱系树

在《彝语简志》的彝语分群中，撒尼和武定分别属于东南部和东部彝语，巍山、南华、江城、喜德分别划为西部、中部、南部和北部方言。结合上图的谱系树结构，可以认为彝语东、西支的对立是六个彝语方言最早期的分别，东支包括撒尼和武定，西支包括巍山、南华、江城、喜德。

4.7.2　基于核心词同源比率的现代彝语方言谱系树

按照彝语方言的表现，如下 11 项应该先从样本中剔除：sand, belly, knee, man, woman, seed, who, what, all, swim, bark。在余下 89 项中，彝语方言的表现可参见附录 3，转换出的距离矩阵如下：

	喜德	武定	江城	巍山	撒尼	南华
喜德	0.000	0.123	0.164	0.157	0.157	0.179
武定	0.123	0.000	0.117	0.117	0.111	0.117
江城	0.164	0.117	0.000	0.164	0.150	0.157
巍山	0.157	0.117	0.164	0.000	0.157	0.104
撒尼	0.157	0.111	0.150	0.157	0.000	0.143
南华	0.179	0.117	0.157	0.104	0.143	0.000

表格 88　彝语方言的距离矩阵

[①] 更多细节参见下列网页：http://evolution.genetics.washington.edu/phylip.html。
[②] 恰当地设定语言特征项的权重十分重要，但在能清楚地衡量它们之前，只能将它们平等对待。

根据上述矩阵，运行 Neighbor-joining，根据中点法确定树根，即根的位置在相距最远的两个语言的中点上，得到如下彝语方言的谱系树：

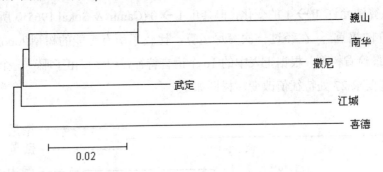

图表 8　基于核心词的彝语方言谱系树

与基于创新的谱系树相比，基于核心词的彝语谱系树与方言点的地理分布更相吻合，参见下图：

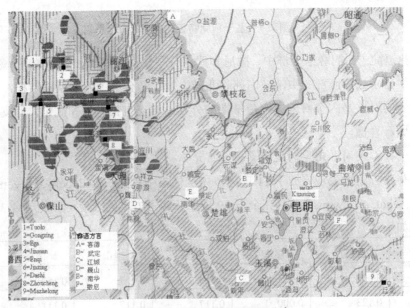

表格 89　彝语方言的地理分布

这与§2.3.2 中根据白语方言数据得到的结果对比有相似之处，因此，本文暂时倾向于以创新特征作为语言谱系分群的体现。

4.8 原始彝语词汇的分级

根据§1.1.1 的论述，对原始彝语词汇进行不同级别的划分是必要的，不同的级别可以显示其时间深度和证据支持的强度。所有的彝语方言材料中都有分布支持的原始彝语形式几乎毫无疑问是从原始彝语中遗传下来的成分，在研究中标为 1 级。

词汇的分级与语言谱系树的结构密切相关，目前对彝语谱系树的探讨仍属初级阶段，在今后有更全面的证据（包括考古、人群移动等）的探讨之后，才会有更为确切的答案。谨慎起见，根据 4.7 的研究，我们把不是在所有 6 个彝语方言中都有分布的原始彝语形式作如下分级：2 级，指在彝语东支(撒尼、武定)和西支(巍山、南华、江城、喜德)都有分布；e 级：只在东支有分布；w 级：只在西支有分布。

粗略来说，1 级和 2 级都可以看作原始彝语的遗存，支持强度是：1 级 > 2 级；而 e 级和 w 级则不能看作原始彝语之一级的遗存。

值得注意的是，所有这些参与分级的形式都符合上文(§4.2，§4.3 和§4.4)中讨论的声韵调对应规则。

5. 彝白比较

原始白语与原始彝语的重构与分级分别在上文第 2 章和第 4 章初步完成，下文将建立二者之间的对应规律，根据对应的情况确定彝白关系语素集，并通过词阶法、音韵演变情况和语义演变情况来探讨其中反映出的白语和彝语的语源关系。

5.1 彝白关系语素集

根据彝语和白语的音节构成特点，我们将音节分为声母、韵母和声调三个部分来考察原始彝语和原始白语之间的对应关系。在原始彝语中，有鼻冠音 N 和前置辅音 h-、ʔ-与声母构成的复合形式，而原始白语没有发现此类声母，在寻找对应时，原始彝语的这类复合形式看作声母整体与白语的单声母匹配；介音在音韵发展上，既可能与声母一起演变，也可能与韵一起演变，在下文寻找对应时，将之归为韵母部分。

根据上文第 3 章原始白语词汇的分级和 4.8 的原始彝语词汇分级，只有原始白语的 1 级和原始彝语的 1、2 级能参与二者的比较。在“级”一栏，原始彝语的级别将详细标明。原始彝语形式分成 4 个组成部分，pyp、pyi、pyf、pyt 分别代表前缀音、声母、韵母、声调。在声母对应的列表中，韵母和声调的对应情况也分别给出。对应形式以如下形式给出：l：d，原始彝语形式在冒号前，而原始白语形式在冒号后，该形式表明，原始彝语的声母 l 与原始白语的声母 d 构成对应。如果声母的匹配还没有对应的支持，以“)”标明，例如：“ɢ:k^h)”表示原始彝语ɢ声母和原始白语的 k^h 的匹配在目前的比较范围内尚不构成对应。“词阶”一栏标明该语素所属的词汇阶(参看 陈保亚 1996)，1 表示高阶，即 Swadesh 100 核心词，2 表示低阶。

5.1.1 彝白声母对应

词目	索引	级	pyp	pyi	pyf	pyt	原始白	声对应	韵对应	调对应	词阶
今天	738	1		ʔ	e	4	qæn1	ʔ:q)	e:æn	4:1	0
天	910	1	ʔ	n	i	6	nji4	ʔn:n	i:ji	6:4	2
脑髓	132	1	ʔ	n	o̱	7	no2	ʔn:n	o̱:o	7:2	0
补(锅)	1162	2	ʔ	n	æ̱	7	pu2	ʔn:p	æ̱:u)	7:2	0
问	1708	1	ʔ	n	ɒ	2	præ4	ʔn:p	ɒ:ræ)	2:4	0
头	74	1	ʔ	ŋ	o	5	djɯ1	ʔŋ:d)	o:jɯ	5:1	1

（续表）

卖	1517	1	ʔ	v	u	9	ɢɯ1	ʔv:ɢ)	u:ɯ	9:1	0
鹅	301	1		0	o	6	oŋ1b	0:0)	o:oŋ	6:1	0
牛圈	503	2		b	ue	2	u3	b:0)	ue:u	2:3	0
蚂蚁	365	2		b	æ̱	7	bri1	b:b	æ̱:ri	7:1	0
父亲	218	2		b	ɒ	4	bæ2	b:b	ɒ:æ	4:2	2
蹄	264	1		b	ɛ̱	7	bã1	b:b	ɛ̱:a)	7:1	0
欠(钱)	1569	2		b	u	6	bjɛ2	b:b	u:jɛ)	6:2	0
漂浮	1553	2		b	u	1	bɯ1	b:b	u:ɯ	1:1	2
富	1083	2		b	o	6	gɔ1	b:g)	o:ɔ	6:1	0
聋子	204	1		b	o	4	koŋ1	b:k)	o:oŋ	4:1	0
月亮	4	1		b	ɒ	6	mji1	b:m	ɒ:ji)	6:1	1
松明	388	2		b	ɑ̱	8	mɛ1a	b:m	ɑ̱:ɛ	8:1	0
飞	1318	1		br	e	1	pje1	b:p	re:je)	1:1	1
步	916	2		b	ɯ	1	pu3	b:p	ɯ:u)	1:3	0
说	1649	2		b	e̱	8	sua4	b:s	e̱:ua)	8:4	1
山	23	2		b	ue	1	sro4(b)	b:s	ue:o)	1:4	1
村子	66	1		cʰ	ɑ̱	8	jɯ4	cʰ:j)	ɑ̱:ɯ	8:4	0
劈(柴)	1552	2		cʰ	æ	4	pʰɔ3	cʰ:pʰ)	æ:ɔ	4:3	0
毒	641	2		d	o̱	7	du4	d:d	o̱:u)	7:4	0
踩	1168	2		dr	ɛ̱	8	da4	d:d	rɛ̱:a)	8:4	0
爬(人)	1536	2		d	ɑ̱	8	mæ4	d:m)	ɑ̱:æ	8:4	0
痕迹	695	2		d	u	6	tsuŋ1	d:ts)	u:uŋ	6:1	0
棵(树)	848	2		dz	ɛ	2	drɯ3	dz:d)	ɛ:rɯ	2:3	0
有(钱)	1764	1		dʐ	o	1	dʑɯ2	dz:dz	ro:jɯ)	1:2	0
筷子	555	1		dʐ	u	6	dʑo3	dz:dz			0
吃	1198	1		dz	uɒ	4	jɯ4	dz:j)	uɒ:ɯ	4:4	1
麻木	1513	2		f	i̱	7	bri2	f:b)	i̱:ri	7:2	0
干	1028	2		f	uæ	6	qaŋ1	f:q)	uæ:aŋ	6:1	1
床	526	1		gr	e	4	droŋ1	g:d	re:roŋ)	4:1	0
手镯	487	1		gr	u	1	di1	g:d	ru:i)	1:1	0
弯	1004	2		ɢ	o̱	7	kʰo4	ɢ:kʰ)	o̱:o	7:4	0
筋	130	1		gr	u	4	tɕen1	g:tɕ	ru:en)	4:1	0

（续表）

九	805	1		g	u	2	tɕɯ2	g:tɕ	u:ɯ	2:2)	0
犁（犁头）	614	2		g	u̲	7	tɕi1	g:tɕ		7:1	0
打哈欠	1243	2		h	ɑ	1	ho1	h:h	ɑ:o)	1:1	0
房子	494	2		h	ɛ	1	hɔ3	h:h	ɛ:ɔ)	1:3	0
百	824	1		h	ɒ	1	pæ4	h:p	ɒ:æ	1:4	0
八	804	1		h	e̲	7	pra4	h:p	e̲:ra)	7:4	0
下（雨）	1719	2		h	ɒ	1	ɣu4	h:ɣ)	ɒ:ɯ	1:4	0
舌头	139	1	h	l	ɒ	2	drɛ4	ɬ:d	ɒ:rɛ)	2:4	1
等待	1264	1	h	l	o	6	djɯ2	ɬ:d	o:jɯ	6:2	0
秧	406	2	h	l	i	5	dʐi1	ɬ:dz	i:ri)	5:1	0
蛆	359	2	h	l	o̲	8	dʐo1	ɬ:dz	o̲:ro	8:1	0
旧	1051	1	h	l	ɯ	3	gɯ̃3	ɬ:g)	ɯ:ɯ̃	3:3	0
斑鸠	342	2	h	l	i	2	kɯ1	ɬ:k)	i:ɯ	2:1	0
兔子	292	1	h	l	uɒ	6	lo1a	ɬ:l)	uɒ:o	6:1	0
灵魂	673	1	h	l	ɒ	1	p^{h}æn3	ɬ:p^h)	ɒ:æn	1:3	0
斑鸠	342	2	h	l	i	2	tɕɯ1	ɬ:tɕ)	i:ɯ	2:1	0
吹（喇叭）	1218	1	h	m	ɯ̲	8	p^{h}ɯ1	hm:p^h)	ɯ̲:ɯ	8:1	2
教	1425	2	h	m	ɒ	7	qaŋ1	hm:q	ɒ:aŋ)	7:1	0
高	968	1	h	m	u	3	qaŋ1	hm:q	u:aŋ)	3:1	0
听	1681	1	h	n	ɒ	3	tɕ^{h}æn1	hn:tɕ^h)	ɒ:æn	3:1	0
鱼	351	1	h	ŋ	uɒ	5	ŋo1a	hŋ:ŋ)	uɒ:o	5:1	1
破（篾）	1555	2		k^h	æ	4	p^{h}ɔ3	k^h:p^h)	æ:ɔ	4:3	0
狗	289	1		k^h	ɯ	4	q^{h}uaŋ2	k^h:q^h)	ɯ:uaŋ	4:2	1
肥料	623	2		k^h	ɯ	4	tɕ^{h}i1	k^h:tɕ^h	ɯ:i	4:1	0
挠（痒）	1530	2		k^{h}r	u̲	8	tɕ^{h}i4	k^h:tɕ^h		8:4	0
汗	154	1		kr	uæ	9	ʁaŋ1b	kr:ʁ)	uæ:aŋ	9:1	0
茶	454	1		l	ɒ	9	drɔ1	l:d	ɒ:rɔ	9:1	0
石头	43	1		l	o̲	8	dro4	l:d	o̲:ro	8:4	1
舔	1674	2		l	æ̲	7	dʐi2	l:dz	æ̲:ri	7:2	0
重	1014	1		l	i	4	dʐuŋ2	l:dz	i:ruŋ)	4:2	2

（续表）

骡子	281	2		l	ɑ	2	lɔ1	l:l	ɑ:ɔ)	2:1	0
老虎	304	1		l	ɒ	7	lɔ1b	l:l	ɒ:ɔ	7:1	0
龙	306	1		l	u	4	loŋ1b	l:l	u:oŋ)	4:1	0
棉花	418	1		l	uɒ	4	χo1	l:χ)	uɒ:o	4:1	0
土地	22	1	ʔ	m	e	3	di3	m:d)	e:i	3:3	1
簸箕	630	2		m	ɒ	1	mo2	m:m	ɒ:o	1:2	0
母亲	219	1		m	ɒ	6	mɔ2	m:m	ɒ:ɔ	6:2	2
马	268	1		m	u	5	mæ2	m:m	u:æ	5:2	0
晚上	752	1		m	u	4	pɛ2	m:p)	u:ɛ	4:2	1
个(鸡蛋)	841	2		m	ɒ	3	q^{h}ɔ2	m:q^{h})	ɒ:ɔ	3:2	0
饿	1298	1		m	ɯ̱	7	tɕɯ1	m:tɕ)	ɯ̱:ɯ	7:1	0
耕	1347	2		m/ŋ	ɒ	4	tso4	m:ts	ɒ:o	4:4	0
竹子	389	2		m	ɒ	3	tsro4	m:ts	ɒ:rɔ	3:4	0
病	1160	1		n	ɒ	1	bæn3	n:b	ɒ:æn	1:3	0
乳房	94	2		n	e	1	ba4	n:b	e:a	1:4	1
夹(菜)	1413	2		n	ɛ̱	8	ɢæ4	n:ɢ)	ɛ̱:æ	8:4	0
二	798	1		n	i	9	koŋ2	n:k)	i:oŋ	9:2	1
太阳	2	2		ȵ	ɛ	1	nji4	n:n	jɛ:ji)	1:4	1
你	931	1		n	ɯ	1	nen3	n:n	ɯ:en)	1:3	1
嫩（植物）	1057	2		n	u	5	njeŋ1b	n:n	u:jeŋ)	5:1	0
软	1035	1		n	u	5	p^{h}æ1	n:p^{h})	u:æ	5:1	0
痛（头痛）	1666	1		n	ɒ	1	suŋ3	n:s	ɒ:uŋ)	1:3	0
心脏	144	2		n	i̱	8	sjen1	n:s	i̱:jen	8:1	1
糯米	404	1		ȵ	o	4	suŋ2	n:s	jo:uŋ)	4:2	0
黑	1005	1		n	ɑ̱	8	χɯ4	n:χ)	ɑ̱:ɯ	8:4	1
我	928	1		ŋ	ɒ	1	ŋɔ3	ŋ:ŋ	ɒ:ɔ	1:3	1
五	801	1		ŋ	uɒ	4	ŋu2	ŋ:ŋ	uɒ:u	4:2	2
点(头)	1267	2		ŋ	ie	1	qɯ4	ŋ:q	ie:ɯ)	1:4	0
钩	1348	2		ŋ	o̱	7	qɯ1	ŋ:q	o̱:ɯ	7:1	0

（续表）

拉	1487	2	N	k^h	o	1	dʑi2	Nk^h:dz	o:ji)	1:2	2
嚼	1424	1	N	k^h	uɒ	4	dzo4	Nk^h:dz	uɒ:o	4:4	0
冷	1063	1	N	k^hr	ɑ̱	8	gæ1	Nk^h:g	rɑ̱:æ)	8:1	1
荞麦	413	2	N	k^h	uɒ	4	go1	Nk^h:g	uɒ:o	4:1	0
门	514	2	N	k^h	ɒ	1	mɛ1b	Nk^h:m)	ɒ:ɛ	1:1	0
叫（公鸡）	1426	1	N	p^h	u	1	mæ1b	Np^h:m)	u:æ	1:1	0
饱	1148	1	N	p^h	u̱	8	pɯ2	Np^h:p	u̱:ɯ)	8:2	0
皮肤	265	1	N	$tɕ^h$	i	1	be1	$Ntɕ^h$:b)	i:e	1:1	1
喝	1370	2	N	t^h	o	1	ɯ2	Nt^h:0)	o:ɯ	1:2	1
想	1726	2	N	t^h	ɯ	9	mi2	Nt^h:m)	ɯ:i	9:2	2
穿(鞋)	1212	1	N	t^h	ɛ̱	7	tro4	Nt^h:t	ɛ̱:ro)	7:4	0
打(人)	1228	1	N	t^h	æ	4	tæŋ4	Nt^h:t		4:4	2
密(布)	1032	2	N	ts^h	i	1	ɢɯ2	Nts^h:ɢ)	i:ɯ	1:2	0
桥	70	1	N	ts^h	ue	1	gu1	Nts^h:g)	ue:u	1:1	0
官	199	2	N	ts^h	ɯ	4	quaŋ1	Nts^h:q)	ɯ:uaŋ	4:1	0
学	1742	2	N	ts^h	o	2	ʁɯ4	Nts^h:ʁ)	o:ɯ	2:4	0
刺猬	319	2		p	u	3	ɢæ1	p:ɢ)	u:æ	3:1	0
交换	1419	2		p	ɒ	3	mɯ2	p:m	ɒ:ɯ	3:2	0
稻草	408	2		p	ɛ̱	7	ma4	p:m	ɛ̱:a	7:4	0
白	1006	1		p^hr	u	1	bæ4	p^h:b	ru:æ	1:4	1
剥（牛皮）	1144	2		p^h	æ̱	8	be1	p^h:b	æ̱:e)	8:1	0
木板	512	1		p^h	e	9	pæn2	p^h:p	e:æn	9:2	0
编（辫子）	1156	2		p^hr	æ̱	7	pren1	p^h:p	ræ̱:ren)	7:1	0
只(鞋)	871	2		p^h	ɑ̱	8	p^ho4	p^h:p^h	ɑ̱:o)	8:4	0
膀胱	150	2		p^h	u	1	p^hɯ1	p^h:p^h	u:ɯ	1:1	0
布	462	2		p^h	ɒ	6	s^hɛ4	p^h:s^h	ɒ:ɛ	6:4	0
叶子	376	2		p^h	ɑ̱	7	s^hrɛ4	p^h:s^h	ɑ̱:rɛ)	7:4	1
拆（衣服）	1174	2		p^hr	ɑ̱	8	t^hje4	p^h:t^h	rɑ̱:je)	8:4	0

（续表）

糠	457	2		p^h	æ	4	t^hroŋ1	p^h:t^h		4:1	0
主人	212	2		p^h	ɒ	4	tsrɯ2	p^h:ts	ɒ:rɯ)	4:2	0
辣	1075	2		p^h	ɛ	1	tsjien1	p^h:ts	ɛ:jien)	1:1	0
肿	1802	2		p^h	ɛ̲	7	tsr^{h}eŋ1	p^h:ts^h	ɛ̲:reŋ	7:1	2
吐(痰)	1688	2		p^h	i̲	7	ts^{h}ri1	p^h:ts^h	i̲:ri	7:1	2
铺	1562	1		q^h	u	4	k^{h}uŋ1	q^h:k^h)	u:uŋ	4:1	0
盛(饭)	1194	2		q^h	ɯ̲	7	qɯ1	q^h:q)	ɯ̲:ɯ	7:1	0
苦	1074	1		q^h	uɒ	4	q^{h}u2	q^h:q^h)	uɒ:u	4:2	0
笑	1735	1		r	æ	1	s^{h}ɔ3	r:s^h)	æ:ɔ	1:3	2
针	578	1		r	ɛ̲	7	tsreŋ1	r:ts)	ɛ̲:reŋ	7:1	0
汤	451	1		r	ɯ	2	χæn1	r:χ)	ɯ:æn	2:1	0
长	972	1		sr	ɛ	3	droŋ1	s:d	ɛ:roŋ)	3:1	1
小麦	410	2		sr	ɒ	3	mɯ4	s:m	rɒ:ɯ)	3:4	0
磨(刀)	1526	2		s	uæ	5	mɔ1b	s:m	uæ:ɔ)	5:1	0
水果	378	2		s	æ	4	q^{h}ɔ2	s:q^h	æ:ɔ	4:2	2
牵(牛)	1568	1		s	ɛ	6	q^{h}en1	s:q^h	ɛ:en)	6:1	0
谷粒	409	2		s	æ	1	sɔ4	s:s	æ:ɔ	1:4	0
柴	534	1		s	i̲	8	sjen1	s:s	i̲:jen	8:1	0
主人	212	1		s	i	4	tsrɯ2	s:ts	i:rɯ)	4:2	0
拧（毛巾）	1533	1		sr	i̲	7	tsuɛ1	s:ts	ri̲:uɛ)	7:1	0
闲	1081	2		ʃ	ɑ	2	çaŋ1	ʃ:ç	ɑ:aŋ)	2:1	0
虱子	356	1		ʃ	e	1	çi4	ʃ:ç	e:i	1:4	1
麝香	316	2		ʃ	ɯ	2	ji3	ʃ:j)	ɯ:i	2:3	0
死	1651	1		ʃ	i	1	sji2	ʃ:s)	i:ji	1:2	1
喂(奶)	1706	1		t	o	6	ɔ1a	t:0)	o:ɔ	6:1	0
抱	1149	1		t	ɑ̲	8	bɯ2	t:b)	ɑ̲:ɯ	8:2	0
云	7	1		t	æ	3	ŋɔ1b	t:ŋ)	æ:ɔ	3:1	1
瞎	1715	2		t	ɛ̲	8	tæ1	t:t	ɛ̲:æ	8:1	0
拄	1803	1		t	o̲	8	trɯ2	t:t	o̲:rɯ)	8:2	0
直	1003	2		t	u	1	tuen1(a)	t:t	u:uen)	1:1	2
耙(田)	1132	2		tç	ɑ̲	8	bæ1	tç:b)	ɑ̲:æ	8:1	0

（续表）

筛子	629	2		tɕ	i	2	lɔ1b	tɕ:l)	i:ɔ	2:1	0
甜	1073	1		tɕʰ	i	1	ɕoŋ1	tɕʰ:ɕ)	i:oŋ	1:1	0
姜	425	2		tɕʰ	o	4	koŋ1	tɕʰ:k)	o:oŋ	4:1	0
厚	980	1		tʰ	u	1	ɢɯ2	tʰ:ɢ)	u:ɯ	1:2	2
挤(脚)	1406	2		ts	i	4	ɢæ4	ts:ɢ	i:æ)	4:4	0
露水	15	1		tsr	ɯ̱	8	ɢæ1	ts:ɢ	ɯ̱:æ)	8:1	0
手指	109	2		tsr	i	3	tsri2	ts:ts	ri:ri)	3:2	0
吮	1648	1		tsr	i̱	7	tsji1/4	ts:ts	ri̱:ji)	7:1	2
掉(下)	1274	1		tsʰ	e	1	dua4	tsʰ:d)	e:a	1:4	2
药	456	1		tsʰ	i	4	jɔ4	tsʰ:j)	i:ɔ	4:4	0
热	1062	2		tsʰ	ɒ	1	njе4	tsʰ:n	ɒ:je)	1:4	1
人	167	1		tsʰ	o	1	njen1b	tsʰ:n	o:jen)	1:1	1
斧头	605	2		tsʰ	o̱	8	pɯ2	tsʰ:p	o̱:ɯ	8:2	0
盐	61	2		tsʰ	uɒ	4	pren1	tsʰ:p	uɒ:ren)	4:1	2
洗(衣)	1713	1		tsʰ	i	4	sʰe2(a)	tsʰ:sʰ)	i:e	4:2	2
线	461	2		tsʰ	ɛ	1	xɯ2	tsʰ:x)	ɛ	1:2	0
背(柴)	876	1		v	e	1	bjo2	v:b	je:o)	1:2	0
疯	1323	2		v	u	4	bjo1	v:b	u:jo)	4:1	0
猪	284	1		v	ɑ̱	7	dɛ4	v:d	ɑ̱:ɛ	7:4	0
桃子	392	2		v	u	4	dɔ1	v:d	u:ɔ	4:1	0
肠子	149	2		v	u	1	droŋ1	v:d	u:roŋ)	1:1	2
舅父	238	2		ɣ	ɯ	3	ɢɯ̃2	ɣ:ɢ)	ɯ:ɯ̃	3:2	0
影子	698	1		ɣ	ɯ	4	qæn1	ɣ:q)	ɯ:æn	4:1	0
得到	1263	2		ɣ	uɒ	6	tɯ4	ɣ:t)	uɒ:ɯ	6:4	0
力气	675	1		ɣ	uɒ	4	ɣɯ4	ɣ:ɣ)	uɒ:ɯ	4:4	0
肉	443	2		x	ɒ	4	ɢæ1	x:ɢ)	ɒ:æ	4:1	1
柱子	513	2		z	ɛ	1	drɯ2	z:d	ɛ:rɯ	1:2	0
射中	1612	2		z	o	6	dju4	z:d	o:ju)	6:4	0
侄子	234	1		z	uɒ	4	di4	z:d	uɒ:i	4:4	0
男人	173	2		z	uɒ	4	tsi2	z:ts)	uɒ:i	4:2	1
大麦	411	2		z	u	6	zɔ1	z:z)	u:ɔ	6:1	0
捉	1813	2		zr	u	1	kæ4	zr:k)	ru:æ	1:4	0

5.1.2 彝白韵母对应

词目	索引	级	pyp	pyi	pyf	pyt	原始白	韵对应	声对应	调对应	词阶
劈(柴)	1552	2		c^h	æ	4	p^hɔ3	æ:ɔ	c^h:p^h)	4:3	0
破(篾)	1555	2		k^h	æ	4	p^hɔ3	æ:ɔ	k^h:p^h)	4:3	0
笑	1735	1		r	æ	1	s^hɔ3	æ:ɔ	r:s^h)	1:3	2
水果	378	2		s	æ	4	q^hɔ2	æ:ɔ	s:q^h	4:2	2
谷粒	409	2		s	æ	1	sɔ4	æ:ɔ	s:s	1:4	0
云	7	1		t	æ	3	ŋɔ1b	æ:ɔ	t:ŋ)	3:1	1
蚂蚁	365	2		b	æ̲	7	bri1	æ̲:ri	b:b	7:1	0
舔	1674	2		l	æ̲	7	dzi̯2	æ̲:ri	l:dz	7:2	0
蚂蚁	365	2		b	æ̲	7	bɯ1	æ̲:ɯ)	b:b	7:1	0
补(锅)	1162	2	ʔ	n	æ̲	7	pu2	æ̲:u)	ʔn:p	7:2	0
闲	1081	2		ʃ	ɑ	2	ɕaŋ1	ɑ:aŋ)	ʃ:ɕ	2:1	0
打哈欠	1243	2		h	ɑ	1	ho1	ɑ:o)	h:h	1:1	0
骡子	281	2		l	ɑ	2	lɔ1	ɑ:ɔ)	l:l	2:1	0
父亲	218	2		b	ɒ	4	bæ2	ɒ:æ	b:b	4:2	2
百	824	1		h	ɒ	1	pæ4	ɒ:æ	h:p	1:4	0
肉	443	2		x	ɒ	4	ɢæ1	ɒ:æ	x:ɢ)	4:1	1
灵魂	673	1	h	l	ɒ	1	p^hæn3	ɒ:æn	ɬ:p^h)	1:3	0
病	1160	1		n	ɒ	1	bæn3	ɒ:æn	n:b	1:3	0
听	1681	1	h	n		3	$tɕ^h$æn1	ɒ:æn	hn:$tɕ^h$)	3:1	0
教	1425	2	h	m	ɒ	7	qaŋ1	ɒ:aŋ)	hm:q	7:1	0
门	514	2	N	k^h	ɒ	1	mɛ1b	ɒ:ɛ	Nk^h:m)	1:1	0
布	462	2		p^h	ɒ	6	s^hɛ4	ɒ:ɛ	p^h:s^h	6:4	0
热	1062	2		ts^h	ɒ	1	nje4	ɒ:je)	ts^h:n	1:4	1
月亮	4	1		b	ɒ	6	mji1	ɒ:ji)	b:m	6:1	1
簸箕	630	2		m	ɒ	1	mo2	ɒ:o	m:m	1:2	0
耕	1347	2		m/ŋ	ɒ	4	tso4	ɒ:o	m:ts	4:4	0
老虎	304	1		l	ɒ	7	lɔ1b	ɒ:ɔ	l:l	7:1	0
母亲	219	1		m	ɒ	6	mɔ2	ɒ:ɔ	m:m	6:2	2
个(鸡蛋)	841	2		m	ɒ	3	q^hɔ2	ɒ:ɔ	m:q^h)	3:2	0

（续表）

我	928	1		ŋ	ɒ	1	ŋɔ3	ɒ:ɔ	ŋ:ŋ	1:3	1
问	1708	1	ʔ	n	ɒ	2	præ4	ɒ:ræ)	ʔn:p	2:4	0
舌头	139	1	h	l	ɒ	2	drɛ4	ɒ:rɛ)	ɬ:d	2:4	1
茶	454	1		l	ɒ	9	drɔ1	ɒ:rɔ	l:d	9:1	0
竹子	389	2		m	ɒ	3	tsro4	ɒ:rɔ	m:ts	3:4	0
主人	212	2		p^h	ɒ	4	tsrɯ2	ɒ:rɯ)	p^h:ts	4:2	0
下(雨)	1719	2		h	ɒ	1	ɣu4	ɒ:ɯ	h:ɣ)	1:4	0
交换	1419	2		p	ɒ	3	mɯ2	ɒ:ɯ	p:m	3:2	0
痛（头痛）	1666	1		n	ɒ	1	suŋ3	ɒ:uŋ)	n:s	1:3	0
爬(人)	1536	2		d	ɑ̲	8	mæ4	ɑ̲:æ	d:m)	8:4	0
耙(田)	1132	2		tɕ	ɑ̲	8	bæ1	ɑ̲:æ	tɕ:b)	8:1	0
松明	388	2		b	ɑ̲	8	mɛ1a	ɑ̲:ɛ	b:m	8:1	0
猪	284	1		v	ɑ̲	7	dɛ4	ɑ̲:ɛ	v:d	7:4	0
只(鞋)	871	2		p^h	ɑ̲	8	p^ho4	ɑ̲:o)	p^h:p^h	8:4	0
叶子	376	2		p^h	ɑ̲	7	s^hrɛ4	ɑ̲:rɛ)	p^h:s^h	7:4	1
村子	66	1		c^h	ɑ̲	8	jɯ4	ɑ̲:ɯ	c^h:j)	8:4	0
黑	1005	1		n	ɑ̲	8	χɯ4	ɑ̲:ɯ	n:χ)	8:4	1
抱	1149	1		t	ɑ̲	8	bɯ2	ɑ̲:ɯ	t:b)	8:2	0
乳房	94	2		n	e	1	ba4	e:a	n:b	1:4	1
掉(下)	1274	1		ts^h	e	1	dua4	e:a	ts^h:d)	1:4	2
今天	738	1		ʔ	e	4	qæn1	e:æn	ʔ:q)	4:1	0
木板	512	1		p^h	e	9	pæn2	e:æn	p^h:p	9:2	0
土地	22	1	ʔ	m	e	3	di3	e:i	m:d)	3:3	1
虱子	356	1		ʃ	e	1	ɕi4	e:i	ʃ:ɕ	1:4	1
背(柴)	876	1		v	e	1	bjo2	je:o)	v:b	1:2	0
八	804	1		h	e̲	7	pra4	e̲:ra)	h:p	7:4	0
说	1649	2		b	e̲	8	sua4	e̲:ua)	b:s	8:4	1
线	461	2		ts^h	ɛ	1	xɯ2	ɛ	ts^h:x)	1:2	0
牵(牛)	1568	1		s	ɛ	6	q^hen1	ɛ:en)	s:q^h	6:1	0
辣	1075	2		p^h	ɛ	1	tsjien1	ɛ:jien)	p^h:ts	1:1	0
房子	494	2		h	ɛ	1	hɔ3	ɛ:ɔ)	h:h	1:3	0

（续表）

长	972	1		sr	ε	3	droŋ1	ε:roŋ)	s:d	3:1	1
棵(树)	848	2		dz	ε	2	drɯ3	ε:rɯ	dz:d)	2:3	0
柱子	513	2		z	ε	1	drɯ2	ε:rɯ	z:d	1:2	0
蹄	264	1		b	ε̲	7	bã1	ε̲:a)	b:b	7:1	0
稻草	408	2		p	ε̲	7	ma4	ε̲:a	p:m	7:4	0
夹(菜)	1413	2		n	ε̲	8	ɢæ4	ε̲:æ	n:ɢ)	8:4	0
瞎	1715	2		t	ε̲	8	tæ1	ε̲:æ	t:t	8:1	0
肿	1802	2		p^h	ε̲	7	tsr^{h}eŋ1	ε̲:reŋ	p^h:ts^h	7:1	2
针	578	1		r	ε̲	7	tsreŋ1	ε̲:reŋ	r:ts)	7:1	0
穿(鞋)	1212	1	N	t^h	ε̲	7	tro4	ε̲:ro)	Nt^h:t	7:4	0
挤(脚)	1406	2		ts	i	4	ɢæ4	i:æ)	ts:ɢ	4:4	0
皮肤	265	1	N	tɕ^h	i	1	be1	i:e	Ntɕ^h:b)	1:1	1
洗(衣)	1713	1		ts^h	i	4	s^{h}e2(a)	i:e	ts^h:s^h)	4:2	2
天	910	1	ʔ	n	i	6	nji4	i:ji	ʔn:n	6:4	2
死	1651	1		ʃ	i	1	sji2	i:ji	ʃ:s)	1:2	1
筛子	629	2		tɕ	i	2	lɔ1b	i:ɔ	tɕ:l)	2:1	0
药	456	1		ts^h	i	4	jɔ4	i:ɔ	ts^h:j)	4:4	0
二	798	1		n	i	9	koŋ2	i:oŋ	n:k)	9:2	1
甜	1073	1		tɕ^h	i	1	ɕoŋ1	i:oŋ	tɕ^h:ɕ)	1:1	0
秧	406	2	h	l	i	5	dʐi1	i:ri)	ɬ:dz	5:1	0
主人	212	1		s	i	4	tsrɯ2	i:rɯ)	s:ts	4:2	0
重	1014	1		l	i	4	dʐuŋ2	i:ruŋ)	l:dz	4:2	2
斑鸠	342	2	h	l	i	2	kɯ1	i:ɯ	ɬ:k)	2:1	0
斑鸠	342	2	h	l	i	2	tɕɯ1	i:ɯ	ɬ:tɕ)	2:1	0
密(布)	1032	2	N	ts^h	i	1	ɢɯ2	i:ɯ	Nts^h:ɢ)	1:2	0
心脏	144	2		n	i̲	8	sjen1	i̲:jen	n:s	8:1	1
柴	534	1		s	i̲	8	sjen1	i̲:jen	s:s	8:1	0
麻木	1513	2		f	i̲	7	bri2	i̲:ri	f:b)	7:2	0
吐(痰)	1688	2		p^h	i̲	7	ts^{h}ri1	i̲:ri	p^h:ts^h	7:1	2
点(头)	1267	2		ŋ	ue	1	qɯ4	ue:ɯ)	ŋ:q	1:4	0
太阳	2	2		ȵ	ε	1	nji4	jε:ji)	n:n	1:4	1
糯米	404	1		ȵ	o	4	suŋ2	jo:uŋ)	n:s	4:2	0

（续表）

人	167	1		ts^{h}	o	1	njen1b	o:jen)	ts^{h}:n	1:1	1
拉	1487	2	N	k^{h}	o	1	dʑi2	o:ji)	Nk^{h}:dz	1:2	2
等待	1264	1	h	l	o	6	djɯ2	o:jɯ	ɬ:d	6:2	0
头	74	1		ŋ	o	5	djɯ1	o:jɯ	ŋ:d)	5:1	1
射中	1612	2		z	o	6	dju4	o:ju)	z:d	6:4	0
富	1083	2		b	o	6	gɔ1	o:ɔ	b:g)	6:1	0
喂（奶）	1706	1		t	o	6	ɔ1a	o:ɔ	t:0)	6:1	0
鹅	301	1		0	o	6	oŋ1b	o:oŋ	0:0)	6:1	0
聋子	204	1		b	o	4	koŋ1	o:oŋ	b:k)	4:1	0
姜	425	2		$tɕ^{h}$	o	4	koŋ1	o:oŋ	$tɕ^{h}$:k)	4:1	0
喝	1370	2	N	t^{h}	o	1	ɯ2	o:ɯ	Nt^{h}:0)	1:2	1
学	1742	2	N	ts^{h}	o	2	ʁɯ4	o:ɯ	Nts^{h}:ʁ)	2:4	0
脑髓	132	1	ʔ	n	o̲	7	no2	o̲:o	ʔn:n	7:2	0
弯	1004	2		ɢ	o̲	7	k^{h}o4	o̲:o	ɢ:k^{h})	7:4	0
蛆	359	2	h	l	o̲	8	dʐo1	o̲:ro	ɬ:dz	8:1	0
石头	43	1		l	o̲	8	dro4	o̲:ro	l:d	8:4	1
属相	767	2		q^{h}	o̲	7	dʐo4	o̲:ro		7:4	0
拄	1803	1		t	o̲	8	trɯ2	o̲:rɯ)	t:t	8:2	0
钩	1348	2		ŋ	o̲	7	qɯ1	o̲:ɯ	ŋ:q	7:1	0
斧头	605	2		ts^{h}	o̲	8	pɯ2	o̲:ɯ	ts^{h}:p	8:2	0
毒	641	2		d	o̲	7	du4	o̲:u)	d:d	7:4	0
编（辫子）	1156	2		p^{h}r	æ̲	7	pren1	ræ̲:ren)	p^{h}:p	7:1	0
小麦	410	2		sr	ɒ	3	mɯ4	rɒ:ɯ)	s:m	3:4	0
冷	1063	1	N	k^{h}r	ɑ̲	8	gæ1	rɑ̲:æ)	Nk^{h}:g	8:1	1
拆（衣服）	1174	2		p^{h}r	ɑ̲	8	t^{h}je4	rɑ̲:je)	p^{h}:t^{h}	8:4	0
飞	1318	1		br	e	1	pje1	re:je)	b:p	1:1	1
床	526	1		gr	e	4	droŋ1	re:roŋ)	g:d	4:1	0
踩	1168	2		dr	ɛ̲	8	da4	rɛ̲:a)	d:d	8:4	0
手指	109	2		tsr	i	3	tsri2	ri:ri)	ts:ts	3:2	0
吮	1648	1		tsr	i̲	7	tsji1/4	ri̲:ji)	ts:ts	7:1	2

（续表）

拧（毛巾）	1533	1		sr	i̠	7	tsuɛ1	ri̠:uɛ)	s:ts	7:1	0
有（钱）	1764	1		dʐ	o	1	dʐɯ2	ro:jɯ)	dz:dz	1:2	0
白	1006	1		p^{h}r	u	1	bæ4	ru:æ	p^{h}:b	1:4	1
捉	1813	2		zr	u	1	kæ4	ru:æ	zr:k)	1:4	0
筋	130	1		gr	u	4	tɕen1	ru:en)	g:tɕ	4:1	0
手镯	487	1		gr	u	1	di1	ru:i)	g:d	1:1	0
汤	451	1		r	ɯ	2	χæn1	ɯ:æn	r:χ)	2:1	0
影子	698	1		ɣ	ɯ	4	qæn1	ɯ:æn	ɣ:q)	4:1	0
你	931	1		n	ɯ	1	nen3	ɯ:en)	n:n	1:3	1
肥料	623	2		k^{h}	ɯ	4	tɕ^{h}i1	ɯ:i	k^{h}:tɕ^{h}	4:1	0
想	1726	2	N	t^{h}	ɯ	9	mi2	ɯ:i	Nt^{h}:m)	9:2	2
麝香	316	2		ʃ	ɯ	2	ji3	ɯ:i	ʃ:j)	2:3	0
旧	1051	1	h	l	ɯ	3	gũ3	ɯ:ũ	ɬ:g)	3:3	0
舅父	238	2		ɣ	ɯ	3	ɢũ2	ɯ:ũ	ɣ:ɢ)	3:2	0
步	916	2		b	ɯ	1	pu3	ɯ:u)	b:p	1:3	0
狗	289	1		k^{h}	ɯ	4	q^{h}uaŋ2	ɯ:uaŋ	k^{h}:q^{h})	4:2	1
官	199	2	N	ts^{h}	ɯ	4	quaŋ1	ɯ:uaŋ	Nts^{h}:q)	4:1	0
露水	15	1		tsr	ɯ̠	8	ɢæ1	ɯ̠:æ)	ts:ɢ	8:1	0
吹（喇叭）	1218	1	h	m	ɯ̠	8	p^{h}ɯ1	ɯ̠:ɯ	hm:p^{h})	8:1	2
饿	1298	1		m	ɯ̠	7	tɕɯ1	ɯ̠:ɯ	m:tɕ)	7:1	0
盛（饭）	1194	2		q^{h}	ɯ̠	7	qɯ1	ɯ̠:ɯ	q^{h}:q)	7:1	0
马	268	1		m	u	5	mæ2	u:æ	m:m	5:2	0
软	1035	1		n	u	5	p^{h}æ1	u:æ	n:p^{h})	5:1	0
叫(公鸡)	1426	1	N	p^{h}	u	1	mæ1b	u:æ	Np^{h}:m)	1:1	0
刺猬	319	2		p	u	3	ɢæ1	u:æ	p:ɢ)	3:1	0
高	968	1	h	m	u	3	qaŋ1	u:aŋ)	hm:q	3:1	0
晚上	752	1		m	u	4	pɛ2	u:ɛ	m:p)	4:2	1
欠（钱）	1569	2		b	u	6	bjɛ2	u:jɛ)	b:b	6:2	0
嫩（植物）	1057	2		n	u	5	njeŋ1b	u:jeŋ)	n:n	5:1	0

（续表）

疯	1323	2		v	u	4	bjo1	u:jo)	v:b	4:1	0
桃子	392	2		v	u	4	dɔ1	u:ɔ	v:d	4:1	0
大麦	411	2		z	u	6	zɔ1	u:ɔ	z:z)	6:1	0
龙	306	1		l	u	4	loŋ1b	u:oŋ)	l:l	4:1	0
肠子	149	2		v	u	1	droŋ1	u:roŋ)	v:d	1:1	2
卖	1517	1	ʔ	v	u	9	ɢɯ1	u:ɯ	ʔv:ɢ)	9:1	0
漂浮	1553	2		b	u	1	bɯ1	u:ɯ	b:b	1:1	2
九	805	1		g	u	2	tɕɯ2	u:ɯ	g:tɕ	2:2)	0
膀胱	150	2		p^h	u	1	p^hɯ1	u:ɯ	p^h:p^h	1:1	0
厚	980	1		t^h	u	1	ɢɯ2	u:ɯ	t^h:ɢ)	1:2	2
直	1003	2		t	u	1	tuen1(a)	u:uen)	t:t	1:1	2
痕迹	695	2		d	u	6	tsuŋ1	u:uŋ	d:ts)	6:1	0
铺	1562	1		q^h	u	4	k^huŋ1	u:uŋ	q^h:k^h)	4:1	0
饱	1148	1	N	p^h	u̲	8	pɯ2	u̲:ɯ)	Np^h:p	8:2	0
干	1028	2		f	uæ	6	qaŋ1	uæ:aŋ	f:q)	6:1	1
汗	154	1		kr	uæ	9	ʁaŋ1b	uæ:aŋ	kr:ʁ)	9:1	0
磨（刀）	1526	2		s	uæ	5	mɔ1b	uæ:ɔ)	s:m	5:1	0
侄子	234	1		z	uɒ	4	di4	uɒ:i	z:d	4:4	0
男人	173	2		z	uɒ	4	tsi2	uɒ:i	z:ts)	4:2	1
兔子	292	1	h	l	uɒ	6	lo1a	uɒ:o	ɬ:l)	6:1	0
鱼	351	1	h	ŋ	uɒ	5	ŋo1a	uɒ:o	hŋ:ŋ)	5:1	1
棉花	418	1		l	uɒ	4	χo1	uɒ:o	l:χ)	4:1	0
嚼	1424	1	N	k^h	uɒ	4	dzo4	uɒ:o	Nk^h:dz	4:4	0
荞麦	413	2	N	k^h	uɒ	4	go1	uɒ:o	Nk^h:g	4:1	0
盐	61	2		ts^h	uɒ	4	pren1	uɒ:ren)	ts^h:p	4:1	2
五	801	1		ŋ	uɒ	4	ŋu2	uɒ:u	ŋ:ŋ	4:2	2
苦	1074	1		q^h	uɒ	4	q^hu2	uɒ:u	q^h:q^h)	4:2	0
吃	1198	1		dz	uɒ	4	jɯ4	uɒ:ɯ	dz:j)	4:4	1
得到	1263	2		ɣ	uɒ	6	tɯ4	uɒ:ɯ	ɣ:t)	6:4	0
力气	675	1		ɣ	uɒ	4	ɣɯ4	uɒ:ɯ	ɣ:ɣ)	4:4	0
山	23	2		b	ue	1	sro4(b)	ue:o)	b:s	1:4	1

（续表）

牛圈	503	2		b	ue	2	u3	ue:u	b:0)	2:3	0
桥	70	1	N	ts^{h}	ue	1	gu1	ue:u	Nts^{h}:g)	1:1	0
补（衣服）	1161	2		p	ie	1	pu2	ue:u	p:p)	1:2	0

5.1.3 彝白声调对应

词目	索引	级	pyp	pyi	pyf	pyt	原始白	调对应	声对应	韵对应	词阶
漂浮	1553	2		b	u	1	bɯ1	1:1	b:b	u:ɯ	2
飞	1318	1		br	e	1	pje1	1:1	b:p	re:je)	1
手镯	487	1		gr	u	1	di1	1:1	g:d	ru:i)	0
打哈欠	1243	2		h	ɑ	1	ho1	1:1	h:h	ɑ:o)	0
门	514	2	N	k^{h}	ɒ	1	mɛ1b	1:1	Nk^{h}:m)	ɒ:ɛ	0
叫（公鸡）	1426	1	N	p^{h}	u	1	mæ1b	1:1	Np^{h}:m)	u:æ	0
皮肤	265	1	N	$tɕ^{h}$	i	1	be1	1:1	$Ntɕ^{h}$:b)	i:e	1
桥	70	1	N	ts^{h}	ue	1	gu1	1:1	Nts^{h}:g)	ue:u	0
膀胱	150	2		p^{h}	u	1	p^{h}ɯ1	1:1	p^{h}:p^{h}	u:ɯ	0
辣	1075	2		p^{h}	ɛ	1	tsjien1	1:1	p^{h}:ts	ɛ:jien)	0
直	1003	2		t	u	1	tuen1(a)	1:1	t:t	u:uen)	2
甜	1073	1		$tɕ^{h}$	i	1	ɕoŋ1	1:1	$tɕ^{h}$:ɕ)	i:oŋ	0
人	167	1		ts^{h}	o	1	njen1b	1:1	ts^{h}:n	o:jen)	1
肠子	149	2		v	u	1	droŋ1	1:1	v:d	u:roŋ)	2
风	9	2	h	l	i	1	pren1	1:1			2
山	23	2		b	ue	1	sren1(a)	1:1			1
头发	75	2		ts^{h}	ue	1	ɕa4	1:1			1
脓	159	1	N	p^{h}r	ɛ	1	ʔnjoŋ1b	1:1			0
水稻	403	2		tsr^{h}	ɯ	1	ɢɔ1	1:1			0
脂肪	445	1		ts^{h}	uæ	1	tsri1	1:1			1
轻	1015	2		l	o	1	t^{h}ræn1	1:1			0
真	1047	2		dʐ	ɛ	1	tsreŋ1	1:1			0
插(秧)	1172	2		t	uæ	1	p^{h}jɛ1	1:1			0
有(钱)	1764	1		dʐ	o	1	dʑɯ2	1:2	dz:dz	ro:jɯ)	0

（续表）

簸箕	630	2		m	ɒ	1	mo2	1:2	m:m	ɒ:o	0
拉	1487	2	N	k^{h}	o	1	dʑi2	1:2	Nk^{h}:dz	o:ji)	2
喝	1370	2	N	t^{h}	o	1	ɯ2	1:2	Nt^{h}:0)	o:ɯ	1
密（布）	1032	2	N	ts^{h}	i	1	ɢɯ2	1:2	Nts^{h}:ɢ)	i:ɯ	0
死	1651	1		ʃ	i	1	sji2	1:2	ʃ:s)	i:ji	1
厚	980	1		t^{h}	u	1	ɢɯ2	1:2	t^{h}:ɢ)	u:ɯ	2
线	461	2		ts^{h}	ɛ	1	xɯ2	1:2	ts^{h}:x)	ɛ	0
背（柴）	876	1		v	e	1	bjo2	1:2	v:b	je:o)	0
柱子	513	2		z	ɛ	1	drɯ2	1:2	z:d	ɛ:rɯ	0
雨	10	1		h	ɒ	1	rwo2	1:2			1
路	38	1		gr	ɒ	1	t^{h}ju2	1:2			1
水	47	1		r	ɯ	1	ɕui2	1:2			1
弟弟	228	2		ȵ	ɛ	1	t^{h}je2	1:2			0
米	439	2		tsr^{h}	e	1	me2	1:2			0
酒	452	1	N	tsr^{h}	i	1	tsuŋ2	1:2			0
补（衣服）	1161	2		p	ie	1	pu2	1:2	p:p)	ue:u	0
拉屎	1488	2		h	ɒ	1	ji2sri2	1:2			0
步	916	2		b	ɯ	1	pu3	1:3	b:p	ɯ:u)	0
房子	494	2		h	ɛ	1	hɔ3	1:3	h:h	ɛ:ɔ)	0
灵魂	673	1	h	l	ɒ	1	p^{h}æn3	1:3	ɬ:p^{h})	ɒ:æn	0
病	1160	1		n	ɒ	1	bæn3	1:3	n:b	ɒ:æn	0
你	931	1		n	ɯ	1	nen3	1:3	n:n	ɯ:en)	1
痛（头痛）	1666	1		n	ɒ	1	suŋ3	1:3	n:s	ɒ:uŋ)	0
我	928	1		ŋ	ɒ	1	ŋɔ3	1:3	ŋ:ŋ	ɒ:ɔ	1
笑	1735	1		r	æ	1	s^{h}ɔ3	1:3	r:s^{h})	æ:ɔ	2
山	23	2		b	ue	1	sro4(b)	1:4	b:s	ue:o)	1
百	824	1		h	ɒ	1	pæ4	1:4	h:p	ɒ:æ	0
下（雨）	1719	2		h	ɒ	1	ɣu4	1:4	h:ɣ)	ɒ:ɯ	0
乳房	94	2		n	e	1	ba4	1:4	n:b	e:a	1
太阳	2	2		ȵ	ɛ	1	nji4	1:4	n:n	jɛ:ji)	1

（续表）

点(头)	1267	2		ŋ	ue	1	qɯ4	1:4	ŋ:q	ue:ɯ)	0
白	1006	1		p^{h}r	u	1	bæ4	1:4	p^{h}:b	ru:æ	1
谷粒	409	2		s	æ	1	sɔ4	1:4	s:s	æ:ɔ	0
虱子	356	1		ʃ	e	1	ɕi4	1:4	ʃ:ɕ	e:i	1
掉(下)	1274	1		ts^{h}	e	1	dua4	1:4	ts^{h}:d)	e:a	2
十	806	1		ts^{h}	e	1	dzi̯4	1:4			0
热	1062	2		ts^{h}	ɒ	1	nje4	1:4	ts^{h}:n	ɒ:je)	1
捉	1813	2		zr	u	1	kæ4	1:4	zr:k)	ru:æ	0
角	263	1		k^{h}r	u	1	qɔ4	1:4			1
柿子	395	1		b	uæ	1	t^{h}jæ4	1:4			0
钥匙	585	2		p^{h}	u	1	dro4	1:4			0
拿	1528	2		zr	u	1	q^{h}ɛ4	1:4			2
斑鸠	342	2	h	l	i	2	kɯ1	2:1	ɬ:k)	i:ɯ	0
斑鸠	342	2	h	l	i	2	tɕɯ1	2:1	ɬ:tɕ)	i:ɯ	0
高	968	1	h	m	u	3	qaŋ1	3:1	hm:q	u:aŋ)	0
骡子	281	2		l	ɑ	2	lɔ1	2:1	l:l	ɑ:ɔ)	0
汤	451	1		r	ɯ	2	χæn1	2:1	r:χ)	ɯ:æn	0
闲	1081	2		ʃ	ɑ	2	ɕaŋ1	2:1	ʃ:ɕ	ɑ:aŋ)	0
筛子	629	2		tɕ	i	2	lɔ1b	2:1	tɕ:l)	i:ɔ	0
星星	5	1		kr	ɛ	2	sjæn1	2:1			1
银子	52	1		p^{h}r	u	2	njen1b	2:1			0
尸体	162	1		m	ɑ	2	ts^{h}oŋ1	2:1			0
衣服	467	2	N	p^{h}	æ	2	ji1	2:1			0
只(鸟)	842	2		k^{h}j	ɛ	2	djɯ1	2:1			0
九	805	1		g	u	2	tɕɯ2	2:2)	g:tɕ	u:ɯ	0
牛圈	503	2		b	ue	2	u3	2:3	b:0)	ue:u	0
棵(树)	848	2		dz	ɛ	2	drɯ3	2:3	dz:d)	ɛ:rɯ	0
麝香	316	2		ʃ	ɯ	2	ji3	2:3	ʃ:j)	ɯ:i	0
鸟窝	327	2		c^{h}	i	2	k^{h}ro3	2:3			0
问	1708	1	ʔ	n	ɒ	2	præ4	2:4	ʔn:p	ɒ:ræ)	0
舌头	139	1	h	l	ɒ	2	drɛ4	2:4	ɬ:d	ɒ:rɛ)	1
学	1742	2	N	ts^{h}	o	2	ʁɯ4	2:4	Nts^{h}:ʁ)	o:ɯ	0

（续表）

麂子	314	1		tɕ^h	i	2	bjo4	2:4			0
刺猬	319	2		p	u	3	ɢæ1	3:1	p:ɢ)	u:æ	0
长	972	1		sr	ɛ	3	droŋ1	3:1	s:d	ɛ:roŋ)	1
云	7	1		t	æ	3	ŋɔ1b	3:1	t:ŋ)	æ:ɔ	1
霜	14	2		ȵ	e	3	s^{h}roŋ1	3:1			0
金子	51	1		sr	uæ	3	tɕen1	3:1			0
千	826	1		t	u	3	tsj^{h}en1	3:1			0
黄	1008	1		sr	uæ	3	ʁoŋ1b	3:1			1
听	1681	1	h	n		3	tɕ^{h}æn1	3:1	hn:tɕ^h)	ɒ:æn	0
低(矮)	969	2	h	n	ɛ	3	bri2	3:2			0
个(鸡蛋)	841	2		m	ɒ	3	q^{h}ɔ2	3:2	m:q^h)	ɒ:ɔ	0
交换	1419	2		p	ɒ	3	mɯ2	3:2	p:m	ɒ:ɯ	0
手指	109	2		tsr	i	3	tsri2	3:2	ts:ts	ri:ri)	0
舅父	238	2		ɣ	ɯ	3	ɢɯ̃2	3:2	ɣ:ɢ)	ɯ:ɯ̃	0
蛇	347	1		sr	uæ	3	k^{h}ro2	3:2			2
炒	1186	1	h	l	u	3	t^{h}ru2	3:2			0
旧	1051	1	h	l	ɯ	3	gɯ̃3	3:3	ɬ:g)	ɯ:ɯ̃	0
土地	22	1	ʔ	m	e	3	di3	3:3	m:d)	e:i	1
竹子	389	2		m	ɒ	3	tsro4	3:4	m:ts	ɒ:rɔ	0
小麦	410	2		sr	ɒ	3	mɯ4	3:4	s:m	rɒ:ɯ)	0
脚	103	2		k^h	ɯ	3	ko4	3:4			1
今天	738	1		ʔ	e	4	qæn1	4:1	ʔ:q)	e:æn	0
聋子	204	1		b	o	4	koŋ1	4:1	b:k)	o:oŋ	0
床	526	1		gr	e	4	droŋ1	4:1	g:d	re:roŋ)	0
筋	130	1		gr	u	4	tɕen1	4:1	g:tɕ	ru:en)	0
肥料	623	2		k^h	ɯ	4	tɕ^{h}i1	4:1	k^h:tɕ^h	ɯ:i	0
龙	306	1		l	u	4	loŋ1b	4:1	l:l	u:oŋ)	0
棉花	418	1		l	uɒ	4	χo1	4:1	l:χ)	uɒ:o	0
牛	254	1		ȵ	i	4	ŋɯ1b	4:1			0
荞麦	413	2	N	k^h	uɒ	4	go1	4:1	Nk^h:g	uɒ:o	0
官	199	2	N	ts^h	ɯ	4	quaŋ1	4:1	Nts^h:q)	ɯ:uaŋ	0

（续表）

糠	457	2		p^{h}	æ	4	t^{h}roŋ1	4:1	p^{h}:t^{h}		0
铺	1562	1		q^{h}	u	4	k^{h}uŋ1	4:1	q^{h}:k^{h})	u:uŋ	0
姜	425	2		$tɕ^{h}$	o	4	koŋ1	4:1	$tɕ^{h}$:k)	o:oŋ	0
盐	61	2		ts^{h}	uɒ	4	pren1	4:1	ts^{h}:p	uɒ:ren)	2
疯	1323	2		v	u	4	bjo1	4:1	v:b	u:jo)	0
桃子	392	2		v	u	4	dɔ1	4:1	v:d	u:ɔ	0
影子	698	1		ɣ	ɯ	4	qæn1	4:1	ɣ:q)	ɯ:æn	0
肉	443	2		x	ɒ	4	ɢæ1	4:1	x:ɢ)	ɒ:æ	1
天	1	1		m	u	4	xen1	4:1			2
声音	161	2		k^{h}j	u	4	t^{h}ræn1	4:1			0
虫	353	2		b	u	4	dẓuŋ1	4:1			2
蜜蜂	367	1		br	uɒ	4	p^{h}juŋ1	4:1			0
松树	385	1		t^{h}	o	4	zroŋ1	4:1			0
粗	966	2		r	æ	4	ts^{h}ru1	4:1			0
湿	1029	2		dz	e	4	p^{h}æ1	4:1			2
生(的)	1049	1		dz	ɛ	4	xæn1	4:1			0
骑	1566	1		dz	æ	4	gɯ1	4:1			0
散开	1599	2		b	e	4	lɔ1b	4:1			0
父亲	218	2		b	ɒ	4	bæ2	4:2	b:b	ɒ:æ	2
狗	289	1		k^{h}	ɯ	4	q^{h}uaŋ2	4:2	k^{h}:q^{h})	ɯ:uaŋ	1
重	1014	1		l	i	4	dẓuŋ2	4:2	l:dz	i:ruŋ)	2
晚上	752	1		m	u	4	pɛ2	4:2	m:p)	u:ɛ	1
糯米	404	1		n̥	o	4	suŋ2	4:2	n:s	jo:uŋ)	0
五	801	1		ŋ	uɒ	4	ŋu2	4:2	ŋ:ŋ	uɒ:u	2
主人	212	2		p^{h}	ɒ	4	tsrɯ2	4:2	p^{h}:ts	ɒ:rɯ)	0
苦	1074	1		q^{h}	uɒ	4	q^{h}u2	4:2	q^{h}:q^{h})	uɒ:u	0
水果	378	2		s	æ	4	q^{h}ɔ2	4:2	s:q^{h}	æ:ɔ	2
主人	212	1		s	i	4	tsrɯ2	4:2	s:ts	i:rɯ)	0
洗(衣)	1713	1		ts^{h}	i	4	s^{h}e2(a)	4:2	ts^{h}:s^{h})	i:e	2
远	974	2		v	e	4	tuen2	4:2			2
男人	173	2		z	uɒ	4	tsi2	4:2	z:ts)	uɒ:i	1
火	18	2		m	i	4	x^{h}ui2	4:2			1

（续表）

铜	53	2		gj	ɯ	4	qæn2	4:2			0
屎	151	2		hr	i	4	sri2	4:2			0
妇女	174	1		m	æ	4	njo2	4:2			1
牛粪	262	2		$k^{h}r$	i	4	ŋɯ1	4:2			0
近	975	1		n	æ	4	dʑen2	4:2			2
痒	1749	2		zr	ɒ	4	njoŋ2	4:2			0
劈（柴）	1552	2		c^{h}	æ	4	p^{h}ɔ3	4:3	c^{h}:p^{h})	æ:ɔ	0
破（篾）	1555	2		k^{h}	æ	4	p^{h}ɔ3	4:3	k^{h}:p^{h})	æ:ɔ	0
火炭	535	2		mj	i	4	t^{h}an3	4:3			0
咸	1076	1		q^{h}	uɒ	4	ts^{h}oŋ3	4:3			0
吃	1198	1		dz	uɒ	4	jɯ4	4:4	dz:j)	uɒ:ɯ	1
耕	1347	2		m/ŋ	ɒ	4	tso4	4:4	m:ts	ɒ:o	0
嚼	1424	1	N	k^{h}	uɒ	4	dzo4	4:4	Nk^{h}:dz	uɒ:o	0
打（人）	1228	1	N	t^{h}	æ	4	tæŋ4	4:4	Nt^{h}:t		2
挤（脚）	1406	2		ts	i	4	ɢæ4	4:4	ts:ɢ	i:æ)	0
药	456	1		ts^{h}	i	4	jɔ4	4:4	ts^{h}:j)	i:ɔ	0
力气	675	1		ɣ	uɒ	4	ɣɯ4	4:4	ɣ:ɣ)	uɒ:ɯ	0
侄子	234	1		z	uɒ	4	di4	4:4	z:d	uɒ:i	0
雪	12	1		v	ɒ	4	suɛ4	4:4			2
血	129	1		s	ɯ	4	s^{h}ua4	4:4			1
骨头	133	1	ʔ	v	ju	4	qua4	4:4			1
借（钱）	1442	2		$ts^{h}r$	i	4	t^{h}ũ4	4:4			0
秧	406	2	h	l	i	5	dʑi1	5:1	ɬ:dz	i:ri)	0
鱼	351	1	h	ŋ	uɒ	5	ŋo1a	5:1	hŋ:ŋ)	uɒ:o	1
嫩（植物）	1057	2		n	u	5	njeŋ1b	5:1	n:n	u:jeŋ)	0
软	1035	1		n	u	5	p^{h}æ1	5:1	n:p^{h})	u:æ	0
头	74	1		ŋ	o	5	djɯ1	5:1	ŋ:d)	o:jɯ	1
磨（刀）	1526	2		s	uæ	5	mɔ1b	5:1	s:m	uæ:ɔ)	0
孙子	224	1	h	l	i	5	s^{h}uaŋ1	5:1			0
青蛙	349	2		p	ɒ	5	oŋ1b	5:1			0
左边	710	1	ʔ	v	æ	5	pri1(a)	5:1			2

（续表）

短	973	2	ʔ	n	ue	5	ts^{h}ɯ1	5:1			2
多	987	2		mj	æ	5	tjɯ1	5:1			1
酸	1072	1		tɕ	e	5	s^{h}uaŋ1	5:1			0
借（工具）	1443	2	h	ŋ	uɒ	5	tɕæ1	5:1			0
马	268	1		m	u	5	mæ2	5:2	m:m	u:æ	0
野鸡	340	2		sr	u	5	dʑɯ2	5:2			0
草	436	1		zr	i	5	tsr^{h}u2	5:2			2
孵	1326	2	ʔ	m	u	5	ʔo4	5:4			0
要	1755	2		ŋ	o	5	njoŋ4	5:4			
鹅	301	1		0	o	6	oŋ1b	6:1	0:0)	o:oŋ	0
富	1083	2		b	o	6	gɔ1	6:1	b:g)	o:ɔ	0
月亮	4	1		b	ɒ	6	mji1	6:1	b:m	ɒ:ji)	1
痕迹	695	2		d	u	6	tsuŋ1	6:1	d:ts)	u:uŋ	0
干	1028	2		f	uæ	6	qaŋ1	6:1	f:q)	uæ:aŋ	1
兔子	292	1	h	l	uɒ	6	lo1a	6:1	ɬ:l)	uɒ:o	0
牵(牛)	1568	1		s	ɛ	6	q^{h}en1	6:1	s:q^h	ɛ:en)	0
喂(奶)	1706	1		t	o	6	ɔ1a	6:1	t:0)	o:ɔ	0
大麦	411	2		z	u	6	zɔ1	6:1	z:z)	u:ɔ	0
圆	990	2		v	o	6	ʁuen1b	6:1			1
揭（盖子）	1438	2		p^h	ju	6	la1a	6:1			0
开(门)	1461	2		p^h	ju	6	q^{h}ɯ̃1	6:1			0
欠(钱)	1569	2		b	u	6	bjɛ2	6:2	b:b	u:jɛ)	0
等待	1264	1	h	l	o	6	djɯ2	6:2	ɬ:d	o:jɯ	0
母亲	219	1		m	ɒ	6	mɔ2	6:2	m:m	ɒ:ɔ	2
染	1584	2		h	o	6	zren2	6:2			0
天	910	1	ʔ	n	i	6	nji4	6:4	ʔn:n	i:ji	2
布	462	2		p^h	ɒ	6	s^{h}ɛ4	6:4	p^h:s^h	ɒ:ɛ	0
得到	1263	2		ɣ	uɒ	6	tɯ4	6:4	ɣ:t)	uɒ:ɯ	0
射中	1612	2		z	o	6	dju4	6:4	z:d	o:ju)	0
月	771	1	h	l	uɒ	6	ŋua4	6:4			0

（续表）

熟(饭)	1637	1	h	m	ε	6	dʐo4	6:4			0
蚂蚁	365	2		b	æ̲	7	bri1	7:1	b:b	æ̲:ri	0
蚂蚁	365	2		b	æ̲	7	bɯ1	7:1	b:b	æ̲:ɯ)	0
柏树	386	2		sr	u̲	7	ɕoŋ1	7:1	sr:ɕ)	u̲:oŋ)	0
蹄	264	1		b	ε̲	7	ba 1	7:1	b:b	ε̲:a)	0
犁（犁头)	614	2		g	u̲	7	tɕi1	7:1	g:tɕ		0
教	1425	2	h	m	ɒ	7	qaŋ1	7:1	hm:q	ɒ:aŋ)	0
老虎	304	1		l	ɒ	7	lɔ1b	7:1	l:l	ɒ:ɔ	0
饿	1298	1		m	ɯ̲	7	tɕɯ1	7:1	m:tɕ)	ɯ̲:ɯ	0
钩	1348	2		ŋ	o̲	7	qɯ1	7:1	ŋ:q	o̲:ɯ	0
剥（牛皮）	1144	2		pʰ	æ̲	8	be1	8:1	pʰ:b	æ̲:e)	0
编（辫子）	1156	2		pʰr	æ̲	7	pren1	7:1	pʰ:p	ræ̲:ren)	0
肿	1802	2		pʰ	ε̲	7	tsʰreŋ1	7:1	pʰ:tsʰ	ε̲:reŋ	2
吐(痰)	1688	2		pʰ	i̲	7	tsʰri1	7:1	pʰ:tsʰ	i̲:ri	2
盛(饭)	1194	2		qʰ	ɯ̲	7	qɯ1	7:1	qʰ:q)	ɯ̲:ɯ	0
针	578	1		r	ε̲	7	tsreŋ1	7:1	r:ts)	ε̲:reŋ	0
拧（毛巾）	1533	1		sr	i̲	7	tsuε1	7:1	s:ts	ri̲:uε)	0
吮	1648	1		tsr	i̲	7	tsji1/4	7:1	ts:ts	ri̲:ji)	2
士兵	179	2	ʔ	m	ɑ̲	7	kroŋ1	7:1			0
兄弟	235	2		v	i̲	7	njoŋ1a	7:1			0
花椒	448	1		dz	ε̲	7	sru1	7:1			0
锄头	617	1		tsʰr	o̲	7	dʐuŋ1	7:1			0
深	982	1	h	n	ɑ̲	7	sʰreŋ1	7:1			0
新	1050	1		ʃ	ɯ̲	7	sʰjen1	7:1			1
缝	1324	2		n	æ̲	7	dren1	7:1			2
脑髓	132	1	ʔ	n	o̲	7	no2	7:2	ʔn:n	o̲:o	0
补(锅)	1162	2	ʔ	n	æ̲	7	pu2	7:2	ʔn:p	æ̲:u)	0
麻木	1513	2		f	i̲	7	bri2	7:2	f:b)	i̲:ri	0

（续表）

舔	1674	2		l	æ̲	7	dʐi2	7:2	l:dz	æ̲:ri	0
光	3	2		tr	u̲	7	qæn2	7:2			0
手	107	1		l	ɑ̲	7	s^hrɯ2	7:2			1
妹妹	229	2	h	n	ɛ̲	7	njo2	7:2			0
柳树	382	2		mj	i̲	7	ɣɯ2	7:2			0
早	1018	2	ʔ	n	ɑ̲	7	tsu2	7:2			0
呕吐	1535	2		p^h	e̲	7	k^huɛ2	7:2			2
煮	1804	1		tɕ	ɑ̲	7	tsrɔ2	7:2			0
毒	641	2		d	o̲	7	du4	7:4	d:d	o̲:u)	0
弯	1004	2		ɢ	o̲	7	k^ho4	7:4	ɢ:k^h)	o̲:o	0
八	804	1		h	e̲	7	pra4	7:4	h:p	e̲:ra)	0
穿(鞋)	1212	1	N	t^h	ɛ̲	7	tro4	7:4	Nt^h:t	ɛ̲:ro)	0
稻草	408	2		p	ɛ̲	7	ma4	7:4	p:m	ɛ̲:a	0
叶子	376	2		p^h	ɑ̲	7	s^hrɛ4	7:4	p^h:s^h	ɑ̲:rɛ)	1
猪	284	1		v	ɑ̲	7	dɛ4	7:4	v:d	ɑ̲:ɛ	0
属相	767	2		q^h	o̲	7	dʐo4	7:4		o̲:ro	0
腰	98	1		dʐ	o̲	7	ji1a	7:4			0
豹子	310	1		z	i̲	7	baŋ4/5	7:4			0
蚂蟥	364	1		v	e̲	7	tsji4	7:4			0
年	777	1		q^h	o̲	7	s^hua4	7:4			0
六	802	1		k^hr	o̲	7	pjo4	7:4			0
涩	1078	1		ts^h	ɯ̲	7	sri4	7:4			0
搓(绳)	1225	1		v	æ̲	7	ts^ho4	7:4			0
戴（手镯）	1254	1		d	ɛ̲	7	tro4	7:4			0
回	1385	2		ɢ	u̲	7	ja4	7:4			0
渴	1478	1		ʃ	i̲	7	q^ha4	7:4			0
贴	1680	2	ʔ	n	æ̲	7	$tɕ^h$iɑ4	7:4			0
松明	388	2		b	ɑ̲	8	mɛ1a	8:1	b:m	ɑ̲:ɛ	0
蛆	359	2	h	l	o̲	8	dʐo1	8:1	ɬ:dz	o̲:ro	0
吹（喇叭）	1218	1	h	m	ɯ̲	8	p^hɯ1	8:1	hm:p^h)	ɯ̲:ɯ	2

（续表）

心脏	144	2		n	i	8	sjen1	8:1	n:s	i:jen	1
冷	1063	1	N	k^{h}r	ɑ	8	gæ1	8:1	Nk^{h}:g	rɑ:æ)	1
柴	534	1		s	i	8	sjen1	8:1	s:s	i:jen	0
瞎	1715	2		t	ɛ	8	tæ1	8:1	t:t	ɛ:æ	0
耙(田)	1132	2		tɕ	ɑ	8	bæ1	8:1	tɕ:b)	ɑ:æ	0
露水	15	1		tsr	ɯ	8	ɢæ1	8:1	ts:ɢ	ɯ:æ)	0
鸡	293	2		ʑ	e	8	qɛ1	8:1			0
乌鸦	339	2		n	ɑ	8	tɕia1	8:1			0
鞋	479	1		n	ɛ	8	ʁɛ1	8:1			0
冷	1063	1	N	k^{h}r	ɑ	8	kɯ1	8:1			1
剥	1144	2		p^{h}	æ	8	be1	8:1		æ:e)	0
怕	1366	2		gj	o	8	kæ̃1	8:1			2
浸泡	1444	2		t	i	8	dzi1	8:1			0
生疮	1619	1		d	u	8	xæn1	8:1			0
撕	1650	2		sr	ɛ	8	p^{h}e1(a)	8:1			2
饱	1148	1	N	p^{h}	u	8	pɯ2	8:2	Np^{h}:p	u:ɯ)	0
抱	1149	1		t	ɑ	8	bɯ2	8:2	t:b)	ɑ:ɯ	0
拄	1803	1		t	o	8	trɯ2	8:2	t:t	o:rɯ)	0
斧头	605	2		ts^{h}	o	8	pɯ2	8:2	ts^{h}:p	o:ɯ	0
眼睛	79	1	ʔ	mj	ɑ	8	ŋuen2	8:2			1
胆	147	2		tsj	i	8	ten2	8:2			0
锁	584	2	N	ts^{h}r	u	8	sɔ2	8:2			0
树	372	1		s	i	8	drɯ3	8:3			1
尖;锋利	1020	1		t^{h}	o	8	ji3	8:3			0
说	1649	2		b	e	8	sua4	8:4	b:s	e:ua)	1
村子	66	1		c^{h}	ɑ	8	jɯ4	8:4	c^{h}:j)	ɑ:ɯ	0
踩	1168	2		dr	ɛ	8	da4	8:4	d:d	rɛ:a)	0
爬(人)	1536	2		d	ɑ	8	mæ4	8:4	d:m)	ɑ:æ	0
挠(痒)	1530	2		k^{h}r	u	8	tɕ^{h}i4	8:4	k^{h}:tɕ^{h}		0
石头	43	1		l	o	8	dro4	8:4	l:d	o:ro	1
夹(菜)	1413	2		n	ɛ	8	ɢæ4	8:4	n:ɢ)	ɛ:æ	0
黑	1005	1		n	ɑ	8	χɯ4	8:4	n:χ)	ɑ:ɯ	1

（续表）

只(鞋)	871	2		p^h	ɑ̲	8	p^ho4	8:4	p^h:p^h	ɑ̲:o)	0
拆（衣服）	1174	2		p^hr	ɑ̲	8	t^hje4	8:4	p^h:t^h	rɑ̲:je)	0
鸭子	300	1		ʔ	æ̲	8	a4	8:4			0
鸟	326	2		ɲ̥	ɑ̲	8	tso4	8:4			1
木头	511	1		s	i̲	8	ɢua4	8:4			0
扫帚	532	1		s	ɯ̲	8	truɛ4	8:4			0
拔(草)	1131	1		tsr	i̲	8	bræ4	8:4			0
插（牌子）	1171	2		ts^hr	ɛ	8	bɛ4	8:4			0
割(肉)	1339	2		d	æ̲	8	s^hræ4	8:4			0
剪	1416	2		d	æ̲	8	ɢæ4	8:4			0
淋	1501	2		t	i̲	8	mia4	8:4			0
扫	1601	1		s	ɯ̲	8	t^hro4	8:4			0
射(箭)	1611	1	N	p^h	æ̲	8	droŋ4	8:4			0
淌(泪)	1660	2		d	o̲	8	gæ4	8:4			0
踢	1667	2	N	t^hr	u̲	8	$tɕ^h$æ4	8:4			0
卖	1517	1	ʔ	v	u	9	ɢɯ1	9:1	ʔv:ɢ)	u:ɯ	0
汗	154	1		kr	uæ	9	ʁaŋ1b	9:1	kr:ʁ)	uæ:aŋ	0
茶	454	1		l	ɒ	9	drɔ1	9:1	l:d	ɒ:rɔ	0
肝	145	1		s	ɛ	9	qaŋ1	9:1			1
咳嗽	1477	1		ts	ɯ	9	q^hɔ1	9:1			0
二	798	1		n	i	9	koŋ2	9:2	n:k)	i:oŋ	1
想	1726	2	N	t^h	ɯ	9	mi2	9:2	Nt^h:m)	ɯ:i	2
木板	512	1		p^h	e	9	pæn2	9:2	p^h:p	e:æn	0
枕头	490	1	N	k^h	u	9	tsren2	9:2			0
纸	647	1		t^hr	o	9	tsri2	9:2			0
传染	1217	1		kr	uæ	9	le2	9:2			0
老的	1493	1		m	o	9	ku2	9:2			2
痊愈（病）	1580	2		k^h	ɒ	9	χũ2	9:2			0
刺儿	391	2		dʑ	u	9	ts^hje3	9:3			0

（续表）

蔬菜	420	2		ɣ	ɑ	9	ts^{h}ɯ3	9:3			0
给	1345	2		b	e	9	zɯ3	9:3			1
肺	143	1	ts^{h}	ɯ		9	p^{h}ra4	9:4			0
橡子	519	2		d	u̲	9	qo4	9:4			0
一	797	1		t^{h}r	i	9	ji4	9:4			1
七	803	1		ʃ	ɯ	9	ts^{h}ji4	9:4			0
织	1799	2		ts^{h}r	æ	9	trɯ4	9:4			0

5.1.4 彝白关系语素

如果以最严格的标准来界定原始彝语和原始白语之间的关系语素，就要求原始彝语的级别为 1 级，而 2 级暂时不入选，同时，在声韵调三方面都得到对应的支持。符合这些标准的彝白关系语素如表 I：

词目	索引	级	pyp	pyi	pyf	pyt	原始白	声对应	韵对应	调对应	词阶
脑髓	132	1	ʔ	n	o̲	7	no2	ʔn:n	o̲:o	7:2	0
百	824	1		h	ɒ	1	pæ4	h:p	ɒ:æ	1:4	0
等待	1264	1	h	l	o	6	djɯ2	ɬ:d	o:jɯ	6:2	0
茶	454	1		l	ɒ	9	drɔ1	l:d	ɒ:rɔ	9:1	0
老虎	304	1		l	ɒ	7	lɔ1b	l:l	ɒ:ɔ	7:1	0
马	268	1		m	u	5	mæ2	m:m	u:æ	5:2	0
病	1160	1		n	ɒ	1	bæn3	n:b	ɒ:æn	1:3	0
嚼	1424	1	N	k^{h}	uɒ	4	dzo4	Nk^{h}:dz	uɒ:o	4:4	0
木板	512	1		p^{h}	e	9	pæn2	p^{h}:p	e:æn	9:2	0
柴	534	1		s	i̲	8	sjen1	s:s	i̲:jen	8:1	0
猪	284	1		v	ɑ̲	7	dɛ4	v:d	ɑ̲:ɛ	7:4	0
侄子	234	1		z	uɒ	4	di4	z:d	uɒ:i	4:4	0
石头	43	1		l	o̲	8	dro4	l:d	o̲:ro	8:4	1
我	928	1		ŋ	ɒ	1	ŋɔ3	ŋ:ŋ	ɒ:ɔ	1:3	1
白	1006	1		p^{h}r	u	1	bæ4	p^{h}:b	ru:æ	1:4	1
虱子	356	1		ʃ	e	1	ɕi4	ʃ:ɕ	e:i	1:4	1
天	910	1	ʔ	n	i	6	nji4	ʔn:n	i:ji	6:4	2
母亲	219	1		m	ɒ	6	mɔ2	m:m	ɒ:ɔ	6:2	2
五	801	1		ŋ	uɒ	4	ŋu2	ŋ:ŋ	uɒ:u	4:2	2

如果放宽对应语素的要求，可以考虑增加原始彝语中的 2 级，如下表 II：

词目	索引	级	pyp	pyi	pyf	pyt	原始白	声对应	韵对应	调对应	词阶
蚂蚁	365	2		b	æ̲	7	bri1	b:b	æ̲:ri	7:1	0
松明	388	2		b	ɑ̲	8	mɛ1a	b:m	ɑ̲:ɛ	8:1	0
蛆	359	2	h	l	o̲	8	dz̢o1	ɬ:dz	o̲:ro	8:1	0
竹子	389	2		m	ɒ	3	tsro4	m:ts	ɒ:rɔ	3:4	0
钩	1348	2		ŋ	o̲	7	qɯ1	ŋ:q	o̲:ɯ	7:1	0
荞麦	413	2	N	k^h	uɒ	4	go1	Nk^h:g	uɒ:o	4:1	0
膀胱	150	2		p^h	u	1	p^hɯ1	p^h:p^h	u:ɯ	1:1	0
桃子	392	2		v	u	4	dɔ1	v:d	u:ɔ	4:1	0
柱子	513	2		z	ɛ	1	drɯ2	z:d	ɛ:rɯ	1:2	0
漂浮	1553	2		b	u	1	bɯ1	b:b	u:ɯ	1:1	2
肥料	623	2		k^h	ɯ	4	$tɕ^h$i1	k^h:$tɕ^h$	ɯ:i	4:1	0
舔	1674	2		l	æ̲	7	dz̢i2	l:dz	æ̲:ri	7:2	0
簸箕	630	2		m	ɒ	1	mo2	m:m	ɒ:o	1:2	0
耕	1347	2		m/ŋ	ɒ	4	tso4	m:ts	ɒ:o	4:4	0
交换	1419	2		p	ɒ	3	mɯ2	p:m	ɒ:ɯ	3:2	0
稻草	408	2		p	ɛ̲	7	ma4	p:m	ɛ̲:a	7:4	0
布	462	2		p^h	ɒ	6	s^hɛ4	p^h:s^h	ɒ:ɛ	6:4	0
谷粒	409	2		s	æ	1	sɔ4	s:s	æ:ɔ	1:4	0
瞎	1715	2		t	ɛ̲	8	tæ1	t:t	ɛ̲:æ	8:1	0
斧头	605	2		ts^h	o̲	8	pɯ2	ts^h:p	o̲:ɯ	8:2	0
乳房	94	2		n	e	1	ba4	n:b	e:a	1:4	1
心脏	144	2		n	i̲	8	sjen1	n:s	i̲:jen	8:1	1
父亲	218	2		b	ɒ	4	bæ2	b:b	ɒ:æ	4:2	2
吐（痰）	1688	2		p^h	i̲	7	ts^hri1	p^h:ts^h	i̲:ri	7:1	2
肿	1802	2		p^h	ɛ̲	7	ts^hreŋ1	p^h:ts^h	ɛ̲:reŋ	7:1	2
水果	378	2		s	æ	4	q^hɔ2	s:q^h	æ:ɔ	4:2	2

当然，也可以从另一个角度来考虑增加关系语素的数量，即适当放宽完全对应方面的要求。原始白语的重构形式约 780 条，原始彝语形式约 830 条，而在原始彝语声、韵、调系统中，至少有 64 项声母（还有几个尚待确认）、20 项韵母和 9 个声调；原始白语的声、

韵、调个数分别是 60、24 和 4。因此，在比较过程中，由于重构形式的数量限制，很多彝白关系语素可能达不到完全对应的要求而落选。在关系语素不丰富的情况下，我们可以启用一个补充原则：若在三项对应中，只有声母或韵母匹配缺乏对应支持，该语素仍可能处理为宽式关系语素，[①]如下表 III。

词目	索引	级	pyp	pyi	pyf	pyt	原始白	声对应	韵对应	调对应	词阶
今天	738	1		ʔ	e	4	qæn1	ʔ:q)	e:æn	4:1	0
问	1708	1	ʔ	n	ɒ	2	præ4	ʔn:p	ɒ:ræ)	2:4	0
卖	1517	1	ʔ	v	u	9	ɢɯ1	ʔv:ɢ)	u:ɯ	9:1	0
鹅	301	1		0	o	6	oŋ1b	0:0)	o:oŋ	6:1	0
聋子	204	1		b	o	4	koŋ1	b:k)	o:oŋ	4:1	0
村子	66	1		c^{h}	ɑ̲	8	jɯ4	c^{h}:j)	ɑ̲:ɯ	8:4	0
有(钱)	1764	1		dʐ	o	1	dʑɯ2	dz:dz	ro:jɯ)	1:2	0
手镯	487	1		gr	u	1	di1	g:d	ru:i)	1:1	0
床	526	1		gr	e	4	droŋ1	g:d	re:roŋ)	4:1	0
筋	130	1		gr	u	4	tɕen1	g:tɕ	ru:en)	4:1	0
九	805	1		g	u	2	tɕɯ2	g:tɕ	u:ɯ	2:2)	0
八	804	1		h	e̲	7	pra4	h:p	e̲:ra)	7:4	0
旧	1051	1	h	l	ɯ	3	gɯ̃3	ɬ:g)	ɯ:ɯ̃	3:3	0
兔子	292	1	h	l	uɒ	6	lo1a	ɬ:l)	uɒ:o	6:1	0
灵魂	673	1	h	l	ɒ	1	p^{h}æn3	ɬ:p^{h})	ɒ:æn	1:3	0
高	968	1	h	m̥	u	3	qaŋ1	hm:q	u:aŋ)	3:1	0
听	1681	1	h	n	ɒ	3	tɕ^{h}æn1	hn:tɕ^{h})	ɒ:æn	3:1	0
汗	154	1		kr	uæ	9	ʁaŋ1b	kr:ʁ)	uæ:aŋ	9:1	0
龙	306	1		l	u	4	loŋ1b	l:l	u:oŋ)	4:1	0
棉花	418	1		l	uɒ	4	χo1	l:χ)	uɒ:o	4:1	0
饿	1298	1		m	ɯ̲	7	tɕɯ1	m:tɕ)	ɯ̲:ɯ	7:1	0
软	1035	1		n	u	5	p^{h}æ1	n:p^{h})	u:æ	5:1	0
痛（头痛）	1666	1		n	ɒ	1	suŋ3	n:s	ɒ:uŋ)	1:3	0

① 因为声、韵都对应，而声调不对应的情况还没有出现，就暂不考虑，其中一个更深层的原因是因为声调的数目相对来说要少得多，因此，相比起来，就更容易发现对应。

（续表）

糯米	404	1		ȵ	o	4	suŋ2	n:s	jo:uŋ)	4:2	0
补（衣服）	1161	2		p	ie	1	pu2	p:p)	ue:u	1:2	0
叫（公鸡）	1426	1	N	pʰ	u	1	mæ1b	Npʰ:m)	u:æ	1:1	0
饱	1148	1	N	pʰ	u̲	8	pɯ2	Npʰ:p	u̲:ɯ)	8:2	0
穿(鞋)	1212	1	N	tʰ	ɛ̲	7	tro4	Ntʰ:t	ɛ̲:ro)	7:4	0
桥	70	1	N	tsʰ	ue	1	gu1	Ntsʰ:g)	ue:u	1:1	0
铺	1562	1		qʰ	u	4	kʰuŋ1	qʰ:kʰ)	u:uŋ	4:1	0
苦	1074	1		qʰ	uɒ	4	qʰu2	qʰ:qʰ)	uɒ:u	4:2	0
针	578	1		r	ɛ̲	7	tsreŋ1	r:ts)	ɛ̲:reŋ	7:1	0
汤	451	1		r	ɯ	2	χæn1	r:χ)	ɯ:æn	2:1	0
牵(牛)	1568	1		s	ɛ	6	qʰen1	s:qʰ	ɛ:en)	6:1	0
拧（毛巾）	1533	1		sr	i̲	7	tsuɛ1	s:ts	ri̲:uɛ)	7:1	0
喂(奶)	1706	1		t	o	6	ɔ1a	t:0)	o:ɔ	6:1	0
抱	1149	1		t	ɑ̲	8	bɯ2	t:b)	ɑ̲:ɯ	8:2	0
拄	1803	1		t	o̲	8	trɯ2	t:t	o̲:rɯ)	8:2	0
甜	1073	1		tɕʰ	i	1	ɕoŋ1	tɕʰ:ɕ)	i:oŋ	1:1	0
露水	15	1		tsr	ɯ̲	8	ɢæ1	ts:ɢ	ɯ̲:æ)	8:1	0
药	456	1		tsʰ	i	4	jɔ4	tsʰ:j)	i:ɔ	4:4	0
影子	698	1		ɣ	ɯ	4	qæn1	ɣ:q)	ɯ:æn	4:1	0
力气	675	1		ɣ	uɒ	4	ɣɯ4	ɣ:ɣ)	uɒ:ɯ	4:4	0
背(柴)	876	1		v	e	1	bjo2	v:b	je:o)	1:2	0
月亮	4	1		b	ɒ	6	mji1	b:m	ɒ:ji)	6:1	1
飞	1318	1		br	e	1	pje1	b:p	re:je)	1:1	1
吃	1198	1		dz	uɒ	4	jɯ4	dz:j)	uɒ:ɯ	4:4	1
舌头	139	1	h	l	ɒ	2	drɛ4	ɬ:d	ɒ:rɛ)	2:4	1
鱼	351	1	h	ŋ	uɒ	5	ŋo1a	hŋ:ŋ)	uɒ:o	5:1	1
狗	289	1		kʰ	ɯ	4	qʰuaŋ2	kʰ:qʰ)	ɯ:uaŋ	4:2	1
土地	22	1	ʔ	m	e	3	di3	m:d)	e:i	3:3	1
晚上	752	1		m	u	4	pɛ2	m:p)	u:ɛ	4:2	1

（续表）

二	798	1		n	i	9	koŋ2	n:k)	i:oŋ	9:2	1
你	931	1		n	ɯ	1	nen3	n:n	ɯ:en)	1:3	1
黑	1005	1		n	ɑ̱	8	χɯ4	n:χ)	ɑ̱:ɯ	8:4	1
头	74	1		ŋ	o	5	djɯ1	ŋ:d)	o:jɯ	5:1	1
冷	1063	1	N	kʰr	ɑ̱	8	gæ1	Nkʰ:g	rɑ̱:æ)	8:1	1
皮肤	265	1	N	tɕʰ	i	1	be1	Ntɕʰ:b)	i:e	1:1	1
长	972	1		sr	ɛ	3	droŋ1	s:d	ɛ:roŋ)	3:1	1
主人	212	1		s	i	4	tsrɯ2	s:ts	i:rɯ)	4:2	0
死	1651	1		ʃ	i	1	sji2	ʃ:s)	i:ji	1:2	1
云	7	1		t	æ	3	ŋɔ1b	t:ŋ)	æ:ɔ	3:1	1
人	167	1		tsʰ	o	1	njen1b	tsʰ:n	o:jen)	1:1	1
吹（喇叭）	1218	1	h	m	ɯ̱	8	pʰɯ1	hm:pʰ)	ɯ̱:ɯ	8:1	2
重	1014	1		l	i	4	dʐuŋ2	l:dz	i:ruŋ)	4:2	2
笑	1735	1		r	æ	1	sʰɔ3	r:sʰ)	æ:ɔ	1:3	2
厚	980	1		tʰ	u	1	ɢɯ2	tʰ:ɢ)	u:ɯ	1:2	2
吮	1648	1		tsr	ḭ	7	tsji1/4	ts:ts	rḭ:ji)	7:1	2
掉（下）	1274	1		tsʰ	e	1	dua4	tsʰ:d)	e:a	1:4	2
洗（衣）	1713	1		tsʰ	i	4	sʰe2(a)	tsʰ:sʰ)	i:e	4:2	2
蹄	264	1		b	ɛ̱	7	ba 1	b:b	ɛ̱:a)	7:1	0

同时放宽原始彝语形式分布上的要求到 2 级，则可以得到下表 IV：

词目	索引	级	pyp	pyi	pyf	pyt	原始白	声对应	韵对应	调对应	词阶
欠（钱）	1569	2		b	u	6	bjɛ2	b:b	u:jɛ)	6:2	0
蚂蚁	365	2		b	æ̱	7	bɯ1	b:b	æ̱:ɯ)	7:1	0
步	916	2		b	ɯ	1	pu3	b:p	ɯ:u)	1:3	0
毒	641	2		d	o̱	7	du4	d:d	o̱:u)	7:4	0
痕迹	695	2		d	u	6	tsuŋ1	d:ts)	u:uŋ	6:1	0
麻木	1513	2		f	ḭ	7	bri2	f:b)	ḭ:ri	7:2	0
秧	406	2	h	l	i	5	dʐi1	ɬ:dz	i:ri)	5:1	0
斑鸠	342	2	h	l	i	2	kɯ1	ɬ:k)	i:ɯ	2:1	0
斑鸠	342	2	h	l	i	2	tɕɯ1	ɬ:tɕ)	i:ɯ	2:1	0

（续表）

教	1425	2	h	m	ɒ	7	qaŋ1	hm:q	ɒ:aŋ)	7:1	0
个(鸡蛋)	841	2		m	ɒ	3	q^{h}ɔ2	m:q^{h})	ɒ:ɔ	3:2	0
点(头)	1267	2		ŋ	ue	1	qɯ4	ŋ:q	ue:ɯ)	1:4	0
官	199	2	N	ts^{h}	ɯ	4	quaŋ1	Nts^{h}:q)	ɯ:uaŋ	4:1	0
学	1742	2	N	ts^{h}	o	2	ʁɯ4	Nts^{h}:ʁ)	o:ɯ	2:4	0
刺猬	319	2		p	u	3	ɢæ1	p:ɢ)	u:æ	3:1	0
剥（牛皮）	1144	2		p^{h}	æ̲	8	be1	p^{h}:b	æ̲:e)	8:1	0
编（辫子）	1156	2		p^{h}r	æ̲	7	pren1	p^{h}:p	ræ̲:ren)	7:1	0
只(鞋)	871	2		p^{h}	ɑ̲	8	p^{h}o4	p^{h}:p^{h}	ɑ̲:o)	8:4	0
拆（衣服）	1174	2		p^{h}r	ɑ̲	8	t^{h}je4	p^{h}:t^{h}	rɑ̲:je)	8:4	0
辣	1075	2		p^{h}	ɛ	1	tsjien1	p^{h}:ts	ɛ:jien)	1:1	0
盛(饭)	1194	2		q^{h}	ɯ̲	7	qɯ1	q^{h}:q)	ɯ̲:ɯ	7:1	0
小麦	410	2		sr	ɒ	3	mɯ4	s:m	rɒ:ɯ)	3:4	0
麝香	316	2		ʃ	ɯ	2	ji3	ʃ:j)	ɯ:i	2:3	0
筛子	629	2		tɕ	i	2	lɔ1b	tɕ:l)	i:ɔ	2:1	0
姜	425	2		tɕ^{h}	o	4	koŋ1	tɕ^{h}:k)	o:oŋ	4:1	0
手指	109	2		tsr	i	3	tsri2	ts:ts	ri:ri)	3:2	0
疯	1323	2		v	u	4	bjo1	v:b	u:jo)	4:1	0
得到	1263	2		ɣ	uɒ	6	tɯ4	ɣ:t)	uɒ:ɯ	6:4	0
射中	1612	2		z	o	6	dju4	z:d	o:ju)	6:4	0
大麦	411	2		z	u	6	zɔ1	z:z)	u:ɔ	6:1	0
捉	1813	2		zr	u	1	kæ4	zr:k)	ru:æ	1:4	0
山	23	2		b	ue	1	sro4(b)	b:s	ue:o)	1:4	1
喝	1370	2	N	t^{h}	o	1	ɯ2	Nt^{h}:0)	o:ɯ	1:2	1
热	1062	2		ts^{h}	ɒ	1	nje4	ts^{h}:n	ɒ:je)	1:4	1
男人	173	2		z	uɒ	4	tsi2	z:ts)	uɒ:i	4:2	1
拉	1487	2	N	k^{h}	o	1	dʑi2	Nk^{h}:dz	o:ji)	1:2	2
盐	61	2		ts^{h}	uɒ	4	pren1	ts^{h}:p	uɒ:ren)	4:1	2

（续表）

肠子	149	2		v	u	1	droŋ1	v:d	u:roŋ)	1:1	2
补（锅）	1162	2	ʔ	n	æ̲	7	pu2	ʔn:p	æ̲:u)	7:2	0
牛圈	503	2		b	ue	2	u3	b:0)	ue:u	2:3	0
富	1083	2		b	o	6	gɔ1	b:g)	o:ɔ	6:1	0
劈（柴）	1552	2		c^h	æ	4	p^hɔ3	c^h:p^h)	æ:ɔ	4:3	0
踩	1168	2		dr	ɛ̲	8	da4	d:d	rɛ̲:a)	8:4	0
爬（人）	1536	2		d	ɑ̲	8	mæ4	d:m)	ɑ̲:æ	8:4	0
棵(树)	848	2		dz	ɛ	2	drɯ3	dz:d)	ɛ:rɯ	2:3	0
弯	1004	2		ɢ	o̲	7	k^ho4	ɢ:k^h)	o̲:o	7:4	0
打哈欠	1243	2		h	ɑ	1	ho1	h:h	ɑ:o)	1:1	0
房子	494	2		h	ɛ	1	hɔ3	h:h	ɛ:ɔ)	1:3	0
下（雨）	1719	2		h	ɒ	1	ɣu4	h:ɣ)	ɒ:ɯ	1:4	0
破（篾）	1555	2		k^h	æ	4	p^hɔ3	k^h:p^h)	æ:ɔ	4:3	0
骡子	281	2		l	ɑ	2	lɔ1tsi2	l:l	ɑ:ɔ)	2:1	0
夹（菜）	1413	2		n	ɛ̲	8	ɢæ4	n:ɢ)	ɛ̲:æ	8:4	0
嫩（植物）	1057	2		n	u	5	njeŋ1b	n:n	u:jeŋ)	5:1	0
门	514	2	N	k^h	ɒ	1	mɛ1b	Nk^h:m)	ɒ:ɛ	1:1	0
密（布）	1032	2	N	ts^h	i	1	ɢɯ2	Nts^h:ɢ)	i:ɯ	1:2	0
磨（刀）	1526	2		s	uæ	5	mɔ1b	s:m	uæ:ɔ)	5:1	0
闲	1081	2		ʃ	ɑ	2	ɕaŋ1	ʃ:ɕ	ɑ:aŋ)	2:1	0
耙（田）	1132	2		tɕ	ɑ̲	8	bæ1	tɕ:b)	ɑ̲:æ	8:1	0
挤（脚）	1406	2		ts	i	4	ɢæ4	ts:ɢ	i:æ)	4:4	0
线	461	2		ts^h	ɛ	1	xɯ2	ts^h:x)	ɛ	1:2	0
舅父	238	2		ɣ	ɯ	3	ɢɯ̃2	ɣ:ɢ)	ɯ:ɯ̃	3:2	0
主人	212	2		p^h	ɒ	4	tsrɯ2	p^h:ts	ɒ:rɯ)	4:2	0
说	1649	2		b	e̲	8	sua4	b:s	e̲:ua)	8:4	1
干	1028	2		f	uæ	6	qaŋ1	f:q)	uæ:aŋ	6:1	1
太阳	2	2		ȵ	ɛ	1	nji4	n:n	jɛ:ji)	1:4	1
叶子	376	2		p^h	ɑ̲	7	s^hrɛ4	p^h:s^h	ɑ̲:rɛ)	7:4	1
肉	443	2		x	ɒ	4	ɢæ1	x:ɢ)	ɒ:æ	4:1	1
想	1726	2	N	t^h	ɯ	9	mi2	Nt^h:m)	ɯ:i	9:2	2

（续表）

直	1003	2		t	u	1	tuen1(a)	t:t	u:uen)	1:1	2

在放宽关系语素的标准的同时，应该意识到在增加可考察的原始彝语和原始白语关系语素的同时，也增加了干扰的因素，上文两种不同的放宽方式造成的干扰是不同的：放宽原始彝语词汇级别，就意味着增加比较的时间范围，相比原始彝语词汇 1 级而言，2 级可能不是原始彝语的成分，而是较晚的原始语的成分，而时间深度的放宽，原始彝语分化之后的借词就可能混入，如下图所示：

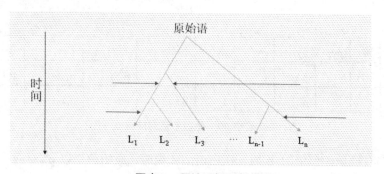

图表 9　原始语级别与借用

[注：L 表示现代语言，横线表示横向传递]

从上图可以直观的看到：原始形式所处的节点越高，所受横向传递的可能就越小，反之，则受影响的可能就越大。

而放宽完全对应方面的要求，则可能增加了偶然对应混入的几率。在§5.2.2 中，这两种不同的放宽在词阶中的反应将有详细探讨。

5.2 彝白关系语素分析

按照语源研究的严格操作程序，在找出彝白关系语素后，还需要分析其中蕴含的时间层次，只有最早层次上的关系语素才能体现语言间的语源关系。在层次分析之后，白语和彝语之间的语源关系可以通过词阶分析(陈保亚 1996，1999)、音韵演变分析(Wang 2004)和语义演变分析(汪、王 2005)等方法得到凸显。

5.2.1 多重对应与层次

在进行历史比较工作时，如果两个语言间出现一对多的情况，就要考虑该情形是由纵向传递的模式（如：条件式裂变、多音类合并、词汇扩散中断），还是由横向传递的模式造成的。提出任何一种模式来解释语言中一对多的情况都要提供足够的证据(Chen 2006; 汪锋 2006c)。

坚持以原始重构形式的最深层次考察对应，就可以排除很多晚近的借词(参见 Wang

2004)。因此，分析最严格的关系语素可受到最少的干扰，在下文的分析中，就主要以彝白关系语素表 I 为据。

根据白语和彝语的历史文化背景，白族的文化相对来说比彝族高，在南诏时期(752-902)，白族的先身白蛮就控制了南诏的经济文化，是王朝的上层，其语言也被认为“最正”(《蛮书》)，再到大理国统治的时期(937－1253)，白族的地位更是上升到一个巅峰状态，因此，在这 500 年左右的时间内，可以想见，白语作为上层语言，对彝语等众多语言有多方面的影响，反过来，彝语对白语的影响应该是通过部分彝族转用白语，将特有成分带入。因此，我们可以白语为观察点，看二者之间一对多情况的历史来源：

声母：

词目	索引	级	pyp	pyi	pyf	pyt	原始白	声对应	韵对应	调对应	词阶
白	1006	1		p^hr	u	1	bæ4	p^h:b	ru:æ	1:4	1
病	1160	1		n	ɒ	1	bæn3	n:b	ɒ:æn	1:3	0

表格 90　彝白多重对应例 1

#1006，在对应原始白语的*b-时，在白语的 4 调时，原始彝语以 p^h-对应，其他情况下以 b-对应。在马者龙白语中，浊音在 4 调中都变为相应的送气清音（参见 Wang 2004），因此，有理由设想在 4 调中，*b-的实际音值可能带有送气的成分。至于#1160，以 n-对 b-，唯一有可能的解释是来自早期共同的*n-b-声母，但这样的声母配合很难见到，尤其是在藏缅语言中几乎没有见过，因此，该解释就很勉强，而借用的解释在音理上也难以过关，即*b-在什么状况下会被*n-匹配呢？目前尚不清楚。

因此，对上述一对多的解释并不倾向于层次的假设。

层次	词目	索引	级	pyp	pyi	pyf	pyt	原始白	声对应	韵对应	调对应	词阶
	石头	43	1		l	o̱	8	dro4	l:d	o̱:ro	8:4	1
	茶	454	1		l	ɒ	9	drɔ1	l:d	ɒ:rɔ	9:1	0
L	等待	1264	1	h	l	o	6	djɯ2	hl:d	o:jɯ	6:2	0
	猪	284	1		v	ɑ̱	7	dɛ4	v:d	ɑ̱:ɛ	7:4	0
	侄子	234	1		z	uɒ	4	di4	z:d	uɒ:i	4:4	0

表格 91　彝白声母多重对应例 2

上述一对多的声母对应，可总结如下：

对应	原始彝	原始白
1	l	d
2	hl	d
3	v	d
4	z	d

表格 92　彝白声母多重对应例 2 的模式

对应 3、4 中双方的语音在音理上难以索解，情形类同于上文#1160 体现的对应，暂处理为例外，不作考虑。

至于对应 1、2，可作如下假设：

	原始彝	原始白
1. 茶，石头	*dl- → l-	*dl- → d-
2. 等待	hl-	*d- → t^h-

表格 93　例 2 的层次解释

也就是，对应 1 可以纵向假设来解释，其共同语的*dl-在原始彝语和原始白语中分别脱落不同的部分而造成二者的对应（下文还有相关的详细讨论），而 hl-与 t^h-相似，李方桂（1971）就指出："这个 hl-声母与 t^h-声母的相近，我们可以举出唐朝人翻译藏语 lh-的例子作证。我曾经做过唐蕃会盟碑的研究，发觉唐朝人用汉字翻译西藏人的名字的时候，把西藏文的 lh-音都译成 t^h-了"（参见 李方桂 1980：103）。因此，对应 2 可以用横向假设来解释，也就是，在白语中的*d-变为 t^h-之后，彝语借入"等待"时以相似的 hl-对当，因此，这一对应的时间层次就要晚到*d-清化之后，也就是晚近借词了。

不过，如果考虑其后接的语音环境，也可以做纵向的内部音变解释，如下：

	原始彝	原始白
1 茶，石头	*d-/_-r- → *r- → l-	*d-/_-r- → dr-
2 等待	*d-/_-l- → hl-	*d-/_-l- → dj-

表格 94　例 2 的内部音变解释

如果纵向解释和横向解释在证据的强度上不相上下，则一般倾向于纵向解释，因为不需要动用语言接触的额外条件。而在本例中，后一解释还与汉白比较的证据相吻合(参见 Wang 2004, §5.1)，后文（§7.1）也有详细讨论。

词目	索引	级	pyp	pyi	pyf	pyt	原始白	声对应	韵对应	调对应	词阶
木板	512	1		p^h	e	9	pæn2	p^h:p	e:æn	9:2	0
百	824	1		h	ɒ	1	pæ4	h:p	ɒ:æ	1:4	0

表格 95 彝白声母多重对应例 3

从音理上看，p→h可能性大，日语中的汉借词“ぃ”，就读为“hachi”，无论是从纵向还是横向传递的假说来考察，都可以成立。

韵母：

词目	索引	级	pyp	pyi	pyf	pyt	原始白	声对应	韵对应	调对应	词阶
脑髓	132	1	ʔ	n	o̲	7	no2	ʔn:n	o̲:o	7:2	0
嚼	1424	1	N	k^h	uɒ	4	dzo4	Nk^h:dz	uɒ:o	4:4	0

表格 96 彝白韵母多重对应例 1

无论是 o̲ →o 还是 uɒ →o，都是合音理的，也就是，原始彝语中的韵母或许保存着二者共同祖先更早的音类分别。

层次	词目	索引	级	pyp	pyi	pyf	pyt	原始白	声对应	韵对应	调对应	词阶
	白	1006	1		p^hr	u	1	bæ4	p^hr:b	ru:æ	1:4	1
L	百	824	1		h	ɒ	1	pæ4	h:p	ɒ:æ	1:4	0
L	马	268	1		m	u	5	mæ2	m:m	u:æ	5:2	0

表格 97 彝白韵母多重对应例 2

从彝语的三种表现来看，#1006 是带介音-r-的组合，相比其他两个单韵母而言，在时间上早些。而原始白语的这几个æ，“白、百”来自早期白语的*-rak (Wang 2004, § 4:13)，“马” 来自*-rag (Wang 2004, § 4:12)。在原始彝语中可体现出“白”包含着介音-r-；而“百、马”却显示出-r-介音消失后的情形，因此，二者可看作比“白”晚的层次，即二者是晚期借词，都是在白语中的-r-介音消失之后才借入的。不过，“百、马”二者可能借入的时间层次相同，元音在 m-后常常容易变成-u-或-o-。“马”是一个文化词，其传入方向是从北到南。

词目	索引	级	pyp	pyi	pyf	pyt	原始白	声对应	韵对应	调对应	词阶
木板	512	1		p^h	e	9	pæn2	p^h:p	e:æn	9:2	0
病	1160	1		n	ɒ	1	bæn3	n:b	ɒ:æn	1:3	0

表格 98 彝白韵母多重对应例 3

如果按照上文对"病"声母的讨论，该语素或许是因某种偶然的原因混入的，并非真正的彝白关系语素，在此，或许可以将其韵母对应作同样处理。

词目	索引	级	pyp	pyi	pyf	pyt	原始白	声对应	韵对应	调对应	词阶
虱子	356	1		ʃ	e	1	ɕi4	ʃ:ɕ	e:i	1:4	1
侄子	234	1		z	uɒ	4	di4	z:d	uɒ:i	4:4	0

表格 99　彝白韵母多重对应例 4

uɒ和 i 之间的演变关系即使可能，也一定是经过非常复杂的非常规变化造成的，相比 e:i 这样常见的匹配而言，这里，更倾向于将之做例外处理，其形成的具体原因目前尚不清楚，不过，会同上文"病" 的声母对应等，我们猜测是在寻找对应中依靠概率判定造成的偏差，这或许提醒我们严谨的遵守概率原则确定关系语素也只是必要而非充分的，确定出的对应还应该从音理上加以判断。

声调：

声调一对多的情况如下（pbt=原始白语声调）：

词目	索引	级	pyp	pyi	pyf	pyt	原始白	pbt	声对应	韵对应	调对应	词阶
老虎	304	1		l	ɒ	7	lɔ1b	1	l:l	ɒ:ɔ	7:1	0
柴	534	1		s	i̠	8	sjen1	1	s:s	i̠:jen	8:1	0
茶	454	1		l	ɒ	9	drɔ1	1	l:d	ɒ:rɔ	9:1	0

表格 100　彝白声调多重对应例 1

词目	索引	级	pyp	pyi	pyf	pyt	原始白	pbt	声对应	韵对应	调对应	词阶
五	801	1		ŋ	uɒ	4	ŋu2	2	ŋ:ŋ	uɒ:u	4:2	2
马	268	1		m	u	5	mæ2	2	m:m	u:æ	5:2	0
等待	1264	1	h	l	o	6	djɯ2	2	ɬ:d	o:jɯ	6:2	0
母亲	219	1		m	ɒ	6	mɔ2	2	m:m	ɒ:ɔ	6:2	2
脑髓	132	1	ʔ	n	o̠	7	no2	2	ʔn:n	o̠:o	7:2	0
木板	512	1		p^h	e	9	pæn2	2	p^h:p	e:æn	9:2	0

表格 101　彝白声调多重对应例 2

词目	索引	级	pyp	pyi	pyf	pyt	原始白	pbt	声对应	韵对应	调对应	词阶
白	1006	1		p^hr	u	1	bæ4	4	p^h:b	ru:æ	1:4	1
虱子	356	1		ʃ	e	1	ɕi4	4	ʃ:ɕ	e:i	1:4	1

（续表）

百	824	1		h	ɒ	1	pæ4	4	h:p	ɒ:æ	1:4	0
嚼	1424	1	N	k^h	uɒ	4	dzo4	4	Nk^h:dz	uɒ:o	4:4	0
侄子	234	1		z	uɒ	4	di4	4	z:d	uɒ:i	4:4	0
天	910	1	ʔ	n	i	6	nji4	4	ʔn:n	i:ji	6:4	2
猪	284	1		v	ɑ̠	7	dɛ4	4	v:d	ɑ̠:ɛ	7:4	0
石头	43	1		l	o̠	8	dro4	4	l:d	o̠:ro	8:4	1

表格 102　彝白声调多重对应例 3

由于原始彝语可重构出 9 个调类，而原始白语只有 4 个，二者之间的对应必然产生多对一，当前我们对原始彝语的 9 个调类如何通过音变、调类分化等形成的历史没有比较清晰的了解，很难根据调类发展的相关因素来推测上述对应形成的原因，我们希望在将彝语同更多彝缅语支的语言比较之后，其声调演化的图景能清晰呈现，并进而为上述白、彝对应形成的推测提供证据。在目前的情况下，我们暂时不分辨声调一对多的情况。

综合上述考察，“猪、侄子、百、病”根据声母对应处理为例外，而 “百、马”根据韵母对应处理为晚期借入层次，剩余的对应例子都可以作为最早层次的彝白关系语素。

5.2.2 词阶分析

根据 5.2.1 的层次分析，剔除晚期层次和例外，同时要求原始彝语的形式在 1 级上，也就是目前能定义的彝白关系语素的最严格条件。这样要求之下的词阶分布如下：

词阶	数目	实例
高阶	4	石头、我、白[①]、虱子
低阶	3	天、母亲、五

表格 103　最严格彝白关系语素的词阶分布

放宽到原始彝语 2 级，则低阶有增加，而高阶不变。

词阶	数目	实例
高阶	4+2=6	石头、我、白、虱子、 乳房、心脏
低阶	3+5=8	天、母亲、五、 漂浮、父亲、吐、肿、水果

表格 104　放宽到原始彝语 2 级的彝白关系语素词阶分布

---

① 笔者在 2006 年 3 月 24 日向王士元教授主持的语言工程实验室报告白彝比较的结果时，王先生指出高阶核心语素中的“白”的稳定性或许与白族的族称相关，这一洞见或许还可以推及“我”，二者联合起来可说明族称和自指一类表示身份的词汇在社会生活占据十分重要的地位。

可见，若放宽对原始彝语级别的限制，低阶关系语素增加的速度可能超出高阶，并导致阶曲线从下降转为上升。上文中，我们猜测放宽原始彝语级别或许会造成晚期关系语素的蹿入，而上述阶曲线的转换能支持这一推测[借入成分是先由低阶语素开始的]。因此，这说明在应用词阶法来判定关系语素体现的语源关系时，十分有必要坚持以最严格的条件来挑选关系语素，从而使我们的判定更为准确。

我们再来观察另一个角度的关系语素标准放宽，即放宽完全对应的要求到一定程度，在 5.1.4 中列出了只有声母或者韵母一项尚不构成对应的情况，同样，我们先观察原始彝语级别最高的 1 级要求下的词阶分布：

词阶	数目	实例
高阶	4+18	石头、我、白、虱子 月亮、飞、吃、舌头、雨、狗、地、晚上、二、你、黑、头、冷、皮肤、长、死、云、人
低阶	3+7	天、母亲、五 吹、重、笑、厚、吮吸、掉、洗

表格 105　放宽对应要求的彝白关系语素的词阶分布

可以观察到关系语素的增加按照高阶多，低阶少的比例增加，而且增加比率 18：7 相比之前的 4：3 而言更突出了阶曲线的下倾趋向。在上文中，我们认为这种放宽关系语素要求的办法，会导致偶然对应的增加，但这种增加是随机的，即对高阶、低阶词造成的偶然对应的数目增加是同等的，不会影响关系语素在高阶、低价上的分布倾向，但该增加凸现了关系语素的实际倾向，因为在比较范围不够大的情况下，很多实际上确实是关系语素的，却得不到完全对应的支持，即一些早先的支持例子可能随时间而流失了，语言分离时间越长，流失越大。陈保亚（1996）也论述了放宽关系语素在对应上的要求的可行性。

笔者在 2006 年 3 月 24 日向王士元教授主持的语言工程实验室报告彝白比较的结果时，Jame Minett 博士指出，从汉白和彝白之间的核心词汇保留来看，白语与汉语分离的时间要晚于白语和彝语分离的时间，而根据词阶法的假定：高阶以比低阶慢的速率失落，而且各自变化的速率大致恒定，如此一来，应该看到白汉关系语素在高阶和低阶上的差距小于彝白。但 31：20 与 4：3 相比较的结果并非如此，然而，如果我们以 31：20 和 22：10 比较，或许就可以解决这个"问题"了。这也提醒我们，当两个语言分化时间相对短，二者之间的关系语素多，应该坚持严格的完全对应要求；而当两个语言分化时间相对长，二者之间的关系语素少，可以适当放宽在对应上的要求，从而平衡因同源词失落太多造成完全对应难以建立的情形。

当扩展到原始彝语 2 级时，彝白关系语素按照 9：5 的数量增加，如下：

词阶	数目	增加的实例
高阶	22+9=31	山、喝、热、男人、说、干、太阳、叶子、肉
低阶	10+5=15	拉、盐、肠子、想、直

表格 106 双重放宽下的彝白关系语素的词阶分布

尽管在放宽到原始彝语 2 级时，关系语素仍旧保持着高阶比低阶多的比率增加，但相比 1 级的 18：7 的差值，高低阶的差值（9:5）在缩小，也就是，低阶有随之增多的倾向，因此，这一变化与坚持关系语素的声韵调完全对应的条件发现的规律在实质上可以看作一致，即，放宽原始形式的重构级别要求，也就是放宽对应在语言中的分布限制，会导致借用成分的混入，而这些成分在词阶上的分布是呈低阶多，高阶少的特征，这样，如果实际上语言是同源的，即，关系语素在词阶上的分布呈现低阶少，高阶多的关系，那么此类放宽就会破坏这种关系，严重时，可能造成词阶分布低阶多，高阶少的假象，造成语源关系判断上的失误；如果实际上语言是接触关系，即，关系语素在词阶上的分布呈现低阶多，高阶少的关系，那么此类放宽就会夸大实际的接触程度，尽管不会影响到语源关系接触或者同源的选择性判定的失误，但对接触程度的深浅的推测会起干扰作用。

从上面的实例分析中，不仅可以看到关系语素在不同放宽方式下的不同表现，同样可以看出原始白语和原始彝语的语源关系在目前的证据下显示同源关系。

5.2.3 不可释原则

词目	索引	pyp	pyi	pyf	pyt	原始白	声对应	韵对应	调对应	词阶
天	910	ʔ	n	i	6	nji4	ʔn:n	i:ji	6:4	2
脑髓	132	ʔ	n	o̲	7	no2	ʔn:n	o̲:o	7:2	0

表格 107 彝白对应之不可释例 1

词目	索引	pyp	pyi	pyf	pyt	原始白	声对应	韵对应	调对应	词阶
石头	43		l	o̲	8	dro4	l:d	o̲:ro	8:4	1
茶	454		l	ɒ	9	drɔ1	l:d	ɒ:rɔ	9:1	0

表格 108 彝白对应之不可释例 2

上表中原始彝语与原始白语的对应，难以根据原始彝语向原始白语的借用匹配来解释，因此，这方面的证据显示这些关系语素是从共同祖先遗传而来的，也就是，原始白语和原始彝语是同源关系。这与从词阶法得到的结论一致。

6. 彝汉比较

6.1 彝汉关系语素集

根据汉语和彝语的音节构成特点，可以将音节分为声母、韵母和声调三个部分来考察上古汉语和原始彝语之间的对应关系。上古汉语采用李方桂(1971)系统，部分重构参照 Gong (2002)的修订，oci、ocf、oct 分别表示上古汉语的声、韵、调。在具体比较中，遵循与第 5 章一样的原则。在原始彝语中，有鼻冠音 N 和前置辅音 h-、ʔ-与声母构成的复合形式，在汉语中，也有部分复辅音声母，如 sm-, st-，这些形式都看作声母整体来进行比较；介音在音韵发展上，既可能与声母一起演变，也可能与韵一起演变，在本研究寻找对应时，统一将之归为韵母部分。

6.1.1 彝汉声母对应

索引	词目	级	pyp	pyi	pyf	pyt	声对应	韵对应	调对	汉字	oci	ocf			oct	词阶
300	鸭子	1		ʔ	æ̲	8	ʔ:ʔ)	æ̲:rab)	8:4	鸭	ʔ	r	a	b	4	
1695	脱(衣)	1	ʔ	l	ɯ̲	7	ʔl:hl)	ɯ̲:uat)	7:4	脱	hl	u	a	t	4	
267	尾巴	2	ʔ	m	uæ	5	ʔm:m)	uæ:jəd)	5:2	尾	m	j	ə	d	2	1
910	天	1	ʔ	n	i	6	ʔn:n	i:jit)	6:4	日	nj		i	t	4	2
132	脑髓	1	ʔ	n	o̲	7	ʔn:n	o̲:agw)	7:2	脑	n		a	gw	2	
1517	卖	1	ʔ	v	u	9	ʔv:m)	u:ig)	9:3	卖	m		i	g	3	
301	鹅	1		0	o	6	0:ŋ)	o:ad)	6:1	鹅	ŋ		a	d	1	
218	父亲	2		b	ɒ	4	b:b	ɒ:jag	4:2	父	b	j	a	g	2	2
264	蹄	1		b	ɛ̲	7	b:b	ɛ̲:jan)	7:1	蹯	b	j	a	n	1	
916	步	2		b	ɯ	1	b:b	ɯ:ag)	1:3	步	b		a	g	3	
1553	漂浮	2		b	u	1	b:b	u:jəgw	1:1	浮	b	j	ə	gw	1	2
981	薄	1		b	ɒ	4	b:b		4:4	薄	b		a	k	4	2
365	蚂蚁	2		b	æ̲	7	b:b		7:1	蚍	b		i	d	1	
365	蚂蚁	2		b	æ̲	7	b:b		7:1	蜉	b		ə	gw	1	
1345	给	2		b	e	9	b:p	e:id)	9:3	畀	p		i	d	3	1

（续表）

1318	飞	1		br	e	1	b:p	re:jəd)	1:1	飞	p	j	ə	d	1	1
367	蜜蜂	1		br	uɒ	4	b:pʰ)	ruɒ:juŋ)	4:1	蜂	pʰ	j	u	ŋ	1	
1582	缺	1		cʰ	æ̲	7	cʰ:kʰ)	æ̲:iat)	7:4	缺	kʰ	i	a	t	4	
641	毒	2		d	o̲	7	d:d	o̲:əkw)	7:4	毒	d		ə	kw	4	
1168	踩	2		dr	ɛ̲	8	d:d	rɛ̲:ap)	8:4	蹋	d		a	p	4	
1021	钝	2		d	u	4	d:d	u:ən	4:3	钝	d		ə	n	3	
704	东(方)	2		d	u̲	8	d:t)	u̲:uŋ)	8:1	东	t		u	ŋ	1	
1622	剩	1		dz	e	1	dz:d	e:əŋ)	1:3	剩	dj		ə	ŋ	3	
848	棵(树)	2		dz	ɛ	2	dz:d	ɛ:jug)	2:3	树	d	j	u	g	3	
555	筷子	1		dʐ	u	6	dz:d	ru:jag)	6:3	箸	dr	j	a	g	3	
194	贼	2		dz	ɛ	8	dz:dz	ɛ:ək)	8:4	贼	dz		ə	k	4	
1198	吃	1		dz	uɒ	4	dz:dz	uɒ:jag	4:2	咀	dʑ		a	g	2	1
1047	真	2		dʐ	ɛ	1	dz:t	ɛ:jin)	1:1	真	tj		i	n	1	
573	钱(币)	1		dʑ	ɯ	4	dz:t	jɯ:jug)	4:1	铢	tj		u	g	1	
53	铜	2		gj	ɯ	4	g:k	jɯ:əm)	4:1	金	k	j	ə	m	1	
805	九	1		g	u	2	g:k	u:jəgw	2:2	九	k	j	ə	gw	2	
130	筋	1		gr	u	4	g:k		4:1	筋	k	j	ə	n	1	
804	八	1		h	e̲	7	h:p	e̲:riat	7:4	八	p	ri	a	t	4	
824	百	1		h	ɒ	1	h:p		1:4	百	p	r	a	k	4	
139	舌头	1	h	l	ɒ	2	hl:d	ɒ:jat	2:4	舌	dj		a	t	4	1
1264	等待	1	h	l	o	6	hl:d	o:əg)	6:2	待	d		ə	g	2	
771	月	1	h	l	uɒ	6	hl:l)	uɒ:jiak)	6:4	夕	l	ji	a	k	4	
224	孙子	1	h	l	i	5	hl:s)	i:ən)	5:1	孙	s		ə	n	1	
1693	蜕(皮)	2	h	l	ɯ̲	7	hl:tʰ	ɯ̲:ad)	7:3	蜕	tʰ		a	d	3	
292	兔子	1	h	l	uɒ	6	hl:tʰ	uɒ:ag	6:3	兔	tʰ		a	g	3	
687	名字	1	h	m	ɛ	3	hm:m)	ɛ:jiŋ)	3:1	名	m	j	i	ŋ	1	1
81	耳朵	1	h	n	ɒ	5	hn:n)	ɒ:əg	5:2	耳	nj		ə	g	2	1
351	鱼	1	h	ŋ	uɒ	5	hŋ:ŋ)	uɒ:jag	5:1	鱼	ŋ	j	a	g	1	1
151	屎	2		hr	i	4	hr:stʰ)	i:jid	4:2	屎	stʰ	j	i	d	2	
154	汗	1		kr	uæ	9	k:g)	ruæ:an)	9:3	汗	g		a	n	3	
1449	惊动	2		kj	o̲	8	k:k	o̲:jaŋ)	8:1	惊	k	j	a	ŋ	1	
563	箍儿	2		k	u	2	k:k	u:ag	2:1	箍	k		a	g	1	

（续表）

263	犄角	1		k^hr	u	1	k^h:k	ru:ruk	1:4	角	kr		u	k	4	1
103	脚	2		k^h	ɯ	3	k^h:k	ɯ:jak)	3:4	脚	k	j	a	k	4	1
289	狗	1		k^h	ɯ	4	k^h:k^h)	ɯ:jan)	4:2	犬	k^h	i	a	n	2	1
802	六	1		k^hr	o̲	7	k^h:r)		7:4	六	r	j	ə	kw	4	
454	茶	1		l	ɒ	9	l:d	ɒ:rag)	9:1	茶	dr		a	g	1	
43	石头	1		l	o̲	8	l:d	o̲:jak)	8:4	石	d	j	a	k	4	1
1014	重	1		l	i	4	l:d		4:2	重	dr	j	u	ŋ	2	2
1674	舔	2		l	æ	7	l:d		7:2	舐	dj		i	g	2	
107	手	1		l	ɑ̲	7	l:l)	ɑ̲:ək	7:4	翼	l		ə	k	4	1
281	骡子	2		l	ɑ	2	l:r	ɑ:ar)	2:1	骡	r		a	r	1	
304	老虎	1		l	ɒ	7	l:r	ɒ:əg	7:1	狸	r		ə	g	1	
1491	来	1		l	e	1	l:r	e:əg)	1:1	来	r		ə	g	1	1
306	龙	1		l	u	4	l:r	u:uŋ)	4:1	龙	r		u	ŋ	1	
174	妇女	1		m	æ	4	m:m	æ:rag)	4:1	妈	m	r	a	g	1	1
1519	没有	2		m	ɑ	21	m:m	ɑ:jag)		无	m	j	a	g	1	
110	拇指	1		m	ɒ	6	m:m	ɒ:əg	6:2	拇	m		ə	g	2	
219	母亲	1		m	ɒ	6	m:m	ɒ:əg	6:2	母	m		ə	g	2	2
79	眼睛	1	ʔ	mj	ɑ̲	8	m:m	ɑ̲:əkw)	8:4	目	m	j	ə	kw	4	1
1058	年老	2		m	o	9	m:m	o:agw)	9:3	耄	m		a	gw		2
268	马	1		m	u	5	m:m	u:rag)	5:2	马	m	r	a	g	2	
442	面粉	2		m	u	2	m:m		2:3	面	m	ji	a	n	3	
162	尸体	1		m	ɑ	2	m:sm	ɑ:aŋ)	2:1	丧	sm		a	ŋ	1	
18	火	2		m	i	4	m:sm	i:jəd)	4:2	煅	h< sm	j	ə	d	2	1
1005	黑	1		n	ɑ̲	8	n:hm)	ɑ̲:ək	8:4	黑	hm		ə	k	4	1
975	近	1		n	æ	4	n:n	æ:ir)	4:2	迩	nj		i	r	2	2
94	乳房	2		n	e	1	n:n	e:jug)	1:2	乳	nj		u	g	2	1
1413	夹(菜)	2		n	ɛ̲	8	n:n	ɛ̲:iəm)	8:1	拈	n	i	ə	m	1	
798	二	1		n	i	9	n:n	i:jid	9:3	二	nj		i	d	3	1
144	心脏	2		n	i̲	8	n:n	i̲:jin	8:1	仁	nj		i	n	1	1
931	你	1		n	ɯ	1	n:n	ɯ:əg)	1:2	你	n		ə	g	2	1
1035	软	1		n	u	5	n:n	u:əgw)	5:1	柔	nj		ə	gw	1	

（续表）

1057	嫩	2		n	u	5	n:n	u:ən	5:3)	嫩	n		ə	n	3	
931	你	1		n	ɯ	1	n:n		1:4	若	nj		a	k	4	1
1404	挤(膏)	2		ȵ	e̲	8	ȵ:n	e̲:it)	8:4	捏	n		i	t	4	
2	太阳	2		ȵ	ɛ	1	ȵ:n	ɛ:jit)	1:4	日	nj		i	t	4	1
254	牛	1		ȵ	i	4	ȵ:ŋ)	i:əg)	4:1	牛	ŋ		ə	g	1	
326	鸟	2		ȵ	ɑ̲	8	ȵ:t)		8:2	鸟	t	i	ə	gw	2	1
928	我	1		ŋ	ɒ	1	ŋ:ŋ	ɒ:ad)	1:2	我	ŋ		a	d	2	1
801	五	1		ŋ	uɒ	4	ŋ:ŋ	uɒ:ag	4:2	五	ŋ		a	g	2	2
1475	靠	2	N	k^hr	e	4	$Nk^h:k^h$)	e:əgw)	4:3	靠	k^h		ə	gw	3	
413	荞麦	2	N	k^h	uɒ	4	Nk^h:g)	uɒ:jagw)	4:1	荞	g	j	a	gw	1	
556	瓶子	2	N	p^h	ɛ	1	Np^h:b)	ɛ:iŋ	1:1	瓶	b		i	ŋ	1	
1148	饱	1	N	p^h	u̲	8	Np^h:p)	u̲:rəgw)	8:2	饱	p	r	ə	gw	2	
1228	打(人)	1	N	t^h	æ	4	Nt^h:t	æ:aŋ)	4:2	打	t		a	ŋ	2	2
1212	穿(鞋)	1	N	t^h	ɛ̲	7	Nt^h:t	rɛ:rjak)	7:4	着	t	rj	a	k	4	
553	碗	2		p	ɑ̲	8	p:p	ɑ̲:at)	8:4	钵	p		a	t	4	
1356	关(门)	2		p	i	9	p:p	i:id	9:3	闭	p		i	d	3	
1161	补(衣)	2		p	ie	1	p:p	ue:ag)	1:2	补	p		a	g	2	
991	扁	1		pr	ɑ̲	8	p:p		8:2	扁	p		i	n	2	
1006	白	1		p^hr	u	1	p^h:b)	u:rak)	1:4	白	b	r	a	k	4	1
462	布	2		p^h	ɒ	6	p^h:p	ɒ:ag	6:3	布	p		a	g	3	
512	木板	1		p^h	e	9	p^h:p	e:ran)	9:2	板	p	r	a	n	2	
1156	编(辫)	2		p^hr	æ̲	7	p^h:p		7:1	编	p		i	n	1	
1246	打开	2		p^h	u	6	$p^h:p^h$	u:ag	6:1	铺	p^h		a	g	1	
150	膀胱	2		p^h	u	1	$p^h:p^h$	u:rəgw)	1:1	泡	p^h	r	ə	gw	1	
1074	苦	1		q^h	uɒ	4	$q^h:k^h$)	uɒ:ag	4:2	苦	k^h		a	g	2	
777	年	1		q^h	o̲	7	q^h:skw)		7:3	岁	skw	j	a	d	3	
67	人家	2		r	ɛ̲	7	r:ʔ)	ɛ̲:jəp)	7:4	邑	ʔ	j	ə	p	4	
972	长	1		sr	ɛ	3	s:d	ɛ:jaŋ)	3:1	长	dr	j	a	ŋ	1	1
347	蛇	1		sr	uæ	3	s:d	ruæ:jag)	3:1	蛇	dj		a	g	1	2
129	血	1		s	ɯ	4	s:h)	ɯ:wit)	4:4	血	h	wi	i	t	4	1
145	肝	1		s	ɛ	9	s:s	ɛ:jin)	9:1	辛	s	j	i	n	1	1
1650	撕	2		sr	ɛ̲	8	s:s	ɛ̲:jig)	8:1	撕	s	j	i	g	1	2

（续表）

534	柴	1		s	i̲	8	s:s	i̲:jin	8:1	薪	s	j	i	n	1	
1601	扫	1		s	ɯ̲	8	s:s		8:2	扫	s		ə	gw	2	
409	谷粒	2		s	æ	1	s:st^h	æ:jag)	1:2	黍	st^h	j	a	g	2	
1798	知道	2		s	æ̲	7	s:st^h	æ̲:jək)	7:4	识	st^h	j	ə	k	4	1
307	爪子	2		s	e	4	s:st^h	e:jəgw)	4:2	手	st^h	j	ə	gw	2	1
572	升	2		sr	ɯ	2	s:st^h	rɯ:jəŋ)	2:1	升	st^h	j	ə	ŋ	1	
646	书	2		s	u	5	s:st^h	u:jag)	5:1	书	st^h	j	a	g	1	
356	虱	1		ʃ	e	1	ʃ:s	e:rjit)	1:4	虱	sr	j	i	t	4	1
1089	死(的)	1		ʃ	i	1	ʃ:s	i:jid	1:2	死	s	j	i	d	2	
1050	新	1		ʃ	ɯ̲	7	ʃ:s	ɯ̲:jin)	7:1	新	s	j	i	n	1	1
803	七	1		ʃ	ɯ	9	ʃ:sn)	ɯ:jit)	9:4	七	sn	j	i	t	4	
1803	拄(拐)	1		t	o̲	8	t:t	o̲:rjug)	8:2	拄	t	rj	u	g	2	
1003	直(的)	2		t	u	1	t:t	u:an)	1:1	端	t		a	n	1	2
1774	栽(树)	1		t	uæ	1	t:t	uæ:juŋ)	1:3	种	tj		u	ŋ	3	
1268	点(火)	1		t	o̲	7	t:t		7:2	点	t	i	ə	m	2	
549	刀	2		t^h	ɒ	4	t^h:t	ɒ:agw)	4:1	刀	t		a	gw	1	
647	纸	1		t^{h}r	o	9	t^h:t		9:2	纸	tj		i	g	2	
109	手指	2		tsr	i	3	ts:t	i:jid	3:2	指	tj		i	d	2	
147	胆	2		tsj	i̲	8	ts:t		8:2	胆	t		a	m	2	
1406	挤(脚)	2		ts	i	4	ts:ts	i:id	4:2	挤	ts		i	d	2	
415	麦芒	2		ts	i	2	ts:ts	i:jəg)	2:2	子	ts	j	ə	g	2	
136	骨节	2		ts	i̲	7	ts:ts	i̲:it)	7:4	节	ts		i	t<*k	4	
846	把(帚)	2		ts	ɯ̲	8	ts:ts		8:1	抓	tsr		ə	gw	1	
1713	洗(衣)	1		ts^h	i	4	ts^h:s	i:id	4:2	洗	s		i	d	2	2
1078	涩	1		ts^h	ɯ̲	7	ts^h:s		7:4	涩	sr		ə	p	4	
1516	买	1		v	uæ	1	v:m)	uæ:rig)	1:2	买	m	r	i	g	2	
284	猪	1		v	ɑ̲	7	v:p)		7:1	豝	p	r	a	g	1	
675	力气	1		ɣ	uɒ	4	ɣ:r)	uɒ:ək	4:4	力	r		ə	k	4	
513	柱子	2		z	ɛ	1	z:d	ɛ:rjug)	1:2	柱	dr	j	u	g	2	
234	侄子	1		z	uɒ	4	z:d	uɒ:rjit)	4:4	侄	dr	j	i	t	4	
1749	痒	2		zr	ɒ	4	z:l)	ɒ:aŋ)	4:2	痒	l		a	ŋ	2	

（续表）

1818	醉	2		ʑ	i̲	7	z:ts	ji̲:jəd)	7:3	醉	ts	j	ə	d	3	
1813	捉	2		zr	u	1	z:ts	ru:ruk	1:4	捉	tsr		u	k	4	
173	男人	2		z	uɒ	4	z:ts	uɒ:jəg)	4:2	子	ts	j	ə	g	2	1

6.1.2 彝汉韵母对应

索引	词目	级	pyp	pyi	pyf	pyt	韵对应	声对应	调对	汉字	oci	ocf			oct	词阶
964	大	1		r	æ	4	æ:ad		4:3	大	d		a	d	3	1
710	左(边)	1	ʔ	v	æ	5	æ:ad		5:1	歪	h		a	d	1	2
1228	打(人)	1	N	t^h	æ	4	æ:aŋ)	Nt^h:t	4:2	打	t		a	ŋ	2	2
975	近	1		n	æ	4	æ:ir)	n:n	4:2	迩	nj		i	r	2	2
409	谷粒	2		s	æ	1	æ:jag)	s:st^h	1:2	黍	st^h	j	a	g	2	
174	妇女	1		m	æ	4	æ:rag)	m:m	4:1	妈	m	r	a	g	1	1
222	女儿	1		m	æ	4	æ:rjag)		4:2	女	n	rj	a	g	2	
1582	缺(口)	1		c^h	æ̲	7	æ̲:iat)	c^h:k^h)	7:4	缺	k^h	i	a	t	4	
1798	知道	2		s	æ̲	7	æ̲:jək)	s:st^h	7:4	识	st^h	j	ə	k	4	1
300	鸭子	1		ʔ	æ̲	8	æ̲:rab)	ʔ:ʔ)	8:4	鸭	ʔ	r	a	b	4	
1173	查(帐)	2	N	tsr^h	ɑ	9	ɑ:ag)		9:1	查	dʐ		a	g	1	
162	尸体	1		m	ɑ	2	ɑ:aŋ)	m:sm	2:1	丧	sm		a	ŋ	1	
281	骡子	2		l	ɑ	2	ɑ:ar)	l:r	2:1	骡	r		a	r	1	
1519	没有	2		m	ɑ	21	ɑ:jag)	m:m		无	m	j	a	g	1	
928	我	1		ŋ	ɒ	1	ɒ:ad)	ŋ:ŋ	1:2	我	ŋ		a	d	2	1
462	布	2		p^h	ɒ	6	ɒ:ag	p^h:p	6:3	布	p		a	g	3	
38	路	1		gr	ɒ	1	ɒ:ag		1:1	途	d		a	g	1	1
549	刀	2		t^h	ɒ	4	ɒ:agw)	t^h:t	4:1	刀	t		a	gw	1	
1749	痒	2		zr	ɒ	4	ɒ:aŋ)	z:l)	4:2	痒	l		a	ŋ	2	
81	耳朵	1	h	n	ɒ	5	ɒ:əg	hn:n)	5:2	耳	nj		ə	g	2	1
304	老虎	1		l	ɒ	7	ɒ:əg	l:r	7:1	狸	r		ə	g	1	
110	拇指	1		m	ɒ	6	ɒ:əg	m:m	6:2	拇	m		ə	g	2	
219	母亲	1		m	ɒ	6	ɒ:əg	m:m	6:2	母	m		ə	g	2	2
38	路	1		gr	ɒ	1	ɒ:əgw)		1:2	道	d		ə	gw	2	1
218	父亲	2		b	ɒ	4	ɒ:jag	b:b	4:2	父	b	j	a	g	2	2

（续表）

1719	下(雨)	2		h	ɒ	1	ɒ:jag		1:2	雨	gw	j	a	g	2	
309	象	2		χ	ɒ	6	ɒ:jaŋ)		6:2	象	l	j	a	ŋ	2	
139	舌头	1	h	l	ɒ	2	ɒ:jat	hl:d	2:4	舌	dj		a	t	4	1
12	雪	1		v	ɒ	4	ɒ:jat		4:4	雪	s	j	a	t	4	2
454	茶	1		l	ɒ	9	ɒ:rag)	l:d	9:1	茶	dr		a	g	1	
1174	拆(衣)	2		$p^{h}r$	ɑ̲	8	ɑ̲:ak)		8:4	拆	t^{h}		a	k	4	
553	碗	2		p	ɑ̲	8	ɑ̲:at)	p:p	8:4	钵	p		a	t	4	
107	手	1		l	ɑ̲	7	ɑ̲:ək	l:l)	7:4	翼	l		ə	k	4	1
1005	黑	1		n	ɑ̲	8	ɑ̲:ək	n:hm)	8:4	黑	hm		ə	k	4	1
79	眼睛	1	ʔ	mj	ɑ̲	8	ɑ̲:əkw)	m:m	8:4	目	m	j	ə	kw	4	1
1491	来	1		l	e	1	e:əg)	l:r	1:1	来	r		ə	g	1	1
1475	靠	2	N	$k^{h}r$	e	4	e:əgw)	$Nk^{h}:k^{h}$)	4:3	靠	k^{h}		ə	gw	3	
1622	剩	1		dz	e	1	e:əŋ)	dz:d	1:3	剩	dj		ə	ŋ	3	
1345	给	2		b	e	9	e:id)	b:p	9:3	畀	p		i	d	3	1
526	床	1		gr	e	4	e:jaŋ)		4:1	床	dʐ	j	a	ŋ	1	
307	爪子	2		s	e	4	e:jəgw)	$s:st^{h}$	4:2	手	st^{h}	j	ə	gw	2	1
94	乳房	2		n	e	1	e:jug)	n:n	1:2	乳	nj		u	g	2	1
512	木板	1		p^{h}	e	9	e:ran)	$p^{h}:p$	9:2	板	p	r	a	n	2	
356	虱	1		ʃ	e	1	e:rjit)	ʃ:s	1:4	虱	sr	j	i	t	4	1
1404	挤(膏)	2		ȵ	e̲	8	e̲:it)	ȵ:n	8:4	捏	n		i	t	4	
804	八	1		h	e̲	7	e̲:riat)	h:p	7:4	八	p	ri	a	t	4	
194	贼	2		dz	ɛ	8	ɛ:ək)	dz:dz	8:4	贼	dz		ə	k	4	
556	瓶子	2	N	p^{h}	ɛ	1	ɛ:iŋ	$Np^{h}:b$)	1:1	瓶	b		i	ŋ	1	
5	星星	1		kr	ɛ	2	ɛ:iŋ		2:1	星	s		i	ŋ	1	1
972	长	1		sr	ɛ	3	ɛ:jaŋ)	s:d	3:1	长	dr	j	a	ŋ	1	1
1047	真	2		dʐ	ɛ	1	ɛ:jin)	dz:t	1:1	真	tj		i	n	1	
145	肝	1		s	ɛ	9	ɛ:jin)	s:s	9:1	辛	s	j	i	n	1	1
687	名字	1	h	m	ɛ	3	ɛ:jiŋ)	hm:m)	3:1	名	m	j	i	ŋ	1	1
2	太阳	2		ȵ	ɛ	1	ɛ:jit)	ȵ:n	1:4	日	nj		i	t	4	1
848	棵(树)	2		dz	ɛ	2	ɛ:jug)	dz:d	2:3	树	d	j	u	g	3	
513	柱子	2		z	ɛ	1	ɛ:rjug)	z:d	1:2	柱	dr	j	u	g	2	
578	针	1		r	ɛ̲	7	ɛ̲:əm)		7:1	针	tj		ə	m	1	

（续表）

1413	夹(菜)	2		n	ε̱	8	ε̱:iəm)	n:n	8:1	拈	n	i	ə	m	1	
264	蹄	1		b	ε̱	7	ε̱:jan)	b:b	7:1	蹯	b	j	a	n	1	
67	人家	2		r	ε̱	7	ε̱:jəp)	r:ʔ)	7:4	邑	ʔ	j	ə	p	4	
1650	撕	2		sr	ε̱	8	ε̱:jig)	s:s	8:1	撕	s	j	i	g	1	2
254	牛	1		ȵ	i	4	i:əg)	ȵ:ŋ)	4:1	牛	ŋ		ə	g	1	
224	孙子	1	h	l	i	5	i:ən)	hl:s)	5:1	孙	s		ə	n	1	
1356	关(门)	2		p	i	9	i:id	p:p	9:3	闭	p		i	d	3	
1406	挤(脚)	2		ts	i	4	i:id	ts:ts	4:2	挤	ts		i	d	2	
1713	洗(衣)	1		ts^h	i	4	i:id	ts^h:s	4:2	洗	s		i	d	2	2
18	火	2		m	i	4	i:jəd)	m:sm	4:2	燬	h<sm	j	ə	d	2	1
415	麦芒	2		ts	i	2	i:jəg)	ts:ts	2:2	子	ts	j	ə	g	2	
452	酒	1	N	tsr^h	i	1	i:jəgw)		1:2	酒	ts	j	ə	gw	2	
9	风	2	h	l	i	1	i:jəm)		1:1	风	p	j	ə	m	1	2
151	屎	2		hr	i	4	i:jid	hr:st^h)	4:2	屎	st^h	j	i	d	2	
798	二	1		n	i	9	i:jid	n:n	9:3	二	nj		i	d	3	1
1089	死(的)	1		ʃ	i	1	i:jid	ʃ:s	1:2	死	s	j	i	d	2	
109	手指	2		tsr	i	3	i:jid	ts:t	3:2	指	tj		i	d	2	
910	天	1	ʔ	n	i	6	i:jit)	ʔn:n	6:4	日	nj		i	t	4	2
136	骨节	2		ts	i̱	7	i̱:it)	ts:ts	7:4	节	ts		i	t<*k	4	
144	心脏	2		n	i̱	8	i̱:jin	n:n	8:1	仁	nj		i	n	1	1
534	柴	1		s	i̱	8	i̱:jin	s:s	8:1	薪	s	j	i	n	1	
1161	补(衣)	2		p	ie	1	ue:ag)	p:p	1:2	补	p		a	g	2	
1818	醉	2		ʑ	i̱	7	ji̱:jəd)	z:ts	7:3	醉	ts	j	ə	d	3	
53	铜	2		gj	ɯ	4	jɯ:əm)	g:k	4:1	金	k	j	ə	m	1	
573	钱(币)	1		dʑ	ɯ	4	jɯ:jug)	dz:t	4:1	铢	tj		u	g	1	
301	鹅	1		0	o	6	o:ad)	0:ŋ)	6:1	鹅	ŋ		a	d	1	
1058	年老	2		m	o	9	o:agw)	m:m	9:3	耄	m		a	gw	1	2
1264	等待	1	h	l	o	6	o:əg)	hl:d	6:2	待	d		ə	g	2	
132	脑髓	1	ʔ	n	o̱	7	o̱:agw)	ʔn:n	7:2	脑	n		a	gw	2	
1394	混合	2		h	o̱	8	o̱:ar)		8:3	和	gw		a	r	3	

（续表）

641	毒	2		d	o̲	7	o̲:əkw)	d:d	7:4	毒	d		ə	kw	4	
43	石头	1		l	o̲	8	o̲:jak)	l:d	8:4	石	d	j	a	k	4	1
1449	惊动	2		kj	o̲	8	o̲:jaŋ)	k:k	8:1	惊	k	j	a	ŋ	1	
1803	拄(拐)	1		t	o̲	8	o̲:rjug)	t:t	8:2	拄	t	ŗ	u	g	2	
1318	飞	1		br	e	1	re:jəd)	b:p	1:1	飞	p	j	ə	d	1	1
1168	踩	2		dr	ɛ	8	rɛ:ap)	d:d	8:4	蹋	d		a	p	4	
1171	插(牌)	2		ts^{h}r	ɛ	8	rɛ:rap)		8:4	插	ts^h	r	a	p	4	
1212	穿(鞋)	1	N	t^h	ɛ	7	rɛ:rjak)	Nt^h:t	7:4	着	t	ŗ	a	k	4	
572	升	2		sr	ɯ	2	rɯ:jəŋ)	s:st^h	2:1	升	st^h	j	ə	ŋ	1	
555	筷子	1		dʐ	u	6	ru:jag)	dz:d	6:3	箸	dr	j	a	g	3	
263	犄角	1		k^{h}r	u	1	ru:ruk	k^h:k	1:4	角	kr		u	k	4	1
1813	捉	2		zr	u	1	ru:ruk	z:ts	1:4	捉	tsr		u	k	4	
584	锁	2	N	ts^{h}r	u̲	8	ru̲:ar)		8:2	锁	s		a	r	2	
154	汗	1		kr	uæ	9	ruæ:an)	k:g)	9:3	汗	g		a	n	3	
347	蛇	1		sr	uæ	3	ruæ:jag)	s:d	3:1	蛇	dj		a	g	1	2
367	蜜蜂	1		br	uɒ	4	ruɒ:juŋ)	b:p^h)	4:1	蜂	p^h	j	u	ŋ	1	
916	步	2		b	ɯ	1	ɯ:ag)	b:b	1:3	步	b		a	g	3	
199	官	2	N	ts^h	ɯ	4	ɯ:an)		4:1	官	k		a	n	1	
931	你	1		n	ɯ	1	ɯ:əg)	n:n	1:2	你	n		ə	g	2	1
143	肺	1		ts^h	ɯ	9	ɯ:jad)		9:3	肺	p^h	j	a	d	3	
103	脚	2		k^h	ɯ	3	ɯ:jak)	k^h:k	3:4	脚	k	j	a	k	4	1
289	狗	1		k^h	ɯ	4	ɯ:jan)	k^h:k^h)	4:2	犬	k^h	i	a	n	2	1
803	七	1		ʃ	ɯ	9	ɯ:jit)	ʃ:sn)	9:4	七	sn	j	i	t	4	
129	血	1		s	ɯ	4	ɯ:wit)	s:h)	4:4	血	h	wi	i	t	4	1
1693	蜕(皮)	2	h	l	ɯ̲	7	ɯ̲:ad)	hl:t^h	7:3	蜕	t^h		a	d	3	
1050	新	1		ʃ	ɯ̲	7	ɯ̲:jin)	ʃ:s	7:1	新	s	j	i	n	1	1
1695	脱(衣)	1	ʔ	l	ɯ̲	7	ɯ̲:uat)	ʔl:hl)	7:4	脱	hl	u	a	t	4	
563	箍儿	2		k	u	2	u:ag	k:k	2:1	箍	k		a	g	1	
1246	打开	2		p^h	u	6	u:ag	p^h:p^h	6:1	铺	p^h		a	g	1	
1003	直(的)	2		t	u	1	u:an)	t:t	1:1	端	t		a	n	1	2

（续表）

1035	软	1		n	u	5	u:əgw)	n:n	5:1	柔	nj		ə	gw	1	
1021	钝	2		d	u	4	u:ən	d:d	4:3	钝	d		ə	n	3	
1057	嫩	2		n	u	5	u:ən	n:n	5:3)	嫩	n		ə	n	3	
1517	卖	1	ʔ	v	u	9	u:ig)	ʔv:m)	9:3	卖	m		i	g	3	
1	天	1		m	u	4	u:in)		4:1	祆	h		i	n	1	2
646	书	2		s	u	5	u:jag)	s:st^h	5:1	书	st^h	j	a	g	1	
1553	漂浮	2		b	u	1	u:jəgw	b:b	1:1	浮	b	j	ə	gw	1	2
805	九	1		g	u	2	u:jəgw	g:k	2:2	九	k	j	ə	gw	2	
268	马	1		m	u	5	u:rag)	m:m	5:2	马	m	r	a	g	2	
1006	白	1		p^hr	u	1	u:rak)	p^h:b)	1:4	白	b	r	a	k	4	1
150	膀胱	2		p^h	u	1	u:rəgw)	p^h:p^h	1:1	泡	p^h	r	ə	gw	1	
306	龙	1		l	u	4	u:uŋ)	l:r	4:1	龙	r		u	ŋ	1	
1148	饱	1	N	p^h	u̲	8	u̲:rəgw)	Np^h:p)	8:2	饱	p	r	ə	gw	2	
704	东(方)	2		d	u̲	8	u̲:uŋ)	d:t)	8:1	东	t		u	ŋ	1	
267	尾巴	2	ʔ	m	uæ	5	uæ:jəd)	ʔm:m)	5:2	尾	m	j	ə	d	2	1
1774	栽(树)	1		t	uæ	1	uæ:juŋ)	t:t	1:3	种	tj		u	ŋ	3	
1516	买	1		v	uæ	1	uæ:rig)	v:m)	1:2	买	m	r	i	g	2	
292	兔子	1	h	l	uɒ	6	uɒ:ag	hl:t^h	6:3	兔	t^h		a	g	3	
801	五	1		ŋ	uɒ	4	uɒ:ag	ŋ:ŋ	4:2	五	ŋ		a	g	2	2
1074	苦	1		q^h	uɒ	4	uɒ:ag	q^h:k^h)	4:2	苦	k^h		a	g	2	
61	盐	2		ts^h	uɒ	4	uɒ:ar)		4:1	鹾	dz		a	r	1	2
675	力气	1		ɣ	uɒ	4	uɒ:ək	ɣ:r)	4:4	力	r		ə	k	4	
1263	得到	2		ɣ	uɒ	6	uɒ:ək		6:4	得	t		ə	k	4	
1198	吃	1		dz	uɒ	4	uɒ:jag	dz:dz	4:2	咀	dʑ		a	g	2	1
351	鱼	1	h	ŋ	uɒ	5	uɒ:jag	hŋ:ŋ)	5:1	鱼	ŋ	j	a	g	1	1
413	荞麦	2	N	k^h	uɒ	4	uɒ:jag w)	Nk^h:g)	4:1	荞	g	j	a	gw	1	
173	男人	2		z	uɒ	4	uɒ:jəg)	z:ts	4:2	子	ts	j	ə	g	2	1
771	月	1	h	l	uɒ	6	uɒ:jiak)	hl:l)	6:4	夕	l	ji	a	k	4	
234	侄子	1		z	uɒ	4	uɒ:rjit)	z:d	4:4	侄	dr	j	i	t	4	

6.1.3 彝汉声调对应

索引	词目	级	pyp	pyi	pyf	pyt	调对应	声对应	韵对应	汉字	oci	ocf				oct	词阶
1553	漂浮	2		b	u	1	1:1	b:b	u:jəgw	浮	b	j	ə	gw	1	2
1318	飞	1		br	e	1	1:1	b:p	re:jəd)	飞	p	j	ə	d	1	1
1047	真	2		dʐ	ɛ	1	1:1	dz:t	ɛ:jin)	真	tj		i	n	1	
1491	来	1		l	e	1	1:1	l:r	e:əg)	来	r		ə	g	1	1
556	瓶子	2	N	p^h	ɛ	1	1:1	Np^h:b)	ɛ:iŋ	瓶	b		i	ŋ	1	
150	膀胱	2		p^h	u	1	1:1	p^h:p^h	u:rəgw)	泡	p^h	r	ə	gw	1	
1003	直(的)	2		t	u	1	1:1	t:t	u:an)	端	t		a	n	1	2
38	路	1		gr	ɒ	1	1:1		ɒ:ag	途	d		a	g	1	1
9	风	2	h	l	i	1	1:1		i:jəm)	风	p	j	ə	m	1	2
23	山	2		b	ue	1	1:1			山	sr	i	a	n	1	1
70	桥	1	N	ts^h	ue	1	1:1			桥	g	j	a	gw	1	
120	皮肤	1	N	$tɕ^h$	i	1	1:1			皮	b	ji	a	r	1	
149	肠子	2		v	u	1	1:1			肠	dr	j	a	ŋ	1	2
445	脂肪油	1		ts^h	uæ	1	1:1			脂	tj		i	d	1	1
992	尖	1		ts^hr	ie	1	1:1			尖	ts	j	a	m	1	2
1488	拉屎	2		h	ɒ	1	1:1			遗	l		ə	d	1	
1521	鸣(鸟鸣)	e		ŋ	uæ	1	1:1			鸣	m	j	i	ŋ	1	
94	乳房	2		n	e	1	1:2	n:n	e:jug)	乳	nj		u	g	2	1
931	你	1		n	ɯ	1	1:2	n:n	ɯ:əg)	你	n		ə	g	2	1
928	我	1		ŋ	ɒ	1	1:2	ŋ:ŋ	ɒ:ad)	我	ŋ		a	d	2	1
1161	补(衣)	2		p	ie	1	1:2	p:p	ue:ag)	补	p		a	g	2	
409	谷粒	2		s	æ	1	1:2	s:st^h	æ:jag)	黍	st^h	j	a	g	2	
1089	死(的)	1		ʃ	i	1	1:2	ʃ:s	i:jid	死	s	j	i	d	2	
1516	买	1		v	uæ	1	1:2	v:m)	uæ:rig)	买	m	r	i	g	2	
513	柱子	2		z	ɛ	1	1:2	z:d	ɛ:rjug)	柱	dr	j	u	g	2	
38	路	1		gr	ɒ	1	1:2		ɒ:əgw)	道	d		ə	gw	2	1
1719	下(雨)	2		h	ɒ	1	1:2		ɒ:jag	雨	gw	j	a	g	2	
452	酒	1	N	ts^hr	i	1	1:2		i:jəgw)	酒	ts	j	ə	gw	2	

（续表）

47	水	1		r	ɯ	1	1:2			水	sr		ə	d	2	1
137	牙齿	2		dʐ	uɒ	1	1:2			齿	t^h	j	ə	g	2	1
1370	喝	2	N	t^h	o	1	1:2			饮	ʔ	j	ə	m	2	1
916	步(一步)	2		b	ɯ	1	1:3	b:b	ɯ:ag)	步	b		a	g	3	
1622	剩	1		dz	e	1	1:3	dz:d	e:əŋ)	剩	dj		ə	ŋ	3	
1774	栽(树)	1		t	uæ	1	1:3	t:t	uæ:juŋ)	种	tj		u	ŋ	3	
824	百	1		h	ɒ	1	1:4	h:p		百	p	r	a	k	4	
263	犄角	1		k^hr	u	1	1:4	k^h:k	ru:ruk	角	kr		u	k	4	1
931	你	1		n	ɯ	1	1:4	n:n		若	nj		a	k	4	1
2	太阳	2		ȵ	ɛ	1	1:4	nj:n	ɛ:jit)	日	nj		i	t	4	1
1006	白	1		p^hr	u	1	1:4	p^h:b)	u:rak)	白	b	r	a	k	4	1
356	虱	1		ʃ	e	1	1:4	ʃ:s	e:rjit)	虱	sr	j	i	t	4	1
1813	捉	2		zr	u	1	1:4	z:ts	ru:ruk	捉	tsr		u	k	4	
806	十	1		ts^h	e	1	1:4			十	d	j	ə	p	4	
563	箍儿	2		k	u	2	2:1	k:k	u:ag	箍	k		a	g	1	
281	骡子	2		l	ɑ	2	2:1	l:r	ɑ:ar)	骡	r		a	r	1	
162	尸体	1		m	ɑ	2	2:1	m:sm	ɑ:aŋ)	丧	sm		a	ŋ	1	
572	升	2		sr	ɯ	2	2:1	s:st^h	rɯ:jəŋ)	升	st^h	j	ə	ŋ	1	
5	星星	1		kr	ɛ	2	2:1		ɛ:iŋ	星	s		i	ŋ	1	1
52	银子	1		p^hr	u	2	2:1			银	ŋ	j	i	n	1	
1081	闲	2		ʃ	ɑ	2	2:1			闲	g	ri	a	n	1	
805	九	1		g	u	2	2:2	g:k	u:jəgw	九	k	j	ə	gw	2	
415	麦芒	2		ts	i	2	2:2	ts:ts	i:jəg)	子	ts	j	ə	g	2	
848	棵(一棵)	2		dz	ɛ	2	2:3	dz:d	ɛ:jug)	树	d	j	u	g	3	
442	面粉	2		m	u	2	2:3	m:m		面	m	ji	a	n	3	
316	麝香	2		ʃ	ɯ	2	2:3			麝	dj	i	a	g	3	
139	舌头	1	h	l	ɒ	2	2:4	hl:d	ɒ:jat	舌	dj		a	t	4	1
336	麻雀	2		dʐ	ɒ	2	2:4			雀	ts	j	a	k	4	
687	名字	1	h	m	ɛ	3	3:1	hm:m)	ɛ:jiŋ)	名	m	j	i	ŋ	1	1
972	长	1		sr	ɛ	3	3:1	s:d	ɛ:jaŋ)	长	dr	j	a	ŋ	1	1
347	蛇	1		sr	uæ	3	3:1	s:d	rɯæ:jag)	蛇	dj		a	g	1	2
826	千	1		t	u̱	3	3:1			千	ts^h	i	i	n	1	

（续表）

1319	发(东西)	1				3	3:1			分	p	j	ə	n	1	
109	手指	2		tsr	i	3	3:2	ts:t	i:jid	指	tj		i	d	2	
103	脚	2		k^h	ɯ	3	3:4	k^h:k	ɯ:jak)	脚	k	j	a	k	4	1
1009	绿	2	ʔ	n	ɯ	3	3:4			绿	r		u	k	4	1
367	蜜蜂	1		br	uɒ	4	4:1	b:p^h)	ruɒ:juŋ)	蜂	p^h	j	u	ŋ	1	
573	钱(货币)	1		dʑ	ɯ	4	4:1	dz:t	jɯ:jug)	铢	tj		u	g	1	
53	铜	2		gj	ɯ	4	4:1	g:k	jɯ:əm)	金	k	j	ə	m	1	
130	筋	1		gr	u	4	4:1	g:k		筋	k	j	ə	n	1	
306	龙	1		l	u	4	4:1	l:r	u:uŋ)	龙	r		u	ŋ	1	
174	妇女	1		m	æ	4	4:1	m:m	æ:rag)	妈	m	r	a	g	1	1
254	牛	1		ȵ	i	4	4:1	ȵ:ŋ)	i:əg)	牛	ŋ		ə	g	1	
413	荞麦	2	N	k^h	uɒ	4	4:1	Nk^h:g)	uɒ:jagw)	荞	g	j	a	gw	1	
549	刀	2		t^h	ɒ	4	4:1	t^h:t	ɒ:agw)	刀	t		a	gw	1	
526	床	1		gr	e	4	4:1		e:jaŋ)	床	dʐ	j	a	ŋ	1	
199	官	2	N	ts^h	ɯ	4	4:1		ɯ:an)	官	k		a	n	1	
1	天	1		m	u	4	4:1		u:in)	祆	h		i	n	1	2
61	盐	2		ts^h	uɒ	4	4:1		uɒ:ar)	鹾	dz		a	r	1	2
353	虫	2		b	u	4	4:1			虫	dr	j	ə	ŋw	1	2
385	松树	1		t^h	o	4	4:1			松	l	j	u	ŋ	1	
425	姜	2		$tɕ^h$	o	4	4:1			姜	k	j	a	ŋ	1	
443	肉	2		x	ɒ	4	4:1			腰	g	r	i	g	1	1
623	肥料	2		k^h	ɯ	4	4:1			圊	ts^h	i	i	ŋ	1	
1504	聋	1		b	o	4	4:1			聋	r		u	ŋ	1	
218	父亲	2		b	ɒ	4	4:2	b:b	ɒ:jag	父	b	j	a	g	2	2
1198	吃	1		dz	uɒ	4	4:2	dz:dz	uɒ:jag	咀	dʑ		a	g	2	1
151	屎	2		hr	i	4	4:2	hr:st^h)	i:jid	屎	st^h	j	i	d	2	
289	狗	1		k^h	ɯ	4	4:2	k^h:k^h)	ɯ:jan)	犬	k^h	i	a	n	2	1
1014	重	1		l	i	4	4:2	l:d		重	dr	j	u	ŋ	2	2
18	火	2		m	i	4	4:2	m:sm	i:jəd)	燬	h(<sm)	j	ə	d	2	1

（续表）

975	近	1		n	æ	4	4:2	n:n	æ:ir)	迩	nj		i	r	2	2
801	五	1		ŋ	uɒ	4	4:2	ŋ:ŋ	uɒ:ag	五	ŋ		a	g	2	2
1228	打(人)	1	N	t^h	æ	4	4:2	Nt^h:t	æ:aŋ)	打	t		a	ŋ	2	2
1074	苦	1		q^h	uɒ	4	4:2	q^h:k^h)	uɒ:ag	苦	k^h		a	g	2	
307	爪子	2		s	e	4	4:2	s:st^h	e:jəgw)	手	st^h	j	ə	gw	2	1
1406	挤(脚)	2		ts	i	4	4:2	ts:ts	i:id	挤	ts		i	d	2	
1713	洗(衣)	1		ts^h	i	4	4:2	ts^h:s	i:id	洗	s		i	d	2	2
1749	痒	2		zr	ɒ	4	4:2	z:l)	ɒ:aŋ)	痒	l		a	ŋ	2	
173	男人	2		z	uɒ	4	4:2	z:ts	uɒ:jəg)	子	ts	j	ə	g	2	1
222	女儿	1		m	æ	4	4:2		æ:rjag)	女	n	rj	a	g	2	
1021	钝	2		d	u	4	4:3	d:d	u:ən	钝	d		ə	n	3	
1475	靠	2	N	k^hr	e	4	4:3	Nk^h:k^h)	e:əgw)	靠	k^h		ə	gw	3	
964	大	1		r	æ	4	4:3		æ:ad	大	d		a	d	3	1
981	薄	1		b	ɒ	4	4:4	b:b		薄	b		a	k	4	2
129	血	1		s	ɯ	4	4:4	s:h)	ɯ:wit)	血	h	wi	i	t	4	1
675	力气	1		ɣ	uɒ	4	4:4	ɣ:r)	uɒ:ək	力	r		ə	k	4	
234	侄子	1		z	uɒ	4	4:4	z:d	uɒ:rjit)	侄	dr	j	i	t	4	
12	雪	1		v	ɒ	4	4:4		ɒ:jat	雪	s	j	a	t	4	2
133	骨头	1	ʔ	v	ju	4	4:4			骨	k		ə	t	4	1
224	孙子	1	h	l	i	5	5:1	hl:s)	i:ən)	孙	s		ə	n	1	
351	鱼	1	h	ŋ	uɒ	5	5:1	hŋ:ŋ)	uɒ:jag	鱼	ŋ	j	a	g	1	1
1035	软	1		n	u	5	5:1	n:n	u:əgw)	柔	nj		ə	gw	1	
646	书	2		s	u	5	5:1	s:st^h	u:jag)	书	st^h	j	a	g	1	
710	左(边)	1	ʔ	v	æ	5	5:1		æ:ad	歪	h		a	d	1	2
74	头	1		ŋ	o	5	5:1			头	d		u	g	1	1
1072	酸	1		tɕ	e	5	5:1			酸	s		a	n	1	
267	尾巴	2	ʔ	m	uæ	5	5:2	ʔm:m)	uæ:jəd)	尾	m	j	ə	d	2	1
81	耳朵	1	h	n	ɒ	5	5:2	hn:n)	ɒ:əg	耳	nj		ə	g	2	1
268	马	1		m	u	5	5:2	m:m	u:rag)	马	m	r	a	g	2	
1360	跪	2		g	ɯ	5	5:2			跪	gw	ji	a	r	2	
301	鹅	1		0	o	6	6:1	0:ŋ)	o:ad)	鹅	ŋ		a	d	1	
1246	打开	2		p^h	u	6	6:1	p^h:p^h	u:ag	铺	p^h		a	g	1	

（续表）

990	圆	2		v	o	6	6:1			圆	gw	j	a	n	1	1
1264	等待	1	h	l	o	6	6:2	hl:d	o:əg)	待	d		ə	g	2	
110	拇指	1		m	ɒ	6	6:2	m:m	ɒ:əg	拇	m		ə	g	2	
219	母亲	1		m	ɒ	6	6:2	m:m	ɒ:əg	母	m		ə	g	2	2
309	象	2		χ	ɒ	6	6:2		ɒ:jaŋ)	象	l	j	a	ŋ	2	
555	筷子	1		dʐ	u	6	6:3	dz:d	ru:jag)	箸	dr	j	a	g	3	
292	兔子	1	h	l	uɒ	6	6:3	hl:t^h	uɒ:ag	兔	t^h		a	g	3	
462	布	2		p^h	ɒ	6	6:3	p^h:p	ɒ:ag	布	p		a	g	3	
711	右(边)	2		zr	ɒ	6	6:3			正	tj		i	ŋ	3	2
1612	射中	2		z	o	6	6:3			中	t	rj	ə	ŋw	3	
910	天(一天)	1	ʔ	n	i	6	6:4	ʔn:n	i:jit)	日	nj		i	t	4	2
771	月	1	h	l	uɒ	6	6:4	hl:l)	uɒ:jiak)	夕	l	ji	a	k	4	
1263	得到	2		ɣ	uɒ	6	6:4		uɒ:ək	得	t		ə	k	4	
4	月亮	1		b	ɒ	6	6:4			月	ŋ	wj	a	t	4	1
1637	熟(饭)	1	h	m	ɛ	6	6:4			熟	d	j	ə	kw	4	
264	蹄	1		b	ɛ̱	7	7:1	b:b	ɛ̱:jan)	蹯	b	j	a	n	1	
365	蚂蚁	2		b	æ̱	7	7:1	b:b		蚍	b		i	d	1	
304	老虎	1		l	ɒ	7	7:1	l:r	ɒ:əg	狸	r		ə	g	1	
1156	编(辫子)	2		p^hr	æ̱	7	7:1	p^h:p		编	p		i	n	1	
1050	新	1		ʃ	ɯ̱	7	7:1	ʃ:s	ɯ̱:jin)	新	s	j	i	n	1	1
284	猪	1		v	ɑ̱	7	7:1	v:p)		豝	p	r	a	g	1	
578	针	1		r	ɛ̱	7	7:1		ɛ̱:əm)	针	tj		ə	m	1	
3	光	2		tr	u̱	7	7:1			光	k	w	a	ŋ	1	
617	锄头	1		ts^hr	o̱	7	7:1			锄	dʐ	j	a	g	1	
1328	符合(条件)	2		x	u̱	7	7:1			符	b	j	u	g	1	
1348	钩	2		ŋ	o̱	7	7:1			钩	k		u	g	1	
132	脑髓	1	ʔ	n	o̱	7	7:2	ʔn:n	o̱:agw)	脑	n		a	gw	2	
1674	舔	2		l	æ̱	7	7:2	l:d		舐	dj		i	g	2	
1268	点(点火)	1		t	o̱	7	7:2	t:t		点	t	i	ə	m	2	
382	柳树	2		mj	i̱	7	7:2			柳	r		ə	gw	2	
1194	盛(盛饭)	2		q^h	ɯ̱	7	7:2			取	ts^h	j	u	g	2	

（续表）

1804	煮	1		tɕ	ɑ̱	7	7:2			煮	tj		a	g	2	
1693	蜕(皮)	2	h	l	ɯ̱	7	7:3	hl:t^h	ɯ̱:ad)	蜕	t^h		a	d	3	
777	年	1		q^h	o̱	7	7:3	q^h:skw)		岁	skw	j	a	d	3	
1818	醉	2		ʑ	i̱	7	7:3	z:ts	ji̱:jəd)	醉	ts	j	ə	d	3	
310	豹子	1		z	i̱	7	7:3			豹	p	r	a	gw	3	
1695	脱(衣)	1	ʔ	l	ɯ̱	7	7:4	ʔl:hl)	ɯ̱:uat)	脱	hl	u	a	t	4	
1582	缺(口)	1		c^h	æ̱	7	7:4	c^h:k^h)	æ̱:iat)	缺	k^h	i	a	t	4	
641	毒	2		d	o̱	7	7:4	d:d	o̱:əkw)	毒	d		ə	kw	4	
804	八	1		h	e̱	7	7:4	h:p	e̱:riat)	八	p	ri	a	t	4	
802	六	1		k^hr	o̱	7	7:4	k^h:r)		六	r	j	ə	kw	4	
107	手	1		l	ɑ̱	7	7:4	l:l)	ɑ̱:ək	翼	l		ə	k	4	1
1212	穿(穿鞋)	1	N	t^h	ɛ̱	7	7:4	Nt^h:t	rɛ̱:rjak)	着	t	rj	a	k	4	
67	人家	2		r	ɛ̱	7	7:4	r:ʔ)	ɛ̱:jəp)	邑	ʔ	j	ə	p	4	
1798	知道	2		s	æ̱	7	7:4	s:st^h	æ̱:jək)	识	st^h	j	ə	k	4	1
136	骨节	2		ts	i̱	7	7:4	ts:ts	i̱:it)	节	ts		i	t<*k	4	
1078	涩	1		ts^h	ɯ̱	7	7:4	ts^h:s		涩	sr		ə	p	4	
408	稻草	2		p	ɛ̱	7	7:4			秣	m		a	t	4	
1221	戳	2	N	k^hr	u	7	7:4			戳	t^h		ə	kw	4	
704	东(东方)	2		d	u̱	8	8:1	d:t)	u̱:uŋ)	东	t		u	ŋ	1	
1449	惊动	2		kj	o̱	8	8:1	k:k	o̱:jaŋ)	惊	k	j	a	ŋ	1	
1413	夹(菜)	2		n	ɛ̱	8	8:1	n:n	ɛ̱:iəm)	拈	n	i	ə	m	1	
144	心脏	2		n	i̱	8	8:1	n:n	i̱:jin	仁	nj		i	n	1	1
1650	撕	2		sr	ɛ̱	8	8:1	s:s	ɛ̱:jig)	撕	s	j	i	g	1	2
534	柴	1		s	i̱	8	8:1	s:s	i̱:jin	薪	s	j	i	n	1	
846	把(一把)	2		ts	ɯ̱	8	8:1	ts:ts		抓	tsr		ə	gw	1	
293	鸡	2		ʑ	e̱	8	8:1			鸡	k		i	g	1	
377	花			v		8	8:1			花	h	r	a	g	1	2
388	松明	2		b	ɑ̱	8	8:1			明	m	ji	a	ŋ	1	
326	鸟	2		ȵ	ɑ̱	8	8:2	ȵ:t)		鸟	t	i	ə	gw	2	1
1148	饱	1	N	p^h	u̱	8	8:2	Np^h:p)	u̱:rəgw)	饱	p	r	ə	gw	2	
991	扁	1		pr	ɑ̱	8	8:2	p:p		扁	p		i	n	2	
1601	扫	1		s	ɯ̱	8	8:2	s:s		扫	s		ə	gw	2	

（续表）

1803	拄(拐棍)	1		t	o̲	8	8:2	t:t	o̲:rjug)	拄	t	rj	u	g	2	
147	胆	2		tsj	i̲	8	8:2	ts:t		胆	t		a	m	2	
584	锁	2	N	$ts^{h}r$	u̲	8	8:2		ru̲:ar)	锁	s		a	r	2	
320	老鼠			h		8	8:2			鼠	st^{h}	j	a	g	2	
1131	拔(草)	1		tsr	i̲	8	8:2			扯	t^{h}	j	a	g	2	
1394	混合	2		h	o̲	8	8:3		o̲:ar)	和	gw		a	r	3	
699	梦			m		8	8:3			梦	m	j	ə	ŋ	3	
300	鸭子	1		ʔ	æ̲	8	8:4	ʔ:ʔ)	æ̲:rab)	鸭	ʔ	r	a	b	4	
1168	踩	2		dr	ɛ̲	8	8:4	d:d	rɛ̲:ap)	蹋	d		a	p	4	
194	贼	2		dz	ɛ	8	8:4	dz:dz	ɛ:ək)	贼	dz		ə	k	4	
43	石头	1		l	o̲	8	8:4	l:d	o̲:jak)	石	d	j	a	k	4	1
79	眼睛	1	ʔ	mj	ɑ̲	8	8:4	m:m	ɑ̲:əkw)	目	m	j	ə	kw	4	1
1005	黑	1		n	ɑ̲	8	8:4	n:hm)	ɑ̲:ək	黑	hm		ə	k	4	1
1404	挤(牙膏)	2		ȵ	e̲	8	8:4	ȵ:n	e̲:it)	捏	n		i	t	4	
553	碗	2		p	ɑ̲	8	8:4	p:p	ɑ̲:at)	钵	p		a	t	4	
1174	拆(衣服)	2		$p^{h}r$	ɑ̲	8	8:4		ɑ̲:ak)	拆	t^{h}		a	k	4	
1171	插(牌子)	2		$ts^{h}r$	ɛ̲	8	8:4		rɛ̲:rap)	插	ts^{h}	r	a	p	4	
454	茶	1		l	ɒ	9	9:1	l:d	ɒ:rag)	茶	dr		a	g	1	
145	肝	1		s	ɛ	9	9:1	s:s	ɛ:jin)	辛	s	j	i	n	1	1
1173	查(账)	2	N	$ts^{h}r$	ɑ	9	9:1		ɑ:ag)	查	dʐ		a	g	1	
512	木板	1		p^{h}	e	9	9:2	p^{h}:p	e:ran)	板	p	r	a	n	2	
647	纸	1		$t^{h}r$	o	9	9:2	t^{h}:t		纸	tj		i	g	2	
248	妻子	2		m	æ	9	9:2			妇	b	j	ə	gw	2	2
1151	背(孩子)			b		9	9:2			挽	m	j	a	n	2b	
1517	卖	1	ʔ	v	u	9	9:3	ʔv:m)	u:ig)	卖	m		i	g	3	
1345	给	2		b	e	9	9:3	b:p	e:id)	畀	p		i	d	3	1
154	汗	1		kr	uæ	9	9:3	k:g)	ruæ:an)	汗	g		a	n	3	
1058	年老	2		m	o	9	9:3	m:m	o:agw)	耄	m		a	gw		2
798	二	1		n	i	9	9:3	n:n	i:jid	二	nj		i	d	3	1
1356	关(门)	2		p	i	9	9:3	p:p	i:id	闭	p		i	d	3	
143	肺	1		ts^{h}	ɯ	9	9:3		ɯ:jad)	肺	p^{h}	j	a	d	3	
803	七	1		ʃ	ɯ	9	9:4	ʃ:sn)	ɯ:jit)	七	sn	j	i	t	4	

（续表）

797	一	1		t^{h}r	i	9	9:4			一	ʔ	j	i	t	4	1
1799	织	2		ts^{h}r	æ	9	9:4			织	tj		ə	k	4	
1057	嫩	2		n	u	5	5:3)	n:n	u:ən	嫩	n		ə	n	3	

6.1.4 彝汉关系语素

如果以最严格的标准来界定原始彝语和汉语之间的关系语素，就要求原始彝语的级别为 1 级，而 2 级暂时不入选，同时，在声韵调三方面都得到对应的支持。符合这些标准的彝汉关系语素如表 I：

索引	词目	级	pyp	pyi	pyf	pyt	声对应	韵对应	调对应	汉字	oci	ocf			oct	词阶
1198	吃	1		dz	uɒ	4	dz:dz	uɒ:jag	4:2	咀	dʑ		a	g	2	1
805	九	1		g	u	2	g:k	u:jəgw	2:2	九	k	j	ə	gw	2	
139	舌头	1	h	l	ɒ	2	hl:d	ɒ:jat	2:4	舌	dj		a	t	4	1
292	兔子	1	h	l	uɒ	6	hl:t^{h}	uɒ:ag	6:3	兔	t^{h}		a	g	3	
263	犄角	1		k^{h}r	u	1	k^{h}:k	ru:ruk	1:4	角	kr		u	k	4	1
304	老虎	1		l	ɒ	7	l:r	ɒ:əg	7:1	狸	r		ə	g	1	
110	拇指	1		m	ɒ	6	m:m	ɒ:əg	6:2	拇	m		ə	g	2	
219	母亲	1		m	ɒ	6	m:m	ɒ:əg	6:2	母	m		ə	g	2	2
798	二	1		n	i	9	n:n	i:jid	9:3	二	nj		i	d	3	1
801	五	1		ŋ	uɒ	4	ŋ:ŋ	uɒ:ag	4:2	五	ŋ		a	g	2	2
534	树，柴	1		s	i̠	8	s:s	i̠:jin	8:1	薪	s	j	i	n	1	1
1089	死	1		ʃ	i	1	ʃ:s	i:jid	1:2	死	s	j	i	d	2	1
1713	洗(衣)	1		ts^{h}	i	4	ts^{h}:s	i:id	4:2	洗	s		i	d	2	2

如果放宽对应语素的要求，可以考虑增加原始彝语中的 2 级，如下表 II：

索引	词目	级	pyp	pyi	pyf	pyt	声对应	韵对应	调对应	汉字	oci	ocf			oct	词阶
218	父亲	2		b	ɒ	4	b:b	ɒ:jag	4:2	父	b	j	a	g	2	2
1553	漂浮	2		b	u	1	b:b	u:jəgw	1:1	浮	b	j	ə	gw	1	2
1021	钝	2		d	u	4	d:d	u:ən	4:3	钝	d		ə	n	3	
563	箍儿	2		k	u	2	k:k	u:ag	2:1	箍	k		a	g	1	
144	心脏	2		n	i̠	8	n:n	i̠:jin	8:1	仁	nj		i	n	1	1

（续表）

1356	关(门)	2		p	i	9	p:p	i:id	9:3	闭	p		i	d	3	
462	布	2		p^h	ɒ	6	p^h:p	ɒ:ag	6:3	布	p		a	g	3	
1246	打开	2		p^h	u	6	p^h:p^h	u:ag	6:1	铺	p^h		a	g	1	
109	手指	2		tsr	i	3	ts:t	i:jid	3:2	指	tj		i	d	2	
1406	挤(脚)	2		ts	i	4	ts:ts	i:id	4:2	挤	ts		i	d	2	
1813	捉	2		zr	u	1	z:ts	ru:ruk	1:4	捉	tsr		u	k	4	

在上文（5.1.3-4）中，我们提出在关系语素不丰富的情况下，可以启用一个补充原则：若在三项对应中，只有声、韵、调中的一项匹配缺乏对应支持，但具有音理解释的可能，该语素仍可能处理为宽式关系语素，则可增加关系语素的数量，如下表 III：

索引	词目	级	pyp	pyi	pyf	pyt	声对应	韵对应	调对应	汉字	oci	ocf			oct	词阶
910	天	1	ʔ	n	i	6	ʔn:n	i:jit)	6:4	日	nj		i	t	4	2
132	脑髓	1	ʔ	n	o̱	7	ʔn:n	o̱:agw)	7:2	脑	n		a	gw	2	
264	蹄	1		b	ɛ̱	7	b:b	ɛ̱:jan)	7:1	蹯	b	j	a	n	1	
1318	飞	1		br	e	1	b:p	re:jəd)	1:1	飞	p	j	ə	d	1	1
1264	等待	1	h	l	o	6	hl:d	o:əg)	6:2	待	d		ə	g	2	
1622	剩	1		dz	e	1	dz:d	e:əŋ)	1:3	剩	dj		ə	ŋ	3	
555	筷子	1		dʐ	u	6	dz:d	ru:jag)	6:3	箸	dr	j	a	g	3	
573	钱(币)	1		dʑ	ɯ	4	dz:t	jɯ:jug)	4:1	铢	tj		u	g	1	
804	八	1		h	e̱	7	h:p	e̱:riat)	7:4	八	p	ri	a	t	4	
81	耳朵	1	h	n	ɒ	5	hn:n)	ɒ:əg	5:2	耳	nj		ə	g	2	1
351	鱼	1	h	ŋ	uɒ	5	hŋ:ŋ)	uɒ:jag	5:1	鱼	ŋ	j	a	g	1	1
454	茶	1		l	ɒ	9	l:d	ɒ:rag)	9:1	茶	dr		a	g	1	
43	石头	1		l	o̱	8	l:d	o̱:jak)	8:4	石	d	j	a	k	4	1
107	手	1		l	ɑ̱	7	l:l)	ɑ̱:ək	7:4	翼	l		ə	k	4	1
1491	来	1		l	e	1	l:r	e:əg)	1:1	来	r		ə	g	1	1
306	龙	1		l	u	4	l:r	u:uŋ)	4:1	龙	r		u	ŋ	1	
174	妇女	1		m	æ	4	m:m	æ:rag)	4:1	妈	m	r	a	g	1	1
79	眼睛	1	ʔ	mj	ɑ̱	8	m:m	ɑ̱:əkw)	8:4	目	m	j	ə	kw	4	1
268	马	1		m	u	5	m:m	u:rag)	5:2	马	m	r	a	g	2	

（续表）

162	尸体	1		m	ɑ	2	m:sm	ɑ:aŋ)	2:1	丧	sm		a	ŋ	1	
1005	黑	1		n	ɑ̲	8	n:hm)	ɑ̲:ək	8:4	黑	hm		ə	k	4	1
975	近	1		n	æ	4	n:n	æ:ir)	4:2	迩	nj		i	r	2	2
931	你	1		n	ɯ	1	n:n	ɯ:əg)	1:2	你	n		ə	g	2	1
1035	软	1		n	u	5	n:n	u:əgw)	5:1	柔	nj		ə	gw	1	
928	我	1		ŋ	ɒ	1	ŋ:ŋ	ɒ:ad)	1:2	我	ŋ		a	d	2	1
1228	打(人)	1	N	t^h	æ	4	Nt^h:t	æ:aŋ)	4:2	打	t		a	ŋ	2	2
1212	穿(鞋)	1	N	t^h	ɛ̲	7	Nt^h:t	rɛ̲:rjak)	7:4	着	t	rj	a	k	4	
512	木板	1		p^h	e	9	p^h:p	e:ran)	9:2	板	p	r	a	n	2	
1074	苦	1		q^h	uɒ	4	q^h:k^h)	uɒ:ag	4:2	苦	k^h		a	g	2	
972	长	1		sr	ɛ	3	s:d	ɛ:jaŋ)	3:1	长	dr	j	a	ŋ	1	1
347	蛇	1		sr	uæ	3	s:d	ɾuæ:jag)	3:1	蛇	dj		a	g	1	2
145	肝	1		s	ɛ	9	s:s	ɛ:jin)	9:1	辛	s	j	i	n	1	1
356	虱	1		ʃ	e	1	ʃ:s	e:rjit)	1:4	虱	sr	j	i	t	4	1
1050	新	1		ʃ	ɯ̲	7	ʃ:s	ɯ̲:jin)	7:1	新	s	j	i	n	1	1
1803	拄(拐)	1		t	o̲	8	t:t	o̲:rjug)	8:2	拄	t	rj	u	g	2	
1774	栽(树)	1		t	uæ	1	t:t	uæ:juŋ)	1:3	种	tj		u	ŋ	3	
675	力气	1		ɣ	uɒ	4	ɣ:r)	uɒ:ək	4:4	力	r		ə	k	4	
234	侄子	1		z	uɒ	4	z:d	uɒ:rjit)	4:4	侄	dr	j	i	t	4	

放宽到彝语 2 级，则可增加下列词表：

索引	词目	级	pyp	pyi	pyf	pyt	声对应	韵对应	调对应	汉字	oci	ocf			oct	词阶
916	步	2		b	ɯ	1	b:b	ɯ:ag)	1:3	步	b		a	g	3	
1345	给	2		b	e	9	b:p	e:id)	9:3	畀	p		i	d	3	1
641	毒	2		d	o̲	7	d:d	o̲:əkw)	7:4	毒	d		ə	kw	4	
1168	踩	2		dr	ɛ̲	8	d:d	rɛ̲:ap)	8:4	蹋	d		a	p	4	
848	棵(树)	2		dz	ɛ	2	dz:d	ɛ:jug)	2:3	树	d	j	u	g	3	
194	贼	2		dz	ɛ	8	dz:dz	ɛ:ək)	8:4	贼	dz		ə	k	4	
1047	真	2		dʐ	ɛ	1	dz:t	ɛ:jin)	1:1	真	tj		i	n	1	
53	铜	2		gj	ɯ	4	g:k	jɯ:əm)	4:1	金	k	j	ə	m	1	
1693	蜕(皮)	2	h	l	ɯ̲	7	hl:t^h	ɯ̲:ad)	7:3	蜕	t^h		a	d	3	

（续表）

151	屎	2		hr	i	4	hr:st^h)	i:jid	4:2	屎	st^h	j	i	d	2	
1449	惊动	2		kj	o̲	8	k:k	o̲:jaŋ)	8:1	惊	k	j	a	ŋ	1	
103	脚	2		k^h	ɯ	3	k^h:k	ɯ:jak)	3:4	脚	k	j	a	k	4	1
281	骡子	2		l	ɑ	2	l:r	ɑ:ar)	2:1	骡	r		a	r	1	
1058	年老	2		m	o	9	m:m	o:agw)	9:3	耄	m		a	gw	3	2
18	火	2		m	i	4	m:sm	i:jəd)	4:2	燬	h< sm	j	ə	d	2	1
94	乳房	2		n	e	1	n:n	e:jug)	1:2	乳	nj		u	g	2	1
1413	夹(菜)	2		n	ɛ̲	8	n:n	ɛ̲:iəm)	8:1	拈	n	i	ə	m	1	
1057	嫩	2		n	u	5	n:n	u:ən	5:3)	嫩	n		ə	n	3	
1404	挤(膏)	2		ȵ	e̲	8	ȵ:n	e̲:it)	8:4	捏	n		i	t	4	
2	太阳	2		ȵ	ɛ	1	ȵ:n	ɛ:jit)	1:4	日	nj		i	t	4	1
556	瓶子	2	N	p^h	ɛ	1	Np^h:b)	ɛ:iŋ	1:1	瓶	b		i	ŋ	1	
553	碗	2		p	ɑ̲	8	p:p	ɑ̲:at)	8:4	钵	p		a	t	4	
1161	补(衣)	2		p	ie	1	p:p	ue:ag)	1:2	补	p		a	g	2	
150	膀胱	2		p^h	u	1	p^h:p^h	u:rəgw)	1:1	泡	p^h	r	ə	gw	1	
1650	撕	2		sr	ɛ̲	8	s:s	ɛ̲:jig)	8:1	撕	s	j	i	g	1	2
409	谷粒	2		s	æ	1	s:st^h	æ:jag)	1:2	黍	st^h	j	a	g	2	
1798	知道	2		s	æ̲	7	s:st^h	æ̲:jək)	7:4	识	st^h	j	ə	k	4	1
307	爪子	2		s	e	4	s:st^h	e:jəgw)	4:2	手	st^h	j	ə	gw	2	1
572	升	2		sr	ɯ	2	s:st^h	rɯ:jəŋ)	2:1	升	st^h	j	ə	ŋ	1	
646	书	2		s	u	5	s:st^h	u:jag)	5:1	书	st^h	j	a	g	1	
1003	直(的)	2		t	u	1	t:t	u:an)	1:1	端	t		a	n	1	2
549	刀	2		t^h	ɒ	4	t^h:t	ɒ:agw)	4:1	刀	t		a	gw	1	
415	麦芒	2		ts	i	2	ts:ts	i:jəg)	2:2	子	ts	j	ə	g	2	
136	骨节	2		ts	i̲	7	ts:ts	i̲:it)	7:4	节	ts		i	t	4	
513	柱子	2		z	ɛ	1	z:d	ɛ:rjug)	1:2	柱	dr	j	u	g	2	
1818	醉	2		ʑ	i̲	7	z:ts	ji̲:jəd)	7:3	醉	ts	j	ə	d	3	
173	男人	2		z	uɒ	4	z:ts	uɒ:jəg)	4:2	子	ts	j	ə	g	2	1

6.2 彝汉关系语素分析

6.2.1 多重对应

以汉语为出发点，在最严格的彝汉关系语素集中，声母方面有如下一对三的多重对应：

索引	词目	级	pyp	pyi	pyf	pyt	声对应	韵对应	调对应	汉字	oc	词阶
534	树，柴	1		s	i̱	8	s:s	i̱:jin	8:1	薪	sjin1	1
1089	死	1		ʃ	i	1	ʃ:s	i:jid	1:2	死	sjid2	1
1713	洗(衣)	1		ts^h	i	4	ts^h:s	i:id	4:2	洗	sid2	2

表格 109　彝汉声母多重对应例

可总结如下：

对应	原始彝语	汉语
1	s	*s>s
2	ʃ	*s>s
3	ts^h	*s>s

表格 110　彝汉声母多重对应的模式

假设以历史层次来解释上述对应，则需要解释由于该声母在汉语的不同阶段发生了变化，从而造成了原始彝语借贷时的不同匹配。对应 2 的来源或许就是因为 s-在-j-前腭化造成的对应，相对对应 1 没有腭化的情况看，其来源或许是晚近的借贷，即从某个汉语变体腭化后借入，而对应 3 的表现，在汉语该声母从上古到中古的可能变化中都很难解释。假设从纵向的音韵演变来看，需要寻找分化的条件，或者假设早期不同的条件。参照汉藏同源词在藏语中的表现：WT‘洗’bsil (龚煌城 2002). 如果假设*bs- > ts^h-这一音变在原始彝语中发生，而*bs- > s-在汉语中发生，就可以解释这一分别。而且词头 b-的存在还可以从原始白语的送气擦音表现中看出痕迹(参见 汪锋 2006b)。不过，对应 2 的来源也有可能是彝语自身的演变造成的，‘死’或许因为避讳的原因而独自腭化，也有可能在更早的祖语状态，‘死’的声母和‘树；柴’的声母就保持着原始彝语这样的对立，而该对立在汉语中合并了。目前看来，还不太能判定哪种说法更为合理。

在韵母方面没有发现多重对应。至于声调方面有多重对应，鉴于目前对于彝语声调的源流尚不十分清楚，暂不作考虑。

6.2.2 词阶分析

根据完全对应以及同时要求原始彝语的形式在 1 级上，也就是最严格的彝汉关系语素，词阶分布如下：

词阶	数目	实例
高阶	6	吃、蛇、犄角、二、树、死
低阶	3	母亲、五、洗

表格 111　最严格彝汉关系语素的词阶分布

放宽到原始彝语 2 级，则低阶增加 2，而高阶增加 1，如下：

词阶	数目	实例
高阶	6+1=7	吃、蛇、犄角、二、树、死、心脏
低阶	3+2=5	母亲、五、洗、漂浮、父亲

表格 112　放宽到原始彝语 2 级的彝汉关系语素的词阶分布

可见，若放宽对原始彝语级别的限制，低阶关系语素增加的速度可能超出高阶，与最严格关系语素中体现出的阶曲线下降趋势相反。这与 5.2.2 中以彝白关系语素为基础所作的讨论相吻合，也同样说明：放宽原始彝语级别或许会造成晚期关系语素的蹿入，从而造成干扰，因此，使用词阶法来判定关系语素体现的语源关系时，应该坚持以最严格的条件来定义关系语素，从而使我们的判定更为准确。

再来观察另一个角度的关系语素标准放宽，即放宽完全对应的要求到一定程度，在§6.1.4 中列出了声、韵、调中只有一项尚不构成对应的情况。先观察原始彝语级别最高的 1 级要求下的此类词阶分布：

词阶	数目	实例
高阶	6+15	吃、蛇、犄角、二、树、死、飞、耳、鱼、石、手、来、女、眼睛、黑、你、我、长、肝、虱子、新
低阶	3+4	母亲、五、洗、蛇、打、近、天(day)

表格 113　放宽对应要求的彝汉关系语素的词阶分布

关系语素的增加按照高阶多，低阶少的比例增加，而且增加比率 15∶4 相比之前的 6∶3 更突出了阶曲线的下倾趋向。这与 5.2.2 中以彝白关系语素为基础所作的讨论相吻合，因此，在关系语素不够多的情况下，适当放宽在完全对应方面的要求对观察阶曲线的分布趋势比较有利。

当扩展到原始彝语 2 级时，彝汉关系语素按照 8：3 的数量增加，如下：

词阶	数目	增加的实例
高阶	21+8=29	给、脚、火、乳房、太阳、知道、爪子、男人
低阶	7+3=10	老、撕、直

表格 114　双重放宽下的彝汉关系语素的词阶分布

在放宽到原始彝语 2 级时，关系语素仍旧保持高阶比低阶多的比率增加，但相比 1 级时的 15：4 的差值，高低阶的差值（8:3）在缩小，低阶有随之增多的倾向，因此，这一变化与坚持关系语素的声韵调完全对应的条件时发现的规律在实质上一致，即，放宽原始形式的重构级别要求，或多或少会导致借用成分的混入，可能会造成语源关系判定上的失误。这在§5.2.2 中也有详细讨论。

从上面的实例分析中，可以看出原始彝语和上古汉语在目前的证据下显示为同源关系，同时，也可以观察到关系语素在不同放宽方式下的不同效果。

6.2.3 不可释原则

索引	词目	级	pyp	pyi	pyf	pyt	声对应	韵对应	调对应	汉字	oc	mc	词阶
805	九	1		g	u	2	g:k	u:jəgw	2:2	九	kjəgw2	kjuw2a	
1713	洗（衣）	1		ts^h	i	4	ts^h:s	i:id	4:2	洗	sid2	sej2a	2

表格 115　彝汉对应之不可释例

上表中原始彝语与汉语的对应，不能根据原始彝语向汉语的借用匹配来解释，因此，这方面的证据也显示这些关系语素是从共同祖先遗传而来，也就是，原始彝语和上古汉语是同源关系。这与上文根据词阶分析得到的结论一致。

7. 汉、白、彝之亲缘关系

汉语、原始白语和彝语在关系语素的最早层次上，都显示出同源关系，因此，三者的亲缘关系问题也可以具体化为同源语言间亲缘关系远近的问题，也就是一个亲缘语言分群(Subgrouping)的问题。

关于亲缘语言分群的方法，在上文 4.7 中有详细探讨，基于同样的原则，我们同时运用两个方面的证据来探讨白、汉、彝三者之间的远近：一是比较三个语言之间共享的创新；二是比较二者之间共享的核心同源语素。

7.1 音韵演变分析

将彝白关系语素的最早层次与汉白关系语素的最早层次对接，可得到下列三个语言的关系语素，鉴于我们在彝白和汉白比较中已经有证据说明这些关系语素是由于同源遗传造成的，这些关系语素可以看作从三者共同祖语发展而来，其中的阶段性发展可以通过三个语言中体现的差异推测出来：

	词目	索引	pyp	pyi	pyf	pyt	原始白	OC	MC	词阶
1	石	43		l	o̱	8	dro4	djak	dzyjek4b	1
2	白	1006		p^hr	u	1	bæ4	brak	bæk4b	1
3	天[日]	910	ʔ	n	i	6	nji4	ȵit	nyi4b	2
4	五	801		ŋ	uɒ	4	ŋu2	ŋag2	ŋu2b	2
5	母	219		m	ɒ	6	mɔ2	məg2	muw2b	2
6	树；柴[薪]	534		s	i̱	8	sjen1	sjin	sin1a	1
7	舌	139	h	l	ɒ	2	drɛ4	djat	zyjet4b	1
8	角	263		k^hr	u	1	qɔ4	kruk	kæwk4a	1
9	死	1089		ʃ	i	1	sji2	sjid2	sij2a	1
10	洗	1713		ts^h	i	4	s^he2	sid2	sej2a	2

表格 116　汉、白、彝之最严格关系语素

相关重构如下：

	原始彝语	原始白语	汉语	实例
1	**drjak → *rjak → lo̱8	**drjak → *drak → dro4	**drjak → *djak → dzyjek4b	石
2	**brak → *p^hrak → phru1	**brak → bæ4	*brak → bæk4b	白
3	**ʔnjit → ʔni6	**ʔnjit → *njit → nji4	**ʔnjit → *njit → nyi4b	日
4	**ŋagx → ŋuɒ4	**ŋagx → ŋu2	**ŋag2 → ŋu2b	五
5	**məgx → mɒ6	**məgx → mɔ2	**məg2 → muw2b	母
6	**sjin → si̱8	**sjin → sjen1	**sjin → sin1a	薪
7	**dlat → hlɒ2	**dlat → drɛ4	**dlat → *djat → zyjet4b	舌
8	**kruk→ k^hru1	**kruk→ qɔ4	*kruk → kæwk4a	角
9	**sjidx → ʃi1	**sjidx → sji2	*sjid2 → sij2a	死
10	**bsidx → tshi4	**bsidx → s^he2	**bsid2 → *sidx → sej2a	洗

表格 117 汉白彝之最严格关系语素的演化

例 2 中显示原始白语和汉语中-r-导致了韵母有同样的变化，即共享了变化：-ra- → -æ-；例 3 中显示了白语和汉语有同样的声母变化，即共享了：ʔnj- → nj；例 4 中显示了白语和汉语共享了变化：ag → u。可见，在上述 6 项演变中，白语和汉语共享有三处共同创新演变，而白语和彝语、汉语和彝语之间没有一项共同创新。就这些创新而言，因为并不是很特殊的音变，单个来说，很有可能只是平行的演变发展而已，但在局限的范围内，同时共享三项，其中至少有一项是共同创新的几率很大。就上述证据而言，原始白语和汉语有更密切的关系，而原始彝语距离他们较远。在形式上可以写作：

((原始白语，上古汉语）原始彝语)。

7.2 语义演变分析

原始彝语中‘树’与‘柴’是同一形式*si̱8，而在原始白语中，对应的*sjen 只有‘柴’的意义，‘树’的意义由*drɯ3 承担，而该形式与汉语的“树*djugh”为同源语素 (Wang 2004)，该语素在汉语中经历了“种植→树”的演变。如下表所示：

原始彝语	原始白语	上古汉语
si̱8 ‘树’; ‘柴’	sjen ‘柴’	薪 *sjin > sin1 ‘柴’
-	drɯ3 ‘树’	树 *djug3 > dzyju3 ‘树’ (← ‘种植’)

表格 118 汉、白、彝中的“树”和“柴”之演变

也就是说，原始白语和汉语共享了两项创新：1 ‘树’; ‘柴’ → ‘柴’; 2 ‘种植’ → ‘树’。

原始彝语	原始白语	汉语
-	sjen1 ‘心脏’	心 *sjəm1>sim1 ‘心脏’ (← ‘想，心思’)[①]
ni̠8 ‘心脏’	-	仁 *njin>nyin1b ‘心脏’ (→ ‘博爱，仁爱’)

表格 119 汉、白、彝中的“心脏”之演变

上表说明，原始彝语和汉语共享了原始语的遗存：*njin ‘心脏’；而原始白语和汉语则共享了‘想，心思’→‘心脏’ 这一语义创新（相关讨论参见 梅祖麟 2005）。

上述语义演变也都支持（(原始白语，上古汉语）原始彝语）这样的谱系结构。

这些语义演变还能提供汉语与白语分离的大致时间，上述变化在汉语文献中的时间分别是(参见 汪、王 2005)：

	“树”	“种植 (v.)”	
– 476B.C. (战国前)	木	树	未变
475B.C.–23(战国-新)	木/树[②]	树	变异
25 – 100(东汉)	树/木		变异
100 – 220 (东汉)	树		已变

表格 120 汉语中“树”之演变历史

文献的记录一般比实际变化发生的时间晚，因此，可以大致推断汉白分离时间大约在汉代左右。这个时间也可以结合音韵上的变化来看，即汉语中“去入通押”的情况在汉以后就基本没有了，根据 Wang (2006a)的研究，与入声通押的去声是带-s 尾的去声，也就是，在汉以后，带-s 尾的去声就失落了-s 尾，与不带-s 尾的去声合并了，但在白语中，发生的是不同方向的变化，带-s 尾的去声与带塞音尾的合并为调 4(相当于汉语的入声)。也就是，在此时，汉语和白语就基本上分道扬镳了。那么，彝语的分离时间就要比这个时间早。

7.3 核心语素分析

限制在高阶核心词范围内，彝白关系语素和汉白关系语素的数目如下：

彝白关系语素	汉白关系语素	彝汉关系语素
4	31	6

表格 121 汉、白、彝核心关系语素数目之比较

放宽彝白关系语素和彝汉关系语素在完全对应上的限制，可大幅增加其数目，如下：

---

① 汉语中这一语义演变参见梅祖麟（2005)。作为‘心脏’义的“心”：《素问 • 痿论》：心主身之血脉。《列子 • 汤问》：内则肝、胆、心、肺、脾、肾、肠、胃。

② 更常用的列在斜线左边，括弧则表示很少用。

彝白关系语素	汉白关系语素	彝汉关系语素
22	31	21

表格 122　放宽对应下的汉、白、彝核心关系语素数目之比较

从上表中都可以看出，白语与汉语共享有更多的高阶核心语素，而与彝语共享的数目则比较少，因此，白语与汉语的关系更近，也就是，三者的关系在此证据下也可写作：((原始白语，上古汉语)原始彝语)。

7.4 基本语法结构比较

词序可能的变化模式较少，偶然相似的几率太高(Greenberg 2001)，所以它们一般很少能作为发生学关系的有力证据。不过，尽管相同的词序不能作为发生关系的充分条件，但应是必要条件。按照 Thomason & Kaufman (1988) 的严格定义，只有两个语言的所有子系统的来源都是一样的，才能稳妥地宣称二者的亲缘关系。例如，如果白语和彝语曾经从某个时期的共同祖语发展而来，那个时期它们的词序如何就很重要了。如果白语和彝语现在的很多词序不同，就有必要解释这些不同的词序是如何发展出来的，或者归因于不同的语法化进程；或者是二者分立之后的语言接触造成了二者今天的差异格局。

下面列出白语、汉语和彝语的基本语序：

白语	汉语		彝语
现代白语方言	古代汉语	现代汉语	现代彝语方言
VO；条件性的 OV①	VO；条件性的 OV	VO	OV
修饰词+中心词	修饰词+中心词	修饰词+中心词	名词+形容词/量词
			修饰词+中心词
RelN	RelN	RelN	RelN
介词+名/代词	(介词+名/代词)	介词+名/代词	名/代词+介词
名+数+量	名+数+量	数+量+名	名+数+量
否定词② VONeg / NegVO	NegVO	NegVO	OVNeg
趋向动词 动+趋 / 趋+动	动+趋	动+趋	?

表格 123　汉、白、彝之基本语序比较

---

① 否定或者疑问句式中；代词作为双宾语之一。
② 与众白语方言不同，马者龙方言有两种不同的否定形式："m　33"否定存在，而"pu31"否定未然。详细讨论参见 Wang 2004 第 3.2.2.4 节。

从上面的比较可以看出,早期的白语语序与古汉语的略有差异,但基本相似,而与彝语的结构就相差比较大。

7.5 汉、白、彝之亲缘关系及白语的源流试析

根据上述比较研究可以看出,无论从基本词汇、语音、语义和语法来看,原始白语都和汉语关系更近,但由于原始白语中有一些特征是上古汉语不能解释的,在这些特征上显示出从共同祖先分化出来的不同变化趋势,从目前的证据来看,白语和汉语应该是姐妹语言关系,二者共享的各项创新,在彝语中并没有发现,至于在其他藏缅语中是否出现,就目前的初步观察来看,至少在藏语、缅语、西夏语中仍保持着存古状态('树; 柴' → '柴'; SOV)。也就是说,有比较充足的证据设立汉白语支。如下图所示:

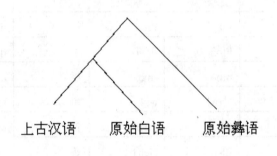

图表 10 汉、白、彝之谱系结构

8. 汉、白、彝关系语素分析

如果以最严格的标准来界定原始彝语、原始白语和上古汉语之间的关系语素，就要求原始彝语、原始白语的级别为 1 级，同时，在声韵调三方面都得到对应的支持。符合这些标准的关系语素如下各表。

8.1 彝、白、汉三者共有关系语素

词目	索引	原始彝	原始白	汉字	OC	词阶
石头	43	lo̱8	dro4	石	djak	1
舌头	139	hlɒ2	drɛ4-	舌	djat4	1
母亲	219	mɒ6	-mɔ2	母	məg2	2
犄角	263	k^hru1	qɔ4	角	kruk4	1
老虎	304	lɒ7	lɔ1b	狸	rəg1	
树，柴	534	ʃi̱8	sjen1	薪	sjin	1
五	801	ŋuɒ4	ŋu2	五	ŋag2	2
九	805	ɢu2	tɕɯ2	九	kjəgw2	
天	910	ʔni6	nji4	日	n̥it	2
我	928	ŋɒ1	ɢ-ŋɔ3	我	ŋad2	1
白	1006	p^hru1	bæ4	白	brak	1
死	1089	ʃi1 ．	sji2	死	sjid2	1
等待	1264	hlo6	djɯ2	待	dəg2	
洗衣	1713	ts^hi4	s^he2(a)	洗	sid2	2

以最严格的要求，彝语、白语和汉语共有的关系语素数量不多，只有 14 个，说明三者的分化年代是比较久远的，肯定超过了汉语方言分化的时间(参见 徐通锵 1991)。值得注意的是，在这 14 个关系语素中，落在核心语素集的数目占到 11 个，达到 79%的比率。在核心语素集中，高阶核心语素的比率更为突出，占 11 个中的 7 个，而低阶的只有 4 个。从这个数量的分布情况来看，一方面说明了核心语素比非核心语素更为稳固，同时，另一方

面也说明了核心语素中高阶的保留率比低阶的保留率更高。

8.2 彝汉关系语素，白语无

词目	索引	原始彝	原始白	汉字	OC	词阶
拇指	110	mɒ6	-	拇	məg2	
兔子	292	hlɒ6	-	兔	t^{h}ag3	
二	798	ni9	-	二	njid3	1
吃	1198	dzuɒ4	-	咀	dʑag2	1

彝语与汉语共有，而白语没有的关系语素数量很少，只有 4 个。这更像是偶然因素造成的共享存古，而不像是共享创新。在 4 个关系语素中，高阶的核心语素占到了一半，说明它们很难是接触造成的，如果是汉语和彝语接触造成的，应该观察到更多的非核心关系语素。

值得注意的是关系语素“兔子”，赵衍荪(1982：159)将其列为白语和彝语共有的同源词。他的做法是列出一个白语方言(文中没有明说是何种方言)中的语素和数个彝语或者彝语支语言中与之相似的语素形式。这样的排列方式很有启发，但不是严格地通过对应规则的建立确认关系语素的手段，这样的做法常常容易将晚期的借用当作同源词。在我的原始白语重构中，根据九个白语方言的“兔子”的语素音形，发现其中韵母不合对应规律，更像是晚期借用，或许来源就是彝语，而且是各自在不同时期借入的，如下表：

词目	TL	EQ	GX	EG	JM	JX	DS	ZC	MZL
兔子	t^{h}ɔ55 lɔ33	t^{h}o24 lo43	t^{h}a^{o}44 la^{o}44	t^{h}o55 lo22	t^{h}o55 lo22	t^{h}o^{u}55 lo^{u}44tsɿ33	t^{h}o^{u}55 lo^{u}44tsɿ33	t^{h}o55 lo44	t^{h}o55 lo44tsɿ33

因此，在我的原始白语重构中就没有“兔子”的原始形式(Wang 2004; 2006)，更谈不上是白语和彝语的关系语素了。

8.3 彝白关系语素，汉语无

词目	索引	原始彝	原始白	汉字	OC	词阶
脑髓	132	ʔn̠o7	no2	-	-	
侄子	234	zuɒ4	di4	-	-	
猪	284	vɑ̠7	dɛ4	-	-	
虱子	356	ʃe1	ɕi4	-	-	1

（续表）

茶	454	lɒ9	drɔ1	-	-	
木板	512	pʰe9	pæn2	-	-	
病	1160	nɒ1	bæn3	-	-	
嚼	1424	Nkʰuɒ4	dzo4	-	-	

彝语与白语共享，而汉语没有的关系语素有 8 个，比彝语与汉语共享而白语没有的关系语素的数量多，其中也有 1 个高阶核心语素。造成这种状况的原因除了偶然因素造成的共同遗存以外，或许也有地域性原因造成的共同遗存，比如："猪"和"茶"，可以从上表中看出，原始彝语和原始白语的形式不相似，但却得到完全对应的支持，说明早期的彝语和白语可能共享有这一早期遗存，而在汉语中失落了，而后，随着白语和彝语各自的方言分化，这一遗存保持着对应规律，但变得越来越不相似。

8.4 白汉关系语素，彝语无

词目	索引	原始彝	原始白	汉字	OC	词阶
sun	2	-	n̥i4	日	n̥it	1
moon	4	-	ŋua4	月	ŋwjat	1
star	5	-	sjæn1	星	siŋ	1
cloud	7	-	ŋɔ1b	雲	gwjən	1
wind	9	-	pren1	風	pjəm	2
snow	12	-	sʰuɛ4	雪	sjat	2
earth	22	-	di3	地	diar3	1
soil; earth	40	-	tʰu2	土	tʰag2	
sand	44	-	sʰrɔ1	沙	srar	1
silver	52	-	n̥en1b	銀	ŋjin	
body	73	-	tsʰren1	身	srin	
belly	96	-	pju4	腹	pjəkw	1
hand	107	-	sʰrɯ2	手	stʰjəgw2	1
skin	120	-	be1	皮	bjiar	
bone	133	-	qua4	骨	kət	1
lung	143	-	pʰra4	肺	pʰjad3	
heart	144	-	sjen1	心	sjəm	1
liver	145	-	qaŋ1	肝	kan	1

（续表）

intestine; guts	149	-	droŋ1	腸	drjaŋ	2
bladder	150	-	pʰɯ1	泡	pʰrəgw	
excrement	151	-	sri2	屎	stʰjid2	
corpse	162	-	tsʰoŋ1	喪	smaŋ	
person; human	167	-	ȵen1b	人	ȵin	1
woman	174	-	ȵo2	女	nrjag2	1
soldier	179	-	kroŋ1	軍	kjən	
guest	213	-	qʰæ4	客	kʰrak	
father	218	-	bo2(b)	父	bjag2	2
grandson	224	-	sʰuaŋ1	孫	sən	
cattle	254	-	ŋɯ1b	牛	ŋjiak	
hoof	264	-	bã1	蹯	bjan	
horse	268	-	mæ2	馬	mrag2	
sheep(general)	274	-	ȵo1b	羊	laŋ	
dog	289	-	qʰuaŋ2	犬	kʰian2	1
chicken	293	-	qɛ1	雞	kig	
monkey	308	-	suaŋ1	猻	sən	
leopard; panther	310	-	baŋ4/5	豹	pagw3	
mouse	320	-	sro2	鼠	stʰjag2	
fish	351	-	ŋo1a	魚	ŋjag	1
scale	352	-	qæ4	甲	krap	
leech	364	-	tsji4	蛭	tjit	
ant	365	-	bri1	蚍	bid	
bee	367	-	pʰjung1	蜂	pʰjung	
tree	372	-	drɯ3	樹	djug3	1
willow	382	-	ɣɯ2	柳	rəgw2	
thorn; splinter	391	-	tsʰje3	刺	tsʰjig3	
paddy rice	403	-	ɢɔ1	禾	gwar	
rice straw	408	-	ma4	秣	mat	
wheat	410	-	mɯ4	麥	mrək	
vegetable	420	-	tsʰɯ3	菜	tsʰəg3	
onion; scallion	423	-	tsʰuŋ1	蔥	tsʰwuŋ	

（续表）

garlic	424	-	sʰuaŋ3	蒜	san3	
ginger	425	-	koŋ1	薑	kjaŋ	
vegetable oil	446	-	jɯ1b	油	ləgw	
cloth	462	-	sʰɛ4	緆	sik	
comb	481	-	sro1	梳	srag	
pillar	513	-	drɯ2	柱	drjug2	
door	514	-	mɛ1b	門	mən	
bed	526	-	droŋ1	床	dzrjaŋ	
boat; ship	602	-	jen1b	船	djan	
chisel	607	-	dzo4	鑿	dzak	
rope	619	-	sʰo4	索	sak	2
sickle	624	-	jen1b	鐮	ram	
speech; words; language	651	-	doŋ1	唐	daŋ	
ghost; spirit	669	-	kro2	鬼	kjəd2	
mark; trace; track	695	-	tsuŋ1	蹤	tsjuŋ	
outside	714	-	ŋua4	外	ŋwad3	
three	799	-	sʰaŋ1	三	səm	2
four	800	-	sji4	四	sjid3	2
seven	803	-	tsʰji4	七	snjit	
eight	804	-	pra4	八	priat	
hundred	824	-	pæ4	百	prak	
thousand	826	-	tsʰjen1	千	tsʰin	
	839	-	troŋ1	張	trjaŋ	
classifier	845	-	qʰɔ2	顆	kʰad2	
bag	881	-	noŋ1b	囊	nak	
classifier(house)	889	-	qæn1	間	kran	
wide	966	-	tsʰru1	粗	tsʰag	
high	968	-	qaŋ1	高	kagw	
low; short	969	-	bri2	庳	big2	
long	972	-	droŋ1	長	drjaŋ	1
thick	980	-	ɢɯ2	厚	gug2	2

（续表）

deep	982	-	s^hreŋ1	深	st^{h}jəm	
round	990	-	ʁuen1b	圓	gwjan	1
straight	1003	-	tuen1(a)	端	tan	2
black	1005	-	χɯ4	黑	hmək	1
red	1007	-	t^hræ4	赤	sk^{h}jiak	1
yellow	1008	-	ʁoŋ1b	黃	gwaŋ	1
early	1018	-	tsu2	早	tsəgw2	
sharp	1020	-	ji3	利	rjid3	
dry	1028	-	qaŋ1	幹	kan	1
watery/thin	1031	-	ts^{h}jæn1	清	ts^{h}jiŋ	
new	1050	-	s^hjen1	新	sjin	1
hot	1062	-	n̥e4	熱	n̥at	1
stinking; smelly	1070	-	t^hru3	臭	k^{h}rjiəgw3	
sour	1072	-	s^huaŋ1	酸	san	
bitter	1074	-	q^hu2	苦	k^hag2	
astringent; lie unripe	1078	-	sri4	澀	srəp	
to rake(the fields)	1132	-	bæ1	鈀	brag	
have eaten one's fill	1148	-	pu2	飽	pəgw2	
hug	1149	-	bɯ2	抱	bəgw2	
to plait	1156	-	pren1	編	pin	
patch(clothing)	1161	-	pu2	補	pag2	
step on; tread	1168	-	da4	蹋	dap	
hide	1169	-	dzoŋ1	藏	dzaŋ	
to poke; insert	1171	-	bɛ4	抋	bət	
eat	1198	-	jɯ4	食	djək	1
put on(the shoes)	1212	-	tro4	著	trjak	
get; acquire	1263	-	tɯ4	得	tək	
fly	1318	-	pje1	飛	pjəd	1
divide; share(things)	1319	-	pjen1	分	pjən	
be on the other side of (a river)	1343	-	qæ4	隔	krik	

（续表）

plough; till	1347	-	tso4	作	tsak	
to hook	1348	-	qɯ1	鉤	kug	
drink	1370	-	ɣɯ2 ʔɯ̃2(b)	飲	ʔjəmx	1
pick up(food with chopstick)	1413	-	ɢæ4	夾	kiap	
to water/ sprinkle/irrigate	1422	-	ɔ4	沃	ʔakw	
teach	1425	-	qaŋ1	教	krəgw	
to bark	1432	-	bræ4	吠	bjad3	
open	1461	-	q^hɯ̃1	開	k^həd	
cry	1485	-	q^hɔ4	哭	k^huk	
peppery	1489	-	ts^hjen1	辛	sjin	
old	1493	-	ku2	老	rəgw2	2
(water flow)	1502	-	gɯ1	流	rəgw	2
to leak	1506	-	ɣɯ3	漏	rug3	
sell	1517	-	ɢɯ1	賜	kjag	
stroke; touch	1525	-	mɔ4	摸	mak	
whet(a knife)	1526	-	mɔ1b	磨	mar	
chop(firewood)	1552	-	p^hɔ3	破	p^har3	
float	1553	-	bɯ1	浮	bjəgw	2
cut/rip open	1561	-	p^hæ4	派	p^hak	
ride	1566	-	gɯ1	騎	gjar	
scatter(seeds)	1597	-	sa4	撒	san	
seep	1601	-	t^hro4	蘸	t^hrjak	
kill	1602	-	$ɕ^h$a4	殺	sriad	1
shoot(an arrow)	1611	-	droŋ4	射	djiag3	
lock(the door)	1656	-	sɔ2	鎖	sar2	
shave(the head)	1668	-	dzjæn3	淨	dzjiŋ3	
lick, lap	1674	-	dzri2	舐	djig2	
listen	1681	-	$tɕ^h$æn1	聽	t^hiŋ	1
press; push down	1745	-	ja4	壓	ʔrab	2

（续表）

to itch/tickle	1749	-	ȵoŋ2	癢	laŋ2	
weave; knit	1799	-	trɯ4	織	tjək	
use or lean on(a walking stick)	1803	-	trɯ2	拄	trjug2	
catch; capture	1813	-	kæ4	格	krak	
paint	2105	-	ts^hji4	漆	ts^hjit	
stomach of birds	2109	-	ts^hu3	嗉	sag3	

白汉共享，而彝语缺少的关系语素远远大于以上其他类型，数量达到了 133 个，其中核心语素共 42 个，高阶 29，低阶 13。这说明白语和汉语的关系比和彝语的关系要近得多，也就是，在谱系分化图上，二者分化的时间远比彝语分化出去的时间晚。

在白汉关系语素中，有意思的是六畜类，其中有：牛、马、羊、犬、鸡，而猪是借贷关系，而从上文中可以看到，'猪'是彝语和白语共享的关系语素。陈保亚(2000：37)总结了六畜在考古中的早晚，以公元前 5000 年为界，将猪(公元前 5500)和狗(公元前 5100)作为早期家畜，而黄牛、水牛、鸡、羊、马则为晚期家畜。具体如下(共有的关系语素以+表示)：

	六畜	汉语	白语	彝语
前 5500	猪(广西甑皮岩)	+	+	+
前 5100	狗(河北磁山)	+	+	-
前 5020	黄牛(陕西北首岭)	+	+	-
前 4400	鸡(江苏青莲岗)	+	+	-
前 4300	羊(陕西半坡)	+	+	-
前 1700	马(河南二里头)	+	+	-

如果按照陈保亚(2000)的原则，白语和彝语在早期六畜(猪)上有对应，但在晚期六畜上没有对应，但汉语和白语在早期六畜(狗)和晚期六畜上都有对应，如果稍微调整早晚的分界线，即猪为早期，其他都为晚期，那么，白语和彝语的关系语素就体现为遗传的关系，而汉语和白语的关系语素就体现为借用关系。那么，六畜关系语素反映的白汉关系就与以前根据词阶法和不可释原则的判断有矛盾。如何解决这个矛盾呢？有两个思路：（1）汉白关系语素中其实是有'猪'的，但是根据声母的对应层次，将其判定为晚期借用，但如果考虑音韵的层次互动中双向扩散的可能(Wang and Lien 1993)，声母的晚近并不一定能决定词汇的晚近；还有一个值得注意的问题是，由于白彝关系语素和汉彝关系语素的数量少，难以进行时间层次上的区分，因此，其中有可能有借用层次的混入，如果'猪'都是从汉

语中借用的，那么上述矛盾也就不存在了。(2) 六畜作为自然词聚来作为语源关系判定方法的有限性。上述考古上的早晚其实并不适合按照简单的线性顺序来排列，因为考古地址分布上有较大的差异，比如，公元前 5500 最早的发现猪的遗址是广西甑皮岩，而公元前 5100 在河北磁山发现狗和猪，两地相距甚远，以 7000 多年前南北的交流状况来说，目前不能证明北方的'猪'之命名一定比'狗'早。然而，目前看来，我们并不能确定究竟哪一种思路更为合适。

8.5 小结

　　从上面各表中可以看出，三者既有共同的关系语素，各自两两之间又有第三者没有的关系语素，而尤其以白汉关系语素而彝语没有的数量最为突出。这样的分布显示出三者同源分化时，彝语最早分化出去的景象。但在其中仔细考察六畜语素构成的自然词聚时，发现了数据处理上的矛盾，这说明目前的语素研究中无论在对应的分析上还是在语源关系的判定方法上还有进一步探讨的空间。

9. 余论

在追寻语言源流的历程，需要遵循一个重要的假设，即语言的分化演变是层级性的，我们要重构的是不同层级的"点"在层级性的树图上的相对位置以及远近关系。仍以白语为例：

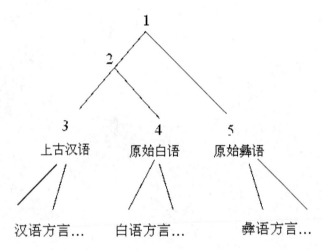

图表 11　汉、白、彝谱系结构的层级

我们讨论白语的源流，其实要澄清的就是两个方向上的发展，所谓"源"，也就是节点 4 向上追溯，探讨其与节点 3 先组合还是与节点 5 先组合；所谓"流"，也即是节点 4 往下发展，如何演化为现代的白语方言。

从上图可以看出，节点与节点之间才能谈论关系距离的远近。因此，在讨论语言亲缘关系的时候必然需要清楚说明的是对象所处的节点，也就是语言的时间、地理等信息。与此密切相关的一个问题就是汉语的定义，我们认为在节点 3 以上的语言点就不适合以汉语命名了，无论是上古汉语或者原始汉语都有误导的嫌疑。譬如，如果命名节点 2 为原始汉语，那么节点 4 的性质也就是必须定性为汉语了，这样很难不造成概念上的混乱。

在具体的语言比较工作中，我们更倾向于自下而上的追溯方式(Wang 2006:29-30)。以此视角检视汉藏语言(或藏缅)谱系关系研究的状况，正如 van Driem(2005)所说，……我们看到的是一地散落的树叶(fallen leaves)……。目前的状况是，基本上接受这些语言群是同源的，来自一个共同的祖语。但这些语言群的层次关系如何，也就是如何将它们连接成一棵表现分化时间早晚的树，需要的工作仍旧是自下而上的重构及比较工作。在本研究中，我们将一片原始白语叶、一片汉语叶和一片原始彝语叶重新缀起，我们深知，这仅仅是复原了根深叶茂的汉藏大树的微小一枝。不过，我们相信，随着越来越多同道者的加入，在不久的将来，这棵大树终将在众人辛勤汗水的浇灌下露出原本遒劲的枝桠。

附录 1　原始白语形式及分级

[说明：1.原始白语(PB)栏，符号(B) 表示晚期借用；2.符号 (a) 或(b) 指不同的词根； 3. 一些复合词由其他语素组合而成，譬如：'树皮'= '树' + '皮'； 4. 凸出字体表示该部分为不规则变化；5. [ ] 表示晚期借词形式；6. "级"指的是重构的级别。7. （ ）表示不参与比较；8. ？表示有疑问。]

词目	索引	Proto-Bai	级	Tl	Gx	Eq	Eg	Jm	Jx	Ds	Zc	Mzl
天	1	xen1	1	xen55	hən55	xᴇ24	xẽ55	xẽ55	xen55	xen55	xe55	xĩ55
太阳	2	nji4	1	jien42	nji24	nji55	nji44	nji55	jen44	jien44	[mi44]	[njiɛ44]
光	3	qæn2	1	qaŋ33	qan22	qæ22	[dʑyi22]	qã22	[kuɑ̃55]	[jien44tʂou33]	-	kɚ̃33
月亮	4	mji1aŋua4	1	jien55uo42	nji24uaŋ55	miᴇ24ua55	nja55ŋua44	njo55ŋõ55	mi55uɑ̃44	mi55uã44	mi35ua44	min55ŋua44
星星	5	sjæn1	1	ɕaŋ55	san55	ɕiæ24	ɕa55	ɕã55	ɕian55	ɕɚ̃55	ɕɛ35	ɕɚ̃55
云	7	ŋɔ1b	1	ŋɔ35qa42	ŋɛ12qə55	[ʁæ21]	[mũ21ko42]	[mɯ21ko42]	ṽ21	võ21nõ21	v21	(zuen21pe21/zuen21tsha42)
雷	8	'天'+'叫'	1	xen55ma35	hən55mæ12	xᴇ24mæ21	xẽ55ma21	xẽ55ma21	xen55man21	xen55mɚ21	xe55mɛ21	xen55mɚ21
风	9	pren1	1	tɕyen55	tɕyən55	tsuᴇ24	tɕyi55	tɕyi55	pi55	piẽ35	pi35	pien55
雨	10	rwo2	1	zʅ33	zʅ22	zʅ22 (u21)	zɛ22 (u42)	zɚ22uo42	v33	vo33	(ou42)v33	[ju55]
雪	12	suɛ4	1	sue42	suɛ24	suᴇ55	suɛ44	sue55	sui44	s^{h}ue44	sue44	ɕyɛ44/suə44
霜	14	s^{h}roŋ1	1	ɕoŋ55	soŋ55	ɕo24	ɕoŋ55	ɕõ55	sõ55	[kõ42/ʂou44]	sou55	soŋ55
露水	15	ɢæ1	1	qɔ21	ɢa55	qo43	qo42	qo42	[kõ42]	[koŋ42]	ko33	[koŋ21]
雾	16	mɯ1b	1	mɯ35	mu12	mɯ21	mɯ̃21	mɯ21	[ʔṽ55]	[võ21]	[v21]	men21koŋ21
火	18	x^{h}ui2	1	xue33	xuɛ22	xui22	fi22	fi22	xui33	xui33	xui33	fi33

烟	19	‘火’+sjien1	1	xue33 ɕien55	xui22ɕi55	xui22si24	fi22sɛ55	fi22se55	xui33ɕen55	xui33ɕien35)	xui33ɕe55	fi33ɕĩ55
气	20	tɕ^{h}i4	1	tɕ^{h}i42	tɕ^{h}i55	tɕ^{h}i55			tɕ^{h}i44	tɕ^{h}i44	tɕ^{h}i55	tɕ^{h}i44
土地	22	di3	1	ʑi21	dʑi42	dʑi43	tɕi42pa22	dʑi42	tɕi31	tɕi31/tɕi21(田)	tɕi31	ti21
山	23	sren1(a)	1	ɕien55	so42	ɕᴇ24(雪山)	sɛ55	ʂə̃55				sen55
山	23	sro4(b)	1			ɕo43			sṽ42	ʂo42	sv53	sen55
山坡	24	bõ2	1	(ʂv21) boŋ33	(so24)bõ22	(ɕo43)bo22	(tɕya55) bo22	(tɕya55)bo22 (jo22)	(sṽ42pao31tɑ44)	(ʂo42pau33)	(sv53)bo33	(sen55pio44)
河	30	qoŋ1	1	qoŋ55	qoŋ55	qo24/tjo21	qu55/tɕo21tɕo21	qõ55/tjo21	kvŋ55	kõ35	kv35	koŋ55[/k^{h}o21]
湖	31	ɢɔ1	1	ʁɔ35	qo12	qo21	li21bɯ22	lu21bũ22	kou21	(xu42)	[pɛ21]	(ɕu33 tu33 /pen33)
海	32	ɢɔ1	1	ʁɔ35	qo12	qo12	li21bɯ22	lu21bũ22	kou21	(hai31)	ko21	(xe21)
井	35	tɕæn	1	ɕyi33tɕien33	ɕy22tsan22	ɕyi22tɕiæ22			tɕian33	tɕə̃33	tɕɛ33(k^{h}uo55)	tɕəĩ33
路	38	t^{h}ju2	1	t^{h}v33	t^{h}y22	t^{h}ju22	tɕ^{h}u22	t^{h}ju22	t^{h}u33	t^{h}u33	t^{h}o33	t^{h}əɯ33
土	40	t^{h}u2	1	[t^{h}oŋ33mo33ʂʅ33]	t^{h}y22	[nᴇ21]	[nɛ21p^{h}a55]	[ne21p^{h}a55]	t^{h}u33sʅ33	[p^{h}ɚ55le21]	ka35t^{h}u33	[kaŋ55ne42 tɕ^{h}i55]
石头	43	dro4	1	dju42	dzu21q^{h}uɛ55	tju21q^{h}uᴇ24	tɕu42k^{h}uɛ55	tjo21k^{h}ue55	tsou42	tʂou42	tsou42	ts^{h}uv42kuv33
沙子	44	s^{h}rɔ1	1	ɕɔ55	so55	ɕo24	ɕo55 (mi22)	ɕo55	sou55	ʂ^{h}ou55	so55	sa55
泥巴	46	nɛ1b	1	nɛ35ua̱42	nɛ24tɛ21	nᴇ21	nɛ21p^{h}a55k^{h}uɛ55	ne21p^{h}a55	ni31ua55	(p^{h}ɚ55) ne42	ne21	(lɛ42tɕ^{h}i55 tɕoŋ42)
水	47	ɕui2	1	ɕyi33	ɕy22	ɕyi22	ɕyi22	ɕyi22	ɕyi33	ɕui33	ɕyi33	ɕyi33/ɕiu33
森林	50	‘树’+‘群’	1	djɯ21koŋ21	dzʅ12goŋ55	djɯ43kɯ43	dʑi42kɯ42	djɯ42kũ42	tsɯ31suã55	tʂɯ21jɚ55	tsɯ31 sua35	ɕien55koŋ33
金子	51	tɕen1	1	tɕien55	tɕin55	tɕi24	tɕi55	tɕĩ55	tɕien55	tɕien35	tɕe35	tɕĩ55
银子	52	njen1b	1	jien35	nji12	nji21	nji21	nji21	jen21	jien21	ȵi21	njin21
铜	53	qæn2	1	qaŋ33	qan22	qæ22	qa22	qã22			kɛ33	kə̃33
铁	54	t^{h}e4	1	tɕ^{h}i42	tɕ^{h}i24	tɕ^{h}i55	tɕ^{h}i55	tɕ^{h}i55	t^{h}e44	t^{h}e44	t^{h}ɛ33	t^{h}ɛ44

煤	58	mɛ1b	1		mɛ21	[mᴇ21]					me42	me42
盐	61	pren1	1	tɕyen55	tɕyən55	tsuᴇ24	tsuɛ55	tsuẽ55	pien55	piẽ35	pi35	(ts^{h}oŋ21)
草木灰	63	sru1	1	ʂv55	xuɛ22ɕy55 ʁo12	xui22ɕu24	xua55lo21 ɕu55	k^{h}ua55la21ɕu 55	su55	[xue35]	su55	xua31 la44su55
街	65	dzi̥1	1		dzə̃22	dzɿ22	tsɛ22tsɛ22	zə̃22	tsɿ33	tʂʅ33	tsɿ33	tsɿ33
村子	66	jɯ4	1	ju42	ju24	[ɪ22]	[ɣo22ji22]	[o21ĩ22]	jɯ44	jɯ44	jɯ44	ji42ka42
桥	70	gu1	1	gv35	gu12	ku21	kv21	kv21	kuo21	ku21	ku21sɯ44	kv21
塔	72	t^{h}ɑ4	1		t^{h}a24	[t^{h}a55]			t^{h}ɑ44	t^{h}a44		[ven21pi21]
头	74	djɯ1	1	djɯ35	di12pu55	tju21	(ɕu22qa55)	(jo22qa55)	[tə31]	[ti42]	[tɯ31po21]	[ta42po21]
头发	75	ɕa4	1	djɯ35me55	di24miɛ12	tju21miᴇ24	ti21mi55	tje21me55	ɕiɔ44	ɕa44	tɯ21ma35	tɛ21mɛ55
辫子	76	pɛ3[w]/pĩ1 [e]	2	[pa21pa21]	tɕ^{h}yən42	pᴇ43	pɛ42	pe42	pĩ55	pi35	pi35	[pien21]
眼睛	79	ŋuen2	1	uen33	uən22	ŋui22	ŋui22	[mi22]	uẽ33	uẽ33	ue33	ŋuɛ33
嘴	84	tsju2	1	tɕu33qua55	tsu22quɛ55	tɕu22qua24	tɕu22kua55q o42	tɕu22kue55	tɕyi33kue55	tsui33	tɕy33kv33	tsui33
胡子	86	ɣu1	1	[o35]	u12	u21	v21	v21	ɣuo21	[u44]	ɣu21	ɣəɯ21
乳房	94	ba4	1	bo42	ba21	pa21	pa42	pa42	pɑ42	pa42	pa42	(noŋ33)
肚子	96	pju4	1	fɚ42	zʅ21	fo24	xu44	zɚ42	fv44	fo44	fv44	pɯ44
腰	98	ji1aquɑ4	1	jɪ55quo42	i55qua55	ɪ24qua55	i55qua44	ĩ55qua44	ji55kuɑ44	ji35kua42	ji35kua44	ji55kua44
大腿	100	‘大’+q^{h}uɑ 4	1	dɔ21q^{h}ua21	‘大’+q^{h}uæ42	q^{h}ua43	do42q^{h}ua42	da42q^{h}ua42	k^{h}uɑ31pi55p^{h}o u44	k^{h}ua21pi55tʂ ʅ35	to42k^{h}ua31 t^{h}v55	do42k^{h}uɚ21
脚	103	ko4	1	ko42	ku24	ku55	ku44	ko55	kou44	kou44	ko44	ko44
手	107	s^{h}rɯ2	1	ɕɯ33	ʂʅ22	ɕɯ22	ɕi22	ɕi22	sɯ33	srɯ33	sɯ33	səɯ33
手指	109	tsri2	1	ɕɯ33tʂɚ33	ʂʅ22tʂʅ22	ɕɯ22tsɿ22tj ɯ21	ɕi22tsɛ22tɕi2 1	ɕi22tjɯ21tʂɚ 22	sɯ33tə31tsɿ33	ʂɯ33ti31	sɯ33tsɿ33 tɯ21	səɯ33tsɿ44tə ɯ21
男生殖器	116	dju2	1	quoŋ33	quaŋ33	dju22	dʑu22	diu22q^{h}ɚ22	pa35	pa35	[tɕyɛ55/tu 33]	du33
女生殖器	118	pri4	1	tɕyi42	tɕy24	pi55	tɕyi44	tɕyi55	pi44	pi44	pi55	p^{h}i55
皮肤	120	be1	1	bi35	bi12	pi21	tɕyi21qa55	tɕyi21	pe21	pe21	pe21	pe21

疤	125	tsuŋ1	1	tsvŋ55	[qæ24]	tɕa24ma24tæ55	tsoŋ55	[t^{h}ja55koŋ22pe55]	tsṽ55	ʔ		ts^{h}oŋ55pa55
血	129	s^{h}ua4	1	suɔ42	sua24	sua55	sua44	sua55	suɑ44	s^{h}ua44	sua44	sua44
筋	130	tɕen1	1	tɕien55	tɕin22mə55(<tɕin55mə55)	tɕi24	tɕi55ma44	tɕĩ55ma55	tɕien55	tɕien35	tɕe35	tɕĩ55
手脉	131	mæ4	1		mæ24	[ma55]	sua44ma44	sua44ma55			[mɛ21]	[men55]
脑髓	132	no2	1	nv33	noŋ22	no22	nõ22	nõ22	nõ33	nõ33	[nao31k^{h}v55/nao31tsɿ33]	nɚ22ɕyi22
骨头	133	qua4	1	[ku42djɯ35tsɛ42]	qua24	qua55	qua44	qua55tse55	kuɑ44tə42	kua44tjə33	kua44tɯ33	kua44tv44
舌头	139	drɛ4	1	de42	djɛ21	tjᴇ21	ti21p^{h}ɛ42	tjɚ42p^{h}e42	tse42(p^{h}ĩ31)	tʂe42	tse42(p^{h}iɛ21)	ts^{h}ɛ42
肺	143	p^{h}ra4	1	tɕ^{h}uo42	tʂ^{h}ua24	p^{h}ia55	tɕ^{h}ya44	tɕ^{h}ya55	p^{h}io44	fi44	p^{h}ia44	p^{h}io44
心脏	144	sjen1	1	ɕien55	ɕin55	si24	sɛ55	sẽ55	ɕien55	ɕien55	ɕi35	ɕien55
肝	145	qaŋ1	1	qɔŋ55	qaŋ55	qa24	qo55	qã55	kɑ̃55	kã35	ka35	kaŋ55
胆	147	ten2	1	te33	tin22	ti22	ti22q^{h}o22	tĩ22	[tɑ̃44]	[tã33]	[ta33]	tən33
肠子	149	droŋ1	1	dv35	dzu12	tjo21	tɕu21	tjõ21	tsõ21	tʂoŋ21	tsou21	tsoŋ21
膀胱	150	p^{h}ɯ1	1	p^{h}ɯ55	ɕy22p^{h}u55	ɕyi22p^{h}ɯ24	p^{h}ɯ55q^{h}o22	p^{h}ɯ55jo21	kuɑ̃33	ʔ		ɕɚ55p^{h}əɯ55
屎	151	sri2	1	ʂʅ33	ʂʅ22	sɿ22	sɛ22	ʂɚ22	sɿ33	[sɿ33]	sɿ33	sɿ33
屁	153	p^{h}jɛ3	1	fɚ21	[pf^{h}u55]	fᴇ43	fɛ22	fe42	fv31	[fv42]		phi21
汗	154	ʁaŋ1b	1	ŋɔ35	ʁaŋ12	ʁa21	ŋa21	ã21	ŋɑ̃42	ŋa21	ŋa21	ɣaŋ21
痰	155	t^{h}ɔ3	1	[t^{h}a21]	[q^{h}o55ɕi42bo42]	t^{h}o43tsɿ55	si55t^{h}o42	ɕi55t^{h}o42	t^{h}ou31	k^{h}ou55sɿ33ua42	t^{h}o31	[t^{h}ɐ21]
脓	159	njoŋ1b	1	nen35	nõ12	nju21	nu21	nu21	nṽ21	[jũ21]	nu21	nəɯ21
声音	161	t^{h}ræn1	1	t^{h}jaŋ55	t^{h}jan55tɕ^{h}i24	t^{h}jæ24	tɕ^{h}a55	tã55	ts^{h}an55	tʂ^{h}ɚ55	ts^{h}ɛ55	ts^{h}ɚ55
尸体	162	ts^{h}oŋ1	1	ɕi33ts^{h}oŋ55	ɕi22ts^{h}oŋ55	(si22)ts^{h}o24	ts^{h}o55ts^{h}o55	nji21tsõ55			[ɕi33nji21ts^{h}ɿ55kɯ55]	ɕi33pu55ts^{h}oŋ55(指动物)
汉族	165	haŋ5	b	haŋ21	haŋ42	χa43χo22\χa	xa42po55	xa42pu55	xɑ̃42	xã42		xaŋ42p^{h}u55

						43po24						
人	167	njen1b	1	jien35	nji12	nji21	nji21	nji21	jen21	jien21	ȵi21	njin21
婴儿	170	tja4mi1tsi2[w]	1	t^{h}a42mi55tsi33	[tæ24mi24tsɿ22]	[tja55mi55tsɿ22]	tɕ^{h}a55mi55tsi22	tja44mi55tsi22	ɑ55pɑ44	s^{h}e31me55me33tjɯ31	ou42la35tsɿ33	tɕo21t^{h}oŋ55
老头儿	171	gu2po1	1	gu33po55	a55pu55ku22njiən24	ku22po24			ku33pou55	ku33pou55		ɛ55po55tsɿ33
老太太	172	gu2jɔ5	b	gu33jo21	a43ja55mo22	ku55jo43mo22			ku33jou42	ku33jou42		ku33ɛ33jo21tsɿ33
男人	173	tsi2	1	[ɕa55t^{h}jo21po55]	tsɿ22njiən12	da43xo24	do42xõ55tsi22	da53xõ55tsi22	tsɿ33jin21jin21	tsɿ33jien21	[tsɿ44ȵi21]	tsɿ33njĩ21
妇女	174	njo2	1	jien35hoŋ55mo33			njyi22tsi22	nju22nji21tsi22	jṽ33jen21jen21	jũ33lã42	ȵv33ȵi21	njõ33njĩ21
士兵	179	kroŋ1	1	tʂẽ55tsi33		njæ24tsi22	tsɛ55	tʂɚ̃55	kṽ55	kõ35	kv35	[tsuən33]
和尚	189	dɯ1pɔ1[e]	2						tə21pou55	tjɯ21pou35		[xo55saŋ33]
尼姑	190	ni1ku1[e]	2						ni55ku55	ni35ku55		
贼	194	dɛ5	b	de21bo42	dɛ42	[tsɿ21]	[ti42nji21/tsɿ42nji21]	[die42]	[tsɯ42]	[tsẽ42]	[tsɯ42]	dən21nĩ21
官	199	quaŋ1	1	qoŋ55	quaŋ55	qua24	qua55	[pu55õ22]	kuɑ̃55	kuã35	kua35	kuaŋ55
朋友	201	dʑa4	1	zʅɔ42/lɔ33keŋ55	dʑia21	tjia21tsi22tɕia21nju22	tɕo42	xã42tjoŋ21tɕa42	fv55tɕɑ42	p^{h}ɚ̃55jou42	tɕa42	tɕ^{h}ɑ42
瞎子	202	tæ1	1	ta55uen33(bad eye)	uən22tə55	[la24ta24(-->la22ta24)]	ta55ŋuɛ22po55	tã55mi22	uẽ33mie42jin21		lo35tɛ35	lɛ55tɚ55
跛子	203	qhɛ4+‘脚’	1	[na33qo42]	ku24q^{h}ɛ24	q^{h}ᴇ55ku55po24	tɕi44ku55	tjɚ42ku44qɯ44	k^{h}e44ko44	uɚ35kou44	tse42kou44	k^{h}ɛ33ko44
聋子	204	koŋ1	1	[tɕa42fɚ33]	[tɕæ24pfur33]	qo24ŋu22tsu22qua24	ku55i44tɕyi21	kũ55ĩ44tɕyẽ21	kvŋ55tɯ31po31	kõ35ji33tõ42	kv35tɯ21po33	lɛ33koŋ55
秃子；癞痢	205	la1aqa4	1		la24qa24	la55qa55bᴇ21	lo55qa45pɛ21	la55qa55pe42	lɑ44kɑ44	lai55t^{h}ou42	la55ka55	tu33li55

傻子	208	ko1+'人' [w]	2		ko12tɕʰi55	ko24ta55	ko55nji21	ko55nji21;tjo 21nji21	xɑ̃33 pɑ33	ɚ33	xa31tsʅ44	len33njien 21kər55
哑巴	211	ko1+'人' [w]	2	kɔ55ta42	ko12njiən12	ko24ta55	ko55nji21	ko55nji21	ɛ33pou55	ja42pa55	ja31pa33	ja33pa33
主人	212	tsrɯ2	1	[dɔ21po55]	qʰæ24tʂʅ22	qʰa55tjɯ21	qʰa44tɕi21po 55	[xo42tjɯ21]	tsɯ33jen21	tʂɯ33	kʰɛ44tsɯ33 pɯ55n̥ĩ21	tsəɯ33njĩ21
客人	213	qʰæ4	1	qʰa42	qʰæ24	qʰæ55	(nji21)qʰa44	qʰa55	kʰa44	kʰɚ44	kʰɛ44	kʰɚ44
伙伴	214	dʑæ1	1	jɔ42	dʑa21	tɕia21			tɕɑ21	tɕia42		tɕʰo42
爷爷	216	a1po1[w] /lo4[e]	2	a55po55	[a55jɛ21]	a43po24	a55po55	a55pu55	a55je42	[a42]	lo33	[le21tiɛ33]
奶奶	217	a1jo3[w] /ne4[e]	2	a55jo21	[a55nɛ21]	a55jo43	a55jo42	a55jo42	ɑ31ne44	a55ne44	ne44	ne44
父亲	218	bæ2/ti2	1	a55bo33	bu22	ti22	a55bo22	a55bo22	ɑ31ti33	a55pa33	tɕe33	po33
母亲	219	mɔ2	1	mo33	mu22	mo22	a55mo22	a55mo22	mõ33	mo(u)33	mo33	moŋ33
儿子	220	tsi2	1	tsi33	tsʅ22	tsi22	tsi22	tsi22	tsʅ33	tsʅ33	tsʅ33	tsʅ33
女儿	222	njo2	1	jvŋ33	njõ22	nju22	a55nju22	a55nju22	jṽ33jen21	jũ33tjə21	n̥v33nji21	njuŋ33
女婿	223	sɛ3ɕɯ2 [w]	2	se21ɕɯ33po5 5	[ku22jɛ21pu55n jiən12]	sᴇ43ɕɯ22	sa42ɕi22	sẽ42ɕi22	jṽ33səu42	jũ33sou42ɣo u42	n̥v33so42ɣ ɯ42	ɕi21 səɯ33
孙子	224	sʰuaŋ1	1	suaŋ55	suaŋ55	ɕyᴇ24	sua55tsi22	a55sõ55tsi 22	suɑ̃55	sʰuaŋ55	sua55	suaŋ̃55
孙女	225	'女'+ '孙'	1	jvŋ33sɔŋ33			sua55tsi22	a55sõ55nju2 2	jṽ33suɑ̃55	jũ33suɑ̃55	njv33sua55 n̥i21	njuŋ33 suã55
哥哥	226	njoŋ1a[w]	2	a55jvŋ55	[a22ʑoŋ12]	a43njoŋ24	a55nju55	a55nju55	kou33	tou33/kou33	ko44	tɛ33
姐姐	227	tɕi2	1	a55tɕi33	a55tɕi22	a55tɕi22	[a55kʰi22tsi2 2]	[a55kʰu22tsi 22]	tɕi33tɕi33	a55tɕi33	[ta55]	tɕi33
弟弟	228	tʰje2	1	tʰi33	tʰi22	tʰi22	a55tʰi22	tʰie22	tʰi33	tʰe33	tʰe33	tʰɛ33
妹妹	229	njo2	1	jvŋ33tʰi33	njõ22tʰi22	mi24	a55ba42tʰi22	a55pa42tʰie22	jṽ33tʰi33	jũ33tʰe33	n̥v33tʰe33	njuŋ33tʰe33
伯父	230	toŋ1	1	a55toŋ55	a55ta35	da24di22	a55to55	a55tõ55	tɑ55tɑ55	ta55ji33	ta55tɕe33	toŋ55toŋ55/t oŋ55toŋ55

叔叔	232	so4 [w]	2	a55sv42	[a55sɛ24bu22]	a43so55>a55 ɕo21	a55so55	a55so55	ɑ31po35	a55ji33	je55	jɛ33
侄子	234	di4	1	ʑi42	dʑi21	tɕi21	tɕy55tsi22	tɕĩ42	tɕi42	tɕi42	tɕi42	t^{h}i42
兄弟	235	njoŋ1a	1	jvŋ55t^{h}i33	joŋ55t^{h}i22	njo24t^{h}i22			jõ55t^{h}i33	?		joŋ55t^{h}ɛ33
舅父	238	ɢũ2	1	a55qɯ33	a55da42qɯ22 (大);a55tɕou21(小)	a55qɯ22	a55qɯ22	a55gũ22	tɕiou55tɕou55	a55tɕiou55	tɕou55	tɕi55kəɯ33/tɕi55kəɯ33
舅母	239	ɢũ2mo2	1	a55qɯ33mɯ33	a55qɯ22mu22（大）; tɕou22mu33	qɯ22mo22	a55qɯ22mo22	a55gũ22mo22	tɕiou55mõ33	tɕiou55mõ33	tɕou55mo33	tɕĩ55kəɯ33məɯ33
姨父	240	pɯ4	1	a55pɯ42	a55q^{h}u55bu22(大);a55bu22tʂɿ22	da43pɯ55(大);sᴇ42pɯ55(小)	a55sɛ42po55	a55sẽ42po55	ɑ31pou44	ji31ti33	ji35tie33	to42pu33
岳父	245	dɔ4ɕɯ2 [w]	2	dɔ21ɕoŋ33bo33	da24ɕy22bu22	da43ɕɯ22bo22	do42ɕi22bɯ22	a55da42bu22			ue33fv55	kə21kɚ55
妻子	248	v2[e]	2	jien35qaŋ55ʑien35/ve33	nji12qa55nji12(/bvw 22nji12)	nju22ɕu22tyæ22[女人]	ko55tso21mõ22	nju22ne42	v33jen21	vo33	v33	ɕi55bi33
继母	249	‘后’+‘母’	1	ɣɯ33mo33	ɣə21mu33	ɣɯ21mo22			ɣə33mõ33			ɣə33moŋ33
牛	254	ŋɯ1b	1	[ŋe35]	ŋə12	ŋɯ21	ŋɯ21	ũ21	ŋə21	ŋə21	ŋɯ21	ŋəɯ21
水牛	256	‘水’+‘牛’	1	ɕyi33ŋe35			ɕyi22ŋə21	ɕyi22ũ21	ɕyi33ŋə21	ɕui33ŋə21	ɕyi33ŋɯ21	ɕu33ŋəɯ21
母牛	261	‘牛’+‘母’	1	ŋe35mo33	ŋɯ12mu22	ŋɯ21mo22/ŋɯ21nju22	ŋɯ21mo22	ũ21mo22	ŋə21mon33	ŋə21mõ33		
牛粪	262	ŋɯ1bsri2	1	ŋe35ʂɿ33	ŋɯ12tɕ^{h}i55/ŋɯ12ʂɿ22	ŋɯ21tɕ^{h}i24			ŋə21sɿ33	ŋə21ʂɿ33		ŋə21sɿ33
角	263	qɔ4	1	qo42qa21	qo24	qo55	qo44	qo55	kv44	ko44	kv44	koŋ44
蹄	264	bã1	1	zɔ35bo35	bo12	po21	ku44no22pu21	ko44põ21	(t^{h}i55tsɿ33)	?	pa21	[t^{h}i55tsɿ33]
皮肤	265	be1	1	bi35		pi21			pe21	pe21	pe21	pe21
马	268	mæ2	1	ma33	mæ22	mæ22	ma22	mo22	man33	mɚ33	mɛ33	mər33

公马	270	‘马’+po1	1	ma33kɯ55	mæ22pu55	tɕy24tsi22		mo22tsẽ55	man33pou55tə21	mə33pou55		
母马	271	‘马’+‘母’	1	ma33mo33	mæ22mu22	mᴇ22nju22\mᴇ22mo22		mo22mo22	man33mõ33tə21	mə33mõ33		
马鬃	272	ɕa4	1	ma33ɕɔ42	ɕia24	mᴇ22ɕa55	(pɯ55)mi21	‘脖’+mie21	man33ɕɑ44	mə33tsoŋ35	[mɛ33tsou35]	mə33tsoŋ21tsɿ33
羊	274	njo1b	1	joŋ35	joŋ12	njo21	njõ21	njõ21	jõ21	joŋ21	jou21	joŋ21
骡子	281	lɔ1tsi2	1	[lɔ55tsi42]	lo55tsɿ22	lo24tsi22	lo55tsi22	[lo55tsi22]	lou55tsɿ33	lou55tsɿ33	lo35tsɿ33	lo55tsɿ33
驴	282	t^{h}ɔ1lo1a (+ʔ)	1	[t^{h}ɔ55lɔ33juaŋ35]	[tj^{h}yɛ55ljɛ55]	t^{h}o24lo43mi55	t^{h}o55lo21mi55	t^{h}o55lo21mie55	li55tsɿ33tə21	mõ35lyi35	t^{h}o55lo55miɛ21	[mə33lu55]
猪	284	dɛ4	1	dɛ42	dɛ21	tᴇ21	tɛ42	te42	te42	te42	te42	t^{h}ɛ42
公猪	285	‘猪’+pɔ1	1	dɛ42len35/dɛ42tɕien55	dɛ21pu55	[dᴇ21ɕia24/dᴇ21qua55tsɿ22]		[uẽ22te42]	te42po(u)55	te42po(u)35	tɛ42ts^{h}ɿ21	t^{h}ɛ42nəɯ21
母猪	286	‘猪’+‘母’	1	dɛ42mo33	dɛ21mo22	dᴇ21mo22		te42mo22	te42mõ33	te42mõ33	tɛ42mo33	t^{h}ɛ42mo33
狗	289	q^{h}uaŋ2	1	q^{h}uaŋ33	q^{h}uaŋ22	q^{h}ua22	q^{h}ua22	q^{h}õ22	k^{h}uɑ̃g33	k^{h}uaŋ33	k^{h}ua33	k^{h}uaŋ33
猫	291	a1mi1a /ni1a[e]	2						ɑ̃55ni55	aŋ35ni55	a55mi55	a55ni55tsɿ33
猫	291	xua1lɔ1b [w]	2	hɔ42lɔ35	xua55lo21	xuæ55lo21	xua55lo21	xua55lo21	ɑ̃55ni55	aŋ35ni55	a55mi55	a55ni55tsɿ33
兔子	292	t^{h}ɔ1lo1a	1	[t^{h}ɔ55lɔ33]	t^{h}o55lo55	t^{h}o24lo43	t^{h}o55lo22	t^{h}o55lo22	t^{h}ou55lou44tsɿ33	t^{h}ou55lou44tsɿ33	t^{h}o55lo44	t^{h}o55lo44tsɿ33
鸡	293	qɛ1	1	qɛ55	qɛ55	qᴇ24	qɛ55	qẽ55	ki55	ke35	ke35	ke55
公鸡	294	mæ1b[w] /[e]po1	2	ma35qɛ55	mæ12qɛ55	mæ21qᴇ24	ma21qɛ55	ma21qẽ55	ki55pou55	ke35pou55	tu55pɯ33	ke55pəɯ33
母鸡	295	qɛ1mo2	1	qɛ55mo33	qɛ55mu22	qᴇ24mo22	qɛ55mo22	qẽ55mo22	ki55mõ33	ke35moŋ33	ke35mo33	ke55mo33
鸭子	300	a4	1	[ʁɔ42]	a24	a55	a44	a44	ɑ44	a44	a44	a33

鹅	301	oŋ1b	1	oŋ35		o21	o21	da42õ21	õ21	õ21	[ou31]	oŋ21
鸽子	302	tɕɯ1kɯ1	1	tɕɯ55kɯ55	[tɕi22kɯ 12]	tɕi24ku24(22 +24)	tɕi55kɯ55	tɕi22kɯ55	kou55tsɿ33	kou55tsɿ33	tɕi55kɯ55	
老虎	304	lɔ1b	1	lɔ35	lo12	lo21	lo21	lo21	lou21	lou21	lo21	lo21
龙	306	loŋ1b	1	loŋ35	lõ12	lu21	lu21	lu21	lṽ21	lõ21	lv21	loŋ21
猴子	308	suaŋ1	1	ɲe35sɔŋ55	ʁaŋ12ɕyən 55	u21ɕyᴇ24	ŋõ21sua55	õ21sõ55	ɣou21suɑ̃55	u33suã35	ou42sua35	a42noŋ21tsɿ3 3
豹子	310	baŋ 4/5	1		pi42	piᴇ43		pie42	pɑ̃42	pã42	pa53	pã42
熊	311	tsjen1	1	tɕien55	tən55	tᴇ24	tsɛ55po55	tsẽ55pu55	tɕien 55	tɕien 35	tɕe35	
野猪	312	dɛ4ɕiaŋ1 [w]	2	dɛ42ɕaŋ55	dɛ21san24	tᴇ21ɕa24	tɛ42ɕã55	te21ɕã55	ji31te 42	tɕi33te42	je21te42	ts^{h}o(u)21t^{h}ɛ42(jɛ21t^{h}ɛ42)
鹿	313	mɛ2lu1[e]	2				do42uo21	da42qo44			[mɛ33lu35]	mər33 lu55
麂子	314	bjo4	1	vɚ42	bvu21	t^{h}ja55vo21	w42	uo21			v42	v42
獐子	315	dju4 [w]	2	dju42	dzu21	tju21	tɕu42	tjo42				
麝香	316	ji3ɕoŋ1	1	ji21ɕoŋ55	[jin24ɕioŋ55]	ji21ɕio24	ji42ɕo55	ji21ɕõ55	ji31ɕiõ55	[jɛ21ʒiõ35]	ji31ɕou35	ji21ɕoŋ55
刺猬	319	ɢæ1	1	tɕ^{h}i21ʁɔ35	ɢa12	qa21		qa21ts^{h}ẽ42			ka21	ken21
老鼠	320	sro2	1	ʂv33	so22	ɕu22	(ji21)ɕy22	ɕu22	sv33	ʂo33	sv33	pi55suv33
黄鼠狼	322	‘鼠’+‘虎’	1			ɕu22lo21	ɕy22nji21ɕy2 2so55	ɕu22lo21	ts^{h}u31pɑ̃42tsɿ3 3	ʂo33lou21	sv33lo21	
鸟	326	Tso4	1	tsu42	tsu24	tsu55	tsu44	tso55	tsou44	tsou33	tsou44	tso44
鸟窝	327	k^{h}ro3	1	tsu42tʂ^{h}ɚ21	tʂ^{h}ʅ42	tsu55tjɯ24	tsu44ts^{h}ɛ44	tɕ^{h}ɚ42	tsou44tsɿ33k^{h}v 31	tsou33k^{h}o33 tɯ35	tsou44k^{h}v3 1	tso44tsɿ33tɕ^{h} u21
喜鹊	338	o1tjua1	1	o55tjua55	ba21ɕa55u22	ʔu22tya24	pa42 tɕa44u55	pa42 tɕa44v55			u55tsa21la 42	pi55tsər42
乌鸦	339	xɯ1tɕia1u 1	1	tɕɔ42qɔ42u55	tɕi22qa55 u22	tɕia55u24	(xɯ44)tɕa44 u55	xɯ44tɕa44v5 5	xɯ44ʔv55	xɚ44o35	xɯ44v35	xa42u55

野鸡	340	dʑɯ2	1	ʑi33	dʑi22	dʑi22		qo42tɕyi22	tɕiɯ33ki55	tɕi33	(je21ke35)	koŋ42ke55/tien33
斑鸠	342	kɯ1	1	tɕɯ55kɯ55	tɕi22kɯ12	tɕi24kɯ24		tɕi55kɯ55			ku31ku55ku33	tɕi55kəɯ55
斑鸠	342	tɕɯ1	1									tɕi55kɯ55
啄木鸟	343	qua1le1 [w]	2	qua55le55mo33		to55ju21pi21tᴇ55tsu55		qua55li55				
布谷鸟	344	qɔ1pu2 [w]	2	qɔ55pɯ33	[qə55pu22]	[qa24pɯ22]	ko55pɯ22	ko55pu22				ko55ku22
蛇	347	k^{h}ro2	1	tʂ^{h}ɚ33	tʂ^{h}ʅ22	ts^{h}ɿ22	ts^{h}ɛ22	tɕ^{h}ɚ22	k^{h}v33	k^{h}o33	k^{h}v33	tɕ^{h}iu33
青蛙	349	oŋ1bmæ1	1	oŋ55ma55	õ12mæ12	ʔu21mæ24	dʑa42õ21	õ21mo55	õ21man55	[u31mɚ55]	ou21mɛ35tsɿ33	[lv44ɛ33mɚ55tsɿ33
鱼	351	ŋo1a	1	ŋv55	ŋo55	ŋo24	ŋu55	ŋu55	m̩55	võ35	ŋo35	oŋ55
鳞	352	qæ4	1	qa42		qæ55	qa44	qa55	ka44	kɚ44	kɛ44	kɚ44
虫	353	dʐuŋ1	1	ʐv35	dzo12	tɕo21	tɕu21	tɕu21	tsṽ21	tʂo21	tsv21	dzoŋ21
跳蚤	355	q^{h}uaŋ2s^{h}ru2	1	q^{h}ɔ33ʂv33	q^{h}uaŋ22ɕy22	q^{h}ua22ɕu22	q^{h}ua22ɕy22	q^{h}õ22ɕu22	k^{h}uɑ̃33ɕi44tsɿ33	k^{h}uaŋ33si44tsɿ33	tɕ^{h}ou44suo44	k^{h}uaŋ33su33
虱子	356	ɕi4	1	ɕi42	ɕi24	ɕi55	ɕi44	ɕi55	ɕi44(tə21)	ɕi33	ɕe44	ɕi44
苍蝇	358	zrɯn1	1	ʐvŋ35	zən12	ʑɯ21	[mu55]	ɕõ55mõ55	sə̃21	zə̃21	zɯ21tɯ21	zen21
蛆	359	dʐo1	1	ʐv35	dzo12	tɕo21	tɕu21	tɕu21tsi22	tsṽ21	tʂo21	tsv21	[zen21]
蚊子	360	mɯ4	1	mɯ42tsi33	moŋ24	mɯ55	[xɛ42thoŋ55 倮倮借词	mo55tsi22	mə̃44tsɿ33	mõ44tsɿ33	mɯ44tsɿ44	mo44tsɿ33
蜈蚣	362	ts^{h}rɛ2ɕi4[w]	2	tʂ^{h}ɚ33ɕi42	tʂ^{h}ʅ22ɕi24	ʔu24ko24	tsɛ22ɕi55	tɕ^{h}ɚ22ɕi55	u55kõ55	[ũ35kõ35]		[u55koŋ55]
蚂蟥	364	tsji4	1	tɕi42	tɕi24	qa24tsi55	qa44tsi44	qa55tsi55	tɕi44	tɕi44	tɕi44	tɕi44mo33t^{h}oŋ55
蚂蚁	365	bri1	1	tɕien55ɕaŋ55	dzu12bu12tsɿ22	tsu43pɯ21	tɕi21pɯ21	tɕi21pɯ21	pien21põ21tsɿ33	pi21po21tsɿ33	pi21pɯ21	pi55pəɯ21
蚂蚁	365	bɯ1	1		dzu12bu12tsɿ22	tsu43pɯ21	tɕi21pɯ21	tɕi21pɯ21	pien21põ21tsɿ33	pi21po21tsɿ33	pi21pɯ21	pi55pəɯ21

蜜蜂	367	p^{h}juŋ1	1	fɚ̃55	pfuŋ55	fo24	xõ55	xõ55	fṽ55	fṽ55	fv55	tsɿ55p^{h}en55
树	372	drɯ3	1	djɯ21	dʐʅ42	djɯ43	dʑi42	djɯ42	tsɯ31	tʂɯ21	tsɯ31	dzəɯ21
根	375	mi1a	1		tɛ24	djɯ43tᴇ55			te44	te44		tso33
根	375	tɛ4	1	mɛ21	tæ24	mᴇ43	mɛ42/tɛ42 (桩)	djɯ42me42/te42		mi44	mi44	[tso33]
叶子	376	s^{h}rɛ4	1	djɯ21mɯ42ɕi42	sɛ24	ɕᴇ55	sɛ44	ʂɚ55	se44	ʂ^{h}e44	se44	sɛ44
花(朵)	377	χua1	1	xua55	[xuɛ55]	χo24	xua55	xo45	xou55	xu35	[xuo35]	xo55
水果	378	q^{h}ɔ2	1	q^{h}ɔ33		do21lᴇ21mo22q^{h}o55	dʑi42lɛ21		k^{h}ou33k^{h}ou33tsɿ33	ɕui33kuo33	ɕyi33li55ta21ko33	pu55k^{h}o33/pu55tsər33
芽儿	380	ɣæ1[e]	2	qɚ55	ɕy22	nja21	ɕ^{h}yi22	ɕyɚ̃22	[ɣan21]	ɣɚ21	ɲɛ21	ŋər21
柳树	382	ɣɯ2	1	ɣɯ33	ɕi22ji21	ja43ɣɯ22			ɣə33	ɣə33	[]	ɣɯ33dzəɯ21
松树	385	zroŋ1	1	zʋŋ35	zoŋ12	ju21	ju21dʑi42	v21	ɕiõ21	jou21	jou21	zuen21dzəɯ21
柏树	386	ɕoŋ1pa4	1	[ba42ɕu42]	ɕoŋ55bæ24	ɕo24ba55	[ɕo55pa55]	ɕi55u21djɯ42	ɕiõ55pa44tsɿ21	ɕoŋ35pɚ33	pi21pɛ35	ts^{h}u55pɚ21dzəɯ21
松香	387	mɛ1a	1	mɛ55tʂʅ55	zoŋ21tʂʅ22	mᴇ24tsɿ24	mẽ55tsɛ44	me55tʂʅ55	me55tsɿ33tsɿ33[润滑油]	me35tʂʅ35	jou21tsɿ55	mɛ55tsɿ33
松明	388	mɛ1a	1	mɛ55+[tʂʅ55]	mən55	mᴇ24	ɕy55ɣo21('powdɚ)	u22ne21	me55 [easiɚ to burn]	me35		mɛ55tsɿ33
竹子	389	tsro4	1	tʂv42	tso24	tɕo55	tɕu44	tɕu55	tsv44	tʂo33	tsv44	tsu44
藤子	390	mɛ5	b	mɛ21	mən42	mᴇ43	mɛ42	me42	me42	me42	me21	me21
刺儿	391	ts^{h}je3	1	tɕ^{h}i21			ts^{h}i42	ts^{h}e42	tɕ^{h}i31	tɕ^{h}i31	tɕ^{h}i31	tɕ^{h}i21
桃子	392	dɔ1	1	dɔ35	do12	to21	to21	to21q^{h}o22	tɑ21	ta21	ta21	tɛ21
柿子	395	t^{h}jæ4	1	t^{h}a42zə33	t^{h}æ24	t^{h}jæ55	tɕ^{h}a55tsɛ21	t^{h}ja55zʅ22	t^{h}ɑ44tsɿ31	t^{h}a44tʂʅ31	t^{h}a44tsɿ31	t^{h}ɛ42tsɿ33
板栗	397	ts^{h}ji1ʑɯ1	1	[tɕ^{h}i55ji42]	tɕ^{h}i55j=i21	ts^{h}i55jɯ21	ɕu22ts^{h}i55ji21lɛ21	xa55ne21	tɕ^{h}i55ji31	tɕ^{h}i55li44		to42ju21
甘蔗	399	kaŋ1tsɿ1	2						kɑ̃55tsɿ33	[ka35tʂʅ35]	ka55tsɿ35	kaŋ55tʂʅ33k

		[e]										ua55
水稻	403	ɢɔ1	1	ʁɔ35	[so24]	qo21	qo21	qo21	kou21	ku21	kuo21	
糯米	404	suŋ2	1	sv33mi33	so22mi22	su22mi22	sy22sy22qo21	sy22sy22qo21	sv33me33	sõ33	[sɿ55me33]	səɯ33səɯ33mɛ33
种子	405	tsruŋ2	1	tʂvŋ33	tsoŋ22	tɕo22	tɕu22	tɕõ22	tsṽ33	tʂoŋ33	tsv33	tsoŋ33
秧	406	dzi̧1	1	zɚ35[苗]	dzʅ21	tsɿ21	tsɛ21	tɕə21	tsa21	tʂɿ31	tsɿ21	dzɿ21
穗	407	truæn2	1	tjuaŋ33	tsuan22	tyᴇ22	tɕya22	tjõ22	tsuan33	tʂuə̃33	tsuɛ33	tsuə33
稻草	408	ma4	1	mo42	ɢo24tɕy22	ma55	[qua44]	qo55qua55	mɑ̃44	ma44	ma55	su44ma44
谷粒	409	sɔ4	1	q^{h}ɔ33	so24(q^{h}u22)	so55(q^{h}o22)			sv44	so44	[sɿ55]	suv44
小麦	410	mɯ4	1	mɯ42	moŋ24	mɯ55	mɯ55	mɯ55	mə̃44	mə̃44	mɯ44	məɯ̃44tsɿ33
大麦	411	zɔ1	1	mɯ55zɔ35	mɯ55zo12	mɯ55zo43	mɯ55zo21	mɯ55zao21	me55sou21	mi35zau21	mi35zo21	mi55zo21
荞麦	413	go1	1	gv35	go12	ku21	kv21	kv21	kv21	ko21	kv21	kv21
麦秸	414	mɯ4	1	mɯn42quo42	moŋ24qua24	mɯ55qua55	mɯ55qua44	mɯ55qua55	mə̃44kuɑ44	mə̃44kua44		mən44tsɿ33kua44
棉花	418	χo1mi1b	1	hjɔ55mi21	xjo22	χo24(tree)	xo55	xjo55me22	mi55xuɑ55	mi55xua55	ho35mi21	xo55
麻	419	si2	1	si33	sɿ22	si22			sɿ33	sɿ33tsõ21		sɿ33/ʂʅ33
蔬菜	420	ts^{h}ɯ3	1	ts^{h}ɿ21	ts^{h}ə42	ts^{h}ɿ43	ts^{h}ɿ42	ts^{h}ɯ42	ts^{h}ɯ31	ts^{h}ɯ31	ts^{h}ɯ31	ts^{h}əɯ21
辣椒	422	la1btsi2	1	la35tsi33	[la24tsɿ22]	la24tsɿ22	[xa42ɕu55]	la21tsi42/lo21tsi42	lɑ35tsɿ33	la35tsɿ33	la35tsɿ31	la55tsɿ42
葱	423	ts^{h}uŋ1	1	[ts^{h}v55]	ts^{h}u55	ts^{h}o24	[ts^{h}oŋ55]	ts^{h}o55	ts^{h}ṽ55	ts^{h}õ55	ts^{h}ɿ55/fi31tshu31	ts^{h}oŋ55/ts^{h}uŋ55
蒜	424	s^{h}uaŋ3	1	soŋ21	suaŋ42	ɕyᴇ43	sua42	suã42	suɑ̃31	s^{h}uaŋ31	sua31	suaŋ21/ʂũ21
姜	425	koŋ1	1	koŋ55	[koŋ55]	ko24	ku55tsɛ44	tse44koŋ55	kõ55	koŋ55	kou35	koŋ55
南瓜	428	u3[w]/tɕɯ1kua1[e]	2	u21q^{h}ɔ33	u21	tja22u43/ɕyᴇ22ts^{h}ɿ22u22	v42	v42	tɕi55kuɑ55	laŋ35kua35	na35kua35	tɕĩ55kua55
黄瓜	429	p^{h}ɔ4	1	p^{h}ɔ42	p^{h}o24	p^{h}ɯ55	p^{h}o44	p^{h}o44	p^{h}ɑ44	p^{h}ou44	p^{h}ou44	p^{h}o44
豆	430	dɯ5	b	djɯ21	di42	dɯ43	dɯ42	dɯ42	tə̃31	tɯ31	tɯ31	dəɯ21
豌豆	433	dɯ5ts^{h}ɯ3	b	dɔ21djɯ21	da42di21	do43lo21ts^{h}i43	dɯ42ts^{h}ɿ42	dɯ42ts^{h}ɿ42	tə31ts^{h}ə31tsɿ33		tɯ31ts^{h}u31lɛ21	tə31ts^{h}ə21k^{h}o55

草	436	ts^{h}ru2	1	tʂ^{h}v33	tɕ^{h}y22	tɕ^{h}u22	[k^{h}u22]	[k^{h}v22]	ts^{h}u33	ts^{h}u33	ts^{h}u33	ts^{h}əɯ33
蘑菇	437	sreŋ2	1	ʂə̃33	ʂə̃22	ɕiæ22	ts^{h}ɛ55sɛ22	ʂə̃22	san33	tɕ^{h}ə55mu33	sɛ33	sən33
木耳	438	χɯ4sreŋ2	1	xə42ʂə̃33	χə24ʂə22	χɯ55ɕiæ22	ɕy55ji42tɕyi 21	ɕõ55ẽ42tɕyẽ 22	xɯ44san33	xə44shə̃33		xɯ44sən33
米	439	me2	1	mi33	mi22	mi22	mi22	mi22	me33	me33	me33	mɛ33
粥(稀饭)	441	p^{h}æ1+?	1	mɯ35tɕ^{h}i42	p^{h}æ55zo21	p^{h}æ24jo21	p^{h}a55jo42	qo44p^{h}e55jo 42	p^{h}a55vu42	p^{h}ə55v42	p^{h}ɛ55zv42	p^{h}ə55ju42
肉	443	ɢæ1	1	ʁa35	ɢæ12	qæ21	qa21	qa21	ka21	kə21	kɛ21	kər21
脂肪	445	tsri1	1	tʂʅ55	tʂʅ55	tsɿ24	tsɛ55	tʂʅ55	tsɿ55	tʂʅ55	tsɿ35	tsɿ55
清油	446	jɯ1b	1	jɯ35	ji12	jɯ21	tsɛ55ji21	tʂə55	jɯ21	jɯ21	jɯ21	ɕiõ33jou21
花椒	448	sru1	1	ʂv55	ɕy55	ɕu24	ɕu55nɛ21	ɕy55ne21	su55	su35	su35	su55k^{h}o33
蛋	450	sen5	b	sen21 [睾丸]	sən42	sᴇ43	sɛ42	sẽ42	sen42	sen42	se42	sɛ42
汤	451	χæn1	1	xaŋ55	han55	χæ24	xã55	xã55	xan55	xə̃55	xɛ55	[tsɿ55]
酒	452	tsuŋ2	1	tsvŋ33	tsoŋ22	tso22	tsõ22	tsoŋ22	tsṽ33	tsõ33	tsɿ33	tsoŋ33
开水	453	'滚'+'水'	1	huɔ42ɕyi33	xua24ɕy22	χua55ɕyi22			xuɑ44ɕyi33	xua44ɕyi33	xua44ɕyi33	xua44ɕiu33
茶	454	drɔ1	1	djɔ35	dzo12	tjo21	tɕo21	tjo21	tsou21	tʂou21	tso21	tso21
药	456	jɔ4	1	jɔ42	ju24	ju55	ju44	jo55	jou44	jou44	jo44	jo44
糠	457	t^{h}roŋ1	1	t^{h}joŋ55	ts^{h}oŋ55bi21	t^{h}jo24pi21	qa44;tɕyi21	t^{h}jõ55tɕyi21	ts^{h}õ55	tʂ^{h}oŋ55	ts^{h}o55	ts^{h}oŋ55
麦麸	458	mɯ4be1	1	mɯn42mi21b i35	mu24bi12	mɯ55pi21			mə̃33pe21	mə̃44pe21		mən44 tsɿ33pe21
线	461	xɯ2	1	xɯ33	xɯ22	xɯ22	xɯ22	xɯ22	(sou44jin42)	[xou35]	xɯ33	xɯ33
布	462	p^{h}ro3	2								p^{h}io31	p^{h}io21
布	462	s^{h}ɛ4	1	sɛ42			sɛ44	se55	se44	s^{h}e44		
丝	463	si1	1	si55	sɿ55	si24	[njo21pu55x ɯ22]	[xɯ 22]	[sen42]	sɿ35	sɿ55	[pəɯ55]sɿ55
衣服	467	ji1	1	jɪ55	ji22k^{h}oŋ55	ɪ24	i55	[i55]	ji55k^{h}õ55	ji35k^{h}oŋ55	ji35k^{h}õ55	ji55
裤子	471	kuã1[e]	2	k^{h}i21jɪ55	k^{h}u42y22	jæ21ji24	i21i55	ĩ55ji55	kuɑ55(ju55)	kuã35	kua35	[tɕ^{h}i42ji55]
腰带	476	ji1tsri1	2	jɪ55tʂʅ55	ji22tʂʅ22tʂʅ24	ji24tsɿ24	i55tsɛ55	ĩ55tʂə55	vu31jĩ33	u35pu33/sou	ta35po35	k^{h}o55ju22

		[w]								44p^{h}iə˞55		
鞋	479	ʁɛ1	1	[jien35]	ʁɛ12	nji21	ŋa21tsɛ44	o21tse44	ŋe21	???	ŋe21	ɣɛ21
梳子	481	sro1	1	ʂv55tɕyn21	so55tɕ^{h}yən55	ɕu24	ɕy55tɯ21	ɕu55	sṽ55	ʂo35	sv35	su55moŋ33/su55tsɿ33
耳环	484	ɢoŋ1	1	jien35qoŋ35	tɕin22	nji21ko22	ji42ko21tsɛ44	nji21kõ21	jen33kõ21	jien33koŋ31	ȵou33ku21	jɛ33kɛ33koŋ21
手镯	487	di1	1	ʑien35	dʑi12	djᴇ21	ti21p^{h}o55	tie21	tɕi21	tɕien21	tɕi21	ti21
枕头	490	tsren2	1	tʂə̃33djɯ35	tʂʅ22dji12	tsɿ22tjə21	tsɛ22tɕi21	tʂə˞22tjɯ21	[tsɿ33tə31]	tʂə̃33ti31pou33	tsɿ33tɯ21	tsen33təɯ21
蓑衣	493	bri3	1	ʑyi21	dʑy42	bi43	dʑyi42sɛ55	tɕyẽ42	pi31	pi31	pi21?	tɕ^{h}i21bi21
房子	494	hɔ3	1	hɔ21	ha42	xo43	xo42	xo42	xou31	xou31	ho31	xo21
地基	497	dʑæ1	1	ʐa42ten55	dʑɛ21dən55	tɕa43tɯ24	tɕa42tɯ55	tɕã42tẽ55	tɕia42tə55	?	tɕɛ42tɯ35	[ti21tɕe55]
楼上	500	nɯ1bno2	1			nə21no22			ne21nõ33	ne21nə̃33		nə21tə21
楼下	501	nɯ1byæ2	1			nə21jæ22			ne21ɣja33	ne21ɣə˞33		nə21ɣər33
牛圈	503	u3	1	v21					ŋə21u31	ŋə21u42	ŋɯ21tso21	ŋəɯ21v21
瓦	509	ŋwæ5	b	ua21	uɛ42	uæ43	[ŋua42](ze21fɛ55)	xa42fe42ko55	uan42	uə˞42	uɛ42	və˞21
墙	510	ũ2[e]	2	t^{h}oŋ33mo33	tɕuɛ24	pia55	tɕa21pɯ55	tjã21pɯ̃55	u33	ũ33	u33p^{h}iɛ55	ɣoŋ33
木头	511	ɢua4	1	guo42	ɢua21	qua21			kuɑ42	kua42		[ɕin55t^{h}oŋ33]
木板	512	pæn2	1	paŋ33	pan22	pæ22	pa22q^{h}o55	põ42q^{h}o55	pan33	pə̃33	pɛ33	ɕin55pər̃33
柱子	513	drɯ2	1	djɯ33	dʐʅ33	djɯ22	dʑi22	da42tɕõ22	tsɯ33	tʂɯ33	tsɯ33kua44	dzəɯ33
门	514	mɛ1b	1	mɛ35	kua42	mᴇ21	mᴇ21	me21	me21	me21	me21	me21
椽子	519	qo4tsi2	1	tʂ^{h}uan21tsi33	[ts^{h}uan21tsɿ22]	qo55tsi22	qo55tsi22	qo55tsi22	kv44tsɿ33	uə˞31	ku33tsɿ33	ku55tsɿ22
园子	522	suaŋ1	1	suaŋ55	ts^{h}ɛ55ɕyən55	ɕyᴇ24	sua55lu21	sõ55lu21	suɑ̃55	suaŋ35	sua35	suaŋ̃55
桌子	524	træ1	1	tja55	[]	tjæ24tsi22		ji44be22tɕĩ21q^{h}a55		tʂə̃35tsɿ33	tsɛ35tsɿ33	tsɿ55tsɿ33

床	526	droŋ1	1	djoŋ35	dzoŋ 12	tjo21	ŋu22ti22tɕ^{h}u 42q^{h}a44	ũ42fi22tɕ^{h}u4 2	tsõ21	k^{h}o33	tso21	tɕ^{h}yi21/tɕ^{h}u 21
镜子	531	kæ̃4 [e]	2	tɕien55tsi 33	tɕin55tsɿ22	qə22mi43	i42tɕ^{h}o55tɕi2 1pɛ55	nji44sã55pe5 5	ka42mi42mi 42	kɚ̃42	kɛ42mi42	kəĩ42
扫帚	532	truɛ4	1	tyi42kv21	ts^{h}u24ɕy 22tsuɛ24	tyᴇ55go21	tɕyi55gv21	[tj^{h}u44]	tsui44	tʂui33	tsue44kv33	tsuɛ44
柴	534	sjen1	1	ɕien55	ɕin55	si24	sɛ55	sẽ55	ɕien55	ɕien55	ɕi35	ɕien55
火炭	535	xue2t^{h}an3	1	xue33t^{h}e21					xui33t^{h}ã31	xui33t^{h}ã31		fi33tən21
火绒	537	bɛ3 [w]	2	?	bɛ42	bᴇ21		bɚ42			xui33jou44	fi33ts^{h}o31 jo55
香(烧香)	541	ɕoŋ1	1	fv55ɕoŋ55	ɕioŋ55	ɕio24	ɕu55	ɕõ55	ɕiõ55	ɕoŋ35	ɕou35	ɕoŋ55
灶	544	tso5	b	lɔ35tsu21	noŋ24tsu42	tsu43	fi22tsy42		tsou42	tsu42		tso42
盖子	547	p^{h}ɯ3	1	qɔ42	qa24qa24	(vɯ55)tjɯ 21pɯ43	p^{h}ɯ42	mɯ22qa55	p^{h}ɯ31	p^{h}u31	[p^{h}ɯ55]	kɐ55
蒸笼	548	ŋuen1	1	uen35	uən12	ŋui21	ɕu55ŋuɛ21		uẽ21	uen21	uɛ21	
刀	549	ji1taŋ1[e]	2	jɪ55te55	i55qua55	ɪ22tjᴇ24	i55ti55	ji55tie55	ji55tã55tsɿ33	ji35taŋ55	ji35ta35	ji55tã55
把儿	550	kæ1 [e]	2	tso42ʂu21	pæ24	pæ43	pa42	pã42	[kuɑ 44]	kɚ35?	kɛ35	(pəɯ55)kɚ 55
勺子	551	mɛ1dro4	1	[mɯ35]tju 42	mi55tsu21	mᴇ24tju21	mɛ55tɕo21	me55tjo21	mi55tso42	mi55tʂou42	mi35tso42	mi55ts^{h}o42
匙(调羹)	552	t^{h}jo4kɯ2 [e]	2						t^{h}io42kɚ33	t^{h}iou42kẽ33		
筷子	555	dzro3	1	zʋ21	dzo42	dzo43	tɕu42	tɕu42	tsṽ31	tʂo31	tsv31	k^{h}ər 42tsəɯ21
坛子	558	zrɛ1	1	zɚ̃35	zə12	zɿ21[口大]	zɛ21	njɚ21	san21 (处)/ʔṽ42	zɚ21	zɿ21	ɣɑ21
壶	559	bjɛ4	1	vɚ42	bvu21	la24fᴇ21	li55ui42q^{h}o2 2	lo55ue21	vu42	[xu42]		kua42tsɿ33
缸	560	kaŋ1	1	kaŋ55		ka24	[]	kã55	kã55	kã35	ka35	kaŋ55
秤	570	ts^{h}uen1	1	tɕien55(gv21)	tɕin55go42	ts^{h}uᴇ	ts^{h}uɛ55to	ts^{h}uẽ55to	tɕ^{h}yen55ku	tʂ^{h}ẽ44	tɕ^{h}y	ts^{h}uen55

						24	21pA42	21	31(n)		i55kv33	
钱	573	njen1[w]	2	jien35	nji12	tsi21	nji21	nji21	tse21	tɕ^{h}ien55	ts^{h}e55	tɕ^{h}i55
利息	576	bɯ1	1	bɯ35	bu12	vɯ55bɯ21	nji21pɯ21	nji21pɯ21	li̱55ɕe35	li55si35	ts^{h}e55 pɯ21	pu55pə21
尺子	577	ts^{h}i2	1			ts^{h}ɿ22	ts^{h}ɛ22	tɕɚ22	ts^{h}ʅ33kɑ̃55	tʂ^{h}ʅ33kɑ̃35	ts^{h}ɿ33	ts^{h}ɿ33
针	578	tsreŋ1	1	tʂɚ55	tʂə̃55	tsɿ24	tsẽ55	tʂɚ55	tsan55	tʂɚ35	tsɿ35	tsen55
钉子	580	tɕæŋ1	1	tɕaŋ55(木)	tsən22zaŋ24	tɕæ24	[ti55tsi22]	tɕ^{h}i55tsẽ22	tɕian55	tɕɚ35	tɕɛ35	t^{h}ɛ44tɕər55
梯子	582	gu1	1	qɛ55gv35（‘鸡桥’）	qɛ55ku12ʂʅ22	tso24ku21	qɛ55ku21tɕa 55	kv21	tse21t^{h}i55kɑ̃ 55	tʂʅ21t^{h}e55	lɯ21tsɿ33t^h e55	tɕi21t^{h}ɛ55/lɛ 21t^{h}ɛ55
锁	584	sɔ2	1	sɔ33	su22	so22	so22	so22pã42	[tsou42]	su33	[suo33kv 21]	[ts^{h}o(u)42]
钥匙	585	dro4	1	dju42	dzu21qə55	tjo21(qɯ24)	so22pa55tsɛ4 4qua44	so22pa22qua 55	tsou42	tʂ^{h}ou42	tsou42 kɯ31	ts^{h}o42(锁)kə 55
棍子	586	ɢua4	1	guɔ42	qua21	qua21	qua42	qua42	kuɑ42	kua42	kua42	[pəɯ55]paŋ2 1mo33
鞭子	597	prɔ1	1	tɕɔ55		(pio24)	tɕo55	[qua42]	pio55	piou35	pia35	pio55
牛轭	599	a4qua1 [w]	2	a42kuɔ42	ʁa24qua24	a55qua55	a55qua44	a55tjɯ21	?	ɚ33	ɛ55	k^{h}u33ər33
船	602	jen1b	1	jien35	jən12	njia21	nja21	njɚ21	jen21	jien21	je21	jin21
斧头	605	pɯ2	1	pɯ33	pu33	pɯ22	pɯ22	pɯ22	pɯ33	pu33	pɯ33	pəɯ33
凿子	607	dzo4	1	zu42	dzu21	tsu21	tsy42	tsv21	tsou42ne31	[tsaŋ44tsɿ33]	tsu42	ts^{h}o42
锯子	608	pjo5	b	fv21	pfu42	fo43	fv42tə21	fv42	fv42ts^{h}e42	fv42	fv42	fv42tsɿ22
刨子	611	t^{h}uɛ1	1	t^{h}ui55djɯ 35	t^{h}y55djɛ21	t^{h}uᴇ24	t^{h}uɛ55pa55q^h o22	tɕ^{h}uã55tɕĩ21	t^{h}ui55tə21	t^{h}ui55tjə33	t^{h}ui55tɯ21	t^{h}ui55p^{h}u44
犁(犁头)	614	tɕi1	1	tɕi55	tɕi55	tɕi24	tɕi55	tɕĩ55	tɕi55	?	?	tɕiɛ55
铧	615	kui1	1	tɕi55kue55	tɕi55kuɛ55	tɕi24kui24(> tɕi22kui24)	tɕi55kui55tɕi a22	tɕĩ55kui55	tɕi55kui55p^{h}ie n31	?		tɕi55kuɛ55
锄头	617	dzuŋ1	1	ʐvŋ35	dzo12	tɕo21	tɕu21sɛ55	tɕu21	tsṽ21(sen42)	tʂo21	tsv21(sɛ55)	(pan22/tɕ^{h}o5 5)dzu21

绳子	619	s^{h}o4	1	su42	su24	su55	su44	so55	sou44	s^{h}ou44	so44	so44
肥料	623	tɕ^{h}i1	1	tɕ^{h}i55	tɕ^{h}i55	tɕ^{h}i24	tɕ^{h}i55	tɕ^{h}i55	tɕ^{h}i55	tɕ^{h}i55	tɕ^{h}i55	tɕ^{h}i55
镰刀	624	jen1b	1	jien35	jən12	njia21	njia21sɛ55	nja21	jen21	jien21	je21	li55to55
碓(水碓)	626	duɛ5	b	due21	ɕy22tyɛ42	ɕyi22tyi43	ɕyi22ti42	ɕyi22kue55	tui42k^{h}ou55	tui42	sɯ33kɯ33	tɛ42
筛子	629	lɔ1b	1	lɔ35	lo12	lo21	lo21	lo21	lou21	lou21	lo21	lo21
簸箕	630	po2mo2tɕi1	1	po33mo33tɕi55	po22mu22tɕi55	po22mo22tɕi24	pɯ22mɯ22tɕi55	po22mo22tɕi55	pou33pou33tɕi55	tɕ^{h}i35	po33mo33tɕi35	do21tɕi55
刀鞘	634	ts^{h}aŋ3[w]	2	ts^{h}aŋ21	tɕ^{h}in55	ji24tjᴇ24ts^{h}æ43	ts^{h}o42	ts^{h}ã42			k^{h}o35	ji55taŋ55ts^{h}ɛ21
弓	636	kuŋ1	1	koŋ55	kɔŋ55	ko24	ku55	kũ55	kõ55	(kuo35)	kv35(tsou35)	tɕin42
箭	637	tsjen5	b	tɕien21	tɕin42	tsi43	tsɛ42	tsẽ42	tɕien42	tɕien42	tɕi53mu42	tɕin42tsoŋ33
毒	641	du4	1	dɯ42	ts^{h}ɛ24/to12	t^{h}jɯ55[毒性发作]	tɯ42	t^{h}jɯ55	tou31	[tu13]	[tv35]	tu55
字	643	so1	1	sv55	so55	su24	sy55	kua55sy55zẽ42	sv55	so35	sɿ35	su55dzəɯ21
纸	647	tsri2	1	tʂɚ33	tʂʅ22	tsɿ22	tsɛ22	tʂɚ22	tsɿ33	tʂʅ33	tsɿ33	tʂʅ33
话	651	doŋ1	1	doŋ35	doŋ12	do21/ŋo43	tɕha55	la22kue55	ɕi55ɣou42	xua55	tou21	ɕi33ɣo21
鼓	659	ɢuŋ2	1		qoŋ22	ɢu22			ku33tɕian33	ku33	ku33	kəɯ21
箫	664	ɕo1	1		ɕo55	ɕo24			ɕiõ55(p^{h}ɯ55)	tuen33ɕoŋ35	ɕo35kua33	(tsuen55)ɕo55
鬼	669	kro2	1	tʂʅ33	tʂʅ22	tsɿ22	tsɛ22	tʂɚ22	kv33	ko33	kv33	tɕu33
龙王	671	noŋ1b	1	noŋ35		jo24tɕin24			nṽ21	nõ21	nv21	loŋ21
灵魂	673	p^{h}æn3man3	1	p^{h}aŋ21maŋ21	p^{h}an42man22	p^{h}æ43ma43	p^{h}a42ma42	p^{h}ã42mã42	p^{h}an31man31tsɿ33tə21	?	p^{h}o31miɛ31	p^{h}ər21mər̃21
力气	675	ɣɯ4	1	tɕ^{h}i42ɣɯ42	tɕ^{h}i24ɣə21	tɕ^{h}i55xo55	ɣɯ42/tɕ^{h}i55xõ55	ɣɯ42tɕi21	tɕ^{h}i44ɣou44	tɕ^{h}i44	tɕ^{h}i44miou42	ɣɯ21
名字	687	mjæ1[e]/njua1[w]	2	njua55	njuɛ55	miæ24	njya55	njo55	mian55	miɚ35	miɛ35	miɚ55
痕迹	695	tsuŋ1	1	tsvŋ55	tsɿ12	[tɕa55]	[tɕ^{h}o55]	tsõ55	tsṽ55	[tsõ13]		tsoŋ55/tsuŋ

												55
影子	698	qæn1	1	qaŋ33	qan22	qæ22	qa22	qã22	kɛ̃33(ts^{h}ɑ̃33)	kɚ̃33	zʅ21ts^{h}ɛ55	kɚ̃33
梦	699	mɯ5	b	mo21	moŋ24	mɯ43	mɯ̃55	mɯ42	mə̃31	mə̃42	mɯ53	məɯ21
方向	703	pjɛ2	1	fɚ33	ɢo12p^{h}u55	fᴇ22p^{h}ɯ55	p^{h}u55	fe22	fv33	fv33	po33	xoŋ33
东	704	toŋ1[e]	2	jien42q^{h}ɔ33tʂ^{h}ɚ42ʂv21	nji55tʂʅ12p^{h}u12	nji55ts^{h}ʅ55p^{h}ɯ55	nji44ts^{h}ɛ55p^{h}o55	nji44tʂɚ55p^{h}o55	tṽ55	tõ35	tv35	tṽ55
南	705	nã1b[e]	2	qoŋ55mɛ33p^{h}ɯ42		qo24mᴇ22p^{h}ɯ55	qu55mɛ22p^{h}o55	qõ55tjɯ21p^{h}o55	nɑ̃21	nɑ̃21	na21	[nɛ21]
西	706	se1[e]	2	jien42q^{h}ɔ42me42ʂv21	nji55w22p^{h}u12	nji55u22p^{h}ɯ55	nji44li21p^{h}o55	nji44le21p^{h}o55	si55	se35	se35	[sen44]
北	707	pɯ4[e]	2	qoŋ55djɯ35p^{h}ɯ42		qo24tjɯ21p^{h}ɯ55	qu55tɕi21p^{h}o55	qõ55me22p^{h}o55	pɯ44	pu44	pɯ44	pɯ44
左边	710	pri1 (a)	1	tɕy55	tjən55	tsuᴇ24[tjæ43]	la55tɕo44tɕo44p^{h}o55	lo55tɕyẽ55	pi55	piɚ35	pi35	pi55ləɯ21kəɯ33
前边	712	djɯ1	1	[djɯ33ba35]	di21qo55p^{h}u12	tjɯ21p^{h}ɯ55	tɕi21mɯ55	tjɯ21mu55	tə21	tjɯ21	tɕi21mi33ɕe35	tə21mən55
后边	713	ɣɯ2	1	ɣɯ33	ɣə22	ɯ22p^{h}ɯ55	tɯ21xɯ̃22	[tɯ42xẽ55]	ɣə33	ɣɯ33	ɣɯ33	ɣə33p^{h}u44
外边	714	ŋua4	1	ŋuɔ42	uaŋ24	ua55p^{h}ɯ55	ŋua44mɯ55	(pɯ55)zɚ21nõ22	uɑ̃44	uaŋ33	ua44	ŋua44
边儿	718	pien[e]	2	boŋ35nɔ33	(bu21) zʅ42nõ22	(pɯ55)piᴇ24no22	pɯ55tsɛ22no22	(pɯ55)zɚ22nõ22	pien55	piẽ35	pi35	pien55
上方（地势；河流）	722	djoŋ2	1	doŋ33ba35	doŋ33	do22	to22mɯ55	djɯ22	tõ33fv33nou33	tõ33	to33po33	doŋ33p^{h}o44
今天	738	qæn1	1	qan55jien42	qɛ55nji22	qæ24nji22	qa44nji44	qa55nji44	ki55ɕia44	ke55jien44	kɛ55ȵe44	kĩ55ni44
昨天	739	dʑen1	1	ʑien35jien42	dʑi21nji22	tsi21nji22	tsi21nji44	tsi21nji44	tɕi21ɕia44	tɕien21jien44	tɕi31ɕe44ȵe44	a44tɕĩ42ni44
大后天	744	uaŋ1	1		a12uaŋ24nji33	a43ua55nji22 (a43ma21nji22)	a42uaŋ55nji44	a42uɑ̃55nji44	?	uaŋ55jien44		ɛ42ŋuaŋ55ni44

晚上	752	pɛ2	1	pɛ33tɕa21	ja55xɯ42	ɕia24xɯ22	nji44u22	ɕa55xɯ̃42	pẽ55ka42	pe33kɚ42	pe33kɛ42	ɕɚ55p^{h}o55
夜里	753	ɕa4 [w]	2	ɕa42xɯ21	ja55xɯ42	ɕa55χɯ43	ɕa55xɯ42		xen55mian 42	paŋ42jou42x ien55kɚ35	pe33kɛ42	ɕɚ55p^{h}o55
属相	767	dʑo4	1	zv42	dzo21	tɕo21	tɕu42	tɕo21	tsṽ42	tʂõ42	tsv42	ts^{h}u21
月	771	ŋua4	1	ŋuɔ42	uaŋ24	ua55	ŋua44	uã55	uɑ̃44	uaŋ33	ua44	ŋua44
二月	773	zʅ3ŋua4	1	ɚ55yue33	zʅ33 uaŋ12	zɿ43ua55			sɿ31uɑ̃44	?		zɿ21 ŋua44
年	777	s^{h}ua4	1	suɔ42	sua24		sua44	sua44	suɑ44	s^{h}ua44	sua44	sua44
今年	778	qæ1tsi1	1	qa55tsɿ55	qa55tso21	qæ24tsi24	qo55tsɿ22	qo55tsɿ22	[kɛ55tsɿ55suɑ 44]	kɚ35tsɿ35	kɛ55tsɿ55s ua44	ke55tsen55
明年	781	‘后’+ ‘年’	1	ɣɯ33suɔ42	ɣə21sua24	ɣɯ21sua55	ɣɯ21sua44	ɣɯ21sua44	ɣə33suɑ44	ɣɯ33sua44	ɣɯ33sua44	ɣə33sua44
一	797	ʔa4	1		ji12/a55	ji55/a43	a42/ji55	a42	a42			ɑ21/ji42
一	797	ji4	1	jɪ42	ji24	ji55			ji44	ji44	ji44	ji21
二	798	koŋ2	1	koŋ33		ku22			kõ33	koŋ33	kou33	koŋ33
三	799	s^{h}aŋ1	1	saŋ55	saŋ24	sa24	so55	sã55	sɑ̃55	sã55	sa55	saŋ̃55
四	800	sji4	1	ɕi42	ɕi24	si55	si44	ɕi55	ɕi44	ɕi44	ɕi44	ɕi44
五	801	ŋu2	1	ŋv33	ŋo22	ŋu22	ŋu22	ŋu22	ṽ33	õ33	mu33	ŋ33
六	802	pjo4	1	fo42	pfu24	fo55	xo44	xo55	fv44	fo44	fv44	fv44
七	803	ts^{h}ji4	1	tɕ^{h}i42	tɕ^{h}i24	ts^{h}i55	ts^{h}i44	ts^{h}i55	tɕ^{h}i44	tɕ^{h}i44	tɕ^{h}i44	tɕ^{h}i44
八	804	pra4	1	tɕo42	tɕua24	pia55	tɕya44	tɕua55	pio44?	pia44	pia44	pia44
九	805	tɕɯ2	1	[tɕi33]	tɕi22	tɕɯ22	tɕi22	tɕi22	tɕiɯ33	tɕiɯ33	tɕɯ33	tɕəɯ33
十	806	dʑi4	1	zɚ42	dzʅ21	tsɿ21	tsɛ42	tʂɚ42	tsa42	tʂʅ42	tsɿ42	tʂ^{h}ʅ42
十二	808	‘十’+*ne4	1	zɚ42ne42	dzʅ21nɛ55	tsɿ21nᴇ55	tsɛ42kv22		tsa42ne44	tʂʅ42ne44	tsɿ42ne44	tʂ^{h}ʅ42ne44
四十	818	sji4	1	ɕi42zɚ42	sɛ55zi22/ɕi24d zʅ21	si55tsi22/si5 5zi22	si44tsɛ44		ɕi44tsa42	ɕi44tʂʅ42	ɕi44tsɿ42	sɛ21
百	824	pæ4	1	pa42	pæ24	pæ55	pa44	pa55	pa44	pɚ44	pɛ44	pɚ44
千	826	ts^{h}jen1	1	tɕ^{h}ien55	tɕ^{h}ian55	ts^{h}i24	ts^{h}i55	tɕ^{h}i55	tɕ^{h}ien55	tɕ^{h}ien55	tɕ^{h}i55	tɕ^{h}i55
一半	832	pjo2	1	a21fvr33	a21pfw22	a43po22	a42fe22/a42tɯ 22tɯ22	a42fɚ22			(a31)po21	po21

张(纸)	839	troŋ1	1	tjoŋ55	tsoŋ12	tjo24	sy55qa42qa42	tʂɚ̃22a42tjo55	tsõ55	tʂoŋ35	tsou35	tsoŋ55
个(鸡蛋)	841	q^{h}ɔ2	1	q^{h}ɔ33	qɛ42sən12a21ba21	qᴇ24sᴇ43a42q^{h}uᴇ24	qɛ55sɛ42a42q^{h}o22	qe55sẽ42a42q^{h}o22				k^{h}o33
只(鸟)	842	djɯ1	1	djɯ35	di12	djɯ21	tsu44tɕi21	tso44a42tjɯ21	tə21	tjə21	tɯ21	təɯ21
粒(米)	845	q^{h}ɔ2	1	q^{h}ɔ33	mi22a21q^{h}o22	mi22a43q^{h}o22	qo44mi22q^{h}o22	qo44mi22a42q^{h}o22	k^{h}ou33	k^{h}u33	(a31)k^{h}uo33	(a31)k^{h}o33
把(刀)	847	tsi2	1	tsi33					tsɿ33	tsɿ33	tsɿ33	pər42
棵(树)	848	drɯ3	1	djɯ21	dʐʅ42	djɯ43	dʑi42dʑi42	djɯ42a42djɯ42	tsɯ31	tʂɯ31	(a31)tsɯ31	dzəɯ21
本(书)	849	ts^{h}ruæ4	1	beŋ33	so55a21ts^{h}uæ24	su24a43tyᴇ55	sy55a42pɯ22	sy55a42pɯ22	ts^{h}ua44	tʂuɚ44	ts^{h}uɛ55	a31pen22
把(菜)	852	ts^{h}ua4	1	ts^{h}uo42	dʑɛ24	qᴇ24	ts^{h}ɿ42a42qɛ55	ts^{h}ɿ42a42qẽ55	ts^{h}uɑ44	ts^{h}ua33	pa42	kəɯ44
枝(笔)	854	qua4	1	quo42	pi21a21zaŋ12	fᴇ55a43qo43	a42qua44	a42qua42			kua44	[kuaŋ21]
堆(粪)	855	trɛ2	1	e55	tɕ^{h}i55a21tjən22	tɕ^{h}i24a43tjᴇ22	tɕ^{h}i55p^{h}a55a42do42	tɕ^{h}i55p^{h}a55a42tjɚ22			tsɛ33	do33
碗(饭)	857	qɛ4	1	[qan21]	[ha21a21dʑa22]	fu24ts^{h}ᴇ24a43qᴇ43	bɛ̃22a42qɛ42	bẽ22a42qe42			kɛ42	[ŋɚ55]
朵(花)	861	tɔ2	1	tɔ33	xuɛ55a21to22	χuo24a43to22	a42xua55	xo45a42xo55	tou33		to33	to33
句(话)	862	træn1	1	tjaŋ55	doŋ21a21ts^{h}an55	ɕi24ŋo22a43t^{h}jᴇ24	a42tɕ^{h}a44	la21kue55a42t^{h}jõ55			ts^{h}ɛ55	ts^{h}ən55
件(衣服)	864	k^{h}oŋ1	1	k^{h}oŋ55	k^{h}oŋ55	k^{h}o24	a42k^{h}o55	ĩ55a42k^{h}õ55	k^{h}õ55	k^{h}oŋ55	k^{h}ou55	lin21
群(羊子)	867	dʑi1 [w]	2	zʅ35	joŋ24a21dʑʅ12	njo24a43tsɿ22	tsɛ21	njõ21a42tʂɚ21			uo35	ts^{h}uen55
只(鞋)	871	p^{h}o4	1	p^{h}ɯ42	ɣan21a21p^{h}u24	njᴇ24a43p^{h}ɯ55	p^{h}o44	a42p^{h}o55			p^{h}ou44	p^{h}o44
筐(菜)	875	lɔ1b	1	lɔ35	a21w22	ts^{h}ɿ22a43lu	uɛ22	a42u22ʂʅ55			lo21	[tə55]

						22						
背(柴)	876	bjo2	1	vɚ33	ɪæn42	ɪæ43			v33	jɚ42		bi33
袋(米)	881	noŋ 1b	1	noŋ35	mi22a21nõ 12	mi22a43no 21	nõ21	mi22a42nõ 21			njo21	noŋ21
滴(油)	885	tien2	1	tɕien33	ji21a 21tɕin22	jɯ21a43tɕi 22	a42to55	tʂʅ55a42to55	tien33	tien33	(a31)to44	ɣɯ21/to44 (量词)
间(房)	889	qæn1	1	qaŋ55	qan55	qæ24	qa55	xo42a42qo 55	kɛ̃55	kɚ̃35	kɛ55	sou55[所]/kə r̃55
斤	893	tɕien1	1	tɕien55	tɕin12	tɕi24	a42tɕi55	a42tɕĩ55	tɕien55	tɕien35	tɕe35	tɕĩ55
两	894	noŋ3	1	[liaŋ33]	a21noŋ42	njo43	a42nõ42	a42nõ42	nõ42	nõ42	nou53	loŋ21
斗	896	ho4[w] /tɯ2[e]	2	ho42	a21ho24	χo55	xõ44	a43tshẽ55	tə33	tɯ33	tɯ33	tou33
庹	899	zen1	1	zi35	a21ziən12	a43zʅ21	a42zɛ21	a42zẽ21	pʰa31	pʰe21	(a31)pʰe21	(a31)jien21
尺	900	tsʰri2	1	a21tʂʰʅ21	tʂʰʅ22	tsʰʅ22	tsɛ22	tʂɚ̃22	tsʰʅ33	tʂʰʅ33	tsʰʅ33	tsʰʅ33
架(牛)	904	sroŋ1[w]	2	ʂvŋ55	soŋ12	ɕo24	ɕu55					soŋ55
天	910	nji4	1		nji22	nji22		a42nji55		jien33	ȵe44	ni44
岁	914	sʰua4	1	suɔ42	sua24	sua55	sua44	sua55	suɑ44	sʰua44	sua44	sua44
步	916	pu3	1	gɔ33	a21gu22	[pɯ43]	a42pɯ42	a42pu42	pu31	pu31	pu42	pɯ21
声	919	tʰræn1	1	tʰjaŋ55	a21tsʰan55	a43tʰja24	a42tɕʰa55	a42tjã55	tsʰan55tɕʰi44		tsʰɛ55	tsʰɚ55
我	928	C-ŋɔ3	1	ŋɔ21	ŋa42	ɴo43			uõ31	ŋõ31	ŋo31	ŋo42
你	931	nen3	1	nɯ55/nɔ21	na42	ni24(尊称), no43			lou31	lõ21	no31	nən42
他	934	bɔ3	1	bo21	ba42	uo55			mou31	pu31	po31	kʰi55 (/kʰɛ55)
大	964	dɔ5	b	dɔ21	da42	da43	do42	do42	tou42	tou42	to42	do42
小	965	sɛ3	1	se21	sɛ42	sᴇ43	sɛ42	sẽ42	se31	[she21]	se31	[sɛ21]
粗	966	tsʰru1	1	tʂʰv55	tsʰu55	tɕʰu24	tɕʰu55	tɕʰu55	tsʰu55	tsʰu55	tsʰu55	tsʰu55
高	968	qaŋ1	1	qɔŋ55	qaŋ55	qa24	qo55	qã55	kɑ̃55	kã35	ka35	kaŋ55
低(矮)	969	bri2	1	ʑyi33	dʑy22	dzyᴇ22	dʑyi22	dʑyẽ22	pi33	pi33	pi33	pi33

长	972	droŋ1	1	dv35	dʑou12	tjo21	tɕu21	tjõ21	tsõ21	tʂoŋ21	tsou21	tsoŋ21
短	973	ts^{h}ɯ1	1	[ts^{h}v42]	ts^{h}o24	ts^{h}o55	tɕ^{h}i55	tɕ^{h}i55	ts^{h}ɯ55	ts^{h}ɯ55	ts^{h}ɯ55	ts^{h}əɯ55
远	974	tuen2	1	tue33	tjuən22	tyᴇ22	ti22	tyi22	tuen33	tuen33	tue33	tsuən33
近	975	dʑen2	1	sa55jien33	dʑin22	tɕi22	ts^{h}o55	ts^{h}o55	tɕien33	tɕien33	tɕe33	tɕin33
宽	976	q^{h}ua4	1	q^{h}uo42	q^{h}ua24	q^{h}ua55	q^{h}ua44	q^{h}ua55	k^{h}uɑ44	k^{h}ua44	k^{h}ua44	k^{h}ua44
窄	977	træ4	1	tja42	tsæ24	tja55	so55tɛ44	tʂə55	tsa44	tʂə33	tsɛ44	tsə44
宽敞	978	q^{h}ua4	1	q^{h}oŋ55q^{h}uɔ42	q^{h}o55q^{h}ua12	q^{h}ua24q^{h}ua5 5			k^{h}ṽ55k^{h}uɑ44	k^{h}ua44		k^{h}ua44
厚	980	ɢɯ2	1	ʁə33	ɢə22	ɢɯ22	?	qɯ̃42	kẽ33	kẽ33	kɯ33	kəɯ33
深	982	s^{h}reŋ1	1	ʂə̃55	ʂʅ55	sʅ24	sɛ55	xõ55	san55	ʂə55	sʅ55	sen55
浅	983	bɯ1[w] /tɕ^{h}en2[e]	2	bɯ35	ts^{h}an55	bɯ21	pɯ21	pɯ21	tɕ^{h}ien33	tɕ^{h}ien55	tɕ^{h}i33	tɕ^{h}i33
空	985	q^{h}oŋ1	1	q^{h}oŋ55	q^{h}oŋ55	q^{h}o24	qo22qo22/q^{h}õ 55	q^{h}õ 55	k^{h}ṽ55	k^{h}õ55		k^{h}oŋ55
多	987	tjɯ1	1	tɕɯ55	ti55	tji24	ti55	ti55	tɕi55	tɕi35	tɕi35	ti55
少	988	ɕo2	1	[ʂv33]	ɕy22	ɕu22	ɕu22	ɕu22	ɕiu33	[su33]	ɕou33	ɕo(u)33
圆	990	ʁuen1b	1	uen35	uən12	ʁuᴇ21	k^{h}uɛ44	ŋue21	uẽ21	uẽ31	ue21	ven21
尖	992	mɯ1[w]	2	ji21	瘦	nji21mɯ24	mɯ̃55	mɯ̃55				[tɕin55]
尖	992	tɕen1[e]	2						tɕien55	tɕien35	tɕe35	tɕĩ55
平	994	bæŋ1	1	baŋ35	bæ12	bᴇ21	pa21	pã21	pan21	pə̃21	pɛ21	pə̃21
偏	999	q^{h}uæ1	1		q^{h}uæ55	q^{h}uæ24	q^{h}ua55	q^{h}ue55	p^{h}iɛ55	p^{h}iə55	(uɛ35)	k^{h}uər55
竖	1002	tuen1	1	tue55	tyən 55	tyᴇ24	to55tɕi22	tyi55	tuen55	tuen35	tue35	tsuen55(直)/k^h ɯ33
直	1003	tuen1(a)	1	tue55	tuən55	tyᴇ24	ti55	tyi55	tuen55	tuen35	miou42	tsuen55
弯	1004	k^{h}o4	1	k^{h}v42	k^{h}o24	k^{h}o55	k^{h}u44	kɯ55	k^{h}v44k^{h}ɯ33	(uen35)	k^{h}v44	k^{h}uv55
黑	1005	χɯ4	1	[xə42]	χə24	χɯ55	xɯ44	xɯ55	xɯ44	xɯ44	xɯ44	xɯ44
白	1006	bæ4	1	ba42	bæ21	pa21	pa42	pa42	pa42	pə42	pɛ42	phər42
红	1007	t^{h}ræ4	1	t^{h}a42	t^{h}æ24	t^{h}jæ55	tɕ^{h}a44	t^{h}ja55	ts^{h}a44	tʂ^{h}ə44	ts^{h}ɛ44	xoŋ33
黄	1008	ʁoŋ1b	1	ŋoŋ35	ʁaŋ12	ʁo21	ŋõ21	õ21	ṽ21	võ21	ŋv21	ɣoŋ21

绿	1009	lu4[e]	2	tɕ^{h}aŋ21	ts^{h}an24	tɕ^{h}æ24	tɕ^{h}a42	tɕ^{h}ã55	lu44	lo44	lv44	lv44
暗	1013	χɯ4	1	[xɚ42]	χɚ24		xɯ44ji42ji42	a42pa42	(mian42)	xɯ44	(miɛ42)	xɯ44
重	1014	dʐuŋ2	1	ʐvŋ33	dzoŋ22	dʐo22	dʑo22	dʑõ22	tsṽ33	tʂõ33	tsv33	tsoŋ21
轻	1015	t^{h}ræn1	1	tj^{h}aŋ55	ts^{h}an55	t^{h}jæ24	tɕ^{h}a55	t^{h}jã55	ts^{h}an55	tʂ^{h}ɚ̃55	ts^{h}ɛ55	ts^{h}ɚ55
早	1018	tsu2	1	tɕyi33	tɕy22	tɕyi22	tɕyi22	tsyi22	tsu33	tsu33	tsu33	tsu33
迟;晚了	1019	mɛ2	1	mɛ33	mən22	mᴇ22	mɛ22	me22	me33	me33	me33	mɛ33
尖；锋利	1020	ji3	1	ji21	ji42	nji43	[nji44]	ji42	ji31	ji21	ji31	tɕəɯ44
浑浊	1023	dʐuŋ4	1	ʐv42	dzo21	tɕo21æ55(ɕyi22)	tɕu21dɛ42	tɕu21te55e55	tsṽ42	[tso42]	tsɯ42	ts^{h}uv42
干	1028	qaŋ1	1	qɔŋ55	qaŋ55	qa24	qo55	qã55	kɑ̃55	kã35	ka35	kaŋ55
湿	1029	p^{h}æ1	1	p^{h}a55	xən55	xæ24	njya55	e55	xan55	p^{h}ɚ55	tɕ^{h}ɛ55/ts^{h}o42	xɚ̃55
稠(粥)	1030	qaŋ1	1	qɔŋ55		[njɯ21]			ku55	ku35	ku35	kaŋ55
稀(粥)	1031	ts^{h}jæn1	1	tɕ^{h}aŋ55	ts^{h}an55	tɕ^{h}æ24			tɕ^{h}ian55	tɕ^{h}iɚ̃55	tɕ^{h}ɛ55	tɕ^{h}ɚ̃55
密(布)	1032	ɢɯ2	1				qɯ22	gɯ̃22			kɯ33	tɕi21
软	1035	p^{h}æ1	1	jẽ35/p^{h}a55(水果，食物)	p^{h}æ55	p^{h}æ24	p^{h}a55/nji21	p^{h}a55/nji21	p^{h}a55(食物)/jõ55(衣物)	p^{h}ɚ55(食物)/jõ35	p^{h}ɛ55	p^{h}ɚ55
光滑	1037	druɛ4	1	dyi42	dzuɛ21	tyᴇ21mi55	tɕyi42(lu55lu55)	tjuɚ42xo22	tsui42uɑ42	[tʂui31]	tsue42	ts^{h}uɛ42/tɕ^{h}ɛ42̰
滑(路)	1039	druɛ4	1	dyi42	dzuɛ21	tyᴇ21		tjuɚ42	tsui42	tʂui31		ts^{h}uɛ42
对	1045	hɔ1	1	hɔ55	ho12	[χo24la43]	xo55	[kv42]	xou55	xou35	xo35	xo55/tuɛ21
错	1046	ts^{h}ɑ1[e]	2	tɕ^{h}ɔ21	ts^{h}a42	t^{h}ja24	quɛ42	a42kv42	ts^{h}ɑ55		ts^{h}a55	ɣoŋ21
真	1047	tsreŋ1	1	tʂɚ̃55	tʂɚ̃12	tsɿ24	tsɛ55	tʂɚ̃55	tsan55	tʂɚ̃35	tsɿ35	tsen55
假	1048	tɕa3	1	tɕɔ21		[tɕia55]a43tsi24	tɕa42	a42tʂɚ̃55	tɕiɑ31	tɕia31	tɕa31	tɕa21
生(的)	1049	xæn1	1	ɕaŋ55	xən55	xæ24	xa55	xã55	xan55	xɚ̃55	xɛ55	xɚ̃55
新	1050	s^{h}jen1	1	ɕien55	ɕin55	si24	sɛ55	sẽ55	ɕien55	ɕien55	ɕi35	ɕien55
旧	1051	gɯ̃3	1	geŋ21	gɯ42	gɯ43	gɯ42	gɯ̃42			kɯ31	kəɯ21
好	1052	dræn1	1	djaŋ35	dzan12	djæ21	xo55	xo22			xu33	

好	1052	xu2	1		dzan12	tja21			xu33/tɕ^{h}õ44	xu33/tɕ^{h}õ44	tɕ^{h}ou 55/xu33	xə33
坏	1053	quɛ3(a)	1	quɛ21	quɛ42	quᴇ43	quɛ42	que42	kua44	kue42	xe44	kuɛ44
贵(价)	1054	qæ5dɔ5	b	qa21dɔ21	qa12da42	qa43do43	qa42do42	qa42do42	ka42to42	kɚ42tou42	kɛ42to42	kər42to42
便宜	1055	p^{h}i1ji4[e]	2	qa21tjaŋ55		ɕa43njɯ24	[tɕ^{h}ui55ji44]	tɕ^{h}ui55ji44	p^{h}i55ji44	p^{h}i55ji44	p^{h}i55ji44	p^{h}i55ji44/ɕiã 55jĩ55
老(植物)	1056	ku2	1	kv33		ku22	kv22	kv22	ku33	ku33	kv33	kv33
嫩(植物)	1057	njeŋ1b	1	jẽ35	njə12	njə21	nji21sy55	nji21	jẽ21	jẽ21	tɕ^{h}ɛ33	njəɯ 21
年老	1058	ku2	1	kv33		ku22	kv22		ku33	ku33	kv33	kv22
热	1062	nje4	1	jien42	nji24	nji55	nji44	nji44	jẽ44/ə̃21	jien44/ə̃33	ȵe44	njɛ44
冷	1063	gæ1	1		ga12				kɑ21 天冷	ka21		kɯ55
冷	1063	kɯ1	1	kɯ55		kɯ24	kɯ55	kɯ55	kɯ55 水冷	kɯ35	kɯ35	kɯ55
温(水)	1064	ʔuen1	1	uen55	uən22	ʔuᴇ24	ʔuẽ55	uẽ22	ʔuen55	uen35	uɛ35	men33then33 ɕiu33/ŋuɛ55
暖和	1065	ʔuen1	1	ʔuan55	ʔuən55	ʔuᴇ24o55			ʔuen55ʔv44	uen35	ue35uo21	ŋuɛ55
容易	1068	ɣo4	1	[tsɿ55o33]	u21	u21	u42	u42	ɣou42	ɣou42	ou42	[joŋ55ji33]
香(气味)	1069	ɕoŋ1	1	ɕoŋ55(t^{h}v21)	ɕioŋ55	ɕio24	mɛ44	ɕõ55	ɕiõ55	ɕoŋ35	ɕou35	ɕoŋ55
臭	1070	t^{h}ru3	1	t^{h}v21	ts^{h}u42	(xæ24)t^{h}ju43	tɕ^{h}u42	t^{h}jv42	ts^{h}u31	tʂ^{h}u31	ts^{h}u31	ts^{h}u21
酸	1072	s^{h}uaŋ1	1	soŋ55	suaŋ55	ɕyᴇ24	sua55	tɕã55	suɑ̃55	s^{h}uaŋ55	sua55	suañ55
甜	1073	ɕoŋ1	1	ɕoŋ55	ɕoŋ55	ɕo24	ɕu55	ɕõ55	kɑ̃55ŋv33	kã35ṽ33	ka35mi44	kaŋ55
苦	1074	q^{h}u2	1	[q^{h}o33]	q^{h}u22	q^{h}u22	q^{h}u22	q^{h}u22	k^{h}u33	k^{h}u31	k^{h}u33	k^{h}əɯ33
辣	1075	tsjien1	1	tɕ^{h}ien55	tɕ^{h}in55	ts^{h}i24	tsɛ55	tsẽ55	tɕ^{h}ien55	tɕ^{h}ien55		tɕ^{h}ĩ55
咸	1076	ts^{h}oŋ3	1	ts^{h}oŋ21	ts^{h}oŋ42	ts^{h}o43	ts^{h}o42	k^{h}u42	ts^{h}õ31	[ts^{h}oŋ42]	ts^{h}ou31	k^{h}əɯ33
涩	1078	sri4	1	ʂʅ42	tsua24	sɿ55	k^{h}ui42/ts^{h}i42	ʂɚ55	sa44	ʂʅ44	sɿ55	sɿ44
闲	1081	ɕaŋ1	1	ɕɔŋ55	ɕaŋ55	ɕia24	ɕo55	ɕã55	ɕiɑ̃55	ɕaŋ35	ɕa35	ɕañ55
富	1083	gɔ1	1	gɔ35	go12	ko21	ko21	ko21	[ko42]		ko21	ko21
活的	1087	xæn1	1	ɕaŋ55	xən55	xæ24	xa55	zɚ42	xan55	xɚ55	xɛ55	xɚ̃55
死	1089	sji2	1	ɕi33	ɕi22	si22	si22	ɕi22	ɕi33	ɕi33	ɕi33	ɕi33

响	1094	mæ1b	1	ma35	mæ12	mæ21	[do42]	ma21	man21	mɚ21		mɚ̃21
花	1098	xua1	1	xua55					xou55	xu35	xuo35	xo55
陡峭	1124	p^{h}ræ1	1	tʂ^{h}ua55	tʂ^{h}uən55	p^{h}iæ24	tɕ^{h}ya55bo22	tɕ^{h}ya55	p^{h}iɛ55	p^{h}iə55	p^{h}iɛ55	təɯ21
爱	1126	gɔ1	1	gɔ35	go12	ko21	ko21	ko21	kou21	[ku21]	ko21	ko21(想)/k^{h}ɑ44(爱)
按	1129	ja4	1	ɪɔ42	ɪa24	ɪa55	o44	a55	[ɑ̃44/jo44]	ja44	ja44	ja44
拔(草)	1131	bræ4	1	zo42	dʑua22/dʑua21	pia21	tɕa44	tɕõ55	pio42/mɑ̃21(tsju33)	ma21	ma21	tshɛ42/(tshɛ44)
耙(田)	1132	bæ1	1	ba35	bæ12	pæ21	[to42ɕyi22]	[no need]	pɑ44	pɚ21	pɛ21tɕi31	pər21
搬(凳子)	1139	q^{h}ɛ4	1	q^{h}ɛ42	q^{h}ɛ24	q^{h}ᴇ55(biætɯ24)	q^{h}ɛ55	pie21	piɑ̃42	pẽ35	pa21	(t^{h}oŋ21)
绑	1141	bjo4	1	vɚ42	bvu21	fo21	u42	u21	fv42	fv42	v42	p^{h}ɯ42
剥(花生)	1143	be1	1	bi35	bi12	pi21	[lo42]	[la55]	pe21	pe21	pe21	pe21
剥(牛皮)	1144	be1	1	bi35	bi12	pi21			pe21	pe21		pɛ21
饱	1148	pɯ2	1	pɯ33	pu33	pɯ22	pɯ22	pu22	pu33	pu33	pu33	pəɯ33
抱	1149	bɯ2/pɯ1	1	bɯ33	bu22	bɯ22	pɯ22	bu22	pu33	pu33	po55	bɯ33
刨	1150	bæ1	1	ba35	bæ12	pæ21	pa21	pɑ̃21	t^{h}ui55	t^{h}ue55	t^{h}ue55	[t^{h}ui55]
背	1151	bjo2	1	vɚ33	ba42	bo43	vɛ22	ve22	v33	jɚ31	jɛ42	
背	1151	m-pa3	1	bo21			bo42	bo42	mɑ̃31	pa35	nɛ21	pi44(柴)/pɑ21(人)
闭(口)	1155	me1a	1	mi55	mi55	mi24	njyi55	mi55	me55	me35	me35	mi55/mi44
编(辫)	1156	pren1	1	tɕyen55	tɕyən55	tsuᴇ24	tɕyi55	tɕyẽ55	pien55	pi35	pi35	pien55
编(篮)	1157	pren1	1	tɕyen55	tɕyən55	tsuᴇ24			pien55	pi35		pien55
变化	1158	pren5	b	tɕyen21	tɕyən42	pᴇ43	ka42pɛ42	ka42pe42	pien42	pien42	pi42	piɛ̃42
病	1160	bæn3/soŋ3	1	baŋ21(n)	saŋ42;ban42	so43;bæ43	su42	sõ42	pan31(n)	pɚ̃31	pɛ21	pɚ̃21
补(衣)	1161	pu2	1	pɯ33	pu22	pɯ22	pɯ22	pu22	pu33	pu33	tse33	pəɯ33
补(锅)	1162	pu2	1	pɯ33	pu22	pɯ22			pu33	pu33		pɯ33
擦(桌子)	1163	ma1b	1	ɕɯ42	ma21	tsha24\ma24			mɑ̃55	ma35	ma35	ts^{h}a55/sɯ44

踩	1168	da4	1	(uen21)	da21	ta21/ts^{h}uᴇ43	ta42	ta42	tɑ42	ta42	ta42	t^{h}a42
藏(东西)	1169	dzoŋ1	1	q^{h}ɛ42zoŋ35	dzoŋ12	tso21	tsu21	tsõ42	tsõ21	tsoŋ21	tsou21	tsoŋ21
蹭(痒)	1170	ts^{h}u1[e]	2						ts^{h}v55			[ts^{h}a55]
插(牌子)	1171	bɛ4	1	tɕ^{h}a42	ts^{h}a24	tɕo43	pɛ42	t^{h}ja55/pe42	pe42	tɕ^{h}iɚ44	pe42	p^{h}ɛ42
插(秧)	1172	p^{h}jɛ1	1	fɚ55	pfu55	fᴇ24	[xue55p^{h}a55]	tɕõ42	fv55	fv55	fv55	p^{h}in55ku 21ti21
拆(衣)	1174	t^{h}je4	1	t^{h}i42/tuo42	t^{h}ua24(untie)	lo43	t^{h}o55	t^{h}jɚ55	t^{h}e44	t^{h}e33	t^{h}e44	t^{h}ɛ44
馋(肉)	1180	q^{h}ɔ4[w]	2	t^{h}v42t^{h}i42	q^{h}a24	q^{h}a55	q^{h}a44	q^{h}a44(qa21)				k^{h}a44
炒	1186	t^{h}ru2	1	t^{h}v33	tɕyi22	t^{h}ju22	ŋõ21	õ21	ts^{h}u33	tʂ^{h}u33	ts^{h}u33	ts^{h}u33/ɣoŋ21
称(粮食)	1188	ts^{h}uen1	1	tɕien55	tɕ^{h}yən55	ts^{h}uᴇ24	ts^{h}uɛ55bɛ22	ts^{h}uẽ55	tɕ^{h}yẽ55	tɕ^{h}yen55	tɕ^{h}ue55	ts^{h}uen55
盛(饭)	1194	qɯ1	1	qɚ55	qə55	qɯ24	qɯ55	qɯ55	kɯ55	kɯ35	kɯ35	kə55
吃	1198	jɯ4	1	ju42	ju24	jɯ55	ji44	ji55	jɯ44	jɯ44	jɯ44	ji44
抽(烟)	1203	ũ2	1	ũ33jaŋ33/tɕi 42			tsi55fv22ju55	tsi55fi22jo55	ə̃33	ə̃33(jien35)	ɯ33(jɛ55)	oŋ̃33tsɿ33jo 55
锄	1210	to4	1	zɥŋ35	do12	to55	to55	to55	tv44	(wa21)	tv44	ua42
穿(鞋)	1212	tro4	1	tju42	tsu24	tju55	tɕu44	tjo55	tsou44	tʂou33	tsou44	tso44
传染	1217	le2	1	[ljɯ33]	li22	li22	li22	lie22	li33	le33	le33	zɚ̃33
吹(喇叭)	1218	p^{h}ɯ1	1	p^{h}ɯ55	pu55	p^{h}ɯ24	p^{h}ɯ55	p^{h}ɯ55	p^{h}ɯ55	p^{h}u55	p^{h}əɯ55	p^{h}əɯ55
吹(灰)	1219	p^{h}ɯ1	1	p^{h}ɯ55		p^{h}ɯ24			p^{h}ɯ55	p^{h}u55	p^{h}ɯ55	p^{h}əɯ55
搓(绳)	1225	ts^{h}o4	1	ts^{h}u42		ts^{h}u55	ts^{h}o55	ts^{h}o55	ts^{h}ou44	ts^{h}ou33	ts^{h}o44	ts^{h}o(u)44
错(了)	1226	ts^{h}rɑ1 [e]	2						ts^{h}ɑ55ts^{h}ɯ55/ɣ an35xou55	tʂ^{h}a55		[ɣoŋ21]
打(人)	1228	tæŋ4	1	[tɔ42]	taŋ55	tsa55	qa42	qã42	tan44	tɚ̃44	tɛ44	tɚ̃33
打架	1234	tæŋ4	1	tɔ42	sa33taŋ24	sa24tsa55	so55qa21	so55qã42	tan44tɕiɑ44	tɚ̃44	tɛ44tɕa44	tɚ̃33tɕa44
打(柴)	1239	hɔ2[w]/tso 4[e]	2	hjɔ33ɕien55	xjo22ɕin55	xo22si24	xo22sɛ55	xo22sẽ55	tsou44ɕen55		tsou44ɕi35	t^{h}uv55ɕien55
打赌	1240	tu2	1	tv33	ta55tu22	sa55bo24	so55pu55	so55pu55	ts^{h}ɿ55pɔ55	tu33		[tɚ55tv21]
打场	1241	pɯ2[w]	2	pɯ33mɯ42	pu22	pɯ22(qo43; mɯ55)	[qo42xa55tsɛ 22]	[qã55tɕ^{h}u42]	tan44tɕe21ke 55	?		

打哈欠	1243	tɕʰi3ho1	1	tɕʰi21hɔ55	tɕʰi12ho12	tɕʰi43xo24	xo22xɛ42	ua55tsɿ22xo55			tɕʰi31xo55	u55xa21
打（嗝儿）	1244	ɯ4	1			ɯ55ɯ21	ɯ55	ɯ55	tan44	tə̃44	ɯ55tɯ21	ɯ55tɯ42
打雷	1248	'天'+'叫'	1	xen55ma35	hən55mæ12	xᴇ24mæ21	xẽ55ma21	xẽ55ma21	xen55man21	xen55mə˞21	xe55mɛ21	xen55mə˞21
戴（帽子）	1252	tjɯ5	b	tjɯ21	di24	tə43	tɯ42	tẽ42	tã42	tən42	tɯ42	tɯ42
戴（手镯）	1254	tro4	1	tju42	tsu24	tju55	tɕu55ti21	tju55	tsou44	tʂou33		tso44
挡（风）	1256	be1	1	bi33	bi22	ta22tsuᴇ24	dʑyi22	dʑyẽ22	tɑ̃31	tã42	la55	pɛ22
倒（墙）	1257	pũ1	1	paŋ55(jɔ42)	tɕi24ja55	pɯ24tʰju24	pɯ55	pũ55	pɑ44	pa44	pa44	len33
倒掉（水）	1261	tɕʰi1[e]	2						tɕʰi55tsʰɯ55	tɕʰi55		fɛ55
得到	1263	tɯ4	1	tɯ42	ti24	tə55	tɯ44	tɯ55tsʰa55	tə44	tjɯ44	tɯ44	tɯ44
等待	1264	djɯ2	1	djɯ33	di22	djɯ22	so55tɕi22	tjɯ22	tə33	tɯ33	tɯ33	təɯ33
地震	1265	'地'+'摇'	1	ʑi21ʐu21	dʑi21ju24	da43dʑi43ju43	do42tɕi21ju42	da42tɕi21u42	tɕi31ju31	tɕi21ju31		ti21ju21
低（头）	1266	mɛ2	1	mɛ33	mən22	mᴇ22; ta55 la55qɯ43	tɕyi22	tyi55(tjo22qa55)	ka42	kə˞42	me33	[u33]
点（头）	1267	qɯ4	1	mɛ33	qɯ42	qɯ43(头)	to55	to55 (tjo22qa55)				ɣə21
燃烧	1269	nji2	1	jien33	ɕy22	xu24	fi22pɛ22	fv55(ji55)	jĩ33		njɯ33	sv55/fi33kʰə ɯ55
燃烧	1269	sru1(b)	1		ɕy55					ʂu55	su55	sv55
掉（下）	1274	dua4	1	(u42?)	tɕɛ24	dua21	tua42	tua42	tuɑ42	nə˞31	tua42	dʑã21/tiã21
叮（蚊子）	1279	ŋɔ4	1	ŋɔ42		ɴa55	ŋo44/tɕʰo55	tʰjo55	ã44	ŋaŋ44	ŋa44	ŋɑ44
丢失	1281	tsrɯ1	1	ɕɯ33tʂʰə˞55	tɕɛ24ʂɿ22;ʂɿ55 tʂʰɿ22（找不着）	ɕɯ22tsʰɿ24	ɕi22tsʰɛ55	ʂə̃22	nan42su33tsʰ ɯ55	ʂʰoŋ33	tsʰɿ55	tɕaŋ31/tɕe55（偷了）
读	1287	ʁɯ4	1	ɣɯ42	ʁə21	ʁɯ21	ɣɯ42	ɣɯ42	ɣə42	ɣɯ42	ɣɯ42	(tʰou42)
剁肉	1296	tɔ5	b	tɔ21		to43	to42	to42	tõ42	tu42	tuo42	to42
饿	1298	tɕɯ1qʰɔ4	1	tɕɯ55qʰɔ42	tɕi22qʰa55	tɕɯ24qʰa55	tɕʰi55qʰo44	tɕʰi55qʰa44	(ŋõ42)	tɕi35kʰa44	((fu44)xua55)	tɕi55kʰɑ44

放牧	1316	mɛ3[w] /xaŋ1 [e]	2	mɛ21	moŋ42	mᴇ43(ŋɯ21 ma22)	mɛ42	mə˞42	xɑ̃55	xã55	xa55	xaŋ55 (ŋou21)
飞	1318	pje1	1	fə˞55	pfu55	fᴇ24	xuɛ55	fi55	fv55	fv55	fv35	pi55
分(东西)	1319	pjen1	1	fə˞55	pfũ55	fᴇ24	xuɛ55	so55fi55	fṽ55	fṽ35	fv35	pien55
疯	1323	bjo1	1	v35	bvɯ21[疯闹]; pfɯ̃22	si24a43tɕʰa 24	v21	v21	və42	vo42	v21	[ɕien55sʅ42]
缝	1324	dren1	1	dien35	dən12	tjᴇ21	tɕa21	tjə˞21	tsen21	tʂẽ21	tse21	tsen21
孵	1326	ʔo4	1	ə˞42	ʔə24	a55	ʔuɛ44	ue44	ʔv44	o44	v44	jiu44
盖(被)	1332	tʰa4	1	tʰɔ42	tʰa24 (la21ba42)	tʰua55	tʰo55 (ji21tɕʰo55)	tʰa55	tʰɑ44	tʰa44	tʰa55	pɛ42 (la21po21)
敢	1335	njien2[w]/ kã3 [e]	2	jien33			nji22	nji22	kɑ̃31	kã42		xə˞21jĩ33
干活	1336	tsi1	1	tsʅ55tsʅ21ɕɯ42					tsu55tsou42sɯ 33			tsu55tso42
割(肉)	1339	sʰræ4	1	ɕa42	sæ24	ɕiæ55	ɕa44	ɕa55qa21	sa44	ʂʰə˞44	sɛ44	sə˞r44
隔(河)	1343	qæ4	1	qa42	qæ24	qæ55	qa42	qa55	ka44	kə˞44	kɛ55	kə˞44
给	1345	zɯ3	1	zʅ21	zʅ42	tsʅ43	zʅ42	zi42	sʅ31	zʅ21	zɯ42	zəɯ21
耕	1347	tso4	1	tsu42	tsu24	tsu55	tsu44	tso55	tsou44	tsou33	tsou44	tso44
钩	1348	qɯ1	1	qə˞55		qɯ24	qɯ55	qɯ55	kɯ55	kɯ35	[kɯ55]	kʰuv55
关(门)	1356	tɕen1 [e]	2	ɕien55	sən42	to43mᴇ21	sɛ44	ʂə˞55	tɕien55	tɕien35	tɕi35	tɕĩ55
关(羊)	1357	noŋ5	b	noŋ21	noŋ42	no43	nõ42	noŋ42	nṽ42	u33	no42	(kəɯ21)
跪	1360	groŋ3	1	zə̃˞21	tʂʅ42	dzʅ43	tsɛ44kʰo44tsu 21ko55	tɕĩ21	kv31	ko21	kv31	tɕu21
怕	1366	kæ̃1	1	(tɕaŋ55)	kən55	kæ24	ke55	kẽ55	[kẽ55]	kə̃˞35	kɛ35	kə̃˞55
喝	1370	ɯ̃2	1	ɯ̃33ɕyi33	ʔoŋ22	ɯ22/ə22	ɯ̃22	ɯ̃22	ə̃33	ə̃33	ɯ33	oŋ33
喝	1370	ɯ2	1								ɯ33	oŋ33

烘	1376	go3/goŋ3	1	gv21		go43	gu42	gõ42	kõ31/ɣu44	koŋ42	kou31	koŋ21
还(帐)	1381	ɕɯ1[w]/s^{h}ɯ1[e]	2	ʑien35	ɕi55	ɕɯ24	ɕi55	ɕi55	sɯ55	s^{h}ɯ55	sɯ55	tã42
还(钢笔)	1382	ɕɯ1[w]/s^{h}ɯ1[e]	2	t^{h}je55zɿ21	ɕi55	ɕɯ24	ɕi55	ɕi55	ne44tã42	pɚ33	sɯ55	tã42
换	1383	m̥ɯ2	1	mɯ33	sa55mu22	mɯ22	mɯ22	mɯ22	xuan44		mɯ33	məɯ33
挥动	1384	sreŋ1	1	ʂɚ̃55	ʂʅ55	sɿ24	sɛ55	ʂɚ55	san55	ju33		[suɛ21]
回	1385	ja4	1	jɔ42	ɪa55q^{h}a55	ɪa55	jo44	ja55	jɑ44	ja44	jo31	(xɚ21)
挤(奶)	1405	tsuɛ4	1	tsue42	tsuɛ 24	tsuᴇ55	nɛ55	le55	tɕi44/tsui44	tɕi44	tsue44	[tɕi21]
挤(脚)	1406	ɢæ4	1	ʁa42	ɢæ21	qæ21	so55tɛ44	so55te44	ka42	kɚ42/kuo35		[tɕa55]
系(腰带)	1412	q^{h}oŋ1	1	[k^{h}o55]	q^{h}o55(ji22tʂʅ22)	k^{h}o24	tɕ^{h}i55	t^{h}jɯ55	k^{h}õ55	k^{h}oŋ55	ts^{h}ɯ55	k^{h}o55
夹(菜)	1413	ɢæ4	1	ʁa42	ɢæ21	qæ21	qa42	qa55	ka42	kɚ42	kɛ42	k^{h}ɚ42
捡	1414	dzi̥4	1	zɚ42	dzʅ21	tsɿ21	tsɛ42	tʂɚ42	tsa42	tʂʅ42	tsɿ42	tʂ^{h}ʅ42
剪	1416	ɢæ4	1	ʁa42	ɢæ21	qæ21	qa42	qa55	ka42	kɚ42	kɛ42	ts^{h}ɛ42
交换	1419	mɯ2	1	mɯ33	mu22	mɯ22				mɯ33		məɯ33
浇(水)	1422	ɔ4	1	o42	læ24	u55	o55/xuɛ55	u55	ou44	ou44	ou44	o44
嚼	1424	dzo4	1	ŋaŋ42	ŋA24	ɴa55			tsou42	tsou42	tsou42	ts^{h}o42
嚼	1424	ŋɑ4[w]	2	ŋaŋ42	dzu42	ɴa55	ŋo44	ŋa44				ts^{h}o42
教	1425	qaŋ1	1	qɔŋ55	qaŋ55	qa24	qo55	qã55	kã55	kã35	ka35	kaŋ55
叫(公鸡)	1426	mæ1b	1	ma35	mæ12	mæ21	ma21	ma21	man21	mɚ21	mɛ21	mər21
叫(狗)	1432	bræ4	1	zo42	dʑua21	pia21	tɕya21	tɕua53	pio42	pia42	pia42	p^{h}ia42
揭(盖子)	1438	la1a	1	lɔ55	lo12	lo24	lo55	lo55	lɑ55		la35	(k^{h}ə55)
借(钱)	1442	t^{h}ũ4	1	t^{h}ɯ42	t^{h}æ24(钱、粮)	t^{h}ɯ55	tɕa44	t^{h}ũ55	tɕia44	tɕiɚ44	tɕɛ55	t^{h}ɯ44
借(工具)	1443	tɕæ1	1	t^{h}ɯ42	tsæ24(其他)	tɕæ55	tɕa44	tɕa44	tɕia44	tɕiɚ44	tɕɛ55	tɕɚ44
浸泡	1444	dzi1	1	zi35	dzɿ12	tsi21	njya55	njua55	(p^{h}ɑ44)	tsɿ21	tsɿ21	ɣər44
居住	1452	ko5	b	kv21	ko42	ku43	kv42	kv42	kv42	ko42	kv42	kv42
锯	1454	pjo5	b	fv21			ɕa44fv42	ɕa44fv42		(ʂ^{h}ɚ44)	fv42	fv42

开(门)	1461	q^{h}ũi1	1	q^{h}ə̃55	q^{h}ə55	q^{h}ɯ24	q^{h}ɯ55	q^{h}ũi55	k^{h}ɯ55	k^{h}ɯ55	k^{h}ɯ55	k^{h}ə55
开(水)	1462	hua4	1	huɔ42	xua24	χua55	xua44	xua55	xuɑ44		xua44	xua44
开(花)	1463	k^{h}ɯ1 [e]	2	xua55	-	χua24			k^{h}ɯ55	k^{h}ei44	k^{h}ɯ55	k^{h}əɯ55
看	1469	en2[w] /xaŋ1 [e]	2	en33	ɪn22	ᴇ22	e22	e22	xɑ̃55	xã55	a33	xã55
扛	1473	te1[w]	2	te55	tin21	no24	ti55	ti55	k^{h}õ42	k^{h}ã42	k^{h}a42	k^{h}aŋ42
烤(火)	1474	ɢo3/ɢoŋ3	1	gv21		go43			kõ31	koŋ42	[k^{h}o(u)31/ko(u)31]	koŋ21
咳嗽	1477	q^{h}ɔ1	1	q^{h}ɔ55	q^{h}o55ɕi24	q^{h}o24sɿ43	pa21kv42	pa21kv42	k^{h}ou55	k^{h}ou5	k^{h}o55sou33	k^{h}ə55sə42
渴	1478	q^{h}a4	1	q^{h}ɔ42	q^{h}a24	q^{h}a55	q^{h}o44	q^{h}a55	k^{h}ɑ44	k^{h}a44	k^{h}a44	k^{h}ɐ44
哭	1485	q^{h}ɔ4	1	q^{h}o42	q^{h}u24	q^{h}u55	q^{h}u44	q^{h}o55	k^{h}ou44	(mɚ31)	k^{h}o44	k^{h}o44
拉	1487	dʑi2	1	ʑi33	dʑi22	dʑi22	ɕi22	ɕi22	tɕi33	tɕi33	tɕi33	k^{h}en55
拉屎	1488	ji2sri2	1	jɪ33ʂʅ33	ji22ʂʅ22	ji22sɿ22	ə̃42sɛ22	ji22ʂɚ22			ji33sɿ33	
辣	1489	ts^{h}jen1	1	tɕ^{h}ien55			ts^{h}ɛ55	tsẽ55	tɕ^{h}ien55ʔ	tɕ^{h}ien55	tɕ^{h}i55	tɕ^{h}i55
老的	1493	ku2	1	kv33	ku22	ku22	kv22	kv22	ku33	ku33	ku33	kuv33
晾(衣)	1498	ṡ^{h}oŋ1	1	suaŋ55	soŋ55	ho22/so24	xo42	xo42	sõ55	s^{h}õ55	so55	xo21/lo21
裂开	1500	pæn1 [e]	2	pɛ42p^{h}o21					pan55k^{h}i55	pə̃35	pɛ35k^{h}ɯ55	li55k^{h}əɯ55/pan55k^{h}əɯ55
淋	1501	mia4	1	[p^{h}a55]	nyɛ24ɕi22	mia55(雨)	njya55	njuar55	miɑ̃44(v33)	miã44	mia55	[tɛ33xə̃55lɛ55]
流水	1502	gɯ1	1	gɯ35	gɯ12	kɯ21	ɕyi22kɯ21	kɯ21	kɯ21	kɯ21	kɯ21	kəɯ21ɕiu33
聋	1504	koŋ1/kuŋ[e]	2	tɕa42fɚ33					kṽ55	kõ55		koŋ55
漏(水)	1506	ɣɯ3	1	ɣɯ21	ɣɯ42	ɯ43	ɯ21	ɣɯ21	ɣə31	ɣɯ31	ɣɯ31	ɣɯ21
麻木	1513	bri2	1	de33	dʑyən12ʂʅ22	qui21	tɕyi21	tɕyẽ21	piə21	pi21	pi21	pi21tɛ44
骂	1514	ɯ4	1	ɯ42	ly12	tja55qa55	xa44	lɯ55	ə44	ʂua33	[ɣɯ44]	ts^{h}əɯ44

买	1516	mæ5	b	ma21	mæ42	mæ43	ma42	ma42	ma42	mɚ42	mɛ42	[mɚ21]
卖	1517	ɢɯ1	1	ʁɚ35	ɢə12	qɯ21	qɯ21	qɯ21	kɯ21	kɯ21	kɯ21	kəɯ21
蒙盖	1520	p^{h}ɯ3[e]	2	q^{h}ɔ42	t^{h}aŋ22	t^{h}a55q^{h}ɯ22; qo43q^{h}ɯ22			p^{h}ɯ31	p^{h}u31		[t^{h}a44]
鸣(鸟)	1521	mæ1b	1	ma35	mæ12	mæ21			man21	mɚ21		mɚ̃21
抿着(嘴)	1523	me1a	1	mi55	mi55	mi24			me55	me35		mi55
摸	1525	mɔ4	1	mɔ42	moŋ24	mɯ55	mu55	mo55	mõ44	mõ44	mou55	mo44
磨(刀)	1526	mɔ1b	1	mɔ35	ma12	mo21	mu21	mo21	mõ21	mau21	mo21	mo21
磨(面)	1527	t^{h}re4	1	t^{h}i42	t^{h}ji24uən42;hoŋ22uən42	uᴇ43uᴇ43	ji42	ji42	ts^{h}e44	tʂ^{h}e44	(ue42)	(ɣəɯ 21)
拿	1528	q^{h}ɛ4	1	q^{h}ɛ42	q^{h}ɛ24	q^{h}ᴇ55	q^{h}ɛ44	q^{h}e55	ne44	tã35	ne44	tã55
挠(痒)	1530	tɕ^{h}i4	1	tɕ^{h}i42	tɕ^{h}i12	tɕ^{h}i55			sou55	ʂ^{h}ou55		tɕ^{h}ɛ55
拧(毛巾)	1533	tsuɛ1/ʑi4	1	ji42	ji21	(tsuᴇ55/)ji21	ji42	ji42	tsui44	ji31	tsue44	tsuɛ44/jiɛ31
凝固	1534	ʁɯ1 [w]	2	ŋe35	ʁə12	ŋɯ21	ŋɯ21	po55q^{h}ue 55			[tv55]	tuen 55k^{h}i33
呕吐	1535	k^{h}uɛ2	1	k^{h}uɛ33	q^{h}uɛ22	q^{h}uᴇ22	tɕ^{h}a44	tɕ^{h}a44	tɕ^{h}ia44	tã42	k^{h}ui44	k^{h}ui33
爬(人)	1536	mæ4	1	ma42	mæ24	mæ55	ma44	ma55	ma44	mɚ44	mɛ44	mər44
爬(虫子)	1537	mæ4	1	ma42	mæ24	ma55			ma44	mɚ44		
赔偿	1546	bæ1	1	ba35	bæ12	pæ21			pa21	pɚ21	p^{h}e42	tã42
劈(柴)	1552	p^{h}ɔ3	1	p^{h}ɔ21	p^{h}a42	p^{h}o43	p^{h}o42	p^{h}o42	p^{h}ou31	p^{h}ou31	p^{h}o42	[t^{h}u55]
漂浮	1553	bɯ1	1	bɯ35	bu12	bɯ21	pɯ21	pɯ21	pɯ21	pu21	pɯ21	pəɯ21
破(篾)	1555	p^{h}ɔ3	1	p^{h}ɔ21	p^{h}a42	p^{h}o43	tɕyi21	tɕyi21	p^{h}ou31	p^{h}ou31	pe21	xua55
剖	1561	p^{h}æ4	1	p^{h}a42	p^{h}æ24	p^{h}æ55	tɕyi21t^{h}o55	ɕa55p^{h}o42	p^{h}a44	p^{h}ou33	p^{h}ɛ55	p^{h}ɚ44
铺	1562	k^{h}uŋ1	1	p^{h}ɯ55	k^{h}oŋ55	k^{h}o24(tjo21)	k^{h}u55		k^{h}õ55	p^{h}u33	k^{h}ou55	k^{h}oŋ55
骑	1566	gɯ1	1	gɯ35	gɯ12	kɯ21	kɯ21ma22	kɯ22	kɯ21	kɯ21	kɯ21	ua21
牵(牛)	1568	q^{h}en1	1	q^{h}an55	q^{h}ən55	q^{h}ᴇ24	q^{h}ɛ55	q^{h}e55	k^{h}ẽ55	k^{h}en55	k^{h}e55	k^{h}en55
欠(钱)	1569	bjɛ2	1	vɚ33	bvu22	vᴇ22	vɛ22	[tɕ̃i21]	v33	võ33	ɕou33	pi33
切(菜)	1574	ts^{h}uaŋ2	1	ts^{h}oŋ33	ts^{h}uaŋ22	tɕ^{h}yᴇ22 (ts^{h}ɿ43)	ɕa44	ɕu44	ts^{h}uã33	ts^{h}uã33	ts^{h}ua33	ts^{h}uen33

· 176 · 汉藏语言比较的方法与实践

驱逐	1576	dʑi4[e]	2	dan33ɕoŋ33					tɕi42	tɕi42		tɕiɛ21
娶	1578	zɔ4[e]	2	zɔ42	tso24	nja21	v44	tsa42	ɯ55(v33)	tsou42	(t^{h}u55)	ɣəɯ33
痊愈(病)	1580	χũ2	1	xẽ33	χən22	χɯ22			xɔ̃33	xu33xa55	xɯ33	xə33
缺(个口)	1582	k^{h}u1[w]	2	k^{h}v55	k^{h}u55	k^{h}u24	[k^{h}v22]	k^{h}v55	t^{h}a44(v)/k^{h}u55 (n)	k^{h}u55	tɕ^{h}ue42	k^{h}ɚ44
染	1584	zren2	1	ẓien33	zan42	jæ21	nu55	nu55	sen33/si33	zen33	ze33	zen33
热(饭)	1587	ʔuen1	1	uen55	uən22	ʔuɛ24	ʔuẽ55/sua22	uẽ55	ʔuen55	wen35	uɛ35	ŋuɛ55
撒(尿)	1596	srɯ1	1	ʂʅ55	ʂʅ22	ɕɯ22	ɛ55sɛ22	a55ʂɚ22			a35sʅ33	ɕɚ̃55
撒(种)	1597	sa4	1	sɔ42	sa24	sa55	so42	sa55	sɑ44	sa44	tɕɛ42	sɛ21
散开	1599	lɔ1b	1	lɔ21	la42	lo43	lo42	lo42	sõ55	wei33	sa42	(p^{h}iɚ44)
解开	1600	t^{h}ua4	1	t^{h}o42hoŋ21	t^{h}ua24	t^{h}ua55			t^{h}e44	t^{h}e44	lua33	(p^{h}ɛ21k^{h}ə55)
扫	1601	t^{h}ro4	1	t^{h}ju42	ts^{h}u24	t^{h}ju55	tɕ^{h}o44	t^{h}jo55	ts^{h}ou44	tʂ^{h}ou44	so33	[səɯ33]
杀	1602	ɕ^{h}a4	1	ɕɔ42	χa24	xa55	ɕo44	ɕa55	ɕiɑ44	ɕ^{h}a44	ɕa44	ɕa44
筛(米)	1603	lɔ1b	1	lɔ35	lo12	lo21	lo21	lo21	lou21	lou21	lo21	lo21
晒(衣服)	1604	hɔ3	1	hɔ21	ha42	xo43	xo42	xo42	xou31	xou31	ho31	xo21
射(箭)	1611	droŋ4	1	dju42	dzu21	tju21	tɕu42	tjo42	tsõ42	tʂoŋ42	tsou42	t^{h}ɚ44
射中	1612	dju4	1	dju42tɯ42	dzu21ti55	dju21tɯ55	tɕu42lu42	tjo42lu42	tsõ42tɚ44			
伸	1613	ts^{h}ren2	1	tʂ^{h}ɚ̃33	tʂ^{h}ɚ̃22	ts^{h}ʅ22	ts^{h}ɛ22	tɕ^{h}ɚ̃22			t^{h}a55	ts^{h}en33
生疮	1619	xæn1	1	ɕaŋ55	xən55	xæ24			xan55	?		[tɕiu42/xɚ̃55 ts^{h}oŋ55]
试	1627	zɔ1	1	zɔ35	zo21	zo21	zo21	tso21	sʅ33	ʂʅ31	sʅ31	[sʅ42]
是	1628	drɔ2	1	tjɔ33	dza22	djo22	tsʅ22	tsʅ22	tsʅ33/tɕi31tsou 33	tʂa33/tsɯ33	tso33	jɛ33/jo21
梳	1634	sro5	b	ʂv21			ɕu42	ɕu42	sṽ31	ʂo42	sv31	[su31]
输	1635	ts^{h}reŋ1	1	tʂ^{h}ɚ̃55/ʂv55	tʂ^{h}ʅ22	ts^{h}ʅ24	a42ɣo21	tʂɚ55	ts^{h}ʅ55	ʂo35	ts^{h}ʅ55	ɕy55
熟(饭)	1637	dʐo4	1	ʐv42	dzo21	go21	p^{h}a55	p^{h}o55	xɚ̃33	t^{h}jɯ42	tsv42/xɯ35	ts^{h}u42
熟(果子)	1638	dʐo4	1	ʐv42	dzo21	tɕo21	tɕu21	tɕo21	tsṽ42t^{h}ə31	t^{h}jɯ42xa55		ts^{h}u42
甩	1643	sreŋ1	1	ʂɚ̃55	ʂʅ55	sʅ24	sɛ55	ʂɚ55	san55	ju33		[suɛ42]

拴(牛)	1645	bjo4	1	vɚ42	bvɯ21	fo21	u21	u21			pɛ21	pʰɯ42
吮	1648	tsji1/4	1	tɕi42	tɕi12	tsi55			tɕi44	tɕi44	tɕi55	tɕi44
说	1649	sua4/zo4	1	suɑ4/zu42	dzu21	tsu21(to21)	tso42		suɑ44	tɕaŋ21	sua44	sua44
撕	1650	pʰe1(a)	1	(tʰi42pʰo55)	tɕin55	pʰi24	tɕʰyi55	tɕʰyi55	sɿ55(纸，衣服)/sui44(饼)	pʰe55	pʰe55	pʰɛ55
死	1651	sji2	1	ɕi33			si22	ɕi22	ɕi33	ɕi33	ɕi33	ɕi33
数，计算	1652	sʰrɯ1	1	[suaŋ21/]ɕɯ55		ɕɯ24	ɕi55	ɕi55	sɯ55	sʰɯ55	sue44	tsɑ44/suɛ33
锁(门)	1656	sɔ2	1	sɔ33	su22	so22	so22	so22	(tsou42)	su33	so33	(tsʰo42)
淌(泪)	1660	gæ4/gɯ1	1	gɯ35	gɯ12	kɯ21			ka42	kɚ42		kʰɚ42
躺	1661	'睡'	1	ʐa42	nən12	to24tɕi22	lo21	lo21	tsʰan33	tʂʰɚ̃33	tsʰɛ33	mi55
逃跑	1663	mɯ1b	1	mɯ35	moŋ12	mɯ21	mɯ21	mu21	mõ21	mɚ̃21	mo21	liɐ55lɛ55
痛(头痛)	1666	suŋ3	1	svŋ21	saŋ42	tsa55	tso55	tsa55	sṽ31	sõ31	sɿ31	soŋ21
踢	1667	tɕʰæ4	1	tɕʰa42	tɕʰɛ24	tʰo24	tʰo55	tʰo55	tɕʰia44	tɕʰɚ44	tɕʰɛ44	tɕʰɚ44
剃(头)	1668	dʑæn3	1	ʐaŋ21	dzan42	dzᴇ43	ɕa44	ɕu44	tɕian31	tɕɚ̃21	tɕɛ31	dʑɚ̃21
舔	1674	dʐi2	1	ʐʅ33	dʐʅ22	dzɿ22	tsɛ22	ʐɚ̃22	tsɿ33	tʂʅ33	tsɿ33	dzɿ33/dʐʅ33
贴	1680	tɕʰiɑ4	1	tɕʰɔ42	tɕʰa24	tɕʰa55	pʰɛ42	pʰɚ42	tɕʰiɑ44	tɕʰia44	tɕʰa44	tʰiɐ44
听	1681	tɕʰæn1	1	tɕʰaŋ55	tɕʰian55	tɕʰiæ24	tɕʰa55	tɕʰã55	tɕʰian55	tɕʰɚ̃55	tɕʰɛ55	tɕʰɚ̃55
偷	1686	ta3[e]	2	de21	dɛ42	diᴇ43	di42	die42	tɑ31	ta31	ta31	dən21
吐(痰)	1688	tsʰri1	1	fɚ55/tɕʰi42(tʰɔ21)	pfu12(tʰua42)	fᴇ24(tʰo43)	fɛ55(tʰo42)	fe55	tsʰɿ55(tsʰɿ55tʰou31)	tʂʰʅ55	tsɿ55	tɕʰi55
推托	1690	tʰuɛ1	1	tʰuɛ55ɕoŋ33					tʰui55mã55	tʰue55		tʰɛ55
吞	1692	jen5	b	ien21	jin42	ɪ43	ũ22ji55	ɪ̃42	ɛ̃42	jien42	ɛ42	jen42
拖(木头)	1694	dʑi2	1	ʑi33	dʑi22	dʑi22	ɕi22	ɕi22	tɕi33	tɕi33	tɕi33	[tʰo55]
弯	1700	kʰo4	1	kʰv42	kʰo24	pi21kʰo55			kʰv44	ŋui55		
喂(奶)	1706	ɔ1a	1	ɔ55	o55	ʔo24	o55	o55	ou55	wei42(pa42)	ue42	ɕin42
闻(嗅)	1707	tʰru1	1	tʰv55	tʂʰy55	tʰju24	xã55tɕʰu42	tʰju55	tsʰu55	tʂʰu55	tsʰv55	tsʰu55
问	1708	præ4	1	tʂua42	tɕuɛ24	piæ55	tɕya44	tɕua55	pia44	piɚ44	piɛ44	piɚ44

洗(衣)	1713	s^{h}e2(a)	1	ɕɯ33	ɕi22;tsuɛ24	ɕɯ22	ɕyi22	ɕyi22	se33	se33	se33	se33
瞎	1715	tæ1	1	ta55	tən55	tæ24	ta55	tã55	tan55	ɕa13	tɛ35	tɚ55
下(蛋)	1718	sen5	b	sen21	sən42	sᴇ43	sɛ42	sẽ42	sen42	ɕien42	se42	sen42(pəɯ55)sɛ42
下(雨)	1719	ɣu4	1	(zʅ33)uo42	(zʅ22)w21	u21	u42	u42	ɣou42	ɣou42	ou42(vu33ɕi44)	ɣo42
想	1726	mi2	1	mi33	mi22	mi22	mi22/suɛ42	mi22	mi33	mi33	mi33	[ɕiaŋ21]
象(动词)	1729	zoŋ2	1	sa55zoŋ33	sa55zoŋ22	(p^{h}io24)	tɕ^{h}o55	so55tɕ^{h}o55			yɛ21	zoŋ33
消(肿)	1732	ji3[w]	2	ji21	ji42	jɯ43(t^{h}jɯ24)	ji42	ji42	ɕiou55	ɕou35		lo55
削	1733	ɕ^{h}o4	1	ɕu42	bi12	ɕio55	ɕu44	la55	ɕiou44	ɕ^{h}ou44	(pe21)	[ɕo55]
笑	1735	s^{h}ɔ3	1	sɔ21	su42	su43	sy42	su42	sou31	(ɕi31)	so31	səɯ21
擤	1738	χɯn2	1	hẽ33	xən55(no22)	χɯ22(bi43ɕyi22)	xẽ42	xẽ42	xə̃33	xẽ33	xɯ33	xen55(pi21sen21)
休息	1740	ɕaŋ1	1	ɕɔŋ55	ɕaŋ55	ɕia24	ɕo55	ɕã55	ɕiɑ̃55	ɕaŋ35	ɕa35ɕa35tsʅ44	si42ku42
绣	1741	tɕ^{h}æ4	1	tɕ^{h}a42	ts^{h}æ24	tɕ^{h}æ55	(p^{h}a55)	to55	tɕ^{h}ia44	tɕ^{h}i44	tɕ^{h}ɛ55	tɕ^{h}ɚ44
学	1742	ʁɯ4	1	ɣɯ42	ʁə21	ʁɯ22			ɣə42	ɣɯ42	ɣɯ42	ɣɯ42
压	1745	ja4	1	ɪɔ42	ɪa24	ɪa55	a44	a55	jɑ44	ja44	ja44	ja44
阉(鸡)	1746	mjæn1	1	juaŋ55	njyɛ55	mia24	nja44	njo55	mian55	miɚ35	kɛ35	sɛ42/ɕoŋ55
痒	1749	njoŋ2	1	jvŋ33	joŋ22	njo22	njõ22	njõ22	jõ33	joŋ33	jou44	joŋ33
咬	1753	ŋɑ4	1	ŋɔ42	ŋa24	ɴa55	ŋo44	ŋa44	ɑ̃44	ɣaŋ44	ŋa44	ŋɑ44
舀(水)	1754	qɯ1	1	qɚ55	qə55	qɯ24	qɯ55		kɯ55	kɯ35	kɯ35	kə55
要	1755	njoŋ4	1	jvŋ42	tso21	tsa21	tso42	tsa42/nju42	jõ44	joŋ44	ȵou44	njoŋ44
引(路)	1756	tsoŋ1	1	tsoŋ55	qaŋ55	qa24			tsõ55(t^{h}u33)	te33(t^{h}u33)?		tsoŋ55
有(钱)	1764	dʑɯ2	1	jɯ33	dzi22	dʑɯ22	dʑi22	dʑi22	tsʅ33	tsɯ33	tsɯ33	dzəɯ33
晕(头晕)	1772	zen1	1	guaŋ33	yən21	zi21	zɛ21	ze21	sə̃21	zɚ42	zʅ21	zen21
栽(树)	1774	tsroŋ5	b	tʂvŋ21djɯ21	tsoŋ42	tɕo43(tree)			tsṽ42	tʂõ42		tsɛ55

在(屋里)	1775	[dʑɯ2/kv5]	1\2	kv21	dʑi22	dʑɯ22	kv42	kv42	tsɿ33	tsɯ33	tsɯ35	dzəɯ33
榨(油)	1781	a4	1	a42jou35	a24	a55(jɯ21)	a44	a44	a44	ɚ33(jɯ31)	tsa55	tɛ̃33jiəɯ21
站	1784	ji4[w]/drɯ3[e]	2	ji42k^{h}ɯ33	ji21	djɯ43	ji42 (k^{h}ɯ22)/dʑõ22	djõ22	tsɯ31	tʂɯ21	tsɯ31	zɿ42
涨(水)	1787	tseŋ1[w]	2	tseŋ55	tsə̃21	tsi24	tsɛ55	tsẽ55			mã33	[k^{h}əɯ55]
蜇(马蜂)	1793	t^{h}ro4	1	t^{h}ju42	ŋaŋ24	t^{h}ju55	tɕ^{h}o44	t^{h}jo55	ts^{h}ou44	tʂ^{h}ou44	ŋa44	ts^{h}o44
遮蔽	1794	bi2[w]/p^{h}ɯ3[e]	2	bi33k^{h}ɯ33	bi22	bi22q^{h}ɯ22			p^{h}ɯ31	p^{h}u31		bɛ33
蒸	1797	drɯ̃1	1	dĩ55	dzə̃12	djɯ24	tɕi55	tjɯ̃55	tsə̃55	tʂẽ35	tsɯ35	[tsen55]
织	1799	trɯ4	1	tjɯ42	tʂʅ24	tjɯ55	tɕi44	tjɯ55	tsɿ55	tʂɚ21	tsɯ44	tsəɯ44
指	1800	tsri2	1	tʂɚ̃33	tʂ^{h}ɚ̃22	tɕ^{h}æ55	tsɛ22	tʂ^{h}ɚ̃22	tsɿ31	tʂʅ31	tsɿ33	jiu55
种(麦子)	1801	tsroŋ5	b	tʂvŋ21	tsoŋ 42	tɕo43	tɕu42	tɕõ42	kou44	tʂoŋ42	tsv53	tsɛ55(种菜)/ko33 (撒种)
肿	1802	ts^{h}reŋ1	1	tʂ^{h}ɚ̃55	tʂ^{h}ə̃55	ts^{h}ɿ24	ts^{h}ɛ55	tʂ^{h}ɚ55	ts^{h}an55	tʂ^{h}ɚ̃55	ts^{h}ɿ55	ts^{h}en55
拄	1803	trɯ2	1	tjɯ33	nɛ12	tjɯ22	pa21	tjɯ22	tsɯ33		tsɯ33	dzəɯ33
煮	1804	tsrɔ2	1	tʂv33	tso22	tɕu22	tɕu22	tɕu22	tsv55	tʂo33	tsv33	tsv33
转(身)	1806	dʐuen5	b	ɥen21	zyən42	tɕyᴇ43	zyɛ42	zye42	tsuen 42	tʂuen 42	tsue42	tsuan42
追	1811	den2[w]/dʑi4[e]	2	ten33/qaŋ33	dən22	tᴇ22	tɛ22	tẽ22	tɕi42	tɕi42	tɕe42	tɕ^{h}ɛ21
捉	1813	kæ4	1	(tɕa42)	kæ24	kæ55	ka44	ka55	ka44	kɚ44	kɛ44	kɚ44
啄	1814	to4	1	tv42	to24	to55	to55	to55	tv44	to44	tv55	tou44
走	1815	jo4	1	jɔ42/ŋa35	ʁan12	ɴa21	ŋa21	ja55				[xaŋ21]
走	1815	pe4[e]	2						pe44	pe44	pe44	[xaŋ21]

醉	1818	zeŋ1[w]/tɕye4[e]	2	zeŋ35	zə̃21	zi21	zɛ21	ze21	tɕye44	tɕyi44	tɕyi55	[tɕyi55]
坐	1819	ko5	b	kv21	ko42	ku43	kv42	kv42	kv42	ko42	kv42	kv42
做	1820	tsi1	1	tsɿ55	tso55	tɕu24	tsy44	tɕa44	tsu55	tsɿ35	tsɿ55	tsu55
泥鳅	1823	ʔo4	1	?	o24	ʔo55	ŋu55tsi22		ʔv44	o55jũ21	v55	tɕa21oŋ55
腿	1829	q^huæ3/qɔ4	1	q^hua21	q^huæ42	q^huæ 43	q^hua 42	ko44 [脚]	kou44	kou44	ko44	k^huər21 /ko44
和	1830	nji1a	1	a55lɔ55	ni21	ni24	ni55	nji55	kou55	ta44	kuo35	
蹬	1849	ta4	1			ta55	to44	ta44	ts^hv44		ta42	$tɕ^h$ə44
树皮	1852	‘树+‘皮’	1	djɯ21bi35	dʐɿ12bi21	树皮			tsɯ31pe21	tʂɯ21pe21	tsɯ31pe21	ɕin55pe21
甄子	1858	ŋuen1b	1		uən12	ŋui21	ŋuɛ21	uẽ21			ue21	a55ji21ven21
价	1863	qæ5	b	qa21	qæ42	qæ43	qa42	qa42	ka42	kə42	kɛ42	kər42
雌性后缀	1892	mo2	1									
芋头	1900	χɯ3	1		hə42	χɯ43						ɣə42
牛虱	2073	pe1	1		ŋɯ21ɕi24	ŋɯ21pi24	ŋɯ21ɕi44	ũ21ɕi44			pe35	pɛ55
酒糟	2075	p^ha1	1		tsoŋ 22p^ha24	tso22p^ha55	tɛ42tso22p^ha 44	tsõ22q^ho22			p^ha55	tsoŋ33 p^hɑ55
被子	2077	la3	1		la42ba42	lo43po43					lo21po21	la42po21
野猫	2084	mu1b	1		moŋ21	mɯ21	mɯ21	mɯ21			je21a 33miɛ55	a55ni55məɯ 21
篾	2086	mi1b	1		mi12bi12	mi21	njyi21	tɕu44p^he42			mi21	tsu44 xo55
树墩	2092	tɛ4	1		tɛ24	tᴇ55					[tsua 35]	
底儿	2093	ti2	1	tɕien33	tɕi22	ti22	ti22	ti22			tɕi33	(pu55) ti33
漆	2105	ts^hji4	1		$tɕ^h$i24	ts^hi55	ts^hi55	$tɕ^h$i55			$tɕ^h$i55	$tɕ^h$i44

嗦子	2109	ts^{h}u3	1		ts^{h}u42	ts^{h}u43	ts^{h}u42	ts^{h}u42			v42	ts^{h}u21/kɛ55ts^{h}u21
蕨菜	2118	kua4	1		kua12	kua55	kui55li45 qɯ22	kua55li55			kua55	kua44
薅(草)	2121	q^{h}u1	1		q^{h}u55	q^{h}u24	q^{h}u24	q^{h}u55			k^{h}u55	k^{h}o55
语言	2124	ŋo3	1		ŋo42	ŋo43						oŋ21

附录 2 白语方言基本词之编码

高阶(88)

词目	Tl	Gx	Eq	Eg	Jm	Jx	Ds	Zc	Mzl
all	1	2	3	4	5	6	7	8	9
belly	1	2	1	1	2	1	1	1	1
bird	1	1	1	1	1	1	1	1	1
bite	1	1	1	1	1	1	1	1	1
black	1	1	1	1	1	1	1	1	1
blood	1	1	1	1	1	1	1	1	1
bone	1	1	1	1	1	1	1	1	1
breasts	1	1	1	1	1	1	1	1	2
claw	1	2	2	1	2	3	3	1	4
cloud	1	1	1	2	2	1	1	1	3
cold1	1	2	1	1	1	1	1	1	1
cold2	2	1	2	2	2	1	1	2	2
come	3	5	5	5	4	1	1	1	2
die	1	1	1	1	1	1	1	1	1
dog	1	1	1	1	1	1	1	1	1
drink	1	1	1	1	1	1	1	1	1
dry	1	1	1	1	1	1	1	1	1
earth	1	1	1	1	1	1	1	1	1
eat	1	1	1	1	1	1	1	1	1
eye	1	1	1	1	2	1	1	1	1
feather	1	1	3	1	3	2	2	2	1
fire	1	1	1	1	1	1	1	1	1
fish	1	1	1	1	1	1	1	1	1
fly	1	1	1	1	1	1	1	1	1
foot	1	1	1	1	1	1	1	1	1
full	1	1	1	1	1	1	1	1	1
give	1	1	1	1	1	1	1	1	1

（续表）

good	1	1	1	3	3	2	2	2	3
grease,fat	1	1	1	1	1	1	1	1	1
green	1	2	1	2	1	3	3	3	3
hair	3	4	4	3	3	2	1	5	3
hand	1	1	1	1	1	1	1	1	1
head	1	1	1	2	2	1	3	1	4
hear	1	1	1	1	1	1	1	1	1
heart	1	1	1	1	1	1	1	1	1
horn	1	1	1	1	1	1	1	1	1
hot	1	1	1	1	1	1	1	1	1
i	1	1	1	1	1	1	1	1	1
kill	1	1	1	1	1	1	1	1	1
know	1	2	7	3	3	4	4	5	6
leaf	1	1	1	1	1	1	1	1	1
lie down	3	4	5	1	1	2	2	2	6
liver	1	1	1	1	1	1	1	1	1
long	1	1	1	1	1	1	1	1	1
louse	1	1	1	1	1	1	1	1	1
many	1	1	1	1	1	1	1	1	1
meat	1	1	1	1	1	1	1	1	1
moon	1	1	1	1	1	1	1	1	1
mountain1	2	1	1	2	2	1	1	1	2
mountain2	1	2	1	1	1	2	2	2	1
mouth	1	1	1	1	1	1	1	1	1
name	1	1	2	1	1	2	2	2	2
new	1	1	1	1	1	1	1	1	1
nose	1	3	4	2	2	5	1	5	5
one	1	1	1	1	1	1	1	1	1
path	1	1	1	1	1	1	1	1	1
person	1	1	1	1	1	1	1	1	1
ash	1	1	1	1	1	1	2	1	1
rain	1	1	1	1	1	2	2	2	3
red	1	1	1	1	1	1	1	1	2
root	3	2	1	1	1	2	2	3	4
round	1	1	1	1	1	1	1	1	1

（续表）

sand	1	1	1	1	1	1	1	1	1
say	2	3	3	3	3	1	4	1	1
see	1	1	1	1	1	2	2	2	2
seed	1	1	1	1	1	1	1	1	1
skin	1	1	1	1	1	1	1	1	1
sleep	3	4	1	2	2	1	1	1	5
small,little	1	1	1	1	1	1	1	1	1
stand	1	1	2	3	4	2	2	2	2
star	1	1	1	1	1	1	1	1	1
stone	1	1	1	1	1	1	1	1	1
sun	1	1	1	1	1	1	1	1	1
tail	4	3	3	3	3	2	2	5	1
this	1	2	3	4	5	6	7	8	9
burn	1	4	3	5	3	1	1	1	2
tongue	1	1	1	1	1	1	1	1	1
tooth	2	5	1	1	1	3	4	3	3
tree	1	1	1	1	1	1	1	1	1
two	1	1	1	1	1	1	1	1	1
walk	4	2	2	2	3	1	1	1	5
water	1	1	1	1	1	1	1	1	1
we	1	3	1	1	1	2	2	2	2
white	1	1	1	1	1	1	1	1	1
yellow	1	1	1	1	1	1	1	1	1
you	1	1	1	1	1	1	1	1	1
no	1	1	1	1	1	1	2	2	3
that	1	3	4	5	6	7	2	2	8

低阶

词目	Tl	Gx	Eq	Eg	Jm	Jx	Ds	Zc	Mzl
and	3	1	1	1	1	2	4	2	5
in	1	2	2	1	1	2	2	2	2
bad	1	1	1	1	1	1	1	2	1
blow	1	1	1	1	1	1	1	1	1
breath	1	6	1	2	1	3	3	4	5
count	1	1	1	1	1	1	1	1	2

（续表）

scratch	1	2	3	3	3	4	5	6	3
cut	2	3	1	1	4	1	6	1	5
correct	1	1	1	1	2	1	1	1	1
day	1	1	1	1	1	1	1	1	1
dig	2	3	4	5	6	1	1	1	1
dirty	2	3	4	5	6	7	1	8	1
fall	2	3	1	1	1	1	4	1	5
dull	1	7	2	2	2	3	4	5	6
dust	1	2	2	3	4	5	6	7	8
far	1	1	1	1	1	1	1	1	2
father	1	1	2	1	1	2	1	3	1
fear	2	1	1	1	1	1	1	1	1
few	1	1	1	1	1	1	1	1	1
fight	1	2	3	4	4	5	6	5	5
five	1	1	1	1	1	1	1	1	1
float	1	1	1	1	1	1	1	1	1
flow	1	1	1	1	1	1	1	1	1
flower	1	1	1	1	1	1	1	1	1
fog	1	1	1	1	1	2	3	3	1
four	1	1	1	1	1	1	1	1	1
freeze	1	1	1	1	2	2	3	2	4
fruit	1	5	1	2	6	1	3	4	1
grass	1	1	1	2	2	1	1	1	1
he	1	1	2	1	1	3	4	4	5
heavy	1	1	1	1	1	1	1	1	1
hit(a person)	1	1	3	2	2	1	1	1	1
hunt	1	2	3	4	5	6	7	8	9
ice	1	1	1	1	1	2	2	3	4
if	1	7	2	8	9	3	4	5	6
guts	1	1	1	1	1	1	1	1	1
lake	1	1	1	2	2	1	3	2	4
laugh	1	1	1	1	1	1	1	1	1
left	1	1	1	2	2	1	1	1	1
leg	1	1	1	1	2	2	2	2	3
live,alive	1	1	1	1	2	1	1	1	1

mother	1	1	1	1	1	1	1	1	1
narrow	1	1	1	1	1	1	1	1	1
near	1	1	1	2	2	1	1	1	1
old	1	1	1	1	1	1	1	1	1
play	1	1	2	1	1	3	4	5	6
sharp	3	4	1	1	1	2	2	2	2
pull	1	1	1	2	2	1	1	1	3
push	1	1	1	2	2	1	1	1	1
right	1	2	1	1	3	4	4	5	4
river	1	1	2	2	2	1	1	1	1
rope	1	1	1	1	1	1	1	1	1
rot	1	1	1	1	1	4	5	2	3
salt	1	1	1	1	1	1	1	1	1
sea	1	1	4	2	2	1	3	1	5
sew	1	1	1	1	1	1	1	1	1
short	1	1	1	1	1	1	1	1	1
sing	1	6	7	2	2	3	4	3	5
sky	1	1	1	1	1	1	1	1	1
smell	1	1	1	1	1	1	1	1	1
smooth	1	1	1	1	1	1	1	1	1
snake	1	1	1	1	1	1	1	1	1
snow	1	1	1	1	1	1	1	1	1
spit	3	2	2	2	2	1	1	4	1
squeeze	1	1	1	1	1	1	1	1	1
stab	1	2	2	2	3	4	2	5	6
stick	1	1	1	1	1	1	1	1	2
straight	1	1	1	1	1	1	1	2	3
suck	1	2	2	3	4	1	1	2	1
swell	1	1	1	1	1	1	1	1	1
hold,take	1	1	1	1	1	3	2	3	2
split	4	3	1	2	2	4	1	1	1
they	1	3	1	1	1	2	2	2	4
thick	1	1	1	1	1	1	1	1	1
thin	1	1	1	1	1	1	1	1	1
think	1	1	1	1	1	1	1	1	2

(续表)

three	1	1	1	1	1	1	1	1	1
throw;toss	1	7	8	2	3	4	3	5	6
tie	1	2	3	8	9	4	5	6	7
vomit	1	1	1	2	2	2	3	1	1
wash	1	1	1	1	1	1	1	1	1
wet	1	2	2	3	4	2	1	5	2
wide	1	1	1	1	1	1	1	1	1
wife	1	2	3	4	5	6	6	6	7
wind	1	1	1	1	1	1	1	1	1
wipe	3	1	4	5	6	1	1	1	4
worm	1	1	1	1	1	1	1	1	1
year	1	1	1	1	1	1	1	1	1

附录 3 彝语方言 89 项基本词

词目	喜德	武定	江城	巍山	撒尼	南华
sun	2	1	1	3	4	1
moon	1	1	1	1	1	1
star	1	1	1	1	1	1
cloud	1	1	1	1	1	1
rain	1	1	1	1	1	1
fire	1	1	1	2	1	2
smoke	1	1	1	1	1	1
earth	1	1	1	1	1	1
mountain	1	1	1	2	1	3
path	1	1	1	1	1	1
stone	1	1	1	1	1	1
water	1	1	1	1	1	1
ash	1	1	1	1	1	1
head	1	1	1	1	1	1
hair	2	1	1	1	1	1
eye	1	1	1	1	1	1
nose	1	1	1	1	1	1
ear	1	1	1	1	1	1
mouth	1	2	2	1	3	4
neck	1	1	1	1	1	1
breasts	1	2	1	3	1	4
foot	1	1	2	1	3	1
hand	1	1	1	1	1	1
blood	1	1	1	1	1	1
bone	1	1	1	1	1	1
tooth	1	1	1	2	1	2
tongue	1	1	1	1	1	1
heart	2	1	1	3	1	1
liver	1	1	1	1	1	1

(续表)

person	1	1	1	1	1	1
horn	1	1	1	1	1	1
skin	1	1	1	1	1	1
tail	2	1	1	1	1	1
dog	1	1	1	1	2	3
feather	1	2	3	4	1	5
claw	1	1	2	1	1	3
bird	2	1	2	1	1	1
fish	1	1	1	1	1	1
louse	1	1	1	1	1	1
tree	1	1	1	1	1	1
root	1	2	3	2	4	2
leaf	2	1	1	1	1	1
meat	1	1	2	1	1	1
grease	1	1	1	1	1	1
egg	1	1	1	1	1	1
name	1	1	1	1	1	1
night	1	1	1	1	1	1
one	1	1	1	1	1	1
two	1	1	1	1	1	1
I	1	1	1	1	1	1
we	1	2	3	4	5	6
you	1	1	1	1	1	1
this	1	1	2	3	2	2
that	1	2	3	4	5	6
big	1	1	1	1	1	1
small	1	2	1	3	4	5
long	1	1	1	1	1	1
full	1	1	2	1	1	1
many	1	1	2	1	1	1
round	1	1	2	1	3	1
black	1	1	1	1	1	1
white	1	1	1	1	1	1
red	1	1	1	1	1	1
yellow	1	1	1	1	1	1

（续表）

green	2	1	1	1	1	1
dry	2	1	1	1	1	1
new	1	1	1	1	1	1
good	1	2	3	4	5	6
hot	1	1	1	1	2	3
cold	1	1	1	1	1	1
eat	1	1	1	1	1	1
burn	1	2	3	4	1	5
fly	1	1	1	1	1	1
give	1	1	1	2	1	3
drink	1	1	1	1	2	1
see	1	2	3	1	4	1
come	1	1	1	1	1	1
kill	1	2	1	1	2	1
sleep	1	1	1	1	1	1
say	2	2	3	1	1	1
die	1	1	1	1	1	1
lie down	1	1	2	3	1	1
hear	1	1	1	1	1	1
bite	2	1	1	3	4	5
stand	1	1	1	1	1	1
know	2	1	1	1	1	1
walk	1	1	1	1	2	1
sit	1	1	3	2	1	4
not	2	1	1	1	1	1

附录 4　原始彝语重构

词目	索引	级	pyp	pyi	pyf	pyt	喜德	武定	江城	巍山	撒尼	南华
天	1	1		m	u	4	mu33	mv̩33	mu22	m̩21	m̩11	mə21
太阳	2	2		ȵ	ε	1	(ho33 bu33)	ȵi11 (dʑi11)	ȵε21 (dʑi21)	(ɑ55 m̩21 ɣɯ55)	(lo11 tsz̥33 mɒ33)	(mə21) ȵi33
光	3	2		tr	u̠	7	(ɕʅ33)	tru̠55	-	(ɑ55) tu̠21 (bɑ33)		(ɑ55) tu̠55 (tɕʰi33)
月亮	4	1		b	ɒ	6	(ɬo21) bo21	(ŋu̠2)bu̠2	(xo21) bo21	(xɑ33)bɑ33	(ɬɒ44)bɒ33 mɒ33	(ɕɪɔ33)bo33
星星	5	1		kr	ε	2	tɕʅ33	tɕɔ33	tsε55	cᴇ55	tɕæ33(zɒ11)	k[e]33
天气	6	1		m	u	4	mo33m̩33	mv̩33	mu22	(ɑ55)m̩21	m̩11	mə21
云	7	1		t	æ	3	ti33	tɔ33	tε55(ȵε21)	(ɑ55 m̩21) ti55	tæ44	ti33 (tʂʰo33)
风	9	2	h	l	i	1	ɬʅ33	(ŋɯ33)	ɬi[55]	ɕi55	ɬzʔ33	ɕi33
雨	10	1		h	ɒ	1	hɑ33	hu11	xo55	hɑ33	hɒ33	xo33
雪	12	1		v	ɒ	4	vo33	v[ɤ]33	ɣo33	vɑ21	vɒ11	ɣo21
霜	14	2		ȵ	e	3	(hi33 tɕʰu33)	ȵe33	ȵi55	(ʔm̩33 fu̠55)	ŋɪ44	ȵi33

露水	15	1		tsr	ɯ̱	8	tʂɯ55	tʂʅ55 (ji11)	tsɛ21(ʑi22)	tʂy̱21 (ɣɯ55)	tsž̥55 (ž̥33)	tʂə̱55 (ʑi33)
火	18	2		m	i	4	mu21 (tu55)	mu33 (tu̱55)	mɛ22 (tu21)	(ɑ55 to33)	m̩11 (tv̩55)	(ɑ55 tu̱55)
烟	19	1		k^h	u	4	(mu33) [k]u33	(mu33) k^{h}ɯ33	(mɛ22) k^{h}ɯ22	(ʔhm21) k^{h}u̱21	(m̩55) k^{h}ɯ11	(ɑ55) k^{h}ə21 (si33)
土地	22	1	ʔ	m	e	3	mu[34]	mi33	mi[55]	ʔmi55(/mi21)	mɪ44	mi33
山	23	2		b	ue	1	bo33	bɤ11	bə21	(ku̱55 dʐɑ21)	pɤ33	(ɣo21 me21)
山谷	25	w		l	o	1	(mu34) 33(/lɑ33 dɑ33)	(bɤ11 dv̩33)	(bə21) lɑ21 (tə21)	lu55 (tʂy55)	(pɤ33 kɑ44)	lɑ33 (k^{h}u21)
岩石	27	2	ʔ	l	o̱	8	(vɑ55) lu̱33	(fɑ̱55) lu̱2	lu22 bɯ21	ʔlo33 (ts^{h}ʅ33)	(fe55) lu44 (ŋɒ11)	lu̱33 (tsi̱55)
河	30	w		l	o	1	(ʑʅ21 mo21)	(ji11 dʐɒ55)	lɑ55 (mu21)	lu55 (ka21)	(bɪ11 ž̥33)	lɑ33 (dʐɑ21) [小溪]/ʑi21
路	38	1		gr	ɒ	1	gɑ33	dʑu̱2	dzo21	gɑ55	kɒ33	dʑo33
平坝	39	2	N	t^h	e	1	(dʑo21 pɑ55)	nt^{h}e11	(bə21dɑ21 mu21)	(dɑ21 bi̱21)	dɪ33	de33
石头	43	1		l	o̱	8	lu̱33	lɤ[11]	lu22	lo33	lu44	lu̱33
泥巴	46		ʔ	n	i	55	ȵo21 po21/ sʅ33 tɕo34	ȵe̱55 ŋə̱2	(mi55ts^{h}ʅ 21) nɛ22 (xɛ22)	ʔn̩55 hu21	n̩55 nɑ44	ȵi55 (ɕiɑ21)
水	47	1		r	ɯ	1	ʑʅ33	ji11	ʑi21	ɣɯ55	ž̥33	ʑi33
金子	51	1		sr	uæ	3	ʂʅ33	ʂɔ33	sɛ55	ʂɑ55	ʂʐ̩44	ʂə33
银子	52	1		p^{h}r	u	2	tɕ^{h}u33/t^{h}u33	tr^{h}v̩33	t^{h}u[21]	fu̱55	ɬʐ̩33	p^{h}ju33
铜	53	2		gj	ɯ	4	dʑʅ33	dʑi33	(t^{h}oŋ21)	gɯ21	dzž̥11	dʑi21

盐	61	2		ts^h	uɒ	4	ts^{h}ɯ33	ts^{h}u33	ts^{h}o22	(bo33)	ts^{h}ɒ11	ts^{h}o21
村子	66	1		c^h	ɑ̠	8	[k]ɑ33	k^{h}ɑ̠2	tɕ^{h}ɛ22	c^{h}a33	tɕ^{h}e44	k^{h}æ̠33
人家	67	2		r	ɛ̠	7	ʑe34 (dzu̠33/i34 ko33)	ɣɣ̠55	ə22 ȵɛ22	(hi55)	ɣɤ2	(ə̠33)
庙	69	2		b	u̠	8	bu̠33 (ʑi33)	bɯ̠2 (hɚ33)	bu22 xɛ21 mu22	(ni21 hi55)	bv̩44 (hæ33)	(ne21 xi33)
桥	70	1	N	ts^h	ue	1	dzi33	nts^{h}e11	(djɛ22)dzo21	dʑy55	tsɤ33	dzɿ33
坟	71	1		b	ue	1	(ti21) bo33	(ji33) bɤ[33]	(lo21) bə21	(m̩21) bᴇ55	(ŋɒ55) pɤ33	(li21) bə33
身体	73	2		g	u	1	(ko21)	gɯ11	gɯ21	gu55	kɯ33	gɯ33
头	74	1	ʔ	ŋ	o	5	o33	u33	ŋ̃u22	ʔny21 (ty55)	o55	[u]55 (də33)
头发	75	2		ts^h	ue	1	(ȵe33)	(u33) ts^{h}e33	(ŋ̃u22) tɕ^{h}ɛ21	(ʔy21) tɕ^{h}y55	(o55) ts^{h}ɤ33	(u55) ts^{h}ɿ33
额头	77	2	ʔ	ȵ	ɛ̠	7	n̥i55 (t^{h}i33)	(u33) ȵe̠55	(tɕi55 tsu22)	ʔno21 (tsɿ33)	(tɕɪ44 p^{h}v̩11)	ŋə̠21 (bə21 i33)
眉毛	78	1	ʔ	mj	ɑ̠	8	ȵɔ33 (m̥o33)	nɑ̠2 (bv̩11 ts^{h}e11)	ȵɛ21 (tsɛ55)	ʔmɪ̠33 (hɑ55)	ne44 (bv̩33 ts^{h}ɤ33)	me̠33 (tʂə55/ me̠33 mɯ33)
眼睛	79	1	ʔ	mj	ɑ̠	8	ȵɔ33 (dzɿ21)	nɑ̠2 (dv̩33)	ȵɛ22 (du21)	ʔmɪ̠33 (tsᴇ21)	ne44 (sz̩11)	me̠33 (du21)
鼻子	80	1	h	n	ɒ̀	3	n̥ɑ[21] (bi55)	nu33 (mu33)	no55 (du21)	ʔnɑ55 k^{h}u̠33	nɒ44 (bɪ33)	no33 (ku̠33 pi̠33)
耳朵	81	1	h	n	ɒ	5	n̥ɑ[21] (po33)	nu[11] (pɒ33)	[l]o55 (pa55)	ʔnɑ21 (pu55)	nɒ55 (po44)	no55 (pɑ33)
腮	83	1		b	ɒ	4	bo33 (lo33)	bu[11] (tə̠2)	bo[21]	bɑ21 (l̩33)	bɒ11 (pɒ44)	bo21 (mɑ33 tɕ^{h}e55)
连鬓胡	87	2		tsr	ɑ	6	(bɔ21) tʂɔ21 nɔ33 fu33	(bu11) tʂɒ11	ȵɛ21 pi21	(m̠21 ts^{h}ɿ33 pa21 tɕɪ̠33)		(bo21) tʂɑ33 (zu33)

脖子	89	2		l	ɛ	1	(ku21) li33	ŋɚ11 (tɕe11)	l[a22] bjɛ21	(lu55 ka21 tsɿ33)	læ33 (kɣ̩33)	le33 (ɣɯ21)
胸	93	2	N	kʰ	ɒ	1	(tɕɔ33)	(tɑ̠2) ŋkʰu̠2	(ȵi22mu21) go21(djɛ21)	(ʔm̠33 tu̠55) cᴇ55	(n̩44 tɣ̩44) qɒ33	(ȵi̠33 mo33 tʂo55)
乳房	94	2		n	e	1	(ɑ34) ne33	(ɑ̠55 pɑ2)	(a55) nɛ21	(ɑ55 tʂɿ33 bɪ33)	(ɒ44) n̩33 (mɒ33)	(pɯ55 dzɿ33)
奶汁	95	1		ȵ	ɯ	6	ȵi21 (tɕʰu33)	ȵɯ11 (ji33)	(a55) nɛ21 (ʑi22)	(ɑ55) n̩21 (ɑ55 tʂɿ33)	(ŋ̍11 ɒ44) n33	ȵi21 (pɯ55 dzɿ33)
肚脐	97	1		tɕʰ	ɑ̠	8	tɕʰɔ33 (bu21 di33)	tʂʰɑ̠2 (bi̠2 dɣ̩33)	tɕʰie22 (bɛ21)	tʂʰɿ33 (mɑ33 du33)	tɕʰe44 (bv11 dɣ̩55 ɚ55)	tɕʰe̠33 (me̠21 du21)
腰	98	1		dʐ	o̠	7	dʑu̠55(/dʑu̠55 sɿ21)	dzu̠55	dzu21	dʐo21	dʐu2	dzu̠21 (ɣɯ21)
小腿	102	2		b	ɛ	2	(ɕɿ33 li33)	(rɒ33) be33	(gɯ21pa22 pi55)	(kʰɯ55 ɣu21 dɑ33)	(qɤ11) pɤ33	(tɕʰi33 ɣɯ21) pə33
脚	103	2		kʰ	ɯ	3	(ɕɿ33/)tɕɿ33 (ɕɿ33)	tɕʰi33	(gɯ21)	kʰɯ55 (pʰi33)	(tsʰẓ̊11 be44)	tɕʰi33 (ɣɯ21)
手	107	1		l	ɑ̠	7	lo55	lɑ̠55	ljɛ21	lɪ̠21 (pʰɪ33)	le2 (pʰe44)	le̠21
手腕	108			ts	i		tsɿ33	lɑ̠55 ŋɚ11	ljɛ21 tsji21	lɪw21 tsɿ33		le̠21 tsi̠55[手骨节]
手指	109	2		tsr	i	3	tɕɿ33	(lɑ̠55) tʂ33	(ljɛ21) tsɿ55	(lɪ̠21 n̩55 zɑ21)	(le2) tʂʐ̩44	(le̠21 ȵi̠33)
拇指	110	1		m	ɒ	6	mo21	(lɑ̠55) mu̠2	(ljɛ21) mu21	(lɪ̠21 n̩55) mɑ33 ko33	(le2 tʂʐ̩44) mɒ33	(le21 ȵi̠33) mo33

小指	112	2		z	uɒ	4	(tɕɿ33 ɑ34 kɑ33)	(lɑ̲55 di11) zu33	(ljɛ21tsɿ55) zo21	(lɪ̲21 n̩55 ɑ55 kɯ55 ti55)	(le2 tʂʐ̩44) zɒ11	l(e̲21 n̥i33) zo21
指甲	113	1		s	uæ	4	si33	(lɑ̲55) se33	(ljɛ21)sə21	(lɪ̲21 k̲u̲21) sᴇ21	(le2) sɪ11	(le̲21) sə21
睾丸	117	2		hr	u̲	8	(sɿ21 pɑ33)	ɬu̲2	(dɛ21) fu22	(dᴇ33) u33 (/dᴇ33 sᴇ21)	(tæ33) ɬɒ33(n44)	(də33) xu33 (sæ21)
皮肤	120	1	N	tɕʰ	i	1	ndʐɿ34 (ʂɯ33/ ndʐɿ34 k̲u̲33)	n̥tɕʰi11	dʑi55 (pʰi21)	(xɑ21) gɯ55	(qɤ55) tsž33	dʑi33
皱纹	121	2		gr	ɯ	1	(n̥i55) g[ɑ]33	(ʂɣ55) dʑi11	tsɥ21	gɯ55 (tʂo21)	(tʂo55)	(ŋɯ21) dʑi̲33 (du33)
肌肉	128	1		x	ɒ	4	ʂɯ33	xu33 (sɔ33)	xo22	xɑ21 (gɯ55)	(sʐ̩55) xɒ[33]	xo21
血	129	1		s	ɯ	4	sɿ33	sɯ33	sɿ22	sɿ21	sʐ̩55	ɕi21
筋	130	1		gr	u	4	gu33 (ʑi33/gu33 /gu33 tɕi21)	dʐɣ33	dzu22	(sɿ21) gu̲21 (tʂɑ33)	gɣ11	dʐu21/dʑu21
脑髓	132	1	ʔ	n	o̲	7	no55	u33 nu̲55	u22 nu21	ʔno21 (ku̲55)	(o55) nu[44]	(u55) nu̲21
骨头	133	1	ʔ	v	ju	4	vu[21]	(xɯ11) ɣɯ33	u22 (pu21)	ʔvu̲21 (dɑ55 dzɿ33)	ɣɯ11 (pɣ33)	ɣɯ21 (gɑ21)
骨节	136	2		ts	i̲	7	tsɿ55	(ɣɯ33) tsi̲55	?	(ʔvu̲21) tsɿ21	(ɣɯ11) tszʔ55	(ɣɯ21) tɕi̲55
犬牙	137	2		dʐ	uɒ	1	dzɿ33 (mɑ33)	dʐo̩11	dzɛ21	(ɕy21)	tʂʐ̩33	(sə21)
牙齿	137	2		dʐ	uɒ	1	dzɿ33 (mɑ33)	dʐo̩11	dzɛ21	(ɕy21)	tʂʐ̩33	(sə21)
舌头	139	1	h	l	ɒ	2	hɑ33 (ne33)	ɬu33	ɬo55(pʰiɛ21)	ʔlɑ55	ɬɒ33	lo33
小舌	140	1		z	uɒ	4	(hɑ34) zɯ33	(ɬu33) zu33	(ɬo55 pʰiɛ21 dʑi55) zo21	(ʔlɑ55) zɑ21	(ɬɒ33) zɒ11	lo33 zo21

肺	143	1		ts^{h}	ɯ	9	ts^{h}ʅ21 (mo21)	ts^{h}ɯ55	tɕ^{h}i21 (mu21 bə21)	ts^{h}ʅ21 (fu̲21)	[s]z̩11 (pæ33 mɒ33)	ts^{h}i21 (pɯ33)
心脏	144	2		n	i̲	8	(he33 mɑ55)	ɳ̩i2 (mu̲2)	ɳ̩i22 (mu21)	(ʔm̲21 mɑ21)	ɳ̩44 (mɒ33)	ɳ̩i̲33 (mo33)
肝	145	1		s	ɛ	9	si21	sʅ55	(ts^{h}ji21)sɛ21	sʅ21 (tsᴇ55)	sz̩11	se21
胆	147	2		tsj	i̲	8	tɕʅ33	tɕi33	tsji̲22	(kɯ55)	tsz̥44	tɕʅ33
胃	148	2		h	i̲	7	hi55	hi̲55	?	hi21 (mɑ33 ko33)		xe̲55 (mo21)
肠子	149	2		v	u	1	vu33	ɣɣ̩11	vu21	(hi21) vu̲55	ɣ̩33	ɣu33
膀胱	150	2		p^{h}	u	1	(i34) [p]o33	(sɒ11) p^{h}ɣ̩11	(sji55 sɛ21) p^{h}ə21	(sᴇ21 ɳ̩21 pɪ̲21)	(sz̩11) p^{h}ɒ33 (mɒ33)	p^{h}[u]21 (sæ21)
屎	151	2		hr	i	4	tɕ^{h}ʅ33	ɬi33	(t^{h}i22)	(c^{h}i21)	ɬz̩11	ɕi21
尿	152	1		z	i	4	zʅ33	zi33 (tsi̲55)	sji55	zʅ21 (/zʅ̲21)	z̩11	(pɯ55) ʂʅ21
汗	154	1		kr	uæ	9	ku21	tɕɔ55	tsɛ21	cᴇ21	tɕæ55	k[e]55
眼泪	158	1	ʔ	mj	ɑ̲	8	ɳ̩ɔ33 (bʅ33)	nɑ̲2 (nt^{h}rɯ33)	ɳ̩iɛ22(ʑi22)	ʔmɪ̲33 (ɣɯ33)	ne44 (ʑ̊33)	me̲33 (ʑi33)
脓	159	1	N	p^{h}r	ɛ	1	ndʑi33	ɳʈ^{h}rɚ11	ɬa[55] (ʑi55)	vi55	tɬæ33	bi33
声音	161	2		k^{h}j	u	4	fu33 (dzi33)	tɕ^{h}ɣ̩33	?	ɕɪ̲21	k^{h}ɣ̩11	tɕ^{h}u21 t^{h}ɯ33
尸体	162	1		m	ɑ	2	mo33	mɒ33	(ts^{h}ɑ21sʅ22) mɑ̲55	(xɯ55) m̩55	(sz̥33) m̩33	(ɕi33) mɑ33
生命	163	2		q	o	5	(o33) ko33	(u33) kɒ33	(zɛ21)	(mɑ21)	(o55) qo[44]	(u55) kɑ55
人	167	1		ts^{h}	o	1	ts^{h}o33	ts^{h}ɒ11	ts^{h}ɑ21	tʂ^{h}u55	ts^{h}o33	ts^{h}ɑ33 (kɯ33 xi33)

男人	173	2		z	uɒ	4	zɯ33 (vo33/ zɑ21 bu33 zɯ33)	zu33 (ɣɔ33)	(u22 tsɛ55) zo22	(zo̜33 pa21)	zɒ11 (zu̜44)	(ts^{h}ɑ33 p^{h}o21)
妇女	174	1		m	æ	4	(si33 n̥i33/ɑ21) m̩33 (zɯ33)	(ɣɤ55 sɿ11) mɒ33	(a22) mɛ22 (zo22)	(ɑ55) mɑ33 (ɑ55 zɑ21)	(æ11) mæ11 (n̩44 nɤ44)	(ts^{h}ɑ33) mo33 (ge33)
姑娘	176	2		m	æ	4	(ɕɿ21 ɬe33)	(ɑ11) mɒ33	(a22) mɛ22	(zᴇ21) mᴇ21 (zɑ21)	(æ11) mæ11 (ɬe55)	(zo21) mæ21 (le55)
士兵	179	2	ʔ	m	ɑ	7	mo55	mɑ55	(k^{h}a22sɛ55 k^{h}ɯ21	ʔmɪ21	me2	me21
商人	180	1		v	uæ	1	vu33 (lo55 mu33)	vɔ11 (lɑ55 pe33 lɑ55 kɯ33)	(nɛ21 ȵi55) u21 (p^{h}o21)	va55 (lɪ21 pia55 pa21)	væ33 (le2 m̩33 ts^{h}o33)	vɛ33 (le21 pe33 su33)
医生	181	2		n	ɒ	1	nɑ33 (ŋgu34)	nu11 (ŋk^{h}ɣ11 lɑ55 kɯ2)	no21 (ȵi55 p^{h}o21)	nɑ55 (vu33 ɣa21 pa21)	nɒ33 (kɣ̩33 ts^{h}o33)	(ʑi33 sə33)
铁匠	186	1		ʃ	ɯ	1	ʂɯ34 (dzɿ33 ɭɿ55 ku33)	ɕe11 (dɔ33 lɑ55 kɯ33)	ɕe21 (tɛ33p^{h}o21)	xɯ55 (dæ21 p^{h}ɑ21)	xɯ33 (dæ11 le2 kɯ55)	xɯ33 (dæ21 p^{h}o21)
乞丐	193	2	h	m	ɑ	7	(dzɑ33) m̥o55	(dzu11) mɑ55 (p^{h}u55)	(dzo21su55lɛ21 p^{h}o21	(dzɑ55 ʑɪ33 pa21)	(tsɒ33) me55	(dzo33) me55 (su33)
贼	194	2		dz	ɛ	8	(ʂu34 k^{h}u33/)dzo̜33	dzə2	dzɛ22	(k^{h}u21 sɿ55 pa21)	dzɑ44	dzæ33
病人	196	1		n	ɒ	1	(ts^{h}o33) nɑ33	nu11 (lɑ55 kɯ33)	(ts^{h}a21) no21	na55 (ɣa21 pa21)	(ts^{h}o33) nɒ33 mɒ33	(ts^{h}ɑ33) no33
官	199	2	N	ts^h	ɯ	4	(ki34) zɯ33	nts^{h}ɯ33		dzɿ21	dzʐ̩11 (mo11)	dʑi21 (mɑ21)
聋子	204	1		b	o	4	(lo33) bo33	(nu33) bɒ33 (su33)	(lo55pa55) ba21	(ʔnɑ21) bu21	(nɒ44) bo11 (mɒ33)	(no55) bɑ21

疯子	209	2		ɣ	u	4	(ts^{h}o34) vu33	(ts^{h}ɒ11) ɣʏ̩33 (p^{h}u55)	(ts^{h}a21) v21	(t^{h}ᴇ33) ɣa21 (pa21)	(ts^{h}o33) ʏ̩11 (mɒ33)	(ts^{h}ɑ33 t^{h}ə33)
主人	212	2		p^{h}	ɒ	4	-	(sʅ[11]) p^{h}u33	(xi21sɛ21) p^{h}o22	(sʅ21) p^{h}ɑ21	(sz̩11) p^{h}ɒ11	(se21) p^{h}o21
主人	212	1		s	i	4	(vi21) si33	sʅ[11] p^{h}u33	(xi21) sɛ21 (p^{h}o22)	sʅ21 (p^{h}ɑ21)	sz̩11 (p^{h}ɒ11)	se21 (p^{h}o21)
父亲	218	2		b	ɒ	4	(tɑ33/)bo 33	(ɑ55 de33)	(a55)ba21	(a55 ti33/ɑ55) bɑ21	(ɪ44) bɒ11	(ɑ21) o21(/ŋo33 bo21)
母亲	219	1		m	ɒ	6	(mo33/)mo21	(ɑ55) m[e]33	(a55)mu21	(a55)mɑ 33	(ɪ44) mɒ33	(ɑ21) mo33 (/ŋo33) mo33
儿子	220	1		z	uɒ	4	zɯ33	zu33	zo22	zɑ21	zɒ11	zo21
媳妇	221	2		m	æ	4	(ɕʅ21) mo21	(tɕ^{h}i55 ɬɑ̱33)	(zo22) mɛ22	(k^{h}ɯ21) mɑ33	mæ11 (ɬe55)	(tɕ^{h}i21) mo33
女儿	222	1		m	æ	4	m̩33	(ɑ11) mɒ33	(a21)mɛ22 (zo22)	(zᴇ21) mᴇ21	(nɤ44/æ11) mæ11	(zo21) mæ21
女婿	223	w	h	m	ɑ̱	7	m̩33 (sɑ55 vu33)	(sɯ55 ɣɯ33)	(su21o22pho21)	ʔmi̱21 (u55)	(æ11 mæ11 sɒ55 ɣɯ44)	me̱55(ɣ33)
孙子	224	1	h	l	i	5	l̩33 (ʑi33)	ɬi[11] (bɤ11)	ɬe22(zo22)	ʔl̩21 (pa21)	ɬzʔ55 (zɒ11)	li55 (po55)
弟弟	228	2		ȵ	ɛ	1	(i34 ʑi33/m̥ ɑ21 tsʅ55)	ȵe11(mɒ33/ɑ55 ȵi11 zu33)	(a22ka55zo22)	nɛ55 (zɑ21)	ŋæ33 (q^{h}e44)	ȵi33 mɑ21/pu21 mo55)
妹妹	229	2	h	n	ɛ̱	7	n̥i21 (mo21/ȵi 33 mɑ55)	(ɑ55) ȵi11 (zu33)	(a22ka55 mɛ21)	ʔny21 (mɑ33)	nɤ55 (mɒ33)	nə55 (mo33)
侄子	234	1		z	uɒ	4	zɯ33 (ndu33)	zu33 (nt^{h}ɣ̩33)	zo22 (dɯ21)	zɑ21 (du̱55)	zɒ11 (tɣ̩33)	zo21 (du33)

兄弟	235	2		v	i̠	7	vɿ55 (vu33 i34 ʑi33)	vi̠55 ȵɔ11	a22 ka55 zo21	zɿ21 nᴇ55	vi2 (ŋæ33)	(ɑ33 ʑu33 ȵi55 mɑ21)
姐妹	236	2		v	i̠	7	vɿ55 mo21 ȵi33 mɑ55	vi̠55 mɒ33	a22 ka55 mɛ21	zɿ21 mɑ33 nᴇ55 mɑ33	vi2 (ŋæ33)	ɑ33 tɕi33 nɯ55 mo33
嫂子	237	2	h	m	e	5	(ɑ21) m̥i33	(ɑ11) me[55]	(a55) mi[21]	(ɑ55 so21)	(ɒ44) mɪ55	(ɑ21 lo21)
舅父	238	2		ɣ	ɯ	3	(o33 ȵi33)	(ɑ̠55) ɣɯ33	(a22) ɣɯ55	(ɑ21 tɕo55)	(ɒ44) ɣɯ44	(ɑ33) ɣɯ33 (ʑɑ21)
丈夫	247	1	ʔ	v	u	4	(sɑ55) vu33	(sɯ55) ɣɯ[11]	u22 (tsɛ55)	ʔvu21 (dʐɑ55)	fʯ44	vu33 (tʂɛ33)
妻子	248	2		m	æ	9	(ɕɿ21) mo21	(tɕ^{h}i55 ɬɑ̠33)	mɛ21	mɑ21 (ʔny55)	mæ11	mæ21 (zo21)
寡妇	251	1		ts^{h}r	i	4	(mu21) tʂ^{h}ɿ33 mo21	(mɒ55) tʂ^{h}ɿ33 (mu̠2)	(mɛ21)ts^{h}i55(mu21)	(mᴇ21) tʂ^{h}ɿ21 (mɑ33)	(mæ11) tʂ^{h}ʐ̩11 (mɒ33)	(ts^{h}ɑ33 mo33) tʂ^{h}ɿ21
孤儿	252	2		ts^{h}r	i	4	(zɯ33) tʂ^{h}ɿ33	(ɑ̠55 ŋk^{h}ɔ33) tʂ^{h}ɿ33	tʂ^{h}ɿ22	zɑ21 tʂ^{h}ɿ21	(zɒ11 tsz̩55)	ɑ33 ȵi33 tʂ^{h}ɿ21
牲畜	253	2		dʐ	e	4	(dʐɯ21 mo21)	dʐe33 (zu33)	dʑi22	(ɑ55) dʑi21	dʑɪ11	dʑe21 (ȵi21)
牛	254	1		ȵ	i	4	(lɯ33/)ȵi33	(lu33/)ȵi33	ȵi22	(ɑ55) ȵ̍21	ŋ11	ȵi21
母牛	261	1		m	ɒ	6	mo21	(ȵi11) mu̠2	mu21	(ɑ55 ȵ̍21) mɑ33 ko33	(ŋ11) mɒ33	(ȵi21) mo33 (to33)
牛粪	262	2		k^{h}r	i	4	(lɯ33) tɕ^{h}ɿ33	(ȵi33) tɕ^{h}i33	(t^{h}i22)	(ɑ55 ȵ̍21) c^{h}i21	(ŋ11 ɬʐ̩11)	(ȵi21) tɕ^{h}i21
角	263	1		k^{h}r	u	1	(o33) fu33	tɕ^{h}ɯ11 (ɣɯ33)	ts^{h}ɿ21	k^{h}u̠55	k^{h}ɯ33	tɕ^{h}i33 (tə33)
蹄	264	1		b	ɛ̠	7	bi55(/ɕɿ33 k^{h}ɑ33)	bɤ̠55	bə21		bɤ2	bə̠21
皮肤	265	1	N	tɕ^{h}	i	1	ndʑɿ33	ntɕ^{h}i11	dʑi55p^{h}i21	gɯ55 (tʂo21)	tsz̊33	dʑi33
尾巴	267	2	ʔ	m	uæ	5	(p^{h}u21 ʂu33)	mɒ[11] (ʂʯ33)	me22	ʔmᴇ21 (p^{h}ᴇ21)	mæ55	mə55 (tə33)

马	268	1		m	u	5	(mu21/)mu33	mv̩33	mo22	(ɑ55) m̩21	m̩55	mu[21]
马驹	269	2		z	uɒ	4	zɯ33	(mv̩11) zu33	(mo22) zo22	(ɑ55 m̩21 pa21) zɑ21	(m̩55) zɒ11	(mu21) zo21
母马	271	1		m	ɒ	6	mo21	mv̩11 mɒ11	mo22mu21	ɑ55 m̩21 mɑ33 ko33	m̩55 mɒ33	(mu21) mo33 (ge33)
绵羊	275	2		zr	o	1	ʑo33	ʑɒ11	a22 tɕ^{h}i21 mu21	(ɑ55) zu̩55	zo̩33	ʑɑ33
山羊	276	2		ts^{h}r	i̠	7	tʂ^{h}ʅ55/ɑ34 ɭ̩33	tʂ^{h}ʅ55	a22 tɕ^{h}i21 mu21	(ɑ55) tʂ^{h}ʅ21	tɕ^{h}i2	(ɑ55) tʂ^{h}ʅ55
山羊羔	277	2		ts^{h}r	i̠	7	tʂ^{h}ʅ55 zɯ33	tʂ^{h}ʅ55 (zu33)	a22 tɕ^{h}i21 mu21 zo22	ɑ55 tʂ^{h}ʅ21 zɑ21	tɕ^{h}i2 (zɒ11)	(ɑ55) tʂ^{h}ʅ55 zo21
绵羊羔	278	2		z	uɒ	4	zɯ33	(hɒ11) zu33	a22 tɕ^{h}i21 mu21 zo22	(ɑ55 zu̩55) zɑ21	(zo̩33) zɒ11	(ʑɑ33) zo21
骡子	281	2		l	ɑ	2	(ku34) lu33	(t^{h}ɒ33 mv̩33)	la55(tsɿ22)	lɑ55 (tsɿ33)	(m̩55) lu2 (tsz̩33)	lo33 (tsɿ33)
猪	284	1		v	ɑ̠	7	vo55	vɑ̠55	vjɛ21	vɪ̠21	ve2	ve̠21
公猪	285	1		v	ɑ̠	7	vo55 pɑ33	vɑ̠55 pu33	vjɛ21[po33]/vjɛ 21p^{h}u55[阉过的]	ɑ55 vɪ̠21 pa21	ve2 (pɒ55)	ve̠21 (po55)
母猪	286	1		m	ɒ	6	(vo55)mo21	(vɑ̠55) mu̠2	(vjɛ21)mu21	(ɑ55 vɪ̠21) mɑ33 (ko33)	(ve2) mɒ33	(ve̠21) mo33 (ge33)
猪崽	287	2		z	uɒ	4	(vo55 bu33) zɯ33	(vɑ̠55) zu33	zo22	(ɑ55 vɪ̠21) zɑ21	(ve2) zɒ11	(ve̠21) zo21
狗	289	1		k^h	ɯ	4	k^{h}ɯ33	tɕ^{h}i33	tɕ^{h}i22	k^{h}ɯ21	ts^{h}ʑ11	(ɑ55nu55 dzæ21)

兔子	292	1	h	l	uɒ	6	ɬɯ21	(a̱55) ɬu̱2	(tʰa55) ɬo21(mu21)	(tʰo33) lo33 (m̩21)	(ɒ44) ɬɒ33	(tʰɑ21) lo33
鸡	293	2		ʑ	e̱	8	(vɑ33)	(ɣɑ̱2)	jɛ22	(ɑ55) ʑɪ̱33	je44	ʑi̱33
公鸡	294	2		p	u	2	pu33	(ɣɑ̱2) pʏ̩33	(jɛ21pʰu55)	ɑ55 ʑɪ̱33 pa21	(je44) pʰʏ33	(ʑi̱33) pʰɯ33
翅膀	298	1		d	u̱	1	du̱33	dʏ̩11 (lɑ̱55)	do21(ljɛ21)	dƱ-55 (lɪ̱21)	tʏ̩33 (le2)	du̱33　(le̱21)
鸭子	300	1		ʔ	æ̱	8	e33	e̱2	ə22	ᴇ33 (m̩21 pa33)	ŋe44 (pɪ44 mɒ33)	æ̱33
鹅	301	1			o	6	o21	ɒ11	æ55 (lɥ21mu 21)	ɑ33(ny55)	m̩55 (hɪ2 mɒ33)	o33
老虎	304	1		l	ɒ	7	lɑ55	lu55	lo21(mu21)	lɑ21 (pa21)	lɒ[55]	lo21
龙	306	1		l	u	4	lu33	lʏ̩33	lo22(kʰu21)	lu̱21	ə11	lu21
爪子	307	2		s	e	4	(ɕʅ34) si33	se33	[脚]	(kʰɯ55 ku̱21) sᴇ21	sɪ11	(tɕʰi̱33 le̱21)
象	309	2		χ	ɒ	6	(li21 vu55)	xu̱2	(no55) xɑ21 (mu21)	hɑ33	χɒ33	xo33
豹子	310	1		z	i̱	7	zʅ55	zɪ̱55	ʑi21(mu21)	zʅ21	zʔ2	zi̱21
鹿	313	2		tsʰ	e̱	8	tsʰe33	tsʰi̱2		tɕʰɪ33	tsʰz̥33	tsʰe̱33
麂子	314	1		tɕʰ	i	2	tɕʰʅ33	tʂʰʅ33	tɕʰi21(nə55mu21)	tʂʰʅ55	tsʰz̥33	tʂʰʅ33
獐子	315	2		l	uɒ	33	lɯ21/lɯ33	lu33		lɑ33 (tᴇ55)	lɒ33	lo33
麝香	316	2		ʃ	ɯ	2	(lɯ33) ʂɯ33	(lu33) ɕe33			(lɒ33) xɯ33	(lo33) xɯ33
水獭	317	1		sr	ɛ̱	8	ʂo33	(ji11) ʂe33	(ʑi22)ɕi55	(mɑ21)	(ʑ̊33) ʂɤ44	(ʑi33) ʂə̱33
豪猪	318	2		p	u	2	pu33 (nɔ33)	pʏ̩33 (vi55)	pu55 (mu21)	pu[33] (nɔ33)		pu̱33?

刺猬	319	2		p	u	3	pu[34]	py̩33		(ku̠55 dʐɑ21)	py̩44 (dʐʐ̩11)	p[iou̠]33
豺	323	2		v	e	1	vi33 (n̥i33/v33)	ve11		y55 (ʂɑ55)	vɪ33 (ʂʐ̩44zɒ11)	(tʂʅ33)
狼	324	2		v	e	1	(lɑ55 ɬi21)	(tɔ33 lɔ33)	tʰa55 ɬo21 mu21	vi55 (pa21)	vɪ33	ve33
狐狸	325	2		dj	u	4	(ɑ34) dʑu33	(u55) dɯ33		(ʔy55) dy21	o55 dy̩11 (mɒ33)	(u55) də21
鸟	326	2		ȵ	ɑ̠	8	(he33 tsʅ33)	ŋɑ̠2	(xɛ22 zo22)	(ɑ55) n̩33	ŋe33	ȵæ̠33
鸟窝	327	2		cʰ	i	2	(he33 tsʅ33) kʰɯ34 (po33)	(ŋɑ̠2) tɕʰi33 (tʰy̩11)	(xɛ22)tɕʰ55 bə21	(ɑ55 n̩33) cʰᴇ33 (ty33)	(ŋe33) (bɤ33)	(ȵæ33) tɕʰi33
老鹰	328	2		tr	ɑ̠	7	tɕo55	trɑ̠55	djɛ21(ȵi55 tsji55zo21)	(ɑ55 dʑy55)	tɬe55	tɕi̠55 (mɑ21)
麻雀	336	2		dʐ	ɒ	2	(kʰɯ33) dʐɑ33	(ŋɑ33) dʐu̩33	(a22tsa22na21mu21)	dʐɑ55 (m̩21)	(ɒ11) tʂɒ33 mɒ33	dʐu̩33 (gɑ33)
喜鹊	338	2		tsr	ɑ	55	(ɑ33) tʂɑ55	(ɑ33) tʂə̠55	(pa55dzɛ21)	ɑ55 tʂa21	ɒ44 tʂɑ55 mɒ33	ɑ55 tʂɑ55
乌鸦	339	2		n	ɑ̠	8	(ɑ34 dʑi33)	(ɑ̠55 dʑe33)	(a55) ȵɛ21	(ɑ55) nɪ33 ba33	(ɒ44) ne44 (mɒ33)	(ɑ33) ne33
野鸡	340	2		sr	u	5	ʂu33(/hɑ33)	ʂy̩[11] (pv133)	(ɬa55jɛ22)	(ɑ55) ʂu21	ʂʐ̩55	ʂu55
斑鸠	342	2	h	l	i	2	(tʰɑ21) ɬʅ33	ɬə33 (gɑ̠55 drɯ55 ŋɯ33)	(djɛ21xi55)	(ɑ21 pɯ55)	(dy̩11) ɬʐ̩33 (mɒ33)	(dɯ33 pɯ55)
布谷鸟	344	2		q	u	55	ko55 (pu33)	ky̩55 (py̩33)	?	(cᴇ55 ku̠33)	qɤ55 (pɤ33 ŋe33)	ku55 (pu33)
蛇	347	1		sr	uæ	3	ʂʅ33(/bu33 ʂʅ33)	ʂɔ33(/by̩33 ʂɔ33)	sɛ55	(lɑ33) ʂɑ55	ʂʐ̩44 (pʰæ44 mɒ33)	ʂə33

附录 4 原始彝语重构 • 203 •

青蛙	349	2		p	ɒ	5	(ɔ34) pɑ33	(u55) pu33	(a55) po22 (mu21)	(ʔu55) pa21	(ɒ44) pɒ55 (mɒ33)	(kɯ55 li55)
鱼	351	1	h	ŋ	uɒ	5	hɯ33	ŋu33	(a55)ŋo22	ʔɑ21	ŋɒ55	ŋo55
鳞	352	w		k	u̱	8	ku̱33	(sl2)	(a55 ŋo22) kə22	(tɕ^{h}y̱33)	(sɑ44)	(ŋo55) ku33
虫	353	2		b	u	4	bu33	bv̩33	bu21 (tsu22)	(vi21di55)	bv̩11 (pɪ55)	bə21(mɯ33)
虱子	356	1		ʃ	e	1	ʂɯ33	ɕe11	ɕe21	ɕi55	ɕɪ33 (mɒ33)	ɕe33
蛆	359	2	h	l	o̱	8	(bu33) ɬu̱33 (zɯ33)	ŋu̱2	(fv55mu21)	χo33	ɬu44	ɕyo33 mɑ33
蚂蟥	364	1		v	e̱	7	mbi55	(bu33) vi̱55	(a22) vi21	(ɣɯ55) vɪ̱21	(sz̩11) vɪ2	(ʑi33) ve̱21
蚂蚁	365	2		b	æ	7	bu55 (vu21)	bi̱55 (ju̱33)	bu[55] (xɯ21)	ba21 (ʐo33)	(kɑ55 u44 mɒ33)	bə21 (ʑo33)
蚕	366	2		b	u	4	bu33	bv̩33	bu22	?	bv̩11	bu21 (ə21)
蜜蜂	367	1		br	uɒ	4	dʑi33	dru11 (ȵi33 zu33)	do22	bɑ21	dlɒ11 mɒ33	bio21
蝴蝶	370	1		l	u	6	(bu21) ɬu21	(bv̩11) lv11	(bu21)lu21	(vɪ21) lu̱33	(bv̩11) ɚ33 (mɒ33)	(bə21) lu33
树	372	1		s	i̱	8	sɿ33 (bo33)	si̱2	sji22 (dzɛ21)	sɿ33 (dzɿ55)	szʔ44	ɕi̱33 (dzɿ33)
叶子	376	2		p^h	ɑ̱	7	(tɕ^{h}i34 tɕ^{h}i33)	p^{h}ɑ̱55	(sji22) p^{h}iɛ21	p^{h}ɪ21	p^{h}e2 (ɬɒ11)	p^{h}e̱55
水果	378	2		s	æ	4	sɿ33 (dzɑ33 lu̱33 mɑ33)	(mu11)	(sji22) sɛ22	(sɿ33) sᴇ21 (ʔlo33 sᴇ21)	s[z̩]11 (mɒ33)	sæ21
核儿	379	2	ʔ	n	i̱	8	(tɕu̱34tɕu̱33/ɑ34 tɕu̱33)	ȵi̱2	(ka55lu̱55)	(sᴇ21/)ʔnɪ̱33	n̩44	(sæ21) ȵi̱33

柳树	382	2		mj	i̲	7	(ʑʅ33 ho34)	(zʅ11) ȵi55 (si̲2)	(ʑi22) ŋə21dzɛ21	(ɣɯ55) m̩21 dzʅ55	jɪ11 n̩44 xzʔ44	(ʑi33) mi21 (dzʅ33)
松树	385	1		tʰ	o	4	tʰ[ɯ]33 (bo33)	tʰɒ33 (si̲2)	tʰɑ55 (dzɛ21)	tʰu21 (dzʅ55)	tʰo11 (szʔ44)	tʰɑ21 (dzʅ33)
柏树	386	1		sr	u̲	7	ʂu55 (bo33)	ʂu̲55 (si̲2)	su21(dzɛ21)	ʂu21 (mɯ21 dzʅ55)	ʂu55 (tɬe44 szʔ44)	ʂu55 (dzʅ33)
松明	388	2		b	ɑ̲	8	(ʂu55) bu21	(ʂu̲55) bɑ̲33	(tʰa55dzɥ22 mie55)	(ɕɪ21) bo33	(tɬɒ44) be44	(ʂo55 pə̲33)
竹子	389	2		m	ɒ	3	mɑ33	mu33	(ɣo21dzɛ21)	mɑ55 (dzʅ55)	mɒ44 (tɒ33)	mo33
藤子	390	1		n	æ	6	ȵi21 (go33)	ȵɔ11	nɛ21(ko21)	ni33 (tʂɑ33)	ŋæ[44] (tʂɒ33)	ȵe33 (gə21)
刺儿	391	2		dʑ	u	9	(tʂʰu33)	dzɯ55	(a55) dzə21	(ɑ55) dʑy21	dzʐ̩11	(ɑ55) tʂʰu21
桃子	392	2		v	u	4	(sʅ21) vo33	(sɒ11) vɤ33	(sa21lu22sɛ22)	(sᴇ21) ʔy21	(sʐ̩11 ɣɯ11 mɒ33)	(sæ21 ɣɯ21)
梨	393	1		s	æ	9	sʅ21 (ndɑ55)	sɒ[33] (dzʅ55)	sa21(ɬi22mu21 sɛ22)	sᴇ21 (tʂʰʅ55)	sʐ̩11 (tʂʰʐ̩33 mɒ33)	sæ21
柿子	395	1		b	uæ	1	(ȵi33) bu33	(ȵi33) bɔ33	(tsʰɑ21)bɛ21 (sɛ22)	(mu̲21) bᴇ55(/i33 bᴇ55)	(sʐ̩11) pæ33 (mɒ33)	(sæ21 ȵi33) bə33 (m̩21)
芭蕉	398	2	ʔ	ȵ	ɑ̲	8	(bɑ33 tɕɔ33)	(ji11) ŋɑ̲2	ȵɛ22(ba22 dzɛ21)	ʔmo33 (tʂʰʅ21)	ŋe44 (pʰe2)	ȵæ33 (pɯ̲33 lɯ̲33 m̩21)
粮食	402	2	ʻ	dz	ɒ	1	dzɑ[21](mɑ33)	dzu11 (mu33)		hɑ55 sᴇ21	tsɒ33 (sʐ̩11)	dzo33 (sæ21)
水稻	403	2		tsʰr	ɯ	1	tʂʰɯ33	tʂʰe11	tɕʰi21 (sɛ22)	tɕʰi55	tɕʰɪ33	tɕʰe33
糯米	404	1		ȵ	o	4	ȵo33	(tʂʰe11) ȵɒ33	(a55)na22 (tʰu55)	(tɕʰi55) nu21 (dzɑ21 kʰɑ55)	(tɕʰɪ33) no55 (mɒ33)	(tɕʰe33) ȵɑ21
秧	406	2	h	l	i	5	ɬo34	(ʂi55)	(tɕʰie21dzɛ21)	ʔl̩21/tɕʰi55	ɬzʔ55	li̲55 (mo33)

稻草	408	2		p	ɛ̱	7	(zʅ33)	(tʂʰe11) pɤ̱55	pə21	(tɕʰi55 u21 ʂʅ21)	(tɕʰɪ33) pɤ55	(tɕʰe33) pə̱55
谷粒	409	2		s	æ	1	sʅ33	(tʂʰe11 mu11)	(tɕʰie21) sɛ22	(tɕʰi55) sᴇ21	(tɕʰɪ33) sẓ[11]	(tɕʰe33) sæ21
小麦	410	2		sr	ɒ	3	ʂɑ33	ʂu33		ʂɑ55	sɒ44 (mɒ33)	ʂo̱33
大麦	411	2		z	u	6	zu21	zy̩21		zʅ33	ẓ33	zu̱33
荞麦	413	2	N	kʰ	uɒ	4	ŋgɯ33	ŋkʰu33	go22	(ɣɑ21) kʰɑ21	qɒ11	go21
麦秸	414			p	ɛ̱		(ko55)	(ʂu33 zy̩33) pɤ55		(ʂɑ55) py21 (ʂʅ21)	(ʂɒ44) pɤ55	(ʂo̱33) pə̱55
麦芒	415	2		ts	i	2	tsi33	(ʂu33) tsʅ33		(zʅ33) tsʅ55	(ʂɒ44) tsẓ33	(ʂo̱33) tsi55
玉米	416	2		sr	ɒ	8	(po34 ku33)	ʂu33 (mu̱2)	(dzo21 bə21)	ʂɑ55 (m̩21)	ʂɒ44 (py̩33)	ʂu̱33 (pɯ̱33)
小米	417	2		tsʰ	ɛ̱	7	tsʰi55	tsʰe̱55	(ɑ55pau21)	tɕʰy21	tsʰɤ33 (mɒ33)	(no55)
棉花	418	1		l	uɒ	4	(sɑ34) lɯ33	(su55) lu33	(so22) lo22	(sɑ55) lɑ21	(sɒ44) lɒ[44]	(so55) lo21
蔬菜	420	2		ɣ	ɑ	9	(tsʰɯ33 tʰɯ33/ vo21/hɑ33pi55)	ɣɒ55	ɣɑ21 (tɕɛ21)	u21	o11 (tɕe55)	ɣɑ21
蒜	424				ɑ	4	kɑ33 (si33)	(tse33)	?	kʰɑ21 (ɕy55)	ʂẓ55 (mɒ33)	tʂʰɑ21
姜	425	2		tɕʰ	o	4	tɕʰi33 (pʰʅ33)	tʂʰɒ33	tsʰɑ22(pʰi21)	tʂʰu21	tʂʰo11 (mɒ33)	(ʑɑ21 zʅ55)
瓜	427	1		pʰ	u	9	(tu̱33 kɑ33)	(u33) pʰv155	(a55) pʰɯ21	(ɑ55) pʰy21	(o55) pʰy̩11	(kuɑ33)
南瓜	428	2		pʰ	u	9	(ne21 kɑ33)	(u33) pʰy̩55 (n̩e11 tʰɒ11)	(a55) pʰɯ21 (sɛ55)	(ɑ55) pʰy21	(o55) pʰy̩11(mɒ33)	(næ̱21 kuɑ33)
豆	430	2		n	o̱	8	nu̱33	nu̱2	nu22	no33	nu44	no̱33 (sɛ21)
草	436	1		zr	i	5	zʅ33	ʂʅ33	(lo21)sʅ22	ʂʅ21 (bɯ21)	sẓ̊55	ʂʅ55

米	439	2		tsʰr	e	1	tʂʰɯ33 (tɕʰu33/ dzɑ21 mɑ33)	tʂʰe11(tʰrɣ̩33)	tɕʰi21tʰu55	(dzɑ21 kʰɑ55 fu̠55)	tɕʰɪ33 ɬẓ33	tɕʰe33 me21
饭	440	1		dz	ɒ	1	dzɑ33	dzu11	dzo21	dzɑ55	tsɒ33	(ɑ55 me̠21/) dzo33
面粉	442	2		m	u	2	mo34	(dzu11) mɣ̩11		(hɑ55) m̩33	(qʰɒ33) m̩33	(kʰo33) mɯ33
肉	443	2		x	ɒ	4	(ʂɯ33)	xu33	(a22 nɛ55) /vjɛ21 xo33	xɑ21	xɒ11	xo21
瘦肉	444	2		x	ɒ	4	(ʂɯ21 sɿ21)	xu33 (ʂe55)	xo22	xɑ21 (nɪ̠21)	xɒ11 (bæ33)	xo21 (n̥i33)
脂肪	445	1		tsʰ	uæ	1	tsʰɿ33	tsʰɔ11	tsʰɛ21	tsʰᴇ55	tsʰẓ33	tsʰə33
花椒	448	1		dz	ɛ̠	7	dze55 (mɑ33/bɑ 21 dze21)	dze̠55	dzə21 (sɛ55)	dʑɣ̠21	dzɣ2 (mɒ33)	dzə̠21
蛋	450	1		hr	u	6	tɕʰi21	ɬu̠2	fv21	fʊ-33	ɬɒ33	xu33
汤	451	1		r	ɯ	2	ʑɿ33	ji33	ʑi55	ɣɯ55 (ba33/u21 tɕɪ̠21 ɣɯ55)	z̊33 (sɒ33)	ʑi33 (tsu33)
酒	452	1	N	tsʰr	i	1	ndʐʅ33	ntʂʰʅ11	dzɿ21 (tsɿ55)	dʐʅ55	tsz̊33	dʐʅ21
茶	454	1		l	ɒ	9	lɑ[55] (tɕɔ33)	lu55 (tɕe33)	lo21(tɕe55)	lɑ21 (pʰɪ21)	lɒ11	lo21 (pʰe̠55/lo21)
药	456	1		tsʰ	i	4	(bu55) tsʰɿ33	tsʰi33	(no21) tɕʰi55	(ʔnᴇ33) tsʰɿ21	(nɒ33) tsʰẓ11	(no̠33) tsʰi21
糠	457	2		pʰ	æ	4	pʰu33	(kʰɔ33)	(tɕʰie21) (kʰɛ22)	pʰᴇ21	tɕʰæ11	pʰæ21
猪食	459	1		dz	ɒ	1	(vɑ55) dzɑ33	(vɑ̠55) dzu11	(vjɛ21) dzo21	(ɑ55 vɪ̠21) dzɑ55	(ve2) dzɒ11	(ve̠21) dzo33
线	461	2		tsʰ	ɛ	1	(ɕi33)	tɕʰeɚ11	tsʰɛ22 (po21)	(kʰɯ55 ku̠21 sᴇ21)	tɕʰæ33	tɕʰi33 (tʂə̠33)

布	462	2		pʰ	ɒ	6	(m̥ʅ33 sʅ33)	pʰu11	(so55) pʰiɛ21	(ʔmᴇ55)	pʰɒ33	pʰ[io21]
衣服	467	2	N	pʰ	æ	2	(vi55 gɑ33)	mpʰe33	(ɬa21)	(ʔɪ̠21 lu55/) pʰɑ55 (tsʰʅ21)	(ɬo33) bæ33	pʰiɑ33
衣领	468	2		cʰ	ɯ	4	(i33 ti34 li33) kʰo34	(mpʰe33) tɕe55	(lɛ21) kʰɯ22	(pʰɑ55) cʰa21	(læ33) qʰɯ11	(pʰiɑ33) tɕʰe21
衣袖	469	1		l	a̠	7	(i33 ti34) lo55	(mpʰe33) lɑ̠55	ljɛ21 (dɯ21)	(pʰɑ55) lɪ̠21	le2 (dv̩11)	(pʰiɑ33) le̠21
裤子	471	1	h	l	ɒ	7	ɬɑ55	ɬu55	ɬo21	ʔlɑ21	ɬɒ55 (bæ33)	lu55 (du21)
腰带	476	2		dʐ	u̠	7	dʑu55 (vɑ33)	dʐu̠55 (tʂɑ̠2)	dzu21 (n̥i21)	dʐo21 (ɕi33)	dʐu2 (n̩55)	(vɛ21 tɕʰo21 tɑ55)
鞋	479	1		n	ɛ̠	8	(ɕʅ34) n̥e33	(tɕʰe̠55) ne̠2	(tɕʰi55) nə22	(kʰɯ55) nɪ̠33	(tsʰz̥11) nɤ44	(tɕʰi33) nə̠33
戒指	486	2		p	e	1	pi33	(lɑ̠55) pe11	(ljɛ21)piɛ 22	(lɪ̠21 ku33)	(le2) pʐ[55]	(le̠21 n̥i33 tɕʰi̠33)
手镯	487	1		gr	u	1	gu̠33	(lɑ̠55) dʑv11	(ljɛ21)dzə 21	(lɪ̠21 ɣɯ55)	(le2) kv̩33 (mɒ33)	(le̠21) dʐu̠33
枕头	490	1	N	kʰ	u	9	(o33) kʰu21	(u33) ŋkʰɤ[33]	(ŋu22)gɤ21	(ʔncu̠55) ka21 (du̠55)	(o55) qo11 (dzʐ̩11)	(ɑ55) gu21 (du33)
房子	494	2		h	ɛ	1	(ʑi33)	hɚ11	xi21	hi55	hæ33	xe33
房檐	496	2		h	ɛ	1	(m̥33/ʐʅ33)	hɚ11 (tɕʰɯ11)	xi21(pʰi55)	hi55 (pʰɪ̠21)	hæ33 (dzɤ33 tsʰz̥33)	xe33 (me21)
牛圈	503	2		b	ue	2	(lɯ33)	(n̥i33) bɤ33	(æ22 xi21)	(ɑ55 n̩21) by55	(ŋ̍11) bɤ33	(n̥i21 bɯ33 xi33)
猪圈	504	2		b	ue	2	(xo33)	(vɑ̠55) bɤ11	(vjɛ21) bə21	(ɑ55 vɪ̠21) by55	(ve2) bɤ33	(ve̠21 bɯ33 xi33)

马圈	505	2		b	ue	2	(xo33)	(mɣ̩33) bɤ33	(mo22xi 21)	(ɑ55 m̩21) by55	(m̩55) bɤ33	(mu21 bɯ33 xi33)
鸡圈	507	2		b	ue	2	(vɑ33k^{h}ɯ33/vɑ 33 xo33)	(ɣɑ̲2) bɤ33	(jɛ22) bə21	(ɑ55 ʑɿ̲33) by55	(je44) bɤ33	(ʑi̲33 bɯ33 xi33)
木头	511	1		s	i̲	8	sɿ33	si̲2	ɕi22 (dɯ21)	sɿ33 (dɑ55)	szʔ44	ɕi̲33 (do33lo33)
木板	512	1		p^{h}	e	9	(sɿ33) p^{h}i21	(si̲2) p^{h}i55	(ɕi22) p^{h}ie21	(ti21) p^{h}i21	(szʔ44) p^{h}z̩11	(ɕɿ33) p^{h}e21
柱子	513	2		z	ɛ	1	zi33 (bo33)	zə11		zɿ55 (dzɿ55)	z̩33 (mɒ33)	ze33 (bɑ33 mo33)
门	514	2	N	k^{h}	ɒ	1	(i21 k^{h}o33/vɑ21 xɑ55)	ŋk^{h}u̲2	go21	ɑ55 c^{h}a21	(hæ44) qɒ33	ɑ55 du21 tɕ^{h}e21
门槛	515	2	N	k^{h}	ɒ	1	(i21 k^{h}o33 mo21 t^{h}u21)	ŋk^{h}u̲2 ti33	go21(ti55tɕ^{h}i21)	ɑ55 c^{h}a21 ti55 lo21	(hæ44) qɒ33 (ts^{h}z̩33)	ɑ55 du21 mo33 ti33
梁	518	2		dr	æ̲	6	(kɔ55 tɕe33)	drɣ̩11		(hi55) dzɑ̰33	(xzʔ44 t^{h}ɤ33)	dzæ̲33
椽子	519	2		d	u̲	9	(tʂ^{h}ɑ21 ndzɿ33)	nt^{h}ɣ̩55		(hi55) du̲21	(hæ33) dɣ̩11	(xi33) du21
床	526	1		gr	e	4	go33(/i55 go33)	dʑe33	dʑi22 (mu21)	(ʔɪ̲21) gɯ[55] (y21 tsɿ33)	gɯ11	dʑe21 (mo33)
扫帚	532	1		s	ɯ̲	8	(ʑi34) sɿ33	(mɒ55) sɯ̲33	(mi55) sɿ22	(gɯ55) sɿ33	(mɪ44) sz̩44	(mi55) ɕɿ33
柴	534	1		s	i̲	8	sɿ33	si̲2	sji22	sɿ33	szʔ44 (ku55)	ɕi̲33
火炭	535	2		mj	i	4	(ʂɿ21 dʐɿ55)	mu11 ɲe33	mɛ22 ɲi21 sɛ22	sᴇ21 ɳ21	m̩11 tɣ̩55 xz̩11 m̩11 dzz̩33 mɒ33	sæ21 ɲi21
火绒	537	2		dz	ɒ	1	(ve33)	(trɔ55 mɣ̩33)	dzɑ55 ɲɛ21 mu21	(ɑ55 to21) dzɑ55	(m̩11 dɑ44) tsɒ33	(dzæ̲21) dzo33

灶	544	2		k	ɒ̲	8	kɑ33 di33	kɤ11 bɤ11 hɚ11	ko55dɯ21	lu55 tʂo21	kɒ44 bɤ33	ku̲33 dzu̲21[煮猪食的]
铁锅	545	2		tsʰr	u	3	(dʑʅ33)	(xɚ11) tʂʰɚ33	(ɕe21 lɑ55)	(ɑ55) tʂʰɑ55	(xɯ33) tʂɒ44 tʂʰʐ̩33	(xɯ33) tʂʰɯ33
炒菜锅	546	2		tsʰr	u	3	xɯ34 dʑʅ33	(xɚ11) tʂʰɚ33 zu33	ɕe21 lɑ55	(ɑ55) tʂʰɑ55	xɯ33 tʂɒ44 tʂʰʐ̩33	(xɯ33) tʂʰɯ33 zo21
刀	549	2		tʰ	ɒ	4	(do34 mu33)	(be55) tʰu33	(a22tjɛ55)	(ɑ55) tʰɑ21	(mɪ55) tʰɒ11	(ɑ55) tʰo21
把儿	550	2		ɣ	ɯ	4	(do34 mu33 vu21 du33)	(be55 tʰu33) ɣɯ33		(lɪ̲21 ma33)	ɣɯ11	ɣɯ21
碗	553	2		p	ɑ̲	8	(tʂɯ21zɯ33/lu̲33 tʂɯ21)	pɑ̲2	(sa22) pjɛ22	(ɑ55 cᴇ21)	(sʐ̩55) pe44	(ɣo21) pæ̲33
筷子	555	1		dʐ	u	6	dʐu21	dʐɣ̩11	(mi55)dzu21	dʐu̲33	dʐʐ̩33	dʐu33
瓶子	556	2	N	pʰ	ɛ	1	(ʑo55 ʂʅ21 zɯ33)	mpʰɚ11	dʐʅ21 bɛ21	bᴇ55	pæ33	bie33
箍儿	563	2		k	u	2	(mɑ34ŋgo33/ʂɯ34 ŋgo33)	kɣ̩33		(ma55) ku55		ku33
三脚架	565	2		kʰ	ɯ	3	(ʂɑ33 kɑ33)	(xɚ11) tɕʰi33	tɕʰi21 ko55	(ɑ55) kʰɯ55	kɒ44 (tsʰʐ̩33)	(xɯ33) tɕʰɯ33
火钳	566	2		ȵ	ɛ̲	8	(kɑ34) ȵe33	(ɕe11) ȵɣ̲2		(ɑ55 to33 tsʰᴇ55)	(xɯ33) ȵɤ44 dʐʐ̩33	(xo̲33 tɕʰe̲21)
升	572	2		sr	ɯ	2	ʂʅ34 (zɯ33/kɑ33 ʂʅ33/ʂʅ33)	ʂʅ33	?	(ɕy55)	ʂɤ33	?
钱	573	1		dʑ	ɯ	4	dʐɯ33 (mo21)	dʑi33 (bɔ33/ji11 mu11)	dʑi22(zo22)	dʑi21 (pʰi21)	dʑʑ̊11 (tɬe44)	dʑi21 (pʰe21)
针	578	1		r	ɛ̲	7	ʑi55	ɣɣ̲55	ɣə21	y21	ɣɤ2	ɣə̲21

									pʰiɛ55)	du̠33 (gɯ55 ɕi55)		
左边	710	1	ʔ	v	æ	5	(lɑ34) vɿ33	fɔ33	(a22)fɛ22	ʔvᴇ21 (lɪ21ɕi55)	(ɒ44) væ55	ve55
右边	711	2		zr	ɒ	6	(lɑ34) ʑi[33]	(se55)	(a22 du̠21)	zɑ̥33	(ɒ44) zɒ[55]	ʑo33
里边	715	2		kʰ	u	1	kʰu33	kʰɯ11	(a22) kʰo21 (pʰiɛ55)	kɯ55ku55/cʰy21 ɕi55	kɯ[44]	(ɣɯ21 bæ21)
角儿	716	2		kʰ	ɯ	1	(gu55l̥21/dzɿ33)	tɕʰɯ11	tsʰɿ21	kʰu̠55	kʰɯ33	kɯ21(lɑ33/tɕʰi̠33 tɯ̠33)
时间	737	2		tʰ	uɒ	2	tʰɯ33 (kʰo21)	tʰu33	tʰo21	tʰɑ21 (sɿ21)	(n33 he2)	tʰo33
今天	738	1		ʔ	e	4	i21	[u]11 (ȵi11)	ʑi21(ȵi̠21tʰo22)	ʔi21 (n̩33)	ɪ11 n̩33	i55 (ȵi33)
后天	743	1		pʰ	ɑ̠	7	tsʰɑ33 pʰo55 ȵi21	pʰɑ̠55 ȵi11	pʰiɛ21ȵi̠21	tsʰɑ55 pʰi33 n̩33	pʰe2 (n̩33)	(se̠55) pʰe̠55 ȵi33
白天	748	2		m	u	4	m̩33 (ȵi21 mo21/mɑ55 ɬɔ21)	mɣ̩33 (ȵi11)	mu22 (ȵi̠21)	m̩21 (lo̠33 ku55 ɕi55)	m̩11 (n̩33)	(i55 ȵi33 kɑ33)
早晨	749	2		ʃ	u	2	ʂɯ33 (tɯ34)	ɕe33 (mɣ̩33)	(mu22) ɕe55	(ny̠21 ʔny55) ɕi55	ɕe33 (mɣ̩33)	(mə21 tʰe33 ɑ21 tɕʰi55)
晚上	752	1		m	u	4	(kʰɯ55) mo21	mɣ̩33 (tɕʰi̠55/se11)	mu̠22 (tɕʰi̠21)	m̩21 (kʰɯ̠33 ɕy55)	m̩11 (tɕʰi2)	(i55) m̩21 (tɕʰi̠55)
半夜	754	2		s	e	1	si33 (tɕʰɿ34)	se11 (pʰɑ33)	(mu22tɕʰi̠21mu22ka55la21)	(tʂʰɿ21 pɑ55 ʑi55)	sɤ33 (ɬɤ33)	sə33 (ɕi33)
子（鼠）	755	2		h	ɑ̠	8	he33	hɑ̠2	(mi21 də22 mu21)	ha55	he44	xæ̠33
丑（牛）	756	1		ȵ	i	4	ȵ[u]33	ȵi33	ȵi22(kʰu21)	(ɑ55) n̩21	(ŋ̍11)	ȵi21

寅（虎）	757	1		l	ɒ	7	lɑ55	lu55	lo21(k^{h}u22)	lɑ21	lɒ[55]	lo21
卯（兔）	758	1	h	l	uɒ	6	(t^{h}ɯ21) ɬɯ21	(t^{h}ɑ11) ɬu̲2	(t^{h}a55) ɬo21 (mu21k^{h}u22)	(t^{h}o33) lo33	t^{h}o11 ɬɒ33	(t^{h}ɑ21) lo33
辰（龙）	759	1		l	u	4	lu33	lv̩33	lo22	lu21	ɚ11	lu21
巳（蛇）	760	1		sr	uæ	3	ʂʅ33	ʂɔ33	sɛ55	ʂɑ55	ʂʐ̩44	ʂə33
午（马）	761	1		m	u	5	mu33	mv̩33	mo22	ɑ55 m̩ɑ21	m̩55	mu21
未（羊）	762	1		zr	o	1	ʑo33	hɒ11	a55tɕ^{h}i21mu21k^{h}u21	ʐu55	ʐo33	(ɑ55 tʂ^{h}ʅ55/) ʑɑ33
酉（鸡）	764	2		ʑ	e̲	8	(vɑ33)	(ɣɑ̲2)	jɛ22	ʑɪ̲33	je44	ʑi̲33
戌（狗）	765	2		k^h	ɯ	4	k^{h}ɯ33	tɕ^{h}i33	tɕ^{h}i55	k^{h}ɯ21	(ts^{h}ʐ̩11)	(ɑ55 nu55)
亥（猪）	766	1		v	ɑ̲	7	vo55	vɑ̲55	vjɛ21	vɪ̲21	ve2	ve̲21
属相	767	2		q^h	o̲	7	(ɕi34) k^{h}u55	k^{h}u̲55 (gv̩11)	k^{h}v21	(ɑ55 tʂɑ55) k^{h}u21	q^{h}u2	k^{h}u̲33 (su33)
日子	768	2	ʔ	n	i	6	(mu33) ȵi21	ȵi11	ȵi21	ʔn̩33	n̩33	ȵi33
初一	769	2		d	a̲	8	dɔ33 (ts^{h}ʅ21 ȵi21)	dɑ̲2 (t^{h}e55)	(t^{h}i21ȵi21)	dɪ̲33 (t^{h}ɪ̲21)	de44 (t^{h}ɪ11)	de̲33 (t^{h}i21)
月	771	1	h	l	uɒ	6	ɬɯ21	ɳu̲2	xo21 (bo21)	lɑ33	ɬɒ[44]	ɕio33
年	777	1		q^h	o̲	7	k^{h}u55	k^{h}u̲55	k^{h}u̲22	k^{h}o̲21	q^{h}u2	k^{h}u̲55
冬	794	2		ts^h	u	1	(mu33) ts^{h}u33	ts^{h}v̩33	-	(tɕ^{h}i55 ti21 tɕ^{h}i55 n̩21 lɑ33)	ts^{h}ʐ̩11	ts^{h}u33？
一	797	1		t^{h}r	i	9	ts^{h}ʅ21	t^{h}ɑ[11]	t^{h}i21	tʂ^{h}ʅ21	t^{h}ɪ11	t^{h}e21
二	798	1		n	i	9	ȵi21	ȵi55	ȵi21	n̩21	n̩11	n̩21

五	801	1		ŋ	uɒ	4	ŋɯ33	ŋu33	ŋo22	ŋɑ21	ŋɒ55	ŋo21
六	802	1		kʰr	o̱	7	fu55	tɕʰu̱55	tsʰu21	kʰo̱21	kʰu2	tɕʰo̱55/tɕʰu̱55
七	803	1		ʃ	ɯ	9	ʂʅ21	ɕi55	ʂʅ21	xɯ21	sz̥11	ɕi21
八	804	1		h	e̱	7	hi55	hi̱55	xe21	hɪ̱21	he2	xe̱55
九	805	1		g	u	2	gu33	kɯ33	kɯ55	ku̱33	kɯ55	kɯ33
十	806	1		tsʰ	e	1	tsʰi33	tsʰe11	tsʰə21	tɕʰi55	tsʰɪ33	tsʰi33
百	824	1		h	ɒ	1	hɑ33	hu11	xo21	hɑ55	hɒ33	(ɕyo33)
千	826	1		t	u̱	3	tu̱33	tʏ̩33	to55	tu̱55	tʏ̩44	tu̱33
万	827			v	ɑ	55	vɑ55	(ȵe11/ti33)		vɑ55	vɑ55	(me21)
个（一个人）	835	2		m	ɒ	3	mɑ33	(lɤ33)	(lə22)	(tʂʰʅ21) mɑ55	mɒ44	mo33 (ʑu̱33)
页	840	2		tr	ɒ	5	[tɕʰ]i33	tru33	tæ[21]	(pʰɪ33)	tɬɒ55	(pʰi33)
个(鸡蛋)	841	2		m	ɒ	3	mɑ33	mu33	(lə22)	(tʰa33)	mɒ44	mo33
只(鸟)	842	2		kʰj	ɛ	2	(mɑ33)	tɕɚ33	kʰɛ55	kʰɯ55	tɕʰæ33	(mo33)
根(草)	844	2		kʰj	ɛ	2	tɕi33(/bo33)	tɕɚ33	kʰɛ55	kʰɯ55	tɕʰæ33	(dʐʅ33)
把(扫帚)	846	2		ts	ɯ̱	8	tsi33	tsu̱2	tsə55	(pa21)	(mɒ33)	tsə̱33
棵(树)	848	2		dz	ɛ	2	(bo33)	dzẓ11	dzɛ55	dʐʅ55	tsẓ33	dʐʅ33
把(米)	853	2		t	ɯ̱	8	(kɯ21)	tɯ̱2	tɯ̱22	tɕɪ̱33	tʏ̩33	tɕɑ̱33
双（鞋）	865	1		dz	ue	6	dzi21	dzɤ11	dzə[55]	dʑy33	[ts]ɤ33	dʐʅ33
对（兔子）	866	2		dz	ue	1	dzi33	dzɤ11	dzə21	dʑy55	dzɤ33	(nɯ55)
天（一天路）	870	1	ʔ	n	i	6	ȵi21	ȵi11	ȵi21	ʔn̩33	n̩33	ȵi33

只(鞋)	871	2		pʰ	ɑ̱	8	pʰo55	pɑ̱2	pʰjɛ22	pʰɪ̱33	pʰe44	(bo21)
背（柴）	876	1		v	e	1	vi33	ve11	ve55	i55	vɪ33	vi55
滩（泥）	892	2		b	ɛ̱	8	(gɯ33)	(ɔ̱2)	bə22	by33[水滩]	bɤ44	bə33
升	897	2		sr	ue	3	ʂʅ33	ʂʅ33		(ɕy55)	ʂɤ44	ʂʅ33
架（牛）	904	2		ts	ue	2	tɕi33	tsɤ33		(dʑy33)	tsɤ33	tsə̱33
天	910	1	ʔ	n	i	6	n̥i21	n̥i11	n̥i21	ʔn̩33	n̩33	n̥i33
天	910	1	ʔ	n	i	6	n̥i21	n̥i11	n̥i21	ʔn̩33	n̩33	n̥i33
晚上	911	1		h	ɑ̱	7	ho55	hɑ[33]	xɛ21	hɪ̱21	he2 (tsʰɪ33)	xe55[留宿]
年	913	1		qʰ	o̱	7	kʰu55	ku̱2	kʰu̱22	kʰo̱21	qʰu2	kʰu̱55
岁	914	1		qʰ	o̱	7	kʰu55	kʰu̱33	kʰu̱22	kʰo̱21	qʰu2	kʰu̱55
步	916	2		b	ɯ	1	bi33	bi11	bə21	by55	pʐ̩33	(tɕʰi33)
我	928	1		ŋ	ɒ	1	ŋɑ33	ŋu11	ŋo21	ŋɑ55	ŋɒ33	ŋo33
你	931	1		n	ɯ	1	nɯ33	nɑ11	na21	n̩55	n̩33	n̥i33
别人	941	2		s	u	1	su55	su11	(kə55bə21)	sʅ55	sʐ̩33	su33
大	964	1		r	æ	4	ʑʅ33	ɣɔ33	ɣɛ22	(ɣɯ21/)ʑᴇ21	jæ11	ʑæ21
粗	966	2		r	æ	4	(fu33)	tɕʰɯ33	ɣɛ22	(tɑ33)	tɬʐ̩33/jæ11	ʑæ21
高	968	1	h	m	u	3	m̥u33	my̩11	mo55	ʔm̩55	m̩44	mu33
低（矮）	969	2	h	n	ɛ	3	(i34) m̥u33	(n̥ə11)	(di55)	ʔni55	næ44	(piɑ33)
长	972	1		sr	ɛ	3	ʂ[o]33	ʂə33	sɛ[55]	ʂʅ55	ɕæ44	ʂʅ33
短	973	2	ʔ	n	ue	5	(i34 ʂo33)	n̥ɤ33	(tsu̱55)	ʔny21	n̩55	n̥i55

远	974	2		v	e	4	(gɑ33 ʂo33)	vi33	vɤ22	(ʂʅ55)	(mɪ44) vẓ11	və21
近	975	1		n	æ	4	(gɑ34) n̥i33	nɔ33	nɛ̱22	nᴇ21	(mɪ44) næ[33]	nɑ21
厚	980	1		tʰ	u	1	tu33	tʰv̩[33]	tʰu21	tʰu55	tʰv̩33	tʰu33
薄	981	1		b	ɒ	4	(i34 tu33/i34) bo33	bu33	bo22	bɑ21	bɒ11	bo21
深	982	1	h	n	ɑ̱	7	(ɑ33 m̥u33/) n̥u55	nɑ̱55	n̥ɛ21	ʔnɪ21	ne55	ne̱55
满	984	2		br	ɛ	6	dʑi21	drɚ11	(mə21)	vi33	(lo11) dlæ33	bi33
瘪	986	2		dʑ	u	6	[tɕ]o21(/bi55 tɕo21)	dʑv̩11 (lv̩11)	dzu21	(ka33 ku̱33)	(pʰi̱33)	(pæ̱33)
多	987	2		mj	æ	5	(ɑ34) n̥i33	n̥u33	(pʰə22)	(dzʅ55) mᴇ21	mɒ55	mjo[21]
圆	990	2		v	o	6	(mɑ33 li34 pu33/)vo33 (lɯ33 tsʰʅ21)	vɚ11	(bɛ55lɛ22lɛ22)	(ɑ55 li55) vɑ33	(dɒ11 læ33)	vɑ33
扁	991	1		pr	ɑ̱	8	(bɑ34) tɕɔ33	trɑ̱2	tæ22(biɛ22 biɛ22)	pɑ33	tɬe44	pæ̱33(thæ̱33)
尖	992	1		tsʰr	ue	1	(mi21) tɕi33	tʂʰe11	tɕʰie55 (do22do 22)	tɕʰy55	(n̥55) tʂʰɤ33	tʰe̱33([锋利]/tse 33)
秃	993	2		dr	u	9	(ndzʅ55/o33 dzʅ33)	drɯ̱55(/ntʰi55)	(bɛ55 lu22lu22)	dʊ-21	dv̩11	du21
皱	995	w		tsr	o̱	7	tʂu55	(ʂv̩55)	tsu̱21	tʂo̱21		tʂu̱55
反	997	2		pʰ	o̱	8	[p]u̱33(/si34 tɕo21)	pʰu̱2	xo22 tɛ21 pʰjɛ22	pʰo33	(pɤ44)	?

横	1001	1		v	æ	1	dʑu55(tɕo33/lɑ21) vu55 (tɕo21)	vɔ55 (trɔ55)	vɛ22 (tɑ55)	vᴇ55 (ɕi55)	væ33 (tɬo55)	və33 (lə33 lə33)
直	1003	2		t	u	1	(dʐo21/tse33)	tɣ̩11(/drɣ̩11)	tu̱21	(tʂ^{h}u55)	tɣ̩33	(mɑ33)
弯	1004	2		ɢ	o̱	7	(lɑ21)gu55	(kɚ33)	(la55)ku21	vo̱21	(qæ44) qu2	gu̱21
黑	1005	1		n	ɑ̱	8	nɔ33	nɑ̱2	ȵɛ22	nɪ̱33	ne44	ne̱33
白	1006	1		p^{h}r	u	1	tɕ^{h}u33	t^{h}rɣ̩11	ɬu22	vɛ33	ɬẓ33	p^{h}ju33
黄	1008	1		sr	uæ	3	ʂʅ33	ʂɔ[11]	sɛ55	ʂɑ55	ʂẓ44	ʂə33
绿	1009	2	ʔ	n	ɯ	3	(ɑ55 ɬo21)	ȵɯ11	nɯ55 (pɛ22)	ʔn̩55 (tʂʅ33)	n̩44 (ʂu44)	ȵi33 (pɯ̱33)
灰（的）	1011	2		p^{h}	uæ	1	(ɑ34 so33)	p^{h}ɔ11	p^{h}ɛ21	p^{h}ᴇ55	p^{h}æ33	p^{h}ə33
亮	1012	2		b	ɒ	6	bo21(lo33/zi33)	bu̱2	(da22)	bɑ33	bɒ33	bɯ33 (lə33)
暗	1013	2		n	ɑ̱	8	nɔ33 (dzʅ55)	nɑ̱33 (dɯ33)	ȵɛ22	(ɣɯ55)	ne44 (bɤ11)	ne̱33 (mɑ21)
重	1014	1		l	i	4	l̩33	li33	li22	l̩21	lẓ11	li21
轻	1015	2		l	o	1	(ʑo34 so33)	lɒ11	lɑ21	lu55	lo33	lɑ33
早	1018	2	ʔ	n	ɑ̱	7	(zʅ33)	(ɕe33/)nɑ̱55	(fɛ21)	ʔnɪ̱21	ne2	ne̱21
尖；锋利	1020	1		t^{h}	o̱	8	t^{h}ɔ33	t^{h}ɑ̱2	t^{h}ie22	ʔnɑ55	t^{h}e44	t^{h}e̱33
钝	1021	2		d	u	4	(ɑ21 t^{h}ɔ33/vʅ33 li21)	d[ɣ]33	(ma21 t^{h}ie22)	(ly33/)du̱21	(n̩55) dɣ̩11 (/n̩55 lɤ11)	(me21) du21
清（的）	1022	1		gj	ɛ	1	dʑi34 (tʂʅ33 tʂʅ33)	dʑɚ11	dzɛ[55]	gɯ55	tɕæ33	dʑe33

胖	1024	2		tsʰ	u	2	(ɣo34 pu̱33)	tsʰɣ̩33 (/bə̱˞2)	tsʰu55	tsʰɿ55	tsʰẓ33	(pʰɑ̱33)
肥(猪)	1025	2		tsʰ	ju	2	tʰsu33	tsʰɣ̩33 (/ɳʈʰrɯ33)	tsʰu55	tsʰɿ55	tsʰẓ33	tsʰu33
瘦	1026	2		ɟ	u	2	gɯ34 (dʑi33)	(dʑɣ̩11)	kɛ55	ɟy55	gɣ̩33	gɯ33 (dɯ21)
瘦（地）	1027	2		ɟ	u	2	(ɑ34)ndɯ33/ndɯ33	(ȵtɕʰɔ33)	kɛ55	ɟy55	gɣ̩33	(tu33) ku33
干	1028	2		f	uæ	6	(ɑ33 vu33)	fɔ̱2	fɛ21	fᴇ33	fæ33	fə33
湿	1029	2		dz	e	4	(ɑ34) dzi33	dzɿ33	(næ22)	(ɣɯ55 tʂʰɑ21)	ẑ33 (ʂɤ11)	dze21
密（布）	1032	2	N	tsʰ	i	1	(ɑ33 sɿ33/ɑ33 tu33)	ntsʰi11	sji55	dzɿ55	(ne44) tsẓ33	(tʰu33)
硬	1034	2		q	ɑ̱	8	(ɑ34) kɔ33	(xɔ11)	kə22	xᴇ55	qe44 (qu44)	(kɯ̱33)
软	1035	1		n	u	5	(i34) nu33	nɣ̩33(mɣ̱2/ɳʈʰrə̱˞2)	nu22	nu21	no55	nu[21] (li55)
结实	1043	2		ʑ	e	1	(kʰo33)	(kʰɤ11) (tɯ33 tɯ11)	(kʰɯ21)	ʑi55 (sɑ55)	zɪ33	zi33
真	1047	2		dʐ	ɛ	1	(vu33) dʑi33/kɯ34 tʂɿ33	dʐə˞11	no55	(tsᴇ55)	tʂẓ33	(tʂɿ55) tʂɿ33
生（的）	1049	1		dz	ɛ	4	(ɑ34) dzi33	dzɿ33(su33)	dzɛ22	vu33 dzɿ21	e55 dzi[31]	(m̩21mi55/min21) dze21
新	1050	1		ʃ	ɯ̱	7	(ɑ33) ʂɿ55	ɕi̱55	ɕi21	xɯ̱21	ɕi2	ɕi55
旧	1051	1	h	l	ɯ	3	(ɑ34 bi33/ɑ34) li33	ɬɯ33	ɬu55	ʔḷ55[]	ɬẓ44 (qɑ2/mo11)	li33

贵（价）	1054	2		pʰ	u	4	pʰu33dʑo33/le34 kɔ33	pʰɣ̩33de̱55/pʰɣ̩33 kʰɑ̱2	pʰu22tɕʰɛ22	cʰa33	pʰɣ̩11 qʰe44	pʰɯ21(ȵɑ21/pʰæ21 tɕʰa)
便宜	1055	2		pʰ	ju	4	pʰu33 gɑ21 dʑʅ34/pʰu33 nu33	pʰɣ̩33 lɒ33	pʰu22lɑ21	fi21 dɑ55	pʰɣ̩11 lo33	pʰɯ21 lɑ33
嫩	1057	2		n	u	5	(i34) nu33	(ȵi33 mɣ̱2)	nu22	nu̱21	no55	(le̱55)
年老	1058	2		m	o	9	mo21 (su33/ɑ34 li33)	mɒ55	mɑ21	mu21 (ta21)	mo11	(tsʰɑ33) mɑ21
美	1060		N	tsʰr	ɒ	55	ndʐɑ55/ndzɯ33	ɳʈʂʰu55(/jɒ33)	(bi55)	(mᴇ21)	tsẓ55	dzə55
热	1062	2		tsʰ	ɒ	1	tsʰɑ33	tsʰu11	tsʰ[ʅ22]	tsʰɑ55	(mɤ55)	(xɯ̱33)
冷	1063	1	N	kʰr	ɑ̱	8	ŋgo33	ȵtɕʰɒ11/dʑɑ̱2 (ŋkʰɤ11)	dʑɛ22	dʑɪ33/gu55	dʑe44	dʑʅ33/tʂʅ55
酸	1072	1		tɕ	e	5	tɕi33	tʂe33	tɕi[55]	tɕi[55]	tɕe55	tɕe55
甜	1073	1		tɕʰ	i	1	tɕʰʅ33	tʂẓ11	tsʰʅ55	tʂʰʅ55	tʂʰẓ33	tʂʰʅ33
苦	1074	1		qʰ	uɒ	4	kʰɯ33	kʰɒ33	kʰɑ22	kʰɑ21	qʰɒ11	kʰɑ21
辣	1075	2		pʰ	ɛ	1	pʰʅ33	pʰɚ11	(za55)	pʰi55	pʰæ33	pʰe33
咸	1076	1		qʰ	uɒ	4	(tsʰɯ33) kʰɯ33	kʰɒ33/ŋkʰɔ33	kʰɑ22	kʰɑ21	qʰɒ11	kʰɑ21
涩	1078	1		tsʰ	ɯ̱	7	tsʰʅ55	tsʰɯ̱55	tsʅ21	tsʰʅ21	(fɣ̩55)	tsʰi̱55
腥	1079	2		dz	i	4	dzi33(ni33)	dzẓ33 (be55 ne33)	(tsʰɑ22)	dzʅ21 (ny55)	(tsʰẓ11 bɤ11 nɤ33)	(se̱55 be21 nɯ33)
闲	1081	2		ʃ	ɑ	2	(li55)	ɕɒ33		(ʂɑ55)	ɕɪ33	(ɣo33) ɕɑ33
忙	1082	2		k	o̱	8	kɔ33 (tsʰɑ33/fu21)	kɤ̱55	?	(mɑ̃21)	ko44	tɕo21

富	1083	2		b	o	6	(su̱33 gɑ55)	bɒ11(/dʑu55)	bɑ21	bu33	bo33	(so33)
穷	1084	2		sr	ɒ	5	(su34) ʂɑ33	(ȵtɕʰɔ11)	so22	ʂɑ21	ʂɒ55	ʂo55
新鲜	1088	1		ʃ	ɯ̱	7	(ɑ33) ʂʅ55 ʂʅ21	ɕi55 ne33	ɕi21	(xɑ33) xɯ̱21 xɯ̱21	ɕi2 (mɒ33)	(ʑɑ21) ɕi55
死	1089	1		ʃ	i	1	sʅ33	ɕi[33] (su33)	(gɯ22/)sʅ21	xɯ55 (ɣɑ21 mɑ55)	sẓ̊3 (mɒ33)	ɕi33 (tʰi33)
好听	1092	2		s	ɒ	1	(n̥ɑ33) sɑ33	(nu33) su11	(no55gu21)sʮ21	(ʔnɑ55 di21)	(nɒ44) sɒ33	(no55 ȵi55ɕi̱21)
可怜	1116	2		sr	ɒ	5	ʂɑ33 (mu33 hi33)	(ȵi̱2 tɕʰi33 ntɕʰɒ33)	so22 (ȵi21)	ʂa[33] (ʑi55)	ʂɒ55 (mæ44)	(ȵi55 dʑɑ55 pʰiɑ21)
拔（草）	1131	1		tsr	i̱	8	tʂʅ33	tʂʅ2	tsji̱22	tʂʅ33	tɕi44	tʂʅ33
耙（田）	1132	2		tɕ	ɑ̱	8	(gɔ33)	tɕɑ̱2	tɕɛ22	(di33) tɕi̱33	tɕe44	(tə33 mi33) tɕe̱33
帮助	1140	2		gr	ɒ	6	(lo55 pɔ21)	(pɒ33)	(ŋɛ21 pa22)	gɑ33	(m̩33)[k]ɒ33(/p ɒ44 gɒ33)	dʑo33
包（药）	1142	w		tʰ	ɛ	8	tʰe33	(pɯ̱2)	(pɛ55 kʰɛ21)	tʰɣ̱33	(læ44)	tʰə̱33
剥	1143	2		pʰ	æ̱	8	(tɕʰʅ55)	pʰə̱2	pʰie55	(ɪ̱21)	pʰɑ44	pʰæ̱33
剥落	1145	2		b	æ̱	8	(ɬʅ21)	bə̱2	(tɕʰɛ21tɕɛ21ljɛ2 2)	bᴇ55	dlẓ̩2	bæ̱33 (tɕi̱33 le33)
饱	1148	1	N	pʰ	u̱	8	mbu̱33	mpʰu̱2	bu̱22	bu̱33	bɤ44	bo33
抱	1149	1		t	ɑ̱	8	tɔ33	tɑ̱2	tiɛ22	tɪ̱33	te44	te̱33
编（辫）	1156	2		pʰr	æ̱	7	[tɕ]ʅ55	tʂʰə̱55	tʰi21	pʰi21	ɬɤ11	(dzæ̱21)
病	1160	1		n	ɒ	1	nɑ33	nu11	no21	nɑ55	nɒ33	no33

补（衣）	1161	2		p	ue	1	(du55)	pɤ11	(næ21)	(ʔna21)	pɤ33	pɯ33
补（锅）	1162	2	ʔ	n	æ	7	(du55)	nə55(/ntʰu2)	næ21	ʔna21	(pɤ33)	(pɯ33)
裁	1167	2		n	ɛ	8	(ʑe33/tʂɯ33/) nje33	(də2)	nə22	(da33)	ȵɤ44	(dʑe33)
	1168	2		dr	ɛ	8	(tu55)	(ȵa2)	də22	(kʰɯ33)	dlɤ44	dʑo33
插（牌）	1171	2		tsʰr	ɛ	8	(tʂʰa33)	tʂʰɣ2	tsʰə22	(tɕy33)	tʂʰɤ44	(tʂʰa21)
插（秧）	1172	2		t	uæ	1	(tsɿ33)	tɔ33	tɛ55	tᴇ55	tæ44	tə33
查（帐）	1173	2	N	tsʰr	a	9	tʂʰa21(/tʂʰɯ21 ɬi55)	ɳtʂʰa2	?	tʂʰa21	tʂʰa2	tʂʰa21
拆（衣）	1174	2		pʰr	a	8	tɕʰɔ33	(tɕʰi11/) tʰra2	ɬjɛ22	?	ɬe44	(tʂɿ55)
拆（房）	1175	2		pʰr	a	8	tɕʰɔ33(/tɕʰɔ34 pi33)	(tɕʰi11/) tʰra2	ɬjɛ22	pʰɪ33	ɬe44	(tsʰɯ33)
掺（水）	1178	2		k	ɯ	6	kɯ21(/hɔ33)	(tɕɯ55)	kɛ22	(ho33)	kɒ33	(ɕyo33)
缠（线）	1179	2		l	i	8	(ȵi55/ʑu33)	li2	li22	l̩33	lzʔ44	li33
唱	1184			tsʰr	a	55	tʂʰa55	ɳtʂʰɒ11/tsɒ55		(cʰy55)	tso55	tʂʰa55
炒	1186	1	h	l	u	3	ɬu33	ɬv̩33	ɬu55	ʔlu55	ɬʐ̩44 (qa2/mo 11)	lu33 (mə21)
撑住	1190	2		t	o	8	tu33	tu2 (ti11)	tu22 to21	to33	(tsʰɤ33/)tu44 (dzʐ̩11)	tu21
完成	1193	2		g	u	1	(mɯ33 sa55)	gv̩11	gu21(no55ua22)	(pʰa21/ɣa55)	(dlɒ33)	(pe33 tɕa33a33)
盛（饭）	1194	2		qʰ	ɯ	7	kʰi55	(tsɤ55/)kʰɤ55 (tsɤ55)	kʰə21	kʰo21	qʰɯ2	(gɯ21)

							dzu33	dzu33 (ŋɐ3)	dzo22	dzɑ21	dzɔ11	dzo21
吃	1198	1		dz	ɯɑ	4						
抽(出)	1202	2	N	kʰ	o	1	ŋgo33	ŋkʰo11	ga21	(ɕi33)	qo33	(te33)
抽(烟)	1203	w	N	tʰ	o	1	ndo33	(tsʅ55/tɕʰɣ33)	da21	du55	(tsʐ55)	dɑ33
出产	1205	2		d	o̱	8	du33 (lu33)	du2	tu21 to21	do33	du44	du33
出(太阳)	1207	1		d	o̱	8	du33	du2	du22	do33	du44	du33
出来	1208	1		d	o̱	8	(bi55/du33lɑ33)	du2 (le33)	du22(lɑ22)	do33 (lɑ55)	du44 (lʅ33)	du33
穿(衣)	1211	2	··	v	e̱	7	(gɑ55)	(gu55/ku55)	vi21	ʔi21	vi2	ve21
穿(鞋)	1212	1	N	tʰ	ɛ	7	ndi55	de55/(tɕ55)	da21	dy21	dy2	dɑ21
穿(针)	1213	1		s	uæ	1	sʅ33	so11	sɛ21	sE55	sʐ33	se33
穿孔	1215	2		tʰ	u̱	1	(dzu̱33) tʰu̱33	tʰɣ11	(lu55 tə21)	(sE55)/tʰu̱55	(dæ11) ɬɣ33	tʰɣ33
传染	1217	1		kr	uæ	9	ku21	tɕo55	tse21	cE21	(tsʰo33) tɕæ55	ki55
吹(喇叭)	1218	1	h	m	ɯ	8	mo21	(ŋəʴ11)/mɯ2	mu22	ʔm33	m44	mɯ33
吹(灰)	1219	1	h	m	ɯ	8	mo o33	mɯ2	mu22	ʔm33	m44	mɯ33
捶打	1220	1	N	tʰ	æ	4	ndu21	ntʰɣ[11]	de22	ti21	dæ11	dæ21
戳	1221	2	N	kʰr	u	7	ngu55/(ndzɻ33 si55)	(si55)/ŋkʰɯ55	(tsʰə22)	dzʅ21	(tʰɣ33)	(to21)
	1223	2.	N	kʰr	u̱	7	ngu55	ŋkʰɯ55 (nu11)	(tsʰə22) (no21)	(ʔɣ33 nɑ33)	(ɬe55 nɒ33)	(tɕi55 nɔ33)
打(人)	1225	1		v	æ̱	7	vi55	vəʴ55	væ21	va21	va2	væ21
打	1228	1	N	tʰ	æ	4	ndu21	ntʰɣ[11]	de22	dE21	dæ11	dæ21
打架	1234	2	N	tʰ	æ	4	(dzɻ34 kɑ33)	ntʰɣ[11]	de22(/dje21 ɕɛ21)	dE21 (di21hi33)	dæ11 (kɒ33)	(tɕʰi33)dzæ21) dæ21

失散	1236	2		b	e	4	bi34 (zɯ33/ɬi34 ndo33)	be33 (ŋɔ55)	(nɛ21 ua22)	(sɑ55 ɑ55 tɕi55)	bɪ11	pɛ21 (pʰi55[走失])
打倒	1237	2		b	ue	5	(ndu21 dʑi33)	(ntʰɣ̩11 tʰɚ33)	bɯ22[倒]	(dᴇ21) by21	(dæ11) pɤ55	(dæ21) pə55
打（柴）踩	1239	1		s	i̱	8	sɿ33 (zɯ21)	si̱2 (kɔ33)	so55	sɿ33 (xɑ55)	szʔ44 (ku55 ʂɒ33)	ɕi̱33 (xo33)
打场	1241	2		d	æ	4	(dzɑ34 dzɿ33)	dɔ33 (dʑɔ33)	dɛ22	(kɑ55 dᴇ21 gɑ55 tu55)	dæ11 (tɕæ33)	(ʂo33) tæ̱21
打哈欠	1243	2		h	ɑ	1	(ɑ34 ʂɯ33 mu33)	(ʂe55)	(a55) xa21 (mu21)	xɑ55 (ɣu21 ʂɑ33)	hɒ55 (tʂʰɒ11)	(i̱21 mi33) xɑ55
打开	1246	2		pʰ	u	6	pʰo21	pʰɣ̩11	(dɛ22 kʰa21)	(dᴇ21 kʰᴇ21)	pʰɣ̩33 (kʰæ33)	pʰu33 (pʰe55)
打雷	1248	2		k	u	1	ku33	(mɣ̩33) kɯ11	(mu21dɛ22)	(ɑ55 m̩21 ɣu21)	(m̩11 dɣ̩11)	(mə21) kɯ[21] (dæ21)
带（孩子）	1250	1		x	æ	9	(po21 ʂɯ21/)ʂɿ 21(/ʑu33/dzi33)	xɔ55	xɛ21	ɕi21	ɕæ11	xɑ21
带（路）	1251	1		x	æ	9	(gɑ33) ʂɿ[34]	xɔ55	xɛ21	ɕi21	ɕæ11	xæ21
戴（帽子）	1252	2		qʰ	o̱	8	(ndi55)	(de̱55)	(də21)	kʰo33	(dɤ2/)qʰu44	kʰu̱33
戴（手镯）	1254	1		d	ɛ̱	7	ndi55	de̱55	də21	dy21	dɤ2	də̱ [33]
倒（墙）	1257	w		b	ue	4	(dʑi33/dzɔ33)	(dɚ33)	bə22	by21 (ɑ55tɕi55)	(lɑ2)	bə21
倒掉（水）	1261	2		x	uɒ	1	fu̱33 (kɔ34ʂɑ33)	(ȵe55) xu11	(ŋo55)	(ʔn̩21) xɑ55 (tɕi55)	(xɤ44) xɒ33	(to55 tʰi55)
到达	1262	2		tsʰ	i	1	(ɕi33)	tɕʰi11	tsʰɛ21	tɕʰi55	tsʰẓ33	(di33)
得到	1263	2		ɣ	uɒ	6	ɣɯ21	ɣu̱2	(ŋo21)(ŋa22)	ɣɑ[21]	ɣɒ33	ɣo33
等待	1264	1	h	l	o	6	lɑ[33] (hɯ34)	ŋɒ11	xɑ21 (tsɥ22)	lʊ33	ɬo33	ɕɑ33 (tɑ55)

地震	1265	w	ʔ	l	ɯ̱	8	(mu34) l̥33	(mi33 tʂʰe33)	(mi55) lɯ̱22	(mi55) ʔl̥33	(mɪ44 tɕʰɪ11)	(mi33) li33
点（头）	1267	2		ŋ	ue	1	(ɔ33) ŋe33	ŋɤ11	(ɬu22)	ʔy21	ŋɤ33	(u55 tʰə55)
点（火）	1268	1		t	o̱	7	ti55	(tsʰɯ55/)tɑ̱55	tu̱21	to̱21	tɤ55	(ɑ55) tu̱55 (piɔ55)
点（灯）	1270	1		t	o̱	7	tu55	tu̱55	(tɯ22pjɛ55) tu21	to̱21	tɤ55	tu̱55
垫	1271	2		kʰ	o	4	kʰo33	kʰɒ33		kʰu21	(no55)	kʰɑ21
掉（下）	1274	1		tsʰ	e	1	tsʰi33	tsʰe11	tɕʰie21	tɕʰi55 (cᴇ33 tɕi55)	(tʰæ33) tsʰɪ33	tə33[人/动物掉]/kuɑ33
冻	1285	2		l	ɯ̱	8	l̥33(/l̥ʅ34 n̠e33)	lɯ̱2	lɯ̱22	lu̱33	(gɒ33)	(xɑ33)
动	1286	2		l	ɯ̱	8	l̥33	ɬɯ̱2/lɑ̱2 tɕe̱2	lɯ̱22	lu̱33	(u44 le44)	(xɑ33)
堵塞	1288	2		tsʰ	ɯ	9	tsʰʅ21	tsʰɯ55	(tɛ21) tsʰʅ21	(dᴇ21) tsʰʅ21	tsʰẓ11	(tu21)
断（线）	1290	2		tsʰ	ɯ̱	8	(le34 ge33)	tsʰi̱2	tsʰji22ua22	tɕʰɪ̱33	tsʰi̱2	(tʰɯ33)
断（棍子）	1292	e		dr	ɯ	4	(li34 tɕʰʅ33)	drɯ33	(tsʰji22 ua22)	(tɕʰɪ̱33)	dlẓ11	(tʰɯ33)
剁肉	1296	w		tʰ	u̱	8	(dze33/)tʰu̱33	(tɕi̱2)	(to55)	tʰo33	(dẓ44)	tʰu̱33
饿	1298	1		m	ɯ̱	7	mi55	n̠i55	n̠ɛ21	mɯ̱21	n̩2	me̱21
发生	1299	1		d	u̱	8	du̱33	du̱2 (le33)	(nɛ21)du̱22	(hi55)	du[33](/tɒ33)	du̱33
发抖	1303	2		tsʰr	e	4	(n̠e21 vu̱33)	tʂʰe33	(ko55)	tɕʰi21	(ɬæ33)	tɕʰe21
翻过来	1309	2		pʰ	o̱	8	(pu̱33/)pʰu̱33	pʰu̱2	(pu22)	pʰo33	(pɤ44)	pʰu̱33
反刍	1312	2	N	kʰ	ɒ̱	7	ŋgu55 (pu̱33)	(n̠tɕʰɯ̱55 pʰu̱2)		(ɣɑ21 bɯ33)	gɒ11 (pɤ33)	(di21) go21
放（置）	1314	1		t	ɒ	5	(tɕʰʅ21) tɑ33	tu33	(kɛ22)to22	tɑ21	tɒ55	to55 (tʰi55)

放（盐）	1315	2		c	uɒ	6	kɯ21	(tɕe̱2/tʰru̱2)	kɛ22(tjɛ22)	cᴇ33 (di55)	kɒ33	(dʑi̱33)
放牧	1316	1	h	l	o̱	7	(dʐɯ33) ɬu55	ɬu̱55	ɬə21	(ɑ55 tʂʰʅ21) lo̱33	lu55	(n̥i21) lu̱55
放火	1317	2		t	ɛ̱	7	(mu34 tɕʰʅ33) ti55	(mu33 tu̱55) te̱55	(mɛ22 tu̱21 tsʰɥ55)	(ɑ55 to21) ty21	(m̩11 tv̩55 ɬɤ11)	(ɑ55 tu̱55) tə̱21
飞	1318	1		br	e	1	dʑi33	dre11	dje21	by55	tɬ33	byo33
疯	1323	2		v	u	4	vu33	ɣɣ33	v22	(tʰᴇ33 ta21)	v̩11	(tʰə33)
缝	1324	2		n	æ̱	7	(gu55)	nɚ55	(dzʅ21)	(gu̱21)	nɑ2	næ̱21
孵	1326	2	ʔ	m	u	5	(vu̱33)	mv̩[55]	mv22	ʔmu21	mɤ55	mə̱55
扶	1327	2		dʐ	ɑ	9	(to33/hi33)	tʂɒ11	(gɯ22) dzɛ21	(vu55) dʐɑ21	(tʂʰo11) dʐʐ11	tʂɑ21
符合	1328	2		x	u̱	7	(tɑ33 to21/ɕi33)	xu̱55	xo21	(du33)		xo21
腐烂	1330	2		tsʰr	i	9	tʂʰʅ21 (dʑi21)	tʂʰʅ55	tsʰʅ21 (ua22)	(pʰɯ21)	tʂʰʐ̃11	tʂʰʅ21
干（了）	1333	2		f	uæ	6	(ɑ33) (vu33)	fɔ̱2	fɛ21	fᴇ33	fæ33	fə33
敢	1335	2		p	ɯ̱	7	pu55	pu̱55	(tsji22)	pɯ21	(tsẑ44)	pɯ55
割（肉）	1339	2		d	æ̱	8	(tʂɯ33)	dɚ2	dæ22	(ɣɯ̱21/)da33	(kɤ33)	dæ̱33
割（绳）	1340	2		d	æ̱	8	(tɕe21 kʰe33)	dɚ2(/tɕʰɚ55)	dæ22	(ɣɯ̱21)	(kɤ33)	dæ33
割（草）	1342	2		tsʰ	æ	9	(ʑʅ55)	tsʰɔ55	tsʰɛ21	(ɣɯ̱21)	(kɤ33)	tsʰæ21
给	1345	2		b	e	9	bʅ21	(dʑe55/)bi55	bi21	(gu21)	bẑ11	(gə21)
耕	1347	2		m/ŋ	ɒ	4	mo33	ŋu33	ŋo22	mɑ21(/ʔm̩55)	ŋɒ55	mo21
钩	1348	2		ŋ	o̱	7	ŋo55	ŋu̱55	gɑ21 ko21 lɛ22	(kou33)	ŋo2	(kʰə33)
够	1349	1	ʔ	l	o̱	7	lu55	lu̱55	lu̱21	ʔlo̱21	lu2	lo̱21

关（门）	1356	2		p	i	9	(go55)	pi55	pi21 (tsɛ55)	(tsʰʅ21)	pz̩55	pi55
关（羊）	1357	2		c	ɯ̠	8	(go55)	kv[33]	(dɛ22) kɯ̠22	cy33(tɕy33)	(lzʔ44)	kɯ33
跪	1360	2		g	ɯ	5	(bɑ21 tsʅ33 mu34) ku33 (ti33)	kɯ33	kɯ22	gɯ21 (tɛ55)	kɯ55	(dzi21)
过年	1362	1		qʰ	o̠	7	kʰu55 (ʂʅ33)	kʰu̠55 ɕi̠33	kʰo21ɕi22mu211 ɛ21	kʰo̠21 xɯ̠21 tɕʰi55	qʰu2 (tsʰz̥33)	kʰu55 (ɕi55 mo55)
害羞	1365	2		t	o	2	(n̠i55 tɕe33)	(ʂɑ̠55) tɒ33	(ɕe21) tɑ55	(ɕi21) tu55	to33 (ɕe55)	(ɕe55) tɑ33
怕	1366	2		gj	o̠	8	dʑu̠33(ɬɑ33/tɕʅ33 tɕe33)	dʑu̠2 (tɕi̠2)	dzu22	go33	gu44	(tɕi55 tu̠55)
喝	1370	2	N	tʰ	o	1	ndo33	ntʰɒ11	dɑ21	du55	(tʂz̩55)	dɑ33(/tɑ33)
合（书）	1374	2		q	o	3	ko33(/vɑ55)	(ɤ55)	kɑ55	ku55	qo44(/gɤ2)	kɑ33
还（笔）	1382	2		qʰ	u̠	7	(pu̠33)	kʰu̠55	(bi21) kʰu21	(ty21 u21)	qʰu2	kʰu55 (gɯ21)
回	1385	2		ɢ	u̠	7	(pu̠33)	(pu̠2) gu̠55	go21	(ty55)	qu2	go̠21
回头	1387				o	2	tɕo33 hi33 hɯ21	(ʔɣ̩33 gu̠55)		ʔu̠21 pʰo33	tʂo44 qu2	tʂɑ55 (le33)
（使）混合	1394	2		h	o̠	8	(dʑʅ34 ndze33)	hu̠2	ɣɛ22 fv22	ho33	(vɪ44) hu44	(tʂhɑ55)
获得	1398	1		ɣ	uɒ	6	ɣɯ21 (ndo34)	ɣu̠2	uo21	ɣɑ33	ɣɒ33	ɣo33
挤（膏）	1404	2		ȵ	e̠	8	(tsʰi33/tʂɯ55)	ȵɤ̠2	ȵi22	(ʔᴇ21)	ȵe44	(tɕi21)
挤（奶）	1405			tsʰ	ue	0	tsʰi33	(xɤ̠2/)tsʰɯ̠2	ȵi22	tɕʰy55	tsʰɤ33	ȵi̠55
挤（脚）	1406	2		ts	i	4	tsʰʅ33	(ȵɤ̠2)	tsji21	(kʰɯ̠33)	tsz̩11	tɕi21
寄存	1408	2		t	ɒ	5	(tsi21) tɑ33	(pu̠2)	(kɛ22) to22	(pɑ33)	tɒ55	to55 (tɑ33)

嫉妒	1410	2	ʔ	n	i̱	8	(he33 ŋgu̱33 vu55 nɑ33)	ṉi̱2 (nu33)	ni22 (xo21)	ʔn̩55 (pʰi55)	n̩44 (mɒ11 ʂʐ̩33/n̩44 ɬɤ55)	ṉi̱33 (no33)
夹（菜）	1413	2		n	ɛ̱	8	ṉe33	(dɯ55)	nə22	(tsʰᴇ55)	ṉɤ44	(ŋo̱33)
剪	1416	2		d	æ̱	8	(ṉe 33)	dɚ̱2	(nə22)	da33	(ṉɤ44)	dæ̱33(/tsʰæ21)
交换	1419	2		p	ɒ	3	(dʑʅ34) pɑ33	(dʐ̩e33 ɬɔ55)	po55	pɑ55	pɒ44 (ɬæ55)	po33
交付	1420	2		b	e	9	bʅ21	(dʑe55)	bi21	(ty21)	(vi33) bʐ̩11	(gɯ21)
嚼	1424	1	N	kʰ	uɒ	4	ŋgɯ33	ŋkʰu33	go22	ɣɑ21	gɒ11 (pɤ33)	(dze̱21/)go21
教	1425	2	h	m	ɒ	7	m̥ɑ55	mu55	(tʰjɛ21)	ʔmɑ21	mo55	mo55
叫（公鸡）	1426	1	N	pʰ	u	1	(ku33/) mbu33	mpʰv̩11	pu[55]	vi55	pv̩33	bu33
叫（马）	1430	w			ɛ	1	e33	(ŋɚ11)	ɛ55	(mɯ55)	(ŋæ33)	ə 33
叫（牛）	1431	2	N	pʰ	u	1	mbu33	mpʰv̩11	(ɛ55)	(vi33)	pv̩33	(ə 33)
揭（盖）	1438	2		pʰ	ju	6	pʰo21	pʰv̩11	(dɛ22kʰɑ21)	fu̱33	pʰv̩33	pʰu33(pʰe55)
结（果）	1439	2	N	tʰ	ɛ̱	7	ndi55	de̱55	də21	(dʐ̩ɑ21)	dɤ2	(ṉɑ21)
借（钱）	1442	2		tsʰr	i	4	(hɯ33)	tʂ̩ʰʅ33	(tsʰʮ22)	(pɑ55)	tsʰẓ11	tʂ̩ʰʅ21
借	1443	2	h	ŋ	uɒ	5	hɯ33	ŋu33	(tsʰʮ22)	ʔɑ21	ŋɒ55	ŋo55
浸泡	1444	2		t	i̱	8	(ʑʅ34 tsʅ33tɑ33)	ti̱2	ti22	tɪ̱33	ti44	ti̱33
浸泡	1444	2		t	i̱	8	(ʑʅ34 tsʅ33tɑ33)	ti̱2	ti22	tɪ̱33	ti44	ti̱33
惊动	1449	2		kj	o̱	8	ku̱33	tɕu̱2	ku22 (dzʮ22)	ko33 (tʰɪ̱21)	t(ɕʰi44 tɕʰi44 m̩33)	(xə̱33 tɯ̱33)
受惊	1450	2		gr	o̱	8	gu̱33	dʑu̱2	dzu22 (tsua22)	go33	[tɕ]ɪ44 (tæ33)	(tɕə̱33 tɯ̱33)
卷（布）	1456	1	ʔ	l	i̱	8	l̩33	li̱2(/ntʰɯ̱2)	li22	ʔly33	læ44	li̱33

蜷缩	1457	w		kʰ	u̲	7	kʰu̲55	(tʂu̲55/kṿ11)	?	kʰu̲33	(fṿ55 dzʐ̩11)	kʰu33 (lu33 lu33)
掘；挖	1458	2	N	tʰ	u	4	ndu33	ntʰṿ[11]	du̲22	(ku̲21)	dṿ11	(tɕæ̲33)
开（门）	1461	2		pʰ	ju	6	pʰo21	pʰṿ11	(tɛ22kʰa21)	fu̲33	pʰṿ33	pʰu33
开（花）	1463	1		v	e̲	8	ve33	vi̲2	vi22	vɪ̲33	vɪ44	ve̲33 (pʰe55)
开（车）	1464	2		kʰ	ɛ	33	kʰe33		-	kʰᴇ33	kʰæ33	kʰæ33
开始	1465	2		t	ɒ	6	(ko33/ho33 mo21)	tu̲2	(ŋæ21) to21	(ʔvu21 m̩55)	tɒ33 (tɕe44)	tu33
开荒	1466	2		m	i	1	mu33 (ʂʅ55 pi55)	(tʰṿ11)	mi55 (ɕi21du̲22)	mi55 (cʰᴇ33 kʰɯ21)	mɪ44 (ɬe44)	mi33 (ɕʅ33 tɕæ̲33)
看	1469	2		n	ɑ̲	8	(hɯ21)	nɑ̲2	ȵi55	(ʔi55)	ne44	ȵi33/tʂʰə33 lə33
看见	1471	w		m	o	1	(ɣɯ21) mo33	(tʰrɒ55)	(ɣẽ22 tʰɑ21)	mu55	(ne44 ŋo33)	miɑ33 (tə33)
烤（火）	1474	2		q	o	3	ko33	(ɬɤ33)	kɑ55	ku55	qo44	kɑ33
靠	1475	2	N	kʰr	e	4	(hi33)	ŋkʰɤ33		(ʔᴇ33) dʐɑ21	kʰɒ55 dʐ̩11	kʰo[55]
磕头	1476	1		tʰ	ɛ̲	7	(ɔ33 mu̲33) tʰi55	tʰɤ̲55	(ŋu22 kə55) tʰə21	(ʔy21 dy55) tʰy21	tʰɤ2	(u55 də33) tʰə55
咳嗽	1477	1		ts	ɯ	9	tsʅ21	tsɯ55	tsʅ21	tsʅ21	tsẓ55	tsi55
渴	1478	1		ʃ	i̲	7	(ʑʅ33) sʅ55	si̲55	ɕi21	sʅ21	szʔ2	ɕi̲55
刻	1479			kʰ	ɯ	0	kʰi21	tɕʰɚ̲2		kʰɯ21	qɑ55	kʰɯ̲33
肯	1480	2		x	ɯ	2	(n̥ɑ33)	xɯ33	(di33)	(ʂu55)	xɯ33	xɯ33(/pɛ33)
抠	1482	2		c	æ̲	5	(pi55)	kɚ[55]	(pu55)	ca21	qɑ55	kæ̲55

附录 4　原始彝语重构 • 229 •

困（倦）	1486	2		ʔ	i̱	7	i55 (n̥i33 ku33 tɕʰi33)	ji̱55 (ŋɯ33 kɯ33)		ʔɪ̱21 (mi55 gu̱21)	(ŋo55 kɣ̩33) ji2	(dʑi̱33)
拉	1487	2	N	kʰ	o	1	ŋgo33	ŋkʰɒ11	gɑ21	ɣu55	(sẓ33/)qo33	(ti33/)gɑ33 (/si33)
拉屎	1488	2		h	ɒ	1	(tɕʰɿ33)	(ɬi3) xu[33]	(tʰi55) xo21	(cʰi21) hɑ55	(ɬẓ11) xɒ33	(ɕi21 ə55)
辣	1489	1		pʰ	ɛ	1	ndzɿ33	pʰɚ11	za55	pʰi55	pʰæ33	pʰe33
来	1491	1		l	e	1	lɑ33	le11	ljɛ21	li55(/la55/lᴇ55)	lɪ33	le33
老的	1493	1		m	o	9	(ɑ55)mo21(/mo 21 su33)	mɒ55	mo21	mu21	mo11	mɑ21
连接	1496	2		ts	a̱	7	(dʑɿ33) tso55	tsɑ̱55	tæ̱21 (kɛ22)	tɕɪ̱21	(tɕæ33 mæ33 tɕæ33 mæ33) tse55	(ŋɑ55) (te55)
裂开	1500	2		b	e̱	7	bi55 (kʰɯ33/ tsɿ34 kʰɯ33)	bi̱55	(dʑi55 kʰo21)	bɪ̱21(/gɯ55)	(tʂʰɒ33)	bæ21
淋	1501	2		t	i̱	8	(ʑɿ34 tsɿ33/ dze33)	ti̱2	ti̱22	ti21	tɪ44	(tʰæ̱33)
留（种）	1503	2		t	uɒ	5	(tsi33)	(tse33)	(kɛ22) to22	tɑ21	tɒ55	to55
聋	1504	1		b	o	4	(lo33) bo33	bɒ33	bɑ22	(ʔnɑ21) bu21	(nɒ55) bo11	bɑ21
搂	1505	2		v	æ̱	8	(le34) vɑ33(/dɔ33)	(tɑ̱2/tsʰɯ̱2)	tjɛ21 tsʰv22	(ʔy̱21 dzɑ21)	(te44/)vɑ44	væ̱33
落（太阳）	1512	2		dr	ue	1	(vu̱33)	drɤ11	dɯ̱21	(ʑᴇ55)	tɬɤ33	dʑo33
麻木	1513	2		f	i̱	7	vɿ55	fi̱55	vi21	(sɿ̱21)	fẓ55	fi̱55
买	1516	1		v	uæ	1	vɿ33	vɔ11	vɛ21	vᴇ55	væ33	vɛ33

卖	1517	1	ʔ	v	u	9	vu21	vv̩55	uo21	ʔvu̲21	v̩11	vu21
满（了）	1518	2		br	ɛ	6	dʑi21	drɚ11	(mə21)	vi33	dlæ33	bi33
没有	1519	2		m	ɑ	21	ɑ21 (dʑo33)	mɑ11 (dʐɒ11)	ma21 (dza21)	mɑ21 dʐu̲55	mɒ11 (tʂo44)	ŋ̩̱21 (dʐɑ̱33)
鸣（鸟）	1521	e		ŋ	uæ	1	(mo33/ʂʅ33)	ŋɚ11	(ɛ55)	(vi55)	ŋæ33	(ə33)
磨（刀）	1526	2		s	uæ	5	(tɕi55)	sɔ33	sɛ22	sᴇ21	sz̩55	sə55
拿	1528	2		zr	u	1	ʑu33	jv̩11	(xɯ21)	vu̲55	vɪ33	ʐu̲33
挠（痒）	1530	2		k^{h}r	u̲	8	fu̲33	tɕ^{h}u̲2	(tɕɛ22)	(tɕɪ̱33)	tɕ^{h}i44	(ʑo21 tsu̲33)
能够	1531	2		d	ɒ	1	(to21 to34)	du11 (dɒ33)	(gu21kɯ21)	dɑ55	du33 (ts^{h}z̩11)	(pe33 ti33) do33
拧	1533	1		sr	i̲	7	(le33) ʂʅ55	ʂʅ55	sʅ21	ʂʅ21	ʂʐ̩55	ʂʅ55
呕吐	1535	2		p^{h}	e̲	7	(ndʑe33)	p^{h}i̲55	p^{h}i21	p^{h}ɪ̱21	(e11 t^{h}u2)	p^{h}e55
爬（人）	1536	2		d	ɑ̱	8	(ndʑu33)	dɑ̱2	(vɛ22)	dy21	de44	(ʑe21)
爬（树）	1538	2		d	ɑ̱	8	dɔ33	dɑ̱2	djɛ22	(pᴇ33)	de44	(mæ̱33)
盘旋	1543	2		v	ɑ	3	(ʔo33/tɕɔ33)	vɒ33	vɛ55 lɛ21	vɑ33(/tsu55)	vɑ44	(tʂɑ55)
泡（茶）	1545	2		t	i̲	8	(hɔ33/)(tsʅ33)	ti̲2	ti22	(la21 p^{h}ɪ̱21) tɪ̱33	tɪ44	ti̲33
佩带	1548	2	N	t^{h}	ɛ̱	7	ndi55	de̲55	də21	(kɑ33)	dɤ2	tə̱55
披（衣）	1551	2		ɢ	ɒ	9	gɑ[55]	gu55	go21	ɣɑ21	qɒ11	(p^{h}ə21)
劈（柴）	1552	2		c^{h}	æ	4	(ndze33)	(xɚ33)	k^{h}ɛ22	c^{h}ᴇ21	tɕ^{h}æ11	k^{h}æ21(/p^{h}æ̱33)
漂浮	1553	2		b	u	1	bu33 (ndʑɔ33/ t^{h}o55 bu33)	bv̩11	?	(ʔmɑ55)	pv33	bu33ʔpio33
泼（水）	1554			p^{h}	e	0	ʑʅ34 ʂɑ33	p^{h}e33	p^{h}je21	pi21 ɕy21	p^{h}ɪ2	p^{h}iɑ55p^{h}i55

破（篾）	1555	2		k^h	æ	4	(nji55)	k^{h}ɔ33	k^{h}ɛ22	(ha33)	tɕ^{h}æ11	tɕ^{h}iɑ21
铺	1562	1		q^h	u	4	k^{h}o33	(t^{h}ru2/)k^{h}ɒ33	k^{h}ɑ22	k^{h}u21	q^{h}o11	k^{h}ɑ21
骑	1566	1		dz	æ	4	dzɿ33	dzɔ33	dzɛ22	dzᴇ21	d[e44] (n̩33)	dzæ21
起来	1567	1		t	u	6	tɯ21 (lɑ33)	tu2 (le33)	(ko21) to21	tu[55] (lɑ33)	(tʂʐ̩44) tɒ33 (lɪ33)	tu33
牵（牛）	1568	1		s	ɛ	6	si21(/ŋgo33)	sʐ̩11	sɛ21	sɿ33	sʐ̩33	si33
欠（钱）	1569	2		b	u	6	bu21(/ndʐ̩ɯ33 bu34)	bv̩11	?	(vi33)	(ʂu2)	bɯ33
亲（小孩）	1575	w		b	o	7	bu55	(jɤ2)	bu21	bo21	(gɒ11)	(kɑ33)
取	1577	2		zr	u	1	(ts^{h}ɿ55)	jv̩11	ʐ̩u21	vu55	vɪ33	ʐ̩u33(/tɕɑ33)
去	1579	2		ʑ	i	1	(bo33)	(li11)	(lə21)	ʑi55	ʑ̊33	ʑi33
痊愈	1580	2		k^h	ɒ	9	(sɑ33 ŋgɑ33)	k^{h}u55(/du11)	(no55to22)	k^{h}ɑ21	(nɒ33) k^{h}ɒ11	(no33) k^{h}o21
缺（口）	1582	1		c^h	æ	7	(k^{h}ɑ21) tɕ^{h}o55	k^{h}ə55	k^{h}æ21	c^{h}a21	q^{h}ɑ2	k^{h}æ55
染	1584	2		h	o	6	ho21	hu11	xɑ21	(tʂɿ21)	ho33	(mɑ55)
溶化	1592	2		gj	ɯ	1	dʑɿ33	dʑi11	ti22 lɛ22 t^{h}jɛ22 vɑ22	gɯ55	(xwɑ2)	dʑi33
揉（面）	1594	2		z	ɯ	7	zɿ55(/li21)	zɯ55	zɿ21	zɿ21	(nɤ55)	zi21(/ɳi55)
撒（种）	1597			ʃ	i	55	(tɕ^{h}i21/l̩21)	ʂɿ55	ɕi55	ʂɿ21	(tæ44/)sɪ55	ʂɿ55
散开	1599	2		b	e	4	bu33	be33 (dɤ55)	?	(t^{h}a33)	bɪ11	(sɑ33 p^{h}i33)
扫	1601	1		s	ɯ	8	sɿ33	sɯ2	sɿ22	sɿ33	sʐ̩44	ɕi33
杀	1602	w		s	e	7	si55	(xu33)	sji21	se21	(xɒ11)	se55

晒（衣）	1604	1	h	l	ɛ̱	7	ɬi55	ɬɤ̱55	ɬə̱21	ʔly21	ɬɤ55	lə̱55
商量	1608	2	N	tsʰ	ue	1	dʑʅ34 ḷ33/ɭʅ34 the33	ntsʰɤ11	?	dʑy55	tsɤ33	dzʅ33 (bɯ33)
上（楼）	1609	2		d	ɑ̱	8	(li33)	dɑ̱2	djɛ22	dɪ̱33	de44	de̱33
射（箭）	1611	1	N	pʰ	æ̱	8	mbe33	mpʰə̱˞2	bæ22	ba33	bɑ44	bæ33
射中	1612	2		z	o	6	zo21	(mpʰə̱˞2) zɒ11	(bæ21)tsuɑ21	(ba33 mᴇ33)	(bɑ4 tæ33)	(bæ33 bɯ33)
伸	1613				e	6	dʐɯ21	tʂʰe̱2/dʐe̱2	tsʰʮ22(tʰu21)	tɕʰi33/dʑi33dʐu 21	dʑɪ33	tɕʰe33
伸长	1614				e	6	dʐɯ21(ŋgo33)	tʂʰe̱2		dʑi33	dʑɪ33 kʰæ33	dʑe33
生长	1617	2		zr	u̱	8	ʑu̱33	ju̱2	ɛ55 to21 ljɛ22 vɑ21	(y55/) zy55	ʐu44	(nə21)
生疮	1619	1		d	u̱	8	(pʅ33 tsʅ33) du̱33	du̱2	(bu22mu21)du̱2 2	du̱33	du[33]	du̱33
生（孩）	1620	2		zr	u̱	8	ʑu̱33	ju̱2	(xɛ21/dzɑ 21)	(ka̱21)	ʐu44	zə33
剩	1622	1		dz	e	1	dzi33	dze11	dʑi21	dʑi55	tsɪ33	dzi33
使	1625	2		z	ue	4	zi33(/bʅ34)	zɤ33	(tɕi55)	ʑy21	(tɕʰɪ33)	zə21
释放	1626	2		pʰr	ue	9	(fɑ55/tsʰʅ55)	tʰrɤ55 (tɕe̱2)	ɬə21(tɕi55)	pʰy21 (xɑ55)	ɬɤ11 (xɒ33)	pʰjo21 (tʰi55)
熟悉	1636	2		s	æ̱	7	(dzi33) sʅ34	(kɤ̱2) sə̱˞55	(tsʰɛ22)	sa21	(kɣ̩33) sɑ55	sæ55/tʰo21
熟（饭）	1637	1	h	m	ɛ	6	m̥i21	mə˞11(/gɒ11)	miɛ21	ʔmi33	mæ33	mi33
熟（果）	1638	1	h	m	ɛ	6	m̥i21	mə˞11(/gɒ11)	miɛ21	ʔmi33	mæ33	mi33
瘦	1639	2		ɟ	u	2	gɯ34 (dʑi33)	(dʑɣ̩11)	kɛ55	ɟy55	gɣ̩33	(ʑo33)

数（目）	1640	2		ɣ	u	6	vu21	ɣɯ11	ɣə21	(gu55)	ɣɯ33	ɣɯ33
漱（口）	1641	2	h	l	o	5	ɬɔ33(/tsʰɿ33)	ɳɒ55	ɬɑ22	(kʰɑ21 pʰɪ̱21 ʔɪ̱33)	ɬo55	(le̱33)
摔）	1642	2		tsʰ	e	6	tsʰi[33]	(ntʰɒ55/)tsʰe11	(bə22)	(tɕi33)	(tʰæ33) tsʰɪ33	(kuɑ33) (tɕi̱33 le33)
闩（门）	1644	2		tr	o	5	tɕɔ33	trɒ33	(ɕao22)	(ɕo33)	tɬo55	(ɕo33)
睡	1646	1		ʑ	i̱	7	i55	ji̱55	ʑi21 (to22)	ʔɪ̱21	ji2	ʔi̱21
睡着	1647	1		ʑ	i̱	7	i55 (ȵi33 vu̱33)	ji̱55 (mɑ11 tɕʰɚ33)	ʑi21 (ȵi55kɯ22 sɿ21 ua22)	ʔɪ21 (mᴇ33 ʑᴇ55 ɑ55 tɕi55)	ji2 (ŋ̍44 kɯ55 xɒ33)	ʔi̱21(mi55)
吮	1648	1		tsr	i̱	7	tɕʅ55	tʂʅ55	tsʅ21	tʂʰʅ21	tʂʐ̩55	tʂʰʅ55
说	1649	2		b	e̱	8	(hi21)	(he11)(/ȵtɕʰ ɯ33)	(ɣə22)	bɪ̱33	be44	be̱33
撕	1650	2		sr	ɛ̱	8	ʂʅ33	ʂɚ2	sɛ22	ʂʅ33 (hɑ33)	(dʑi2/tɕi44)	(tʂʅ33)
死	1651	1		ʃ	i	1	sʅ33	ɕi[33]	sʅ21	xɯ55 (ɕɪ̱21)	sz33	ɕi33
锁（门）	1656	1	N	tsʰr	u̱	8	ndzu̱33	ɳʈʂʰu̱2	dzu22	dzu̱33	dzu̱44	dzu̱33
踏	1658	2	N	tʰr	ɛ̱	8	(tu55)	ɳʈʰrɤ2	də22	(kʰɯ33)	dlɤ44	(dʑo55)
淌（泪）	1660	2		d	o̱	8	du̱33	drɤ55	du22	do33(/ʂʅ33)	(bɤ11)	du̱33
躺	1661	2		ʑ	i̱	7	(dzu̱ɯ21 ko33) i55	ji̱55		(vu̱55 tʂu21)	ji2	ʔi̱21
痛	1666	1		n	ɒ	1	nɑ33	(v̩33) nu11	no21	nɑ55	nɒ33	no33 (kʰo21)
踢	1667	2	N	tʰr	u̱	8	(pe33)	ɳʈʰru̱2	du̱22	(pɪ̱33)	dlu44	tʰiɑ33

剃（头）	1668				u̱	8	tɕʰu̱33	tʂu̱2	(tsʰɛ21)	(ʔy21 dy55) tʂʰo̱33	tʏ̩33	tʂʰu̱33
舔	1674	2		l	æ̱	7	(ʑo55)	lə̱˞55	læ21	la21	[ɬ]ɑ2	læ̱21
挑（担）	1676	2		v	ɑ̱	7	(tʰi33)	vɑ̱55	vjɛ21	(py21)	ve2	(py55)
贴	1680	2	ʔ	n	æ̱	7	ȵo55	nə˞55	(tæ21)	ʔna21	(ɕi44)	(tʰi55)
听	1681		h	n	ɒ	3	n̥ɑ33	nu33	no[22](ȵi22)	ʔna55	nɒ44	no33 (ȵi33)
听见	1682	1		gr	uɒ	4	(ɣɯ21) gɯ33	dʑu33	(bu21) dzo22	gɑ21	(nɒ44) gɒ11	(no55 ȵi33/ po33) tɕo21
停止	1683	1	ʔ	n	uɒ	4	nɯ33 (tɑ33)	(kɒ33)nu33/ di33	no22 (to22)	ʔnɑ21	(ɣɒ11) nɒ55	(ni21) nu21
偷	1686	1		kʰ	u	4	kʰu33	kʰɯ33	kʰɯ22	kʰu21	kʰɯ11	kʰɯ21
吐（痰）	1688	2		pʰ	i̱	7	pʰɿ55(/pɑ55)	(ti55)	pʰie21	(tsʰɿ21)	pʰɪ2	(tʰi55)
推	1689	w		d	ɛ̱	7	di[21](/li55)	(mpʰʏ̩33)	(ti55)	dy21(/ɣu33)	(pʏ̩44/tsʰɤ33)	(gɑ33/)də21
蜕（皮）	1693	2	h	l	ɯ̱	7	ɬɿ21	ɬɯ̱55	(po55)	ʔḻ21/lɛ21	(dlʏ̩2)	le55
拖	1694	2	N	kʰ	o	1	ŋgo33	ŋkʰɒ11(/ɕe11)	gɑ21	(ɕi33)	qo33	(ti33)
脱（衣）	1695	1	ʔ	l	ɯ̱	7	l̩55	lɯ̱55	ɬə22	ʔl21	ə˞2	li̱21
驮(v)	1697	1		tɕ	e	8	tɕe33	tʂ̩ɿ [33]	tɕi22	tɕɪ̱33	tsʐ̩44	tɕe̱33
挖	1698	2	N	tʰ	u	4	(tsɿ55/)ndu33	(kə˞55)	du̱22	(ku̱21/tɕɪ̱33)	dʏ̩11	(kæ55/tɕæ̱33)
玩耍	1703	1		G	uɒ	6	gɯ21	gu̱2	(lɛ55) gu21	ɣɑ33	qɒ33	(kæ̱33) gu33
喂（奶）	1706	1		t	o	6	to21	tɒ11	tæ21	tu33	to33	tɑ33
问	1708	1	ʔ	n	ɒ	2	n̥ɑ33	(dɒ55) nu33	no55 (ȵi55)	ʔn[ə]55 (ʑi55)	(do11) nɒ44	no̱33

握（笔）	1709	2		dz	ɑ̱	8	(zi21/tsʰʅ33)	(dʐɔ55)	(gɯ22) dzɛ21	tsa33	tsɑ44	tɕɑ̱33 tɑ33
吸（气）	1711	2	N	kʰ	o	1	(tɕʅ55)	ŋkʰɒ11	gɑ21	(ɕi33 tʂʅ33)	qo33	(se̱55) gɑ33
洗（衣）	1713	1		tsʰ	i	4	tsʰʅ33	tsʰi33	tɕʰi22	tsʰʅ21	tsʰẓ11	tsʰi21
瞎	1715	2		t	ɛ̱	8	(n̥ɔ33bi55/n̥ɔ33 dzʅ33)	tə̱˞2/ə̱˞2	tɛ22	(lɑ33) tᴇ55	(ne44 ʂɑ44)	(ɕɑ55)
下（楼）	1716	2		ʑ	i	7	ʑʅ33	(zɑ̱55/dzɑ̱55)	(tə22lə21)	ʑi21	ze2	zɛ̱21
下（崽）	1717	2		x	æ	9	(ʂʅ21)	xɔ55	(tsʰɑ21)	(tɕʰy21)	(ɕæ11)	xæ21
下（蛋）	1718	1		hr	u	6	tɕʰi21	ɬu̱2/tʰru̱2	fv21	fu33	ɬɒ33	xu33
下（雨）	1719	2		h	ɒ	1	(dʑi21)	hu11	(lie21)	hɑ55	hɒ33	(mɯ21) xo33
相信	1725	2	N	tsʰr	ɛ	6	(do21) ndʑʅ21	ɳʈʂʰə˞11	dzɛ21	tsᴇ[55] (hɑ33 ɕi55 di21)	dzẓ33	(ɕɑ21 ɕi55)
想	1726	2	N	tʰ	ɯ	9	(ŋo21/ŋgu33)	ntʰɯ55	dɯ21	di21(/gɑ21)	(n̥44) dv̩11	di21(/dʑo21)
笑	1735	1		r	æ	1	ʑʅ33	ɣɔ11	ɣɛ21	ʑᴇ55	jæ33	ʑe33
写	1736	2	N	kʰr	u̱	8	(bu̱33)	ŋkʰu̱2	tsʰʮ21	(va33)	gu44	(væ̱21)
学	1742	2	N	tsʰ	o	2	zo33	ntsʰɒ33	(sɑ55)	dzʮ55	(so44)	dzɑ33 (ɣo33)
寻找	1744	2		sr	ɒ̱	8	ʂɯ21 (ŋgo55)	ʂu̱2/ʂu33	so̱21	(tʂɑ33)	ʂɒ44	(tʂo33)
痒	1749	2		zr	ɒ	4	ʑi33	ju33	zo22	(dzʅ33)	zɒ[55]	ʑo21
摇晃	1751	2	h	l	ɛ	1	hi33 (gɯ34)	ɬə11	lɯ22	(ŋɑ33)	ɬæ33	(χɑ33)
要	1755			ŋ	o	5	(kʰɑ33)	ŋɒ33	ŋɑ22	(l̥55)	ŋo55	(li33/zɑ33/ xo33)
拥抱	1762	2		t	ɑ̱	8	(dʑʅ34 le34 vɑ33)	(və̱˞2) tɑ̱2	tjɛ22 tsʰv22	ti33 (di21 hi33)	te44	te33

有	1764	1		dʐ	o	1	dʑo33(/bo21)	(bɒ11/)dʐɒ11	dzɑ21	dʐu̱55	tʂo33	dʐɑ̱33
遇见	1769	2		dz	i	1	dzi33(/mo33)	(pʰʏ55)	(tə22)	(tʰu33) dzɿ55	tsẓ[55] (tæ33)	dzi33
越过	1771	w		pʰ	u̱	8	(ŋgɑ34 du̱33)	(drɤ11 di11)	-	pʰu33	(kɒ33 ɬzʔ44)	pʰu̱33(/ko33 ʑi33)
晕	1772	w		m	ɯ	6	(o33) mo21	(ŋɚ11)	ma21nu33	mɯ33	(ne44 ŋæ33)	(u55) mɯ33 (ti33)
栽（树）	1774	1		t	uæ	1	[ts]ʅ33	tɔ33	tɛ55	tᴇ55	tæ44	tə33
在（屋）	1775	1		dʐ	o	1	dʑo33	dʐɒ11	dzɑ21	dʑ[ɪ]33	tʂo33	dʐɑ̱33
凿	1777	2		tʰ	u	1	tʰu̱33	tʰʏ11	lu55 tə̱21 pu55 tjɛ22	tʰu55	(dzẓ11)	tʰu33
眨（眼）	1780	1		tsʰ	i̱	8	tsʰʅ33	tsʰi̱2	tsʰɥ22	tsʰʅ33	tsʰzʔ44	tsʰi̱33[闭]
摘（花）	1782	2		tsʰ	æ̱	8	(ɕe33)	tsʰʅ2	tsʰæ22	tsʰa33	(ɕe2)	tsʰæ̱33
站	1784	1		h	ɛ̱	7	hi55	he̱55	xə21	hy21	hɤ2	xə̱21
长（大）	1786	1		ʑ	u̱	8	ʑu̱33	ju̱2	ɣɛ22to21li22	ʑᴇ21	zʮ44	ʑæ21
胀（肚子胀）	1788	2		pʰ	ju	1	(mu̱33)	pʰɤ11	(tsʰʅ55)	pʰy55/vu55	pʰʏ33	(tʂɑ̱33)
找到	1792	2		ɣ	uɒ	6	(ʂɯ21) ɣɯ21	(ʂu33) ɣu̱2	(so̱21pʰə22)	(tʂɑ33) ɣɑ33	(ʂɒ44 tsʰẓ33)	(tʂo33 miɑ33)
知道	1798	2		s	æ̱	7	(dɯ33 dʑi33)	sʅ55	sɛ21	sa21	sɑ55	sæ55
织	1799	2		tsʰr	æ	9	tʂʰʅ21	tʂʰɔ55	tsʰɛ21	tsʅ21	(jɪ2)	tʂʰæ21
肿	1802	2		pʰ	ɛ̱	7	(ɣo21)	pʰɤ̱55	pʰə21	pʰy21 (xɑ55)	pʰɤ2	pʰə̱55
拄	1803	1		t	o̱	8	tu̱33	tu̱2	tu̱22	to33	(vɪ33) tu44	tʰu̱33
煮	1804	1		tɕ	ɑ̱	7	tɕo55	tʂɑ̱55	tɕɛ21	tɕɪ21	tɕe55	tɕe̱55

抓	1805	2		tɕ	ɑ̲	8	(vʅ33)	tɕɑ̲2	tɕɛ22	tɕʅ33	(tɣ̩44)	tɕɑ̲33
转动	1808				o	3	tɕo33	tʂɒ33	tsuã55	tʂu55	tʂo44	tʂɑ33 (xɑ33)
追	1811	2	N	kʰ	ɑ̲	7	ŋgo55	ŋkʰɑ̲55	(dje̲21)	tʂu̲21	(tɬɪ33)	gæ̲21
捉	1813	2		zr	u	1	ʑu33	jɣ̩11	(tɕɛ22)	(vu55/tso̲33)	ʐ̩33	ʐu33[拿](/tɕɑ55 mɛ33)
啄	1814	2		tʰ	u̲	8	tʰu̲33(/ŋgu̲33)	tʰu̲2	tʰu22	tʰo̲55	(bɤ44)	tʰo̲33
走	1815	2		sr	u	4	(bo33/gɑ34) ʂu33(/ʑɑ33)	sɯ33	sɯ22	(ɕy21)	(ɣɤ44)	sə21
走	1815	2		sr	u	4	(bo33/gɑ34) ʂu33(/ʑɑ33)	sɯ33	sɯ22	(ɕy21)	(ɣɤ44)	sə21
钻（洞）	1816	2		l	ɛ̲	7	(mbu33)	lɤ̲55	(bu22)	(thu̲55)	lɤ2	(tʰu33/)lə̲21
醉	1818	2		ʑ	i̲	7	ʑi55	(ŋə˞11/)ji̲55	(ɕe22)	ʔɪ̲21	jɪ2	ʑi̲21
坐	1819	2		n	i	1	ȵi33	ȵi11	(ʔu55)	(di55)	n̩33	(ɯ55)
做生意	1822	1		l	ɑ̲	7	(vʅ33) lo55 (mu33)	(vɔ11) lɑ̲55 (pe33)	(ʑi21)ljɛ21 (mu21lɛ22)	(vɑ55) li21 (pi55)	(væ33) le2 (m̩33)	(və33) le̲21 (pe33)

参考文献

北京大学中国语言文学系语言学教研室.1995. 汉语方言词汇.北京:语文出版社.

陈保亚. 1996. 论语言接触与语言联盟. 北京:语文出版社.

陈保亚.1999a. 汉台关系词声母有序规则对应表. 语言学论丛. 22. 北京: 商务印书馆：186-225.

陈保亚. 1999b. 20 世纪中国语言学方法论.济南: 山东教育出版社.

陈保亚. 2000. 汉越（侗台黎）六畜词聚文化有阶分析.民族语文.第 4 期：34-42.

陈保亚. 2006. 从语言接触看历史比较语言学. 北京大学学报・哲社版. 第 2 期：30-34.

陈保亚. 2001. 从数词词聚有阶分析看汉台核心一致对应关系词的语源性质. 第 34 届国际汉藏语会议论文. 昆明: 2001 年 10 月 24 日－28 日.

陈保亚. 何方 2004. 汉台核心一致对应语素有阶分析. 载丁邦新、孙宏开 主编《汉藏语同源词研究（三）》. 南宁：广西民族出版社.

陈保亚、汪锋. 2006. 论确定核心语素表的基本原则—以上古汉语为例.语言学论丛 33. 北京: 商务印书馆.

陈康. 1986. 彝语的声调对应. 民族语文. 第 5 期.

陈士林、边仕明、李秀清. 1985. 彝语简志. 北京：民族出版社.

戴庆厦. 1958. 谈谈松紧元音，载《少数民族语文论集》第二集：35-48.

戴庆厦. 1979. 我国藏缅语族松紧元音来源初探.民族语文. 第 1 期：31-39.

戴庆厦. 1990. 藏缅语族语言研究. 昆明：云南民族出版社.

戴庆厦 等. 1994. 关于我国藏缅语的系属分类.藏缅语新论. 北京:中央民族学院出版社: 1-22.

丁邦新. 1981. 汉语声调源于韵尾说之检讨.汉学会议论文集:267-283.

丁邦新. 2002. 论汉语和台语的关系. 纪念李方桂先生诞辰一百周年汉语国际学术研讨会.华盛顿大学. 2002.8.15-17.

董同龢. 1944. 上古音韵表稿.重印于台北: 史语所.特刊 21.

盖兴之. 1982. 缅彝语支初探. 民族学报 2: 207-231.

耿振生. 2001. 音韵通讲.石家庄: 河北教育出版社.

龚煌城. 1989[2002]. 从汉藏语的比较看上古汉语若干声母的拟测. 手稿. 又见于 Gong (2002): 31-48.

龚煌城. 1991. 从汉藏语的比较看汉语上古音流音韵尾的拟测. 又见于 Gong (2002): 49-66.

龚煌城. 1997. 从汉藏语的比较看重纽问题. 声韵论丛. 6:195-243. 又见于 Gong (2002):125-160.

何大安. 1988. 规律与方向：变迁中的音韵结构. 台北：中央研究院历史语言研究所专刊之九十.

何大安. 1995. 论排湾群语言的分群，《台湾研究通讯》5-6 合刊:19-34.

何大安. 1999. 论原始南岛语同源词. 载《中国语言学的新拓展——庆祝王士元教授六十五华诞》, 石锋、潘悟云编, 香港: 香港城市大学出版社: 75-84.

胡坦、戴庆厦. 1964. 哈尼语元音的松紧, 中国语文. 第 1 期: 76-87.

黄布凡 等. 1992. 藏缅语族语言词汇.北京:中央民族学院出版社.

江应樑. 1983. 傣族史.成都:四川民族出版社.

李方桂. 1971[1980]. 上古音研究.北京:商务印书馆:1-83.

罗常培. 1943[1989]. 语言学在云南. 重印于《语言与文化》北京: 语文出版社.1989: 162-176.

马曜 等. 1988. 白族简史.昆明:云南人民出版社.

梅祖麟. 1980. 四声别义中的时间层次.中国语文 6：427-433.

梅祖麟. 2005. 汉藏比较研究和上古汉语词汇史. 北京大学中文系演讲，2005 年 9 月 26 日.

全广镇. 1996. 汉藏语同源词综探.台北:学生书局.

邵荣芬. 1991. 匣母字上古一分为二试析. 语言研究：118-127.

邵荣芬. 1995. 匣母字上古一分为二再证.中国语言学报 7：121-134.

石锋、潘悟云 编 1999. 中国语言学的新拓展.香港:香港城市大学出版社.

孙宏开等 编 1991. 藏缅语语音和词汇.北京: 中国社会科学出版社.

唐作藩. 1991. 音韵学教程. 北京:北京大学出版社.

汪大年. 1991[1997]. 藏缅语词头探源. 国际彝缅语会议组 编 《彝缅语研究》. 成都: 四川民族出版社: 229-244.

汪锋 2003. 应山话 z/zh 变异研究. 语言学论丛. 28: 264-287.

汪锋. 2006a. 白语方言的分区–兼论亲缘分类的原则及计量表述.语言学论丛 32. 北京:商务印书馆:14-31.

汪锋. 2006b. 白语送气擦音的来源.民族语文 2:19-23.

汪锋. 2006c. 从汉白比较看历史语言学的纵横结合.北京大学学报•哲社版.第 2 期:38-42.

汪锋、王士元.2005.语义创新与方言的亲缘关系.方言. 第 2 期: 157-167.

汪锋、杨海潮. 2004. 蛮书中所记白蛮语的源流. 《中国西南文化研究》. 昆明: 云南民族出版社: 1-16.

王锋. 2001. 西山白语概况.民族语文 5: 70-80.

王洪君. 1986[1992]. 文白异读和叠置式音变.语言学论丛 17, 1992.北京:商务印书馆: 122-153.

王力.1937.上古韵母系统研究. 《清华大学学报(自然科学版)》第 3 期.

吴安其. 2000. 藏缅语的分类和白语的归属.民族语文 1:1-12.

项梦冰. 1997. 连城客家话语法研究.北京: 语文出版社.

项梦冰. 2001. 客家话人称代词单数领格的语源.语言学论丛 24, 2001.北京:商务印书馆: 70-105.

徐琳、赵衍荪. 1984. 白语简志.北京:民族出版社.

徐通锵. 1991. 历史语言学. 北京：商务印书馆.

杨时逢. 1969. 云南方言调查报告.台北:中央研究院历史语言所.

曾晓渝. 2003. 见母的上古音值.中国语文 2:109-120.

詹承绪 等 1988. 怒江州碧江县洛本卓区勒墨人(白族支系)的社会历史调查. 《白族社会历史调查》. v.3:1-135.昆明:云南人民出版社.

赵衍荪. 1982. 白语的系属问题. 民族语文研究文集.西宁: 青海民族出版社:150-188.

赵衍荪、徐琳. 1996. 白汉词典.成都: 四川民族出版社.

郑张尚芳. 1984. 上古音构拟小议.语言学论丛 14:36-49.

郑张尚芳. 1987. 上古韵母系统和四等、介音、声调的发源问题.温州师范学院学报 4: 61-84.

郑张尚芳. 1999. 白语是汉白语族的一支独立的语言.载 石锋、潘悟云 编(1999):19-73.

Baxter, W. H. 1992. *A handbook of Old Chinese phonology*. Berlin: Mouton De Gruyter.

Ben Hamed, Mahé & Wang, Feng. 2004. From evolutionary biology to the evolution of languages: the edge of transposability. Paper accepted by *the international Conference on Language, Culture and Mind*, University of Portsmouth, 18-20 July.

Benedict, P. K. 1972. *Sino-Tibetan: A conspectus*. Cambridge: Cambridge University Press.

Benedict, P. K. 1973. Tibeto-Burman tones, with a note on teleo-reconstruction. Acta Orientalia 35:127-38.

Benedict, P. K. 1982. Sinitic and Proto-Chinese, part II: Bai and loans to Proto-Tai. Paper presented to the 15th STC, Beijing.

Bloomfield, L. 1933. *Language*. London: Allen & Unwin.

Blust, R. 1980. Austronesian etymologies Ⅰ.Oceanic Linguistics 19.1:1-181.

Blust, R. 1983-84. Austronesian etymologies Ⅱ.Oceanic Linguistics 22-23:29-149.

Blust, R. 1988. Austronesian etymologies Ⅲ.Oceanic Linguistics 25:1-123.

Blust, R. 1989. Austronesian etymologies Ⅳ.Oceanic Linguistics 28:111-180.

Blust, R. 2000. Why lexicostatistics doesn't work: the 'universal constant' hypothesis and the Austronesian languages. In Colin Renfrew, April McMahon & Larry Trask (ed.) Time depth in historical linguistics, the McDonald institute for Archaeological research, University of Cambridge, volume 2: 311-331.

Bodman, N. C. 1980. Proto-Chinese and Sino-Tibetan: data towards establishing the nature of the relationship. In Contributions to historical linguistics: issues and materials: 34-199.

Bradley, D. 1979. *Proto-Loloish*, London: Curzon Press.

Camin, J. H., & R. R. Sokal. 1965. A method for deducing branching sequences in phylogeny. *Evolution* 19:311-326.

Cavalli-Sforza, L. L. 2000. *Genes, peoples, and languages*. New York: North Point Press.

Cavalli-Sforza, L. L. & Feldman, Marcus W. 1981. *Cultural transmission and evolution: a quantitative approach*: Monographs in population biology: 16. Princeton, N.J.: Princeton University Press.

Chomsky, Noam & Halle, Morris. 1968. *The sound pattern of English: Studies in language*. New York: Harper & Row.

van Driem, George. 1997. Sino-Bodic. Bulletin of the School of Oriental and African Studies, 60(3):455-488.

van Driem, George. 2001. *Languages of the Himalayas: an ethnolinguistic handbook*. Leiden; New York; Koln: Brill.

van Driem, George. 2005. Sino-Austronesian vs. Sino-Caucasian, Sino-Bodic vs. Sino-Tibetan, and Tibeto-Burman as default theory, in Yogendra Prasada Yadava, Govinda Bhattarai, Ram Raj Lohani, Balaram Prasain and Krishna Parajuli, eds., Contemporary Issues in Nepalese Linguistics. Kathmandu: Linguistic Society of Nepal: 285-338

Dyen, I. 1965. A lexicostatistical classification of the Austronesian languages. (International Journal of American Linguistics, Memoir 19.) Bloomington (IN): Indiana University Publications in Anthropology and Linguistics.

Felsenstein. 1986-1993. Phylogeny Inference Package (PHYLIP). version 3.5c. University of Washington.

Feynman, Richard Phillips, Leighton, Robert B., and Sands, Matthew L. 1963. *The Feynman lectures on physics*. Reading, Mass.: Addison-Wesley.

Forrest, R. A. D. 1960. Les occlusives finales en chinios archaïque. Bulletin de la Société de Linguistique de Paris 55:228-239.

Fox, Anthony 1995 *Linguistic reconstruction*. Oxford: Oxford University Press.

Gong, Hwang-cherng. 1980. A comparative study of the Chinese, Tibetan and Burmese vowel systems. Bulletin of the Institute of History and Philology 51, 455-490. Also in Gong (2002):1-30.

Gong, Hwang-cherng. 1994. The first palatalization of velars in Late Old Chinese. In Linguistics essays in honor of William S.-Y. Wang: interdisciplinary studies on language and language change. ed. Matthew Y. Chen & Ovid J. L. Tzeng. Taipei: Pyramid Press:131-142. Also in Gong (2002): 67-78.

Gong, Hwang-cherng. 1995. The system of finals in Proto-Sino-Tibetan. In *The ancestry of the Chinese language*, ed. William S-Y Wang, 41-92.

Gong, Hwang-cherng. 2002. *Collected papers on Sino-Tibetan linguistics*. Taipei: Institute of Linguistics (Preparatory Office), Academia Sinica.

Gray, R.D. & Atkinson, Q.D. 2003. Language-tree divergence times support the Anatolian theory of Indo-European origin. *Nature* 426:435-439.

Greenberg, J. H. 1953. Historical linguistics and unwritten languages. In A. L. Kroeber (ed.) Anthropology Today, Chicago.

Greenberg, Joseph H. 2001. The methods and purposes of linguistic genetic classification. Language and linguistics 2.2:111-136.

Handel, Zev. 1998. The Medial Systems of Old Chinese and Proto-Sino-Tibetan, UC Berkeley: Ph. D thesis.

Handel, Zev. 2002. Rethinking the medials of Old Chinese: Where are the r's? Cahiers de Linguistique - Asie Orientale 31:3-32.

Handel, Zev. 2003. A concise introduction to Old Chinese phonology. In Matisoff (2003): 543-574.

Haugen, E. 1950. The analysis of linguistic borrowing. Language 26: 210-231.

Hopper, P. J. & Traugott, E. C. 1993. *Grammaticalization*. Cambridge: Cambridge University Press.

Hock, Hans Henrich. 1991. *Principles of historical linguistics*. Berlin: Mouton de Gruyter.

Krishnamurti, Bh., Moses, L., and Danforth, D. 1983. Unchanged cognates as a criterion in linguistic subgrouping. *Language 59*: 541-568.

Labov, William. 1994. *Principles of linguistic change: Language in society*. Oxford: Blackwell.

Lacouperie, T. 1887. *The languages of China before the Chinese*. London: David Nutt, 270, Strand. Re-printed by Taipei: Ch'engwen publishing company.

LaPolla, Randy J. 1994. Variable finals in Proto-Sino-Tibetan. Taipei: Bulletin of the Institute of History and Philology, Academia Sinica 65.1:131-173.

LaPolla, Randy J. 2003. Overview of Sino-Tibetan morphosyntax. In Graham Thurgood and Randy J. LaPolla (ed.) The Sino-Tibetan languages. London: Routledge: 22-42.

Lee, R. B. 1953. The basis of glottochronology. Language 29.2: 113-27.

Lee Yeon-ju & Sagart, L. 1998. The strata of Bai, paper presented 31th ICSTLL, University of Lund, Sweden, Sep. 30- Oct. 4, 1998.

Li, Fang-kuei. 1933. Certain phonetic influences of the Tibetan prefixes upon the root initials. *Bulletin of the Institute of History and Philology, Academia Sinica* 4:135-157.

Li, Fang-Kuei. 1937. Languages and dialects, in The Chinese Year Book, Shanghai. Also in Journal of Chinese Linguistics, 1973.1:1-13.

Li, Fang-kuei. 1959. Tibetan Glo-Ba Dring. In *Studia serica Bernhard Karlgren dedicata*, ed. Søren Egerod. Copenhagen:Ejnar Munksgaard.

Li, Fang-kuei. 1977. A handbook of comparative Tai. Honolulu: University of Hawaii Press.

Li, Paul Jen-kuei. 1995. Formosan vs. non-Formosan features in some Austronesian languages in Taiwan.In Paul Jen-kuei Li, Cheng-hwa Tsang, Ying-kuei Huang, Dah-an Ho, and Chiu-yu Tseng (eds.) Austronesian Studies Relating to Taiwan, pp.651-682. Symposium Series of the Institute of History and Philology Academia Sinica No.3. Taipei, Academia Sinica.

Lorents, O. 2000. Tonogenesis in pitch-accent languages, paper presented at the Tromsø Tone Symposium (5th Annual international Tromsø Workshop in Linguistics), University of Tromsø, June 2000.

Matisoff, J. A. 1971. The tonal split in Loloish checked syllables. In collection: Occasional Papers of the Wolfenden Society on TB Linguistics, Vol. II.Urbana, Illinois.

Matisoff, J. A. 2000a. On the uselessness of glottochronology for the subgrouping of Tibeto-Burman, in Colin Renfrew, April McMahon & Larry Trask (ed.) *Time depth in historical linguistics*, the McDonald institute for Archaeological research, University of Cambridge, volume 2: 333-371.

Matisoff, J. A. 2000b. On 'Sino-Bodic'. *Bulletin of the school of oriental and African studies* 63:356-369.

Matisoff, J. A. 2001. On the genetic position of Bai within Tibeto-Burman. Paper presented at *34th International Conference on Sino-Tibetan languages and linguistics*, Yunnan minzu xueyuan.

Matisoff, J. A. 2003. *Handbook of Proto-Tibeto-Burman: system and philosophy of Sino-Tibetan reconstruction*: University of California publications in linguistics; v. 135. Berkeley, Calif.: University of California Press.

Mei, Tsu-lin. 1979. Sino-Tibetan "year", "month", "foot" and "vulva", Tsing Hua Journal(new)12:17-133.

Nivison, D. S. 1992. On "modal" qi. Paper presented at *the 25th International Conference on Sino-Tibetan Languages and Linguistics*, Berkeley.

Pulleyblank,E. G. 1962. The consonantal system of Old Chinese. Asia Major 9.1: 58-144.

Pulleyblank, E. G. 1963. The consonantal system of Old Chinese. Part 2. Asia major 9.2:206-265.

Pulleyblank, E. G. 1973. Some new hypotheses concerning word families in Chinese, Journal of Chinese Linguistics:1.1:111-125.

Pulleyblank, E. G. 1984. *Middle Chinese: a study in historical phonology*. Vancouver: University of British Columbia Press.

Sagart, L. 1999. *The roots of old Chinese*: Amsterdam studies in the theory and history of linguistic science. Series IV, Current issues in linguistic theory; v. 184. Amsterdam; Philadelphia: John Benjamins Pub. Co.

Sagart, L. & Xu, Shixuan. 2001. History through loanwords: the loan correspondences between Hani and Chinese, Cahiers de Linguistique- Asie Orientale 30(1): 3-54.

Starosta, Stanley. 2005. Proto-East-Asian and the origin and dispersal of languages of East and Southeast Asia and the Pacific. In Sagart, Laurent, Roger Blench and Alicia Sanchez-Mazas (eds.) 2005: 182-197.

Starostin, S. 1989. *Reconstruction of the Old Chinese Phonological system*, Moscow: Izdatel'stvo 'Nauka'.

Starostin, S. 1994. The historical position of Bai, paper presented at the 27th Sino-Tibetan Languages and Linguistics, Paris, Oct.11-15.1994.

Sun, Jackson T-S. 2003. Phonological profile of Zhongu: a new Tibetan dialect of northern Sichuan. *Language and linguistics* 4:769-836.

Sun, Jackson T-S & Lin, Youjing. 2002. On breathy voice in Qiuji Tibetan. Paper presented at *The eighth international symposium on Chinese languages and linguistics*, Taipei: Academia Sinica.

Swadesh. M. 1952. Lexico-statistic dating of prehistoric ethnic contacts, Proceedings of the American philosophical society 96.4.

Swadesh. M. 1955. Time depths of American linguistic groupings. American Anthropologist 56.

Swofford, D. L. 1993. Phylogenetic Analysis Using Parsimony (PAUP), Version 3.1.1. University of ıllinois, Champaign.

Thomason, S. G. & Kaufman, T. 1988. *Language contact, Creolization, and genetic linguistics*. California: University of California Press.

Ting, Pang-hsin. 1975. *Chinese phonology of the Wei-Chin period: Reconstruction of the finals as reflected in poetry*. Taipei: Institute of History and Philology, Special Publication No. 65.

Trask, R. L. 1996. *Historical linguistics*. London: Arnold.

Wang, Feng. 2004. Language contact and language camparison – the case of Bai. Hong Kong: City University of Hong Kong. PhD Thesis.

Wang, Feng. 2005. On the genetic position of the Bai language. Cahiers de Linguistique - Asie Orientale 34.1: 101-127.

Wang, Feng. 2006a. Rethinking the *-s hypothesis for Chinese *qusheng* tone. Journal of Chinese linguistics 34.1:1-24.

Wang, Feng. 2006b. Comparison of languages in contact: the distillation method and the case of Bai. Language and Linguistics Monograph Series B: Frontiers in Linguistics III. Taipei: Institute of Linguistics, Academia Sinica.

Wang, Feng & William S.-Y. Wang. 2004. Basic words and language evolution. Language and linguistics 5.3: 643-662.

Wang, William S-Y. 1969. Competing changes as a cause of residue. Language 45:9-25.

Wang, William S.-Y. 1993. Glottochronology, Lexicostatistics, and other numerical methods. Encyclopedia of Language and Linguistics, Pergamon Press: 345-400.

Wang, William S.-Y. 1996a. Language and the evolution of modern humans. In Omoto, K. & Tobias, P.V. (eds.), The origins and past of modern humans. Singapore: World Scientific: 247-262.

Wang, William S-Y. 1996b. Linguistic diversity and language relationships. In *New horizons in Chinese linguistics*, ed. C.-T. James and Li Huang, Y.-H. Audrey, 235-268. Dordrecht: Kluwer Academic Publishers.

Wang, William S.-Y. 1997. A quantitative study of Zhuang-Dong Languages. In Memory of. Mantaro J. Hashimoto, ed. by Anne O. Yue & Mitsuaki Endo. Tokyo: Uchiyama: 81-96.

Wang, William S-Y. 1998. Three windows on the past. In *The bronze age and early iron age peoples of eastern Central Asia*, ed. Victor H. Mair, 508-534: The Institute for the Study of Man;The University of Pennsylvania Publications.

Wang, William S-Y. 1999a. Language emergence and transmission. In *In honor of Mei Tsu-lin: Studies on Chinese historical syntax and morphology*, ed. Peyraube, Alain and Sun, Chaofen: 247-257. Paris: Ecole des hautes etudes en sciences sociales, Centre de recherches linguistiques sur l'Asie Orientale.

Wang, William S-Y. 1999b. Languages and peoples of China. *Chinese languages and linguistics* 5:1-26.

Wang, William S.-Y. & Chinfa Lien. 1993. Bidirectional diffusion in sound change. In *Historical Linguistics: Problems and Prospectives*. ed. Jones, Charles. London: Longman Group Ltd.: 345-400.

Weinreich, Uriel. 1953[1963]. *Languages in contact: findings and problems*. The Hague; New York: Mouton Publishers.

Weinreich, Uriel, William Labov and Marvin I. Herzog. 1968. *Empirical foundations for a theory of language change*. In *Directions for historical linguistics*, ed. Winfred P. & Yakov Malkiel Lehmann, 95-195. Austin: University of Texas press.

Wiersma, Grace. 2003. Yunnan Bai. In *The Sino-Tibetan languages*, ed. Graham Thurgood & Randy J. LaPolla: 651-673. London: Routledge.

Wilkins, David P. 1996. Natural tendencies of semantic change and the search for cognates. In *The comparative method reviewed*, ed. M. Durie & M. Ross, 264-304. Oxford: Oxford University Press.

后 记

本书的研究发端于我自2004年开始的博士后研究，我首先要感谢陈保亚教授的指导，研究的选题和文章的结构都得益于陈老师的精心调整。陈老师还亲自带领我去云南核对白语点的材料，共同体会白族人民不吃午饭的习惯。我们还深入到彝族村寨调查，历尽种种艰辛，在一次夜半返回的途中，还一起跳入泥潭抬车。无论是书斋里的冷静思考，还是田野调查中的收放自如，陈老师都给我示范着真正学问人的一种境界：行万里路，读万卷书。我梦想着自己也能如此。

北大博士后出站后，留校任教。承蒙戴庆厦教授信任，期间可以到中央民族大学博士后站研究，并提供了公寓等良好条件。也感谢北大的支持，此项研究得以继续进行。研究期间戴庆厦教授提供了很多机会，包括与来访的罗仁地教授等讨论，得见云南很多民族学者以及彝族朋友。戴老师的宽厚以及敬业常常激励着我不要懈怠。

王士元先生在指导我完成博士论文后，一直关注着我的进一步研究。在这几年间，我多次受邀到先生在香港中文大学的实验室访问。其实，我知道，先生是要提醒我开拓一点眼界，给我几次向他报告请益的机会。先生睿智精辟的点评常常让我茅塞顿开。我希望能做点让先生满意的东西。

孔江平教授主持计划将藏缅语材料输入电脑，并慷慨地允许我使用，大大缩短了田野调查的准备时间，而且在语音调查和分析方面给予我很多指导，我在此致以诚挚的谢忱。我于2005年6月至7月在云南调查了江城彝语，又于2006年6月进行了核对，发音合作人是陆燕老师的母亲普存珍女士。她开朗的笑声和耐心的发音保证了调查的顺利进行，陆燕老师也不辞辛劳的参加了几乎全部的调查，对她们的大力支持，在此表示深深的谢意。禄劝彝语的发音合作人张学富，在禄劝云龙乡本长村委会法机[岩子脚]村长大，调查时正值他即将从云南民族大学毕业期间，调查期间他对民族语言研究产生了浓厚的兴趣，我们也结下了深厚的友谊。他认真负责的态度令我十分感动。在核对彝语材料时，还得到罗正明老师、肖建华老师、普银珍同学、普学章同学、左林娟同学的大力配合，谨此致谢。

作为滇僰古道上的战友，杨海潮、彭玉娟和我们一起经历了难忘的考察，在云南考察的途中，得到木霁弘老师、段炳昌老师无微不至、无所不包的关照，让我学到更多，也省钱很多。盐津的唐永贤局长、邱北的刁颖局长为我们的调查一路绿灯，他们对民族语言文化的热情也让我感动，给我坚持下去的力量。

感谢博士后基金的支持，感谢国家社科基金的支持。虽然在社科基金的申请上失败过数次，但这更磨砺了我持之以恒的品格。也再次感谢结项的各位评委们给予结项成果以优秀的等级，这更激励了我研究汉藏语言的热情。

感谢王福堂先生、戴庆厦先生、孙宏开先生、胡坦先生、王洪君先生、孙玉文先生、黄行先生对我研究课题的关注和点评。

曾经多次给我指点和帮助的徐通锵先生、覃晓航先生过早地离开了我们，谨此表达对他们深深的怀念。

感谢秋谷裕幸教授邀请我访问日本，作为日本学术振兴会的访问学者，我在多个场合就本书内容与多位日本学者讨论、交流过，尤其与秋谷教授探讨为最多。

感谢杜若明老师责编本书，如他所言，表格太多了。给北大出版社添麻烦了，希望这些表格物有所值。我的学生张静芬、刘文、汪汝会通读了多次校样，提出不少修改意见。谢谢他们的帮忙。

最后，我要感谢我的家庭对我的理解和支持，尤其是我的岳母帮我分担了很多家务。读书二十多年，有害于身体，而不知所做是否有益于社会，也没能给家庭什么回报，成天在斗室中敲击键盘，或者一出去调查就是几个月，实在是惭愧得紧。

我的妻子高婷觉得我的研究很有意义，我很幸福。